LEAN
BIG
SIGMA

린 경영과
빅시그마를 활용한
스마트혁신

나형배 | 김응석 | 황인극

도서출판
청람

머리말

기업이 영속하기 위해서는 경영혁신을 통하여 경쟁력을 확보함으로써 지속가능성을 높일 수 있다. 일찍이 슘페터(Schumpeter, 1934)는 경영혁신은 새로운 아이디어를 활용하여 판매 가능한 서비스나 제품을 만들어 제공하는 일련의 활동으로 '창조적 파괴'로 정의하고, 제품의 생산방식, 공급자, 시장, 조직의 구조가 혁신의 대상이 될 수 있다고 하였다. 이후 피터 드러커(Peter Drucker, 1985)는 경영혁신을 기업이 목표달성을 위하여 지금까지 수행해오던 사업이나 업무를 새로운 아이디어 및 방법으로 변환하는 것을 의미하며, 기업가가 외부 환경변화를 사업이나 서비스에 이용하기 위한 특별한 수단이라고 정의하였다. 혁신은 현재의 수준이나 실적에 안주하지 않고, 경영환경의 변화에 능동적으로 대처하여 경쟁우위를 선점하는 활동이다.

기업의 경영환경은 고객의 다양한 개인화 요구와 기술적으로 4차 산업혁명의 시대에 접어들면서 혁신활동의 다양성도 관심의 대상이 되고 있다. 특히 스마트 팩토리로 대변되는 제조산업에서는 고객의 다양한 요구에 민첩하게 대응할 수 있는 기업역량을 확보하여야 한다. 예측이 어려운 고객의 니즈를 빅데이터 분석을 통하여 선제적으로 대응할 수 있다면 기업의 경쟁력은 배가될 것이다. 그러나 고객의 다양한 요구나 기업환경의 급변에 대응하기 위하여 다양한 혁신방법론을 적용하는 것도 중요하지만 무엇보다도 기본에 충실해야 한다는 것이다. 사상누각이라는 단어에서 보듯이 경영혁신 방법론만 무조건적으로 받아들이는 것이 중요한 것이 아니라, 기초를 튼튼히 하는 것이 무엇보다 중요하다. 모든 경영활동은 기본이 다져져 있고, 비즈니스 프로세스를 낭비가 없는 구조로 간소화하여 어떠한 경영환경에 처하더라도 좀 더 기민하게 대응할 수 있도록 만드는 것이 중요하다.

이러한 이유로 본서에서는 경영의 기본이 되는 기초 다지기와 낭비제거를 통한 방법론인 린(Lean) 경영과 데이터에 근거한 근원적 개선활동인 식스시그마(Six Sigma) 방법론을 빅데이터 관점을 추가하여 스마트혁신으로 정리하였다. 린 경영은 도요타생산시스템(TPS)을 바탕으로 정리된 방법론으로 프로세스의 VSM(Value Stream Map)

분석을 통하여 프로세스가 고객 관점에서 어떤 가치를 제공하는가, 제공하는 가치가 없다면 어떻게 이 프로세스를 없앨 것인가의 낭비제거에 초점을 맞추고 있다. 즉, 가치를 창출할 수 있는 프로세스를 단순화하는 것이다. 여기서는 린 경영 원칙과 린 구축 프로세스를 정리하여 현장에서 린의 기본 사상을 이해하고 낭비제거를 프로세스 분석으로 보다 쉽게 할 수 있도록 구성하였다.

식스시그마는 품질개선의 관점에서 주어진 현상의 산포를 분석하여 산포를 최소화할 수 있는 최적 조건을 찾고 이 수준을 유지할 수 있도록 조치하는 활동이다. 빅시그마는 식스시그마 프로세스 바탕하에 빅데이터 수집 및 분석 방법론을 추가하여 최근의 경영혁신에 활용되는 빅데이터 분석 방법론으로 활용할 수 있다. 본서에서는 식스시그마 DMAIC 프로세스에 적용되는 통계적인 툴(Tool)인 R을 사용하였다. 요즈음 미니탭이나 SPSS 등의 통계 패키지는 구입 비용이나 유지 비용이 부담이 될 수 있기 때문에 오픈소스인 R을 활용함으로써 언제 어디서나 쉽게 통계적 분석을 할 수 있도록 하였다.

또한 린 경영과 빅시그마 마지막 부분에 린 식스시그마를 다루었다. 왜냐하면 린은 프로세스를 통계적으로 관리 상태에 이르게 할 수는 없으며, 식스시그마는 단독으로 프로세스의 속도나 투하자본 회전율을 획기적으로 향상시킬 수 없는 취약점을 갖고 있기 때문에 문제 유형에 따라서 린과 식스시그마를 개별적으로 활용하거나, 이 두 가지의 특징을 통합하여 설계한 하이브리드 방법론인 린 식스시그마를 적용하여 시너지 효과를 낼 수 있도록 통합적 방법론까지 다루었다.

모쪼록 린 경영과 빅시그마를 활용하여 스마트한 경영혁신 활동에 도움이 될 수 있기를 바랍니다.

저자 일동

차례

Chapter 1

Introduction

1. 4차 산업혁명과 경영혁신 2

1.1 4차 산업혁명(Industry 4.0) 개요 ··· 2

1.2 경영혁신 개요 ··· 4

1.2.1 경영혁신의 개념과 가치 ··· 4

1.2.2 경영혁신의 유형과 구성 ··· 5

1.2.3 경영혁신의 바탕 조직문화 ··· 7

1.2.4 제조혁신 활동의 변화 ··· 8

1.2.5 경영혁신의 성공요소 ··· 9

1.2.6 지속가능경영 ··· 10

1.3 린 경영과 Industry 4.0 ··· 11

2. 린(Lean)과 빅 시그마(Big Sigma) 15

2.1 린(Lean) & 식스시그마(Six Sigma) ··· 15

2.2 애자일(Agile) ··· 17

2.2.1 애자일과 린 ··· 17

2.2.2 애자일 방법론 이해 ··· 18

2.2.3 제조현장에 애자일 방법론 적용 ··· 22

2.3 빅데이터(Big Data) ··· 24

2.3.1 정의 ··· 24

2.3.2 필요성 ··· 25

2.3.3 빅데이터의 신뢰성(Veracity) ··· 26

2.4 빅 시그마(Big Sigma) ··· 26

2.5 린 식스시그마 ··· 28

3. 데이터와 정보 30

3.1 데이터의 이해 ··· 30

3.2 데이터의 종류 ··· 31

3.3 정보의 종류 ··· 34
3.4 체계적인 데이터 수집 방법 ··· 36
3.5 표(Table)의 이해 ··· 39
3.6 데이터를 활용한 문제해결 프로세스 ··· 40

Chapter 2 린(Lean) 경영

1. 린 발전 역사 46
1.1 린 히스토리 ··· 46
1.2 린 경영의 정의 ··· 49
1.3 테일러리즘과 포디즘 ··· 51
1.3.1 테일러리즘(Taylorism) ··· 51
1.3.2 포디즘(Fordism) ··· 53
1.3.3 포스트포디즘(Post-Fordism) ··· 54
1.4 도요타생산시스템(TPS : Toyota Production System) ··· 54
1.4.1 도요타생산시스템 3가지 원칙 ··· 56
1.4.2 도요타 웨이(Toyota Way) ··· 56

2. 린 경영 원칙 57
2.1 The House of TPS ··· 57
2.2 린 시스템의 기본 원칙 ··· 58
2.3 낭비 ··· 61
2.3.1 3무(無)(3불(不)) ··· 62
2.3.2 7대 낭비 ··· 64
2.3.3 낭비를 보는 눈 ··· 65
2.4 5S ··· 66
2.4.1 정리 ··· 67
2.4.2 정돈 ··· 68
2.4.3 청소 ··· 70
2.4.4 청결 ··· 71
2.4.5 습관화 ··· 72
2.5 눈으로 보는 관리(Visual Management) ··· 73
2.5.1 생산 현황판 ··· 74
2.5.2 적치 상한선 ··· 74

2.5.3 이상 발생 경보(안돈) ······ 74
2.6 JIT(Just-In-Time) ······ 75
2.7 인변 자동화(自働化, Jidoka) ······ 78
2.8 평준화 생산(헤이준카, Heijunka) ······ 80
2.8.1 평준화 생산 편성 원리 ······ 80
2.8.2 텍타임(Takt Time)과 사이클타임(Cycle Time) ······ 81
2.8.3 평준화 생산 예시 ······ 81
2.8.4 평준화 생산의 장 · 단점 ······ 83
2.9 카이젠(지속적 개선) ······ 84
2.9.1 PDCA를 통한 카이젠 ······ 84
2.9.2 소집단 활동 ······ 87
2.9.3 3현주의 ······ 88
2.10 린 시스템과 TPS ······ 91

3. 린(Lean) 구축 프로세스 92

3.1 준비 ······ 92
3.1.1 리더십 ······ 92
3.1.2 비전 및 사명 ······ 93
3.1.3 필요성 인식 ······ 93
3.1.4 조직 구성 ······ 95
3.1.5 목표 설정 ······ 98
3.2 가치흐름분석(The Value Stream Analysis) ······ 100
3.2.1 가치(Value)와 가치흐름(Value Stream) 정의 ······ 100
3.2.2 현재 가치흐름매핑(P-VSM) ······ 104
3.2.3 미래 가치흐름매핑(F-VSM) ······ 107
3.3 흐름(Flow)방식 구축(Defect Free 생산 System) ······ 112
3.3.1 흐름을 위한 운영 표준화 ······ 113
3.3.2 포카요케(실수방지, Mistake-Proof) ······ 115
3.3.3 안돈(알람)과 라인스톱제(지도카) ······ 117
3.3.4 통계적 공정관리(SPC) ······ 118
3.3.5 TPM(Total Productive Maintenance) 실행/구현 ······ 120
3.3.6 준비교체시간 단축 ······ 125
3.3.7 자주/순차검사 실시 ······ 126
3.3.8 다기능 훈련 ······ 129
3.3.9 차쿠차쿠 라인(Chaku Chaku Line) ······ 130
3.4 풀(Pull) 시스템 구축(효율적 재고관리 및 조달 동기화) ······ 132
3.4.1 적합한 생산시스템 통제 메커니즘 결정 ······ 133

3.4.2 간판(Kanban) ······ 135
3.4.3 한 개 흘리기(One Piece Flow) ······ 139
3.4.4 POLCA ······ 140
3.4.5 평준화(헤이준카)와 밸런스 생산흐름 ······ 147
3.4.6 공급업체와의 연계체계 구성 ······ 148
3.4.7 재고 줄이기와 리스크 관리 ······ 148
3.4.8 인력 재배치 자산 조정 ······ 149

3.5 완벽함 추구(Perfection & Sustaining) ······ 150
3.5.1 팀 빌딩 ······ 151
3.5.2 린 시스템의 구축 및 안정화 ······ 152
3.5.3 린 시스템 구현의 장벽 제거 ······ 154
3.5.4 KPI 성과 및 성숙도 평가 ······ 155
3.5.5 린 성공 및 장애 요소 ······ 156
3.5.6 린 성과 ······ 157

4. 산업 분야별 린 경영 적용 159

4.1 ESG와 린 경영 ······ 159
4.2 서비스산업의 린 경영 ······ 160
4.3 의료산업의 린 경영 ······ 162
4.4 교육산업의 린 경영 ······ 164
4.5 건설부문의 린 경영 ······ 165
4.6 제조기업의 린 경영 ······ 166
4.6.1 포르쉐(Porsche)의 SCM 공급업체 관리 린 경영 사례 연구 · 166
4.6.2 Mercedes-Benz의 MPS 구축 린 경영 사례 ······ 167

Chapter 3 빅 시그마(Big Sigma)

1. 식스시그마 기초 170

1.1 시그마(σ)의 정의 ······ 170
1.2 시그마 수준(σ Level)과 품질과의 관계 ······ 171
1.3 식스시그마 개선활동 ······ 173
1.4 식스시그마 활동의 장점 ······ 173
1.5 통계적인 사고(Statistical Thinking)의 이해 ······ 174
1.5.1 통계적 사고 1 ······ 174
1.5.2 통계적 사고 2 ······ 175

1.5.3 통계적 사고 3 ······ 176

1.6 DMAIC 프로세스 ······ 177

1.7 식스시그마의 다양한 정의 ······ 178

1.8 식스시그마의 몇 가지 일반적인 오해 ······ 179

1.8.1 식스시그마는 또 다른 경영 유행이다 ······ 179

1.8.2 식스시그마는 모두 통계에 관한 것이다 ······ 179

1.8.3 식스시그마는 제조환경에서만 작동한다 ······ 180

1.8.4 식스시그마는 대규모 조직에서만 작동한다 ······ 180

1.8.5 식스시그마는 Total Quality Management와 동일하다 ······ 181

1.9 빅 시그마 프로세스 ······ 181

1.9.1 빅데이터 분석 절차 ······ 181

1.9.2 DSMART 프로세스 ······ 184

2. 정의(Define) 186

2.1 고객 중심(Customer Oriented) ······ 186

2.2 CTQ(Critical To Quality) ······ 187

2.3 Top Down 문제 정의(CTQ) 방법 : Big Y – Little y ······ 187

2.3.1 Big Y 전개를 위한 경영목표의 설정 ······ 188

2.3.2 Big Y의 하부 전개 : Little y의 선정 ······ 189

2.4 Bottom Up 문제 정의(CTQ) 방법 ······ 190

2.4.1 브레인스토밍(Brain Storming)이란 ······ 190

2.4.2 브레인스토밍 결과 정리 ······ 191

2.4.3 문제의 정의 ······ 191

2.4.4 문제 선정을 위한 품질도구 활용 ······ 192

2.5 잘 선정된 프로젝트의 기준 ······ 194

2.6 과제(Theme) 성격 구분 ······ 195

3. R을 활용한 기초 통계 197

3.1 통계와 통계학 ······ 197

3.1.1 통계(Statistic) ······ 198

3.1.2 통계학(Statistics) ······ 198

3.2 통계학의 목적과 분류 ······ 198

3.2.1 분석 내용에 따른 통계학의 분류 ······ 198

3.2.2 다른 기준에 따른 통계학의 분류 ······ 199

3.3 빅데이터의 분석 방법 ······ 200

3.3.1 정형 데이터 분석 ······ 200

3.3.2 비정형 데이터 분석 ··· 200
3.4 R을 활용한 데이터의 요약 ··· 202
3.4.1 평균 구하기 ··· 203
3.4.2 분산/표준편차 구하기 ··· 204
3.4.3 summary 함수 사용하기 ··· 205
3.4.4 describe 함수 사용하기 ··· 205
3.4.5 상관계수 구하기 ··· 205
3.4.6 이산형 데이터 정리하기 ··· 207
3.5 기본적인 그래프 분석 ··· 209
3.5.1 히스토그램(Histogram) : 데이터 전체 모습 확인 ··· 209
3.5.2 상자 그림 : 집단 비교 및 이상치(Outlier) 확인 ··· 211
3.6 정상(정규)분포(Normal Distribution) 활용하기 ··· 212
3.6.1 정상분포 활용 기본 ··· 213
3.6.2 정상분포를 활용하여 확률 계산하기 ··· 214
3.6.3 표준정상분포 활용 ··· 217
3.6.4 정상성 검정(Nomality Test) ··· 218

4. 측정(Measure) 220
4.1 데이터 수집 계획 수립 ··· 220
4.2 합리적인 부분군(Rational Subgroup) ··· 220
4.3 부분군(Subgroup)의 조건 ··· 223
4.4 측정시스템 신뢰성 확인 ··· 224
4.4.1 측정시스템 오차의 종류 ··· 225
4.4.2 측정시스템의 필수 요구사항 ··· 225
4.4.3 용어의 정의 ··· 226
4.5 측정시스템의 오차와 분석 종류 ··· 226
4.5.1 편의(Bias) : 검/교정의 대상 ··· 227
4.5.2 안정성(Stability) ··· 227
4.5.3 선형성(Linearity) ··· 228
4.5.4 정밀성(Precision) : Gage R&R ··· 229
4.6 R을 활용한 계측기 정확성(Accuracy) 분석 ··· 230
4.6.1 편의(Bias)분석 ··· 230
4.6.2 안정성(Stability) 분석 ··· 232
4.6.3 선형성(Linearity) 분석 ··· 234
4.7 R을 활용한 계측기 정밀성(Precision) 분석 – Gage R&R ··· 237
4.7.1 Gage R&R 실시 방법 ··· 237
4.7.2 Gage R&R 평가 지표 ··· 239

4.7.3 간편법을 활용한 Gage R&R 분석 ········ 240
4.7.4 Gage R&R 분석(Crossed) ········ 242
4.7.5 Gage R&R 분석(Nested) ········ 246
4.8 제조 빅데이터 계측 신뢰성 확인 ········ 249
4.8.1 데이터 양(Volume)의 확인 ········ 250
4.8.2 데이터 이상점(Outlier) 유무 확인 ········ 252
4.9 현재 수준 파악 ········ 253
4.10 연속형 데이터의 현재 수준 파악 – 공정능력지수 분석 ········ 254
4.10.1 공정능력(Process Capability)의 개념 ········ 254
4.10.2 공정능력지수(Cp, Cpk)의 의미 ········ 255
4.10.3 공정능력지수를 활용한 공정 진단 ········ 258
4.10.4 R을 활용한 공정능력 분석 ········ 260
4.11 R을 활용한 이산형 데이터의 현재 수준 파악 ········ 262
4.11.1 DPU/DPO/DPMO의 이해 ········ 262
4.11.2 R을 활용한 DPU/DPO/DPMO 계산 ········ 264
4.11.3 R을 활용한 Zbench 계산 ········ 264
4.12 제조 생산라인의 현재 수준 파악 ········ 265
4.12.1 누적 직행률 개념 ········ 265
4.12.2 R을 활용한 Zbench 계산 ········ 266
4.13 특성요인도 작성 ········ 268
4.14 로직트리의 작성 ········ 271

5. 분석(Analysis) 274
5.1 분석의 기본적인 사고 틀(Thinking Frame) ········ 274
5.2 통계적 의사결정의 이해 ········ 275
5.3 2-Sample t분석의 활용 ········ 278
5.3.1 2-Sample t분석의 이해 ········ 278
5.3.2 R을 활용한 2-Sample t분석 ········ 278
5.4 상관관계와 회귀분석의 활용 ········ 280
5.4.1 상관관계와 회귀분석의 이해 ········ 280
5.4.2 R을 활용한 상관분석과 회귀분석 ········ 284
5.5 분산분석의 활용 ········ 292
5.5.1 분산분석의 이해 ········ 292
5.5.2 R을 활용한 분산분석 ········ 293
5.6 이산형 데이터 분석 ········ 300
5.6.1 R을 활용한 두 집단의 비율 분석 ········ 300

5.6.2 카이제곱분석과 대응일치분석 ······ 301
5.6.3 제조 빅데이터를 활용한 표준 준수 여부 확인 ······ 303

6. 개선(Improve) 306

6.1 실험계획법을 활용한 최적조건 확인 ······ 306
6.1.1 실험계획법 소개 ······ 307
6.1.2 2수준 완전배치법 활용 ······ 311
6.1.3 2수준 부분배치법 활용 ······ 319
6.1.4 중심합성법의 활용 ······ 328

6.2 다변량분석 방법의 활용 ······ 337
6.2.1 주성분분석 ······ 338
6.2.2 판별분석 ······ 341
6.2.3 로지스틱 회귀분석 ······ 344
6.2.4 군집분석 ······ 347

6.3 머신러닝 기법의 활용 ······ 352
6.3.1 분류분석의 이해 ······ 352
6.3.2 분류분석 : 의사결정나무분석 ······ 353
6.3.3 분류분석 : KNN(K-Nearest Neighbor) 분석 ······ 357
6.3.4 분류분석 : 서포트 벡터 머신(SVM) 분석 ······ 359
6.3.5 예측분석 : 연속형 반응변수 예측분석 ······ 361

7. 관리(Control) 364

7.1 개선효과 확인 ······ 364

7.2 표준화 ······ 365

7.3 관리계획 수립 ······ 366

7.4 SPC 활동의 전개 ······ 367
7.4.1 관리 단계와 관리도 ······ 367
7.4.2 관리도의 이해 ······ 368

7.5 R을 활용한 관리도 작성 ······ 373
7.5.1 연속형 관리도 ······ 373
7.5.2 이산형 관리도 ······ 376
7.5.3 특수 관리도 ······ 381

7.6 제조 빅데이터를 활용한 관리 방안 ······ 383

8. 린 식스시스마 386

8.1 린 경영의 이점과 단점 ······ 386
8.1.1 린 경영의 이점 ······ 386

8.1.2 린 경영의 단점 ······ 387
8.2 식스시그마 장점과 문제점 ······ 387
8.2.1 식스시그마의 장점 ······ 387
8.2.2 식스시그마의 문제점 ······ 388
8.3 린 식스시그마의 정의 및 역사 ······ 389
8.3.1 린 식스시그마의 정의 ······ 389
8.3.2 린 식스시그마의 역사 ······ 391
8.3.3 린 식스시그마의 장점 ······ 394
8.3.4 린 식스시그마 구현시 당면 과제 ······ 396
8.3.5 린 식스시그마에 대한 오해 ······ 397
8.4 린 식스시그마 프로세스 ······ 398
8.4.1 기본 원칙 ······ 398
8.4.2 프로세스 ······ 398
8.4.3 적용 관점 ······ 400
8.4.3 적용 방법 ······ 400

■ 부록 : R 활용 기초 ······ 403
■ 참고문헌 ······ 417
■ 찾아보기 ······ 423

Chapter 01

Introduction

린(Lean) 경영과
빅 시그마(Big Sigma)를 활용한 스마트혁신

1. 4차 산업혁명과 경영혁신
2. 린(Lean)과 빅 시그마(Big Sigma)
3. 데이터와 정보

Chapter 1

Introduction

1. 4차 산업혁명과 경영혁신

1.1 4차 산업혁명(Industry 4.0) 개요

세계경제포럼(WEF : World Economic Forum) 회장인 클라우드 슈밥(Klaus Schwab)은 4차 산업혁명을 '디지털혁명인 3차 산업혁명에 기반을 두고 있으며, 디지털(Digital), 물리적(Physical), 생물학적인(Biological) 기존 영역의 경계가 사라지면서 융합되는(Fusion) 기술적인 혁명'이라고 개념적으로 정의하였다. 그리고 3차 산업혁명과 4차 산업혁명을 변화의 속도(Velocity), 변화의 범위(Scope), 시스템의 영향(System Impact) 측면에서 비교하면서 커다란 차이가 존재한다고 분석한다. 이러한 4차 산업혁명은 변화의 속도 측면에서 현재의 기술변화와는 비교가 불가능할 정도로 빠르게 변화하고 있으며, 범위 측면에서는 거의 모든 국가의 전 산업에서 와해적인 혁신을 불러오고, 시스템의 영향 측면에서는 생산, 경영 및 거버넌스 등을 포함하는 전체 시스템의 변혁을 초래할 것으로 전망하였다.

4차 산업혁명은 '초연결성', '초지능화' 및 '융합화'에 기반하여 '모든 것이 상호 연결되고 보다 지능화된 사회로의 변화'한다는 특성이 존재한다. 즉, 가상의 세상과 플랫폼의 연결특징이 있다. ICT를 기반으로 하는 IoT 및 IoE의 진화를 통해 인간-인간, 인간-사물, 사물-사물을 대상으로 한 초연결성이 기하급수적으로 확대되고 있다. 그리고 인공지능(AI)과 빅데이터의 결합/연계에 기반하여 기술과 산업구조의 초지능화가 강화되고 있다. 빅데이터에 기반한 인공지능은 초지능적 제품 생산과 서비스 제공에 기여하는 모습으로 발전하고 있다. 그리고 '초연결성' 및 '초지능화'에 기반하여 기술 간, 산업 간, 사물-인간 간의 경계가 사라지는 '초융합'의 시대에 접어들고 있다.

최근에는 Industry 4.0이라는 4차 산업혁명과 함께 조직에서 데이터 수집, 저장, 공유 및 처리를 촉진하기 위한 새로운 정보통신기술(ICT)이 등장하였으며, 이를 바탕으로 빅데이터 처리기술이 발달하여 고객의 숨은 뜻을 좀 더 객관적이고 사실적으로 파악할 수 있는 계기가 만들어지고 있다. 또한 Industiry 4.0은 고객의 요구사항을 충족할 수 있는 적응성, 유연성 및 효율성을 특징으로 하는 가치사슬의 모든 기존 프로세스를 통합하여 산업의 디지털화를 포함한다.

18세기 말 영국을 시작으로 방적기, 증기기관, 제련기술 등의 발전에 따라서 1차 산업혁명이 일어난 이후 2차, 3차, 4차 산업혁명에 대한 발전단계별 특징은 아래 [표 1-1]과 같다.

표 1-1 산업혁명 발전단계별 특징

<table>
<tr><th colspan="2">구분</th><th>1차 산업혁명</th><th>2차 산업혁명</th><th>3차 산업혁명</th><th>4차 산업혁명</th></tr>
<tr><td colspan="2">시기</td><td>18세기 후반</td><td>19~20세기 초</td><td>20세기 후반</td><td>2000년대 이후</td></tr>
<tr><td colspan="2">소통방식</td><td>책, 신문 등</td><td>전화기, TV 등</td><td>인터넷, SNS 등</td><td>IoT, IoS 등</td></tr>
<tr><td colspan="2">최초사례</td><td>방직기
(1784)</td><td>신시내티 도축장
(1870)</td><td>PLC
: Modicon 084
(1969)</td><td>2016년
WEF 다보스포럼</td></tr>
<tr><td colspan="2">혁신동인</td><td>증기 및 수력
기관, 방적, 제련,
기계식 생산설비</td><td>전기에너지,
작업표준화,
노동분업,
컨베이어 벨트</td><td>컴퓨터, 인터넷,
반도체, IT, 로봇</td><td>CPS, IoT, 클라우드,
빅데이터, 5G,
초연결 · 초지능 ·
대융합</td></tr>
<tr><td rowspan="3">특징</td><td>원인</td><td>기계화</td><td>전기화</td><td>정보화</td><td>지능화</td></tr>
<tr><td rowspan="2">결과</td><td rowspan="2">산업화
(Industrialization)</td><td rowspan="2">대량 생산
(Mass
Production)</td><td>자동화
(Automation)</td><td>자율화
(Autonomation)</td></tr>
<tr><td>기계, SW가
데이터를 생산</td><td>Digital Transformation</td></tr>
<tr><td colspan="2">현상</td><td>영국
섬유공업발전,
석탄기반
항만/다리 등
산업기반 건설</td><td>기업-기업 간,
국가-국가 간
연결성 강화,
미국 중심,
영국에서 독일
프랑스 등으로
주도권 이동</td><td>인터넷 기반의
지식정보혁명,
시스템 기반의
자동화</td><td>사람-사물-공간의
초연결 · 초지능 ·
초융합화를 통한
산업구조 개편,
공유경제,
온디멘드(맞춤) 경제</td></tr>
</table>

1.2 경영혁신 개요

경영혁신은 기업경영에 있어서 조직의 목적을 달성하기 위하여 지금까지의 기업조직과 경영방식 그리고 기업의 가치창출을 위한 활동들을 새로운 생각이나 방법으로 기존업무를 다시 계획하고 실천하고 평가하여 기업의 중요한 부분을 본질적으로 변화시켜 새롭게 한다는 의미이다.

이러한 경영혁신은 리더가 확실한 미션(목표)을 가지고 필요성을 가시화(명확화)하는 것이므로 리더의 역할이 중요하며, 이를 통하여 조직의 가치관을 구체화시켜줌으로써 조직문화의 체질을 변화시키는 것이 경영혁신 활동의 중요한 역할이 될 것이다.

1.2.1 경영혁신의 개념과 가치

최근의 기업환경은 고객의 요구가 다양해지고, IT산업의 발달과 더불어 과거 어느 때보다 급속한 속도로 변화하고 있으며 불확실성이 증가하여 미래를 예측하기가 더욱 힘들어지고 있다. 특히 코로나19에 따른 팬데믹으로 블랙스완을 경험한 최근의 경영환경은 이전에 누구도 겪어보지 못한 환경에서 사업을 하여야 하는 심각한 딜레마 수준에 있다. 이러한 변화에는 비즈니스 모델, 기술, 관리, 생산, 공정 등을 포함한 종합적인 경영혁신 활동이 필요해지고 있다. 특히, 제조업의 경우, 4차 산업혁명이라는 산업구조의 변화는 기업의 생존을 위한 경영혁신 활동이 더욱 요구되게 되었다.

일찍이 슘페터(Schumpeter, 1934)는 경영혁신은 새로운 아이디어를 활용하여 판매 가능한 서비스나 제품을 만들어 제공하는 일련의 활동으로 '창조적 파괴'로 정의하고, 제품의 생산방식, 공급자, 시장, 조직의 구조가 혁신의 대상이 될 수 있다고 하였다. 이후 피터 드러커(Peter Drucker, 1985)는 경영혁신을 기업이 목표달성을 위하여 지금까지 수행해오던 사업이나 업무를 새로운 아이디어 및 방법으로 변환하는 것을 의미하며, 기업가가 외부 환경변화를 사업이나 서비스에 이용하기 위한 특별한 수단이라고 정의하였다.

기업은 일반적으로 제품의 생명주기인 도입, 성장, 성숙, 쇠퇴, 철수의 라이프사이클로 나타나는 현상을 성숙기에서 다시 혁신을 통하여 성장의 기회를 영속함으로써 기업의 영속성을 확보하는 것을 목표로 하고 있다. 따라서 혁신은 지속적 활동으로 추진되어 마치 자전거가 넘어지지 않도록 하기 위하여 페달을 밟는 것과 같은 이치이다.

혁신이 성공하기 위해서 경영자의 역할이 가장 중요하다. 특히 최고경영자의 경영혁신에 대한 추진 의지와 혁신성이 경영혁신 성공의 핵심이다. 제품 및 서비스사업 모두 고객을 만족시키기 위하여 기존 시장을 파괴하거나, 오래된 시장을 혁신시켜서 새로운 시장을 창출함으로써 현재 제공하는 제품이나 서비스에 머무르지 않는 혁신관리가 매우 중요하다.

혁신은 기존의 것에 아이디어나 활동을 추가하는 점진적 혁신과 급진적 변화를 도모하는 파괴적 혁신으로 나눌 수 있다.

기업이 경영혁신을 실행하는 이유는 경영혁신이 제품 및 품질혁신을 통한 제품의 경쟁력을 제고시키고, 조직구조혁신과 인적자원혁신을 통한 경영의 효율성과 투명성을 향상시킴으로써 이윤극대화, 시장점유율 제고 및 고객만족을 통하여 경쟁우위를 확보하고 기업가치의 극대화를 달성하기 위한 것이다.

하지만 많은 경영혁신들이 기술적 효율성이나 경제적 이득보다는 경쟁사가 또는 선진기업이 도입하고 있다는 이유만으로 무작정 경영혁신 방법론을 도입하는 것은 실효성이 없기 때문에 해당 기업의 문화와 사업의 방향성에 맞게 추진하는 것이 매우 중요하다. 여러 가지 유행적인 혁신운동은 시간과 자원의 낭비만을 초래할 뿐 기업의 경쟁력 강화에는 도움이 되지 않는다는 것이다.

이미 도입된 경영혁신이 기업에 정착하기도 전에 기존의 경영혁신기법 대신 새로운 경영혁신 기법을 도입 · 적용함으로써 경영혁신을 충실하게 실행하기보다는 도입 자체에 더 큰 의미를 둔다면 경영혁신은 성공보다는 실패할 확률이 훨씬 높게 된다. 따라서 작은 기법 하나라도 제대로 적용하여 조직 내에 체질화시켜가는 것이 매우 중요하다.

1.2.2 경영혁신의 유형과 구성

경영혁신과 관련된 연구의 대부분은 경영혁신이 기업성과에 미치는 영향에 대한 관심에 대해서는 공통된 부분이 나타나지만 경영혁신을 분류하는 방법에 관해서는 연구자마다 차이가 있다.

Eurostat와 OECD가 공동으로 개발한 오슬로 매뉴얼(OECD, 2005)에서 경영혁신을 규범적으로 분류한 기준에 따르면, 제품혁신(Product Innovation), 프로세스혁신(Process Innovation), 마케팅혁신(Marketing Innovation), 조직혁신(Organization Innovation)으로 분류하고 있다. 세부 내용은 다음의 [표 1-2]와 같다.

| 표 1-2 | 오슬로 매뉴얼의 경영혁신 유형

혁신 유형	개념	사례
제품혁신 (Product Innovation)	제품의 특성 및 용도와 관련하여 새롭고 현저하게 개선된 상품이나 서비스의 도입, 기술사양, 부품, 소재, 내장 소프트웨어 및 사용자 편의나 기타 기능상의 현저한 개선을 하는 활동	• 새로운 기술을 사용한 디지털 카메라 • 기존의 기술을 결합한 이동 MP3 • 기존 제품의 성능을 향상시킨 ABS 브레이크, GPS 내비게이션 시스템 • 서비스의 제품혁신: 인터넷 뱅킹서비스, 집 앞까지 오는 렌터카서비스
프로세스혁신 (Process Innovation)	새롭고 현저하게 개선된 생산 혹은 전달 방식을 의미하며, 기술, 장비 및 소프트웨어상의 변화를 포함	• 새롭고 현저하게 개선된 생산 혹은 전달방식을 의미, 기술, 장비 및 소프트웨어상의 변화 포함 • 자동화 생산 장비의 도입, CAD, 바코드의 도입 • 수송서비스에서 GPS 추적장치의 도입 • 여행사의 전자예약시스템 • 컨설팅 기업의 새로운 컨설팅기술 개발
마케팅혁신 (Marketing Innovation)	제품, 디자인, 포장, 판매망, 판촉, 가격에서의 새롭고 현저한 개선을 하는 것	• 세품, 디자인, 포장, 판매망, 판촉, 가격에서의 새롭고 현저한 개선 • 기구의 외관을 새롭고 더 없게 보이게 하는 것 • 음식, 음료수의 외형이나 맛 혹은 향기의 변화 • 바디 로션의 병 디자인 변화 • 프랜차이즈시스템의 도입, 직판 방식 도입 • 가구판매 공간을 따로 두며 구매자들이 실제 방처럼 느끼게 하는 것 • 영화를 통한 제품홍보, 새로운 브랜드 도입, 맴버십 카드제, 가격차별
조직혁신 (Organization Innovation)	사업방식, 고용조직, 외부조직과의 관계 등에서 새로운 조직방식 도입으로 혁신하는 것	• 사업방식, 고용조직, 외부조직과의 관계 등에서 새로운 조직방식 도입 • 체계화된 지식획득 방식체계 도입 • 고용자의 의사결정권 제고방향으로 조직변화 • 생산, 판매 및 엔지니어링의 통합시스템 구축 • 외부조직(소비자, 벤더, 구매자 등)과의 관계방식 변화

또한, 나이트(Knight, 1967)는 경영혁신을 제품혁신, 공정혁신, 인적혁신, 조직구조혁신으로 구분하였다.

표 1-3 나이트의 경영혁신 유형

혁신 유형	개념
제품혁신	새로운 제품 혹은 서비스를 도입하는 단순한 형태의 혁신
공정혁신	생산성 향상을 위한 생산 운영에 새로운 요소를 도입하는 혁신
인적혁신	조직구성원들의 태도, 행동, 신념 등을 개조하기 위하여 고용, 해고, 교육, 훈련 등의 다양한 방법으로 구성원들을 변화시키는 혁신
조직구조혁신	시스템과 기능 등의 조직 내 구조에 새로운 변화를 추구하는 혁신

신사업이란 기업이 지속적으로 성장하고 발전하기 위하여 보유한 자원과 경쟁력을 다양한 방식으로 활용하고 확장하고 통합하여 가치를 만들어내는 수단으로 신사업 추진을 위한 혁신의 유형은 다음과 같이 정리할 수 있다.

표 1-4 신사업 추진 관점별 혁신 유형

관점	혁신 유형	내용
사업추진 동기	기술주도형 (Technology Push) · 시장견인형 (Demand Pull)	공급자 중심 관점과 소비자 중심 관점에서 시작하여 기업이 사업에 접근하는 방식에 대한 혁신 모델로 세상에 없던 신제품은 공급자 중심으로 전개할 수 있다.
자원획득 경로	개방형(Open) · 폐쇄형(Close)	환경 변화에 따른 기업에서 인적자원, R&D, 제품 및 서비스 아이디어의 획득에 관한 혁신 모델로 현재에는 많은 환경의 변화로 외부에서도 인적자원, R&D, 제품 및 서비스 아이디어를 획득하는 오픈 이노베이션이 대세이다.
위험 수용도와 변화의 수	급진적(Radical) · 점진적(Incremental)	아이디어 구현, 경영 실행, 자재 및 자본 획득 등의 위험도 및 기업과 사업 및 산업에 얼마나 많은 영향을 끼치는가에 대한 혁신 모델로 사업 및 산업에 끼치는 영향 및 위험도 정도에 따라서 판단해야 한다.

1.2.3 경영혁신의 바탕 조직문화

경영혁신에서 가장 중요하면서 바탕이 되는 것이 조직문화이다. 조직문화는 조직의 성과에 직·간접적으로 영향을 미치는 주요한 변수 중 하나이다. 조직문화란 조직구성원들의 공유하는 규범이나 공통적인 가치체계를 의미하며, 조직구성원 개개인의 행동이나 일들에 영향을 미치는 규범이나 규칙 등을 의미한다. 이러한 것은 조직 내의 규범이나 규칙이 형성되는 공통적인 가치체계에 대하여 조직구성원들이 서로 암묵적으로 동의하고 행동에 적용한다.

조직문화는 관료적, 혁신적, 지원적 문화로 구분할 수 있다. 관료적 문화란 계층적인 조직구조와 구분이 되어 있는 문화를 의미한다. 즉 책임과 권한이 명확하며 통상적인 통제와 권력이 존재하고 규정 중심의 조직문화로 위계에 의한 규칙적 행동을 유발한다. 혁신적 문화는 기존의 질서와 문화를 존중하되 기존의 틀에 얽매이지 않는 분위기와 행동을 조장하는 문화이다. 창의적 발상이 이러한 혁신적인 문화에서 싹트게 되기 때문에 조직은 혁신적 문화가 필요하지만 모든 것이 혁신적이 된다면 오히려 기존의 질서와 정체성을 해칠 수 있기 때문에 유념할 필요가 있다. 지원적 문화는 내가 아닌 우리, 나만의 조직이 아닌 다함께 발전하는 개념에서 사일로 문화를 지양하고 상호존중과 배려로 지원적 문화 환경을 만드는 것이다. 시스템과 프로세스가 원활히 돌아가기 위해서는 전방부서(공정)와 후방부서(공정)가 상호 유기적인 지원시스템으로 구축되어야 한다.

1.2.4 제조혁신 활동의 변화

2차 산업혁명은 테일러의 과학적 관리방법과 포드의 컨베이어 시스템을 통하여 대량생산시대를 열었다. 제조업을 중심으로 대량 생산이 가능해지면서 생산성은 기하급수적으로 증가하고, 자동차 산업뿐만 아니라 전 산업부문으로 확산되고 설비 중심의

그림 1-1 제조혁신 활동의 변화

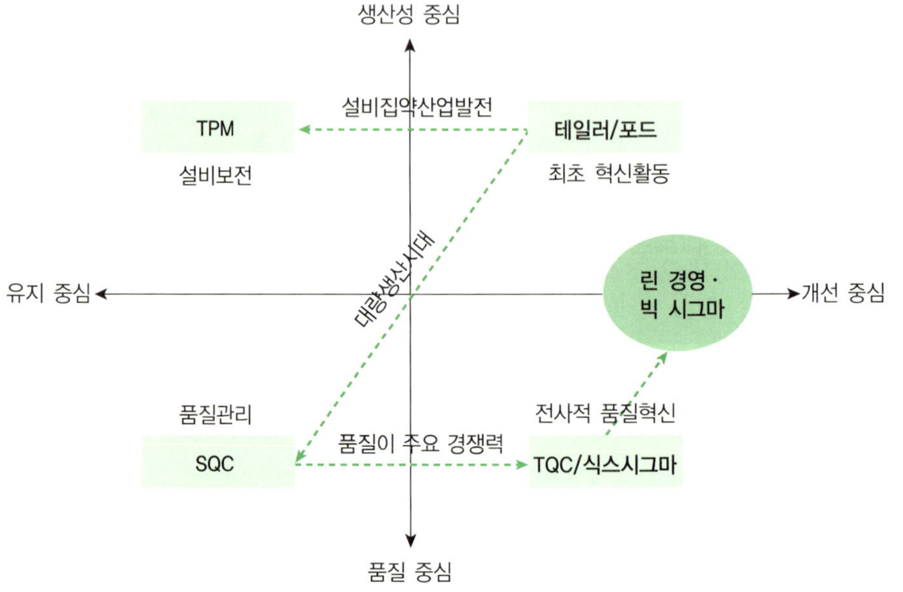

출처 : 이종훈(2011), "제조현장의 효율적인 혁신방안 연구" 참조

생산산업부문에서는 설비를 상시 사용 가능한 상태로 유지하기 위한 보전 활동이 강화되었고, 대량 생산이 가속화되면서 제품 간 산포를 줄이고, 품질의 균일성을 확보하기 위한 통계적 품질관리(SQC) 기법이 적극 활용되기 시작하였다. 이후 공급이 수요를 초과하기 시작하면서 공급자 중심에서 소비자 중심으로 영향력이 바뀌게 되어 품질이 경쟁력의 중요한 수단이 되었으며, 이를 위하여 전사적인 품질관리(TQM)와 식스시그마를 주요 기업들은 채택하기에 이르렀다. 이후 다품종 소량을 넘어서 고객맞춤형 생산체제가 요구되면서 군더더기 없는 경영구조가 필요하게 되고 이를 위한 린(Lean) 경영기법이 대두하게 되었다. 이러한 경영혁신 활동은 생산혁신뿐만 아니라 전 조직원이 참여하는 전사적 경영전략의 일환으로 발전하게 되었다.

1.2.5 경영혁신의 성공요소

경영혁신의 성공요소는 다음과 같이 정리할 수 있다.

1) 경영자의 리더십

최고경영자는 변혁적 사고(혁신마인드)를 바탕으로 조직원을 대상으로 혁신지향 전략수립 등 리더십을 발휘하여야 한다. 리더십은 기업의 비전과 사명을 바탕으로 혁신활동의 성과가 경영가치로 이어질 수 있도록 지시와 행동의 일치를 보여주는 것이 매우 중요하다. 최고경영자의 리더십은 종업원의 만족도와 밀접한 상관관계(0.58)를 나타내는 것으로 산업연구원(2017)의 '중소기업의 경영환경 및 경쟁력 실태조사'에서 제시하여 기업의 경쟁력에 긍정적인 영향이 있음을 확인하였다.

2) 조직문화

구성원들이 혁신에 대한 거부감이나 위화감이 없이 혁신활동을 자발적으로 지지하는 조직문화가 이루어져야 한다. 또한 조직은 벤치마킹, 조직 간 원활한 정보교환 및 지속적 개선과 구성원들이 적극적으로 참여하는 조직문화가 조성되어야 한다. 조직문화는 가정에서 가풍과 같은 것으로 가치관의 근본이 되는 환경을 의미한다.

3) 위기의식

기업의 성과가 탁월하고, 꾸준히 안정적인 경우 조직은 위기의식을 갖기가 매우 힘들다. 그러나 기업환경은 수시로 변화되고 어제의 동지가 오늘에는 적으로 돌변하는 변화무쌍한 환경하에서는 항상 긴장의 끈을 놓을 수 없는 정글의 법칙이 적용되고 있는 것이 현실이다. 따라서, 아무리 현재의 기업환경이 안정적이라 할지라도 구성원들은 항상 위기상황을 전제로 경영혁신 활동이 이루어져야 할 것이다.

4) 혁신역량

조직과 개인의 혁신역량 수준 평가를 통하여 맞춤형 직원들의 교육 및 훈련을 통한 인적 역량 향상이 필요하다. 제품 및 서비스의 역량은 연구개발투자를 어떻게 하느냐에 따라서 큰 차이가 발생한다. 필요핵심역량과 아웃소싱 역량으로 구분하고, 필요핵심역량은 인적자원관리 활동 등 내재화하는 전략적 수행이 필요하다.

5) 직원의 창의

혁신은 고정관념을 타파하는 것에서 출발한다. 슘페터가 '창조적 파괴'라고 정의한 바와 같이 파괴를 하기 위한 자유로운 사고와 분위기가 선결되어야 한다. 이러한 환경은 창의력을 바탕으로 혁신을 이끌 수 있는 동기를 부여하게 된다.

6) 성과인정 및 보상

성과는 목표선정 단계부터 명확하여야 한다. 달성하기 쉬운 수준이거나, 자기팔 자기가 흔드는 성격의 KPI를 설정하는 오류가 있어서는 안 된다. 특히, 목표는 고객 관점에서 경영층과 실무 구성원의 컨센서스를 통하여 목표와 방향성을 명확히 할 필요가 있다. 성과인정 및 보상은 공평한 기준과 그에 합당한 적용이 반드시 따라야 한다. 그 투명한 운영 결과 조직은 건전한 혁신 사이클을 돌리는 환경이 만들어지게 된다.

1.2.6 지속가능경영

지속가능경영이란 경제적, 사회적, 환경적 지속가능성을 위한 기업의 노력을 통하여 주주가치 및 이해관계자들에 대한 가치 제고를 위한 경영활동이다.

'지속가능발전'(Sustainable Development)이라는 개념은 세계환경개발위원회(WCED)가 1987년에 발표한 지구 공동체의 미래(Our Common Future)에서 "미래 세대의 욕구를 충족시킬 수 있는 능력을 저해하지 않으면서 현재 세대의 욕구를 충족시키는 발전"이라고 발표하면서 본격적으로 사용하기 시작하였다. 경제성장 중심의 활동이 사회 및 환경문제에 적극적 대응을 통하여 경제성장과 사회통합의 시너지를 창출하는 활동에 관심을 갖기 시작하였다.

지속가능발전은 환경적 이슈뿐만 아니라 기업 경영에 영향을 주는 경제적, 사회적

이슈를 균형적으로 고려하여 기업의 지속가능발전을 도모하려는 새로운 경영 패러다임으로 변화하면서, 환경, 사회 및 지배구조까지 포괄하는 ESG(Environmental, Social and Governance)로 발전하였으며, 지속가능경영지수로 출발한 객관적 평가가 ESG 평가지수 개발로 이어지면서 사회적으로 공론화되기에 이르렀다. 이해관계자 관점에서 주주가치에 중점을 둔 것이 기업의 기본 구조였다면, ESG는 지속가능한 기업의 전략으로서 주주가치 제고를 통한 경제적 가치 추구와 더불어 이해관계자들에 대한 사회적, 환경적 가치 및 지배구조를 추가하는 것이다.

지속가능경영을 통하여 "기업이 윤리, 혁신 그리고 지배구조를 투명하게 함으로써 장기적인 발전의 토대를 마련하는 것이다.

1.3 린 경영과 Industry 4.0

최근 저출산, 고령화로 인해 생산인구가 감소되고 임금상승, 물가상승 및 고객요구의 다양화 등 경영환경 악화로 제조기업들은 경쟁력 확보의 한계에 직면하고 있다. 또한 온디맨드(On-demand)에 대응해야 하는 시대이다. 온디맨드는 고객의 요구가 있을 때 언제 어디서나 고객 중심에서 니즈(needs)를 해결해주는 것으로, 기존의 거래는 고객이 직접 재화와 서비스가 있는 곳을 찾아가는 방식이었다면 이제는 고객이 원할 때 바로 서비스가 제공되어야 하는 시대가 도래했음을 의미한다.

이러한 시장과 제조환경의 문제에 대하여 비효율적인 공정 제거, ICT 기반 공장의 스마트화를 통해 최적화된 자동생산체계를 도입하여 낙후된 생산라인을 개선하고, 제조경쟁력을 강화하려는 기업들이 증가하고 있으며, 사물인터넷(IoT), 빅데이터(Big Data), 인공지능(AI) 등 디지털 기술로 촉발된 4차 산업혁명은 제조업 분야에서 가장 큰 변화를 불러오고 있다.

제조업 분야의 4차 산업혁명은 스마트 팩토리, 스마트 제조, Industry 4.0, 지능형 제조 등 국가별로 다양하게 정의되고 있으나, 기술 개발 및 디지털화로의 변화, 글로벌 경쟁 압박과 급변하는 환경에서 경쟁력 우위를 선점하기 위하여 제조현장을 보다 효과적이며 효율적으로 운영하려는 패러다임이라 할 수 있다.

독일에서 시작된 Industry 4.0은 사이버물리시스템(CPS), 사물인터넷(IoT) 및 클라우드 컴퓨팅에 의해 제조기술이 업그레이드되고 변형되는 지능형 공장을 만드는 것을 목표로 한다. 또한 Industry 4.0의 목표는 CPS 기술과 원칙을 최대한 활용하여 '스마트/지능형 공장'을 달성하는 것이다.

제조환경 변화에 많은 어려움을 겪고 있는 상황에서 2020년에는 코로나19로 인해 세계경제는 지금까지 경험해보지 못한 블랙스완의 상황으로 생산가동 중단, 공급사슬의 붕괴 등의 막대한 영향을 받았다. 이러한 측면에서 미래의 제조 경쟁력 확보에 적절한 스마트 팩토리는 생산 전체 프로세스를 자동으로 실행할 수 있는 효율적이고 민첩하고 유연한 제조시스템으로 정의할 수 있다.

전통적인 제조시스템을 디지털화, 즉 스마트 팩토리로 전환하는 것은 린(Lean) 생산시스템을 기반으로 구현되어야 한다.

린 시스템은 사람을 중심으로 낭비제거에 초점을 두지만, Industry 4.0은 기술 중심에 초점을 두고 있어 근본적으로 접근방식은 다르지만 추구하는 목표는 같다고 볼 수 있다. Industry 4.0 기술의 구현은 생산시스템의 복잡성을 줄일 수 있고, 이런 기술이 더 높은 효율성을 활용하기 위해서는 제조공정에서 린 생산시스템이 구현되어 있어야 한다는 의미이다. 과거에는 생산의 목표를 린 시스템으로 달성할 수 있었지만 지금은 스마트 팩토리 기술을 도입하여야 과거보다 훨씬 더 높은 생산성을 달성할 수 있을 것이다. 또한, 린 생산시스템의 방법과 도구는 스마트 팩토리로 인해 크게 그 기능이 향상될 수 있다.

| 그림 1-2 | 린 구현 및 Industry 4.0 결합으로 가능한 생산성 증가

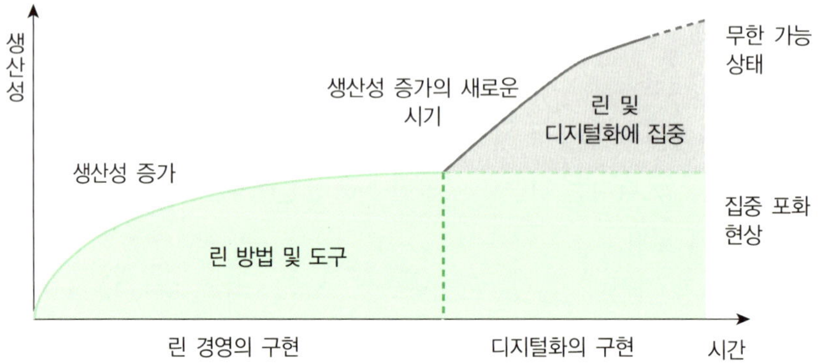

출처: Prinz et al., 2018.

린(Lean)은 프로세스, 제품 및 서비스, 조직을 지속적으로 개선하기 위한 전략적인 접근방식으로 사용되었다. 린은 도요타생산시스템(TPS : Toyota Production System)을 기초로 하여 낭비를 최소화하고 가치흐름의 효율성을 높이기 위한 일상적인 문제해결 활동을 통해 종업원의 참여를 촉진하는 것이다. 린 생산은 생산현장을 제어하기 위한 방법 및 원칙이며 최소 비용과 최고의 품질로 최단 리드타임을 달성하는 것이다. 한마디로 정의하면 '낭비없는 제조'라고 할 수 있다. 린 생산시스템은 생산성과 효율성 향상을 위한 방법론에 있어서 널리 사용되는 접근방식이 되었고, 부가가치 프로세스에 초점을 맞추고 낭비를 제거함으로써 생산의 효율성을 높이도록 하는 것이다.

린 시스템과 Industry 4.0은 모두 프로세스 개선과 효율성 증가를 강조하며 서로 상호보완적이다. 따라서, 상호운용성, 투명성, 분산화, 이해관계자지향 등 4가지 원칙으로 하여 Industry 4.0의 최신 기술과 린 시스템 원칙을 결합한 Industry 4.0 통합 모델을 구축하여야 한다. 스마트 팩토리 구축에는 업무상의 낭비제거와 프로세스 정비 및 표준화 등이 선행되는 린 생산시스템을 기반으로 해야 한다.

표 1-5 Industry 4.0 원칙과 린 원칙의 상호보완(Davis et al., 2020)

Industry 4.0 원칙	린 원칙
상호운용성	표준화, 풀/흐름 생산, 낭비제거
투명성	VSM, 시각화, 표준화, 표준화, 풀/흐름 생산, 무결점
분산화	직원 중심, 무결점
이해관계자지향	풀/흐름 생산, 직원 중심, 이해관계자 중심

린 시스템과 제조현장의 디지털화는 복잡성을 억제하고 유연성과 효율성 및 생산성을 높이는 측면에서 높은 잠재력을 가질 것이다. 린 시스템은 데이터의 증가와 공정 간, 설비 간의 상호 연결로 인해 제조현장의 변동성이 높아지고 점점 더 복잡해지는 한계에 도달하였다. 반면에 이러한 복잡성을 처리하고 유연성을 증가시켜 린 시스템의 한계를 극복할 수 있는 디지털화는 린 생산시스템을 기반으로 추가 잠재력을 실현할 수 있는 원동력이라 할 수 있다. 한편 디지털화하기 위해서는 우선적으로 생산시스템 및 정보흐름의 낭비제거를 통하여 프로세스를 린하게 정비하는 것이 전제되어야 효과가 극대화될 수 있기 때문에 상호보완적 관계가 성립된다.

Industry 4.0과 린 생산시스템의 차이는 근본적으로 접근방식은 다르지만 추구하는 목표는 동일하다. Industry 4.0의 구현은 생산시스템의 복잡성을 줄일 수 있고, 더 관리하기 쉬운 프로세스로 이어질 수 있다. 이러한 구현은 프로세스 및 조직의 투명성과 표준화가 필요하다. Industry 4.0 기술이 더 높은 효율성을 활용하기 위해서는 제조공정에서 린 생산시스템의 구현이 이미 완료되어 있어야 한다. 과거에는 생산시스템의 목표 생산성을 린 생산시스템으로 달성할 수 있었지만 지금은 Industry 4.0 기술을 도입하여 과거보다 생산성을 훨씬 더 높일 수 있다.

도요타는 "사물인터넷(IoT)에 근거한 생산시스템으로 전환하기 위하여 기존에 사용하고 있던 '일본 전기공업회'가 책정한 통신규격 'FL-net'이 아닌 글로벌로 검증되어 속도와 통합된 기능 안전성이 뛰어난 독일의 FA기기 메이커인 백호프 오토메이션(Beckhoff Automation)이 개발한 이더캣(EtherCAT)을 채택하였다. TPS를 IoT 시대에 맞추어 전 세계 공장에서 보다 많은 장비와 시스템을 연계해 실시간으로 대량의 데이터를 처리하여 수십 개의 공장이 마치 하나처럼 움직이게 한다는 전략이다. 이더캣을 활용하면 공장의 생산성이나 재고관리 등을 전 세계 공장 단위에서 실시간으로 최적화할 수 있다. 전 세계 공장 IT 네트워크의 연결을 통하여 생산성의 혁신을 도모하고 있다.

린 도구와 스마트 팩토리 운영기술과의 관계도를 정리하면 [표 1-6]과 같다.

표 1-6 | 린 도구와 스마트 팩토리 운영기술과의 관계도

구분		스마트 공장 관련 기술							
		사물인터넷 (Iot)	클라우드 (Cloud)	빅데이터 (Big Data)	인공지능 (AI)	로봇 (Robot)	가상/증강 현실 (VR/AR)	디지털트윈 (DT)	3D 프린팅 (3D Printing)
린 도구	풀(Full) 방식	●		●	●	●			
	흐름(Flow) 방식	●		●	●	●		●	
	생산평준화 (Line Balancing)	●	●	●	●		●	●	
	빠른 교체(전환) (SMED)						●	●	●
	자동화 (Autonomation)	●	●	●	●	●		●	
	실수방지 (Fool Proof)	●	●	●	●	●	●	●	
	지속적 개선 (Contionuous Improvement)	●	●	●	●	●	●	●	●
	눈으로 보는 관리 (Visual Management)						●		
	5S						●	●	
	TPM	●	●	●	●		●	●	●
	가치흐름도 (VSM)	●	●	●	●			●	
	표준화 (Standardization)	●	●	●		●	●	●	●

2. 린(Lean)과 빅 시그마(Big Sigma)

2.1 린(Lean) & 식스시그마(Six Sigma)

린과 식스시그마는 상호보완적인 개념이다. 린이란 프로세스의 VSM(Value Stream Map) 분석을 통하여 프로세스가 고객 관점에서 어떤 가치를 제공하는가, 제공하는 가치가 없다면 어떻게 이 프로세스를 없앨 것인가의 낭비제거 관점에서 생각하는 것이다. 즉, 가치를 창출할 수 있는 프로세스를 단순화하는 것이다.

식스시그마란 주어진 현상의 산포를 분석하여 산포를 최소화할 수 있는 최적조건을 찾고 이 수준을 유지할 수 있도록 조치하는 활동이다. 이러한 개선 활동의 결과 안정화된 상태에서 자동화 등 추가적인 조치를 통하여 불량발생방지시스템(Error Proof)을 구축하거나 산포를 안정화하는 4M 구조를 변경하는 조치를 취한다. 즉 단순화하고, 통합과정을 거쳐서 자동화로 완성하는 프로세스가 가장 합리적인 방법일 수 있다.

표 1-7 린과 식스시그마 비교

구분	린(Lean)	식스시그마(Six Sigma)
배경	• 제2차 세계대전 후 일본이 미국 자동차와의 경쟁력을 확보하기 위해 만든 TPS(Toyota Production System)	• TQM(Total Quality Management) 중심의 일본 품질운영시스템
목적	• 생산성 향상(Speed)	• 품질 향상(Quality)
목표	• 흐름생산과 낭비제거	• 공정능력(Process Capability) 개선과 변동제거
접근방법	• 기본 사상과 우수개선사례 학습	• 통계에 기초한 문제해결
과제선정	• 가치흐름도(VSM) 활용	• Big Y, QFD, 브레인스토밍 등
추진조직	• 전원 참여	• 챔피언, MBB, BB, GB, WB
교육과정	• Spot 형태의 교육 • Expert 양성	• DMAIC에 기초한 광범위한 교육 • MBB, BB, GB, WB
품질안정	• 우연원인 감소	• 이상원인 제거, 산포 개선
개선절차	• 실천의 경우 절차 없음 • PDCA(Plan, Do, Check, Action)	• DMAIC(Define, Measure, Analysis, Improve, Control)
개선도구	• VSM, Process Mapping, LCA, 5S, Visual Control, Poka-Yoke, Check Circle, Screening, SMED	• Z-Value, Gage R&R, ANOVA, QC 7 Tools, Hypothesis Test, Regression, DoE
개선효과	• 리드타임, 사이클타임 단축	• 원가절감, 품질개선

린과 식스시그마의 특징을 Kroslid(2001)의 분석을 참고로 항목별로 비교하면 다음의 표와 같이 정리할 수 있다.

린 경영에서는 가치와 낭비의 관점에서 분석하므로 일의 종류를 다음과 같이 3가지로 분류한다.

- VA(Value Added) : 고객 관점에서 가치를 창출하는 일로 경쟁우위 요소로 강화하여야 한다.
- NVA(Non-Value Added) : 고객 관점에서 비용을 지불하고 싶지 않은 일로 제거나 축소해야 한다.
- BVA(Business Value Added) : 고객이 비용을 지불하고 싶지는 않으나 법률, 규제 등의 이유로 요구되는 일이므로 최소화 활동으로 개선할 필요가 있다.

식스시그마에서는 양품과 불량으로 구분하여 품질개선을 추구한다. 개선 전과 개선 후의 이미지를 그림으로 표현하면 다음과 같다.

그림 1-3 | 린과 식스시그마의 개념 비교

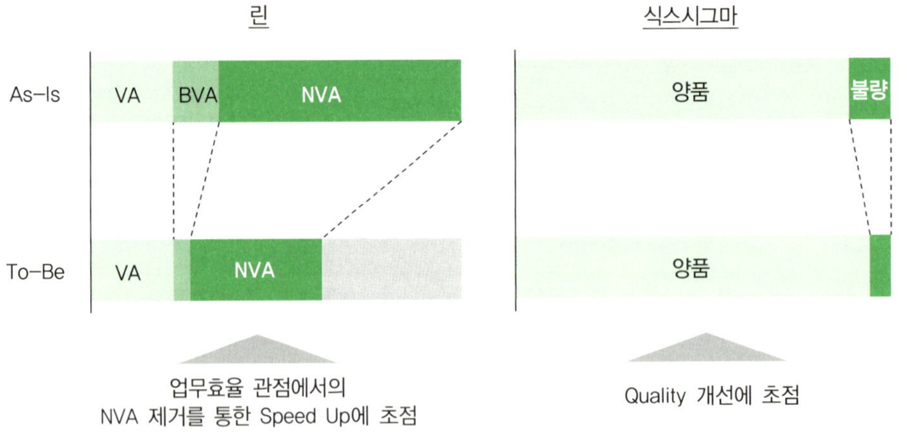

2.2 애자일(Agile)

2.2.1 애자일과 린

애자일(Agile)이란 '기민한', '민첩한'이란 뜻을 가지며, 린(Lean)은 사전적 의미로 '얇은', '마른'이란 뜻이다. 회사 전체 밸류 체인(Value Chain)의 전 과정에서 발생하는 낭비(로스), 특히 대기시간을 최소화하는 개념이다. 굳이 비교하자면 애자일은 민첩한 경영이라고 할 수 있고, 린은 군살 없는 경영을 달성하기 위한 낭비제거 경영인 것이다.

애자일과 린의 공통점은 다음과 같다.

1) 조직문화

린과 애자일 방법론 모두 절차와 툴(Tool)을 강조하는 것이 아니라 조직문화 차원에서 접근하고 있다. 두 방법 모두 사람에 대한 존중과 겸손을 강조하고 있으며 팀워과 인재 양성 그리고 성공적인 수행을 위한 투명성과 학습 가치를 중요시하고 있다.

2) 낭비 감소

린과 애자일 모두 지속적으로 낭비를 줄이는 것을 목적으로 하고 있다. 린은 제조현장에서 눈에 상대적으로 잘 뜨이는 낭비제거 활동을 강하게 전개한다. IT 산업에서 시작한 애자일은 눈에 잘 보이지 않는 프로그램 시 사용하는 코드(Code) 중에서 버그, 백로그, 중복된 코드 등을 낭비로 보고 이를 개선하고자 한다. 이러한 낭비는 결국 프로젝트의 리드타임을 증가시켜 고객의 불만족을 초래하고 기업의 원가를 상승시킨다.

3) PDCA를 활용한 지속적인 개선

린과 애자일 모두 데밍사이클(PDCA)을 활용하여 활동을 진행한다. 문제해결을 위해서 과제를 정의하고 실행 및 결과를 확인하고 피드백하는 PDCA 절차를 적극적으로 활용하고 있다.

4) 권한위임 및 자율 강화

린에서는 직원에게 결함 또는 불량을 발견했을 때 생산라인을 중지할 수 있는 권한과 더불어 문제해결 조치에 대해 의사결정을 내릴 수 있는 권한과 책임을 부여한다. 즉, 직원 스스로가 문제에 대한 원인과 해결안을 찾도록 격려하고 있다.

애자일 팀에서도 리더가 아닌 개인과 개인 서로에게 보고하는 자율팀을 운영하고 있고, 개인에게 부여한 책임과 권한 역시 린과 거의 비슷하다.

5) 눈으로 보는 관리

린과 애자일 모두 눈으로 보는 관리를 위한 다양한 방법을 활용하고 있다. 린에서는 간판(Kanban)이 있고, 애자일에는 스티커 메모와 스크럼 보드가 있다. 이를 통해 관리자 및 동료들과 문제 및 해결안에 대해 쉽게 의사소통을 할 수 있다.

그림 1-4 애자일의 간판

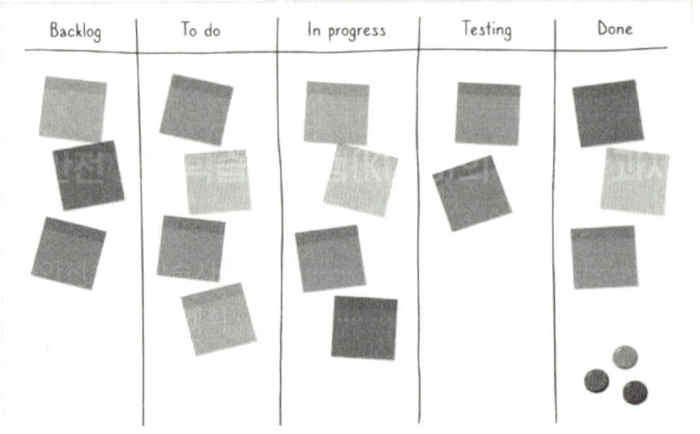

2.2.2 애자일 방법론 이해

애자일 활동을 가장 먼저 실시했던 IT 업계에서는 기존 업무 프로세스에 대한 반성에서부터 애자일 방법론 도입을 시작했다. IT 업계에서는 소위 폭포수 프로세스라고 불리는 Step by Step 절차를 활용하여 IT 개발 프로젝트를 진행하였다.

그림 1-5 폭포수 개발 방법론

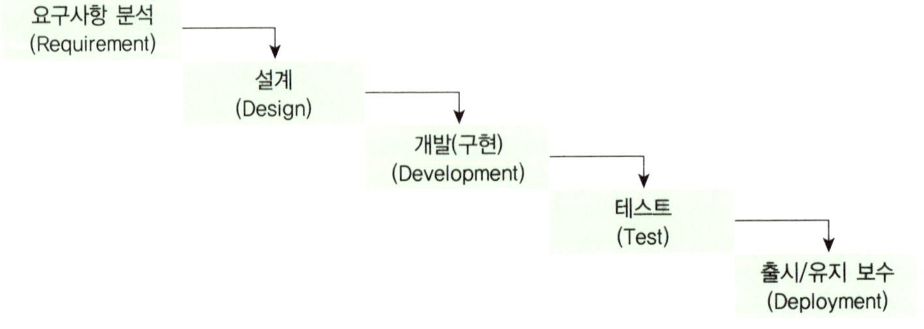

폭포수 방법론을 활용하여 웹 프로그램을 개발한다고 한다면 부서별 구체적인 업무는 다음과 같이 진행한다.

- 고객요구사항 분석(SME : Subject Matter Expert) : 업무 전문가 및 분석자
- 화면 설계서 작성 : 기획자 및 디자이너
- 화면 이미지 디자인 : 디자이너
- 퍼블리싱 : 퍼블리셔
- 백엔드(Back-end) 개발 : 서버 관련 개발자
- 프론트엔드(Front-end) 개발 : 프론트엔드 개발자
- 테스트 및 수정 : 시스템 기능 관련 테스트
- 출시 및 유지 보수 : 개발자

위와 같이 폭포수 모델을 활용하여 업무를 진행한다면, 단계별 업무를 담당하는 담당자들은 본인의 업무만 충실히 한다면 굳이 폭포수 방법론을 배울 필요가 없다는 장점이 있다. 폭포수 방법론은 고객의 요구가 변하지 않는다는 전제하에서는 효율적일 수 있지만, 그렇지 않을 경우에는 유연하지 못한 업무 프로세스라고 할 수 있다. 각각의 단계를 담당한 담당자는 본인의 업무 범위 이외에 다른 단계에 대하여 무관심할 수 있고, 고객 관점의 문제가 발생하더라도 민첩하게 대응하기 어렵다.

IT 프로젝트의 경우 고객의 요구사항을 이미지화하는데 한계를 가지고 있다. 고객부서의 업무 프로세스와 이슈를 완벽하게 이해하지 못한 상태에서 분석을 한다면, 고객의 소리와 IT의 분석가 사이에는 필연적으로 이해의 차이가 발생한다. IT 프로젝트 초기에 불완전한 고객의 이해는 여러 가지 이유로 인해 발생한다고 볼 수 있다.

① 고객의 IT에 대한 이해 정도가 상이하다

자칫 잘못하면 고객은 IT를 모든 것을 해결하는 마술 상자로 이해할 수 있다. 고객과의 접점에 있는 분석가는 고객과의 미팅을 통해 요구사항을 정리했다 하더라도 고객의 IT에 대한 이해 정도에 따라 변할 수 있는 가변적인 요소를 완전히 배제할 수는 없다. 따라서, IT 프로젝트 초기의 요구사항과 프로젝트를 진행하면서 변경하는 고객의 요구사항을 유연하게 반영할 수 없다면, 프로젝트 전반적인 진행 속도가 느려질 수 밖에 없다.

② 폭포수 모델의 하부에 있는 부서의 업무 부하 산포가 크다

군대에서 아침에 구보를 하면 앞 열이 어떻게 하느냐에 따라 뒤 열의 속도가 달라진다. 앞 열에서 조금만 빨리하면 뒤 열은 따라가기 바쁘고, 반대로 달리는 속도를 조금만 느리게 하면 뒤 열은 정체가 된다. 이렇듯 폭포수 모델의 뒤에 있는 개발자와 테스트 부서는 일정에 쫓기는 경우가 빈번하게 발생한다. 따라서, 폭포수 모델 뒤 또는 하부에 있는 부서의 업무량이 많아진다. 또한 전체 업무량의 평준화가 이루어지지 않아서 전체 프로젝트 종료 일정에 대한 예측이 어렵다.

③ IT 프로젝트 진행 중 수시로 발생하는 변화에 대응하기 어렵다

IT 프로젝트는 고객의 요구사항을 바탕으로 문서를 통해서 고객과 소통을 한다. 앞에서 이야기했듯이, 고객의 요구사항을 완벽하게 이해하고 분석한다는 것은 정말 어려운 일이다. 완벽한 이해가 없이 만든 화면 설계서, 이를 바탕으로 개발자가 진행한 프로그래밍, 완벽하지 못한 테스트 등을 유발하고 있으며, 불완전한 상태에서 프로젝트를 진행할 수밖에 없는 환경을 만들고 있다. 그럼에도 불구하고 개발 초기에 합의한 기능은 개발기간 중 변경하는 것은 용이하지 않고, 이것은 고객의 불만족으로 이어진다. 이렇게 지속적으로 변화하는 고객의 변경 요구사항 때문에 IT 프로젝트의 완료기간을 예측하는 것이 쉽지 않다. 이는 개발원가의 상승과 더불어 개발 완료한 시스템에 대한 고객의 활용도 저하로 연결되고 있다.

이러한 문제를 해결하기 위해서 애자일은 업무 추진에 있어서 핵심 가치와 원칙을 수립하고 프로젝트 팀원에게 주지시키고 있다.

1) 애자일 핵심가치

- 프로세스와 도구보다는 개인과 개인 간의 상호작용에 더 큰 가치를 둔다.
- 포괄적 문서보다는 동작하는 소프트웨어에 더 큰 가치를 둔다.
- 계약 협상보다는 고객과의 협력에 더 큰 가치를 둔다.
- 계획을 따르는 것보다 변화에의 유연한 대응에 더 큰 가치를 둔다.

핵심가치를 살펴보면, 프로젝트 진행 시 '변화는 필연적이다'라는 것을 전제하고 있음을 알 수 있다. 프로젝트 미래에 대해서 예견하지 말고, 현재 진행 중에 발생하는 변화에 대해서 민감하게 대응하고, 발생에 대한 대처의 권한과 책임을 관리자가 아닌 개발자들에게 하부 전개하여 빠른 의사결정을 유도하고 있다.

2) 애자일 원칙

- 고객만족은 항상 우선순위가 가장 높으며, 신속하고 지속적인 서비스 제공을 통해 달성한다.
- 고객의 경쟁력 향상을 위해서라면 비록 개발 후반부일지라도 요구사항 변경을 기꺼이 수용한다.
- 더 높은 빈도로 제품과 서비스를 고객에게 제공한다.
- 이해당사자(고객 포함) 및 개발자는 매일 긴밀하게 협업한다.
- 동기가 부여된 개인들로 프로젝트 멤버를 구성하고, 그들에게 프로젝트 성공에 필요한 환경과 지원을 제공하며, 일을 잘 마무리할 수 있도록 신뢰해야 한다.
- 면대면 회의는 프로젝트 성공을 위한 가장 효율적이고 효과적인 형태다.
- 최종 동작 제품(시스템)은 궁극적인 성공의 지표다.
- 지속가능한 개발은 개발팀과 이해당사자가 지속적인 속도를 유지할 수 있는 애자일 프로세스를 통해 달성한다.
- 기술적 탁월성과 좋은 설계가 갖는 지속적인 관심이 민첩성을 높인다.
- 단순함은 필수적인 요소이다.
- 최고의 아키텍처, 요구사항, 설계는 자기 조직 또는 팀에서 나타난다.
- 정기적으로 어떤 방법이 팀에 더 효과적일지를 고려하여, 이에 따라 팀의 행동을 조율하고 조정해야 한다.

애자일 원칙은 본인이 담당하는 절차에 대해서 뿐만이 아니라 프로젝트 전반에 대한 이해도를 높이고 민첩하게 업무를 수행할 것을 요구하고 있다. 이것이 기존의 폭포수 방법론과 크게 차별화가 되는 요소이다. 따라서, 애자일 방법의 핵심은 프로젝트 전체를 관리 대상으로 하면서, 이를 작은 단위로 잘라서 변화에 대응을 빨리하여, 궁극적으로 고객이 만족하는 프로젝트를 효율적으로 달성하고자 하는 것이다.

전체 프로젝트를 세분화한 짧은 단위(스프린트 또는 이터레이션이라고 함)로 구분하여 고객의 평가와 요구를 적극적으로 수용, 반영, 수정을 통해 단계별 결과물의 완성도를 높인다.

| 그림 1-6 | 애자일 방법론 이해

2.2.3 제조현장에 애자일 방법론 적용

기존의 제품 개발 프로세스는 IT의 개발 방법론과 유사한 Step by Step의 프로세스를 가지고 있다.

| 그림 1-7 | 제품 개발 프로세스

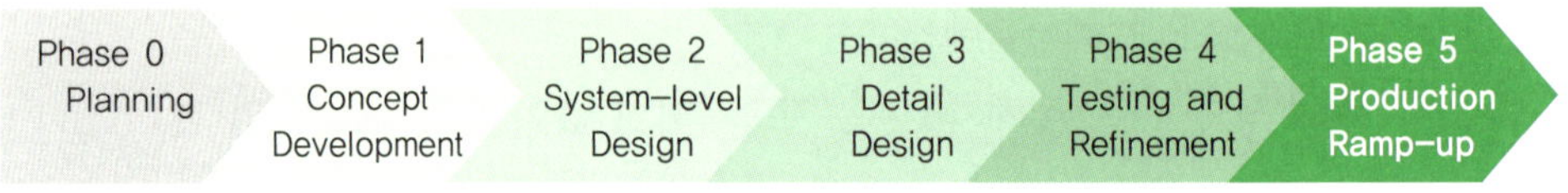

제품 개발 프로세스 또한 앞 단계의 진행 속도와 종속적인 업무 프로세스이다. 앞 단계에서 완료하지 못하면 프로세스 뒤에 있는 부서는 업무를 진행할 수 없음으로 인하여 업무량의 산포가 클 수밖에 없다. 이런 문제를 해결하기 위해 도입한 개발 방법론이 바로 '동시진행형(Concurrent)' 개발 프로세스이다.

마케팅, 개발, 영업, 생산부서 담당자들을 하나의 팀으로 만들고 제품 개발 초기 단계인 고객요구 분석에서부터 제품 양산 및 출시까지 동시에 진행하는 개발 방법론을 동시진행형(Concerrent) 개발 프로세스라고 한다.

최근 제조업의 환경 변화를 보면, 빠르게 변하는 고객의 요구 변화에 따라 제품의 라이프사이클(Product Life Cycle)이 단축하고 있으며, 고객의 단납기 비중의 증가와 이미 주문한 오더에 대한 변경률이 높아지고 있는 추세이다. 제품 변화가 상대적으로 크지 않은 의약품의 경우도 제품 라이프사이클이 과거 평균 13년에서 10년으로 줄어들고 있다. 이는 점점 더 가속화될 것으로 예측된다. 이러한 환경 변화를 극복하기 위해서 많은 제조업체는 고객요구의 급격한 변화와 동기화된 수요의 변화에 유연하게 대처하기 위해 많은 노력을 하고 있다.

현대자동차의 경우 2019년 말부터 신차 개발 프로세스 재설계 프로그램을 적용하여

▌그림 1-8▐ 기존 제품 개발 방법론과 동시진행형 개발 방법론 비교

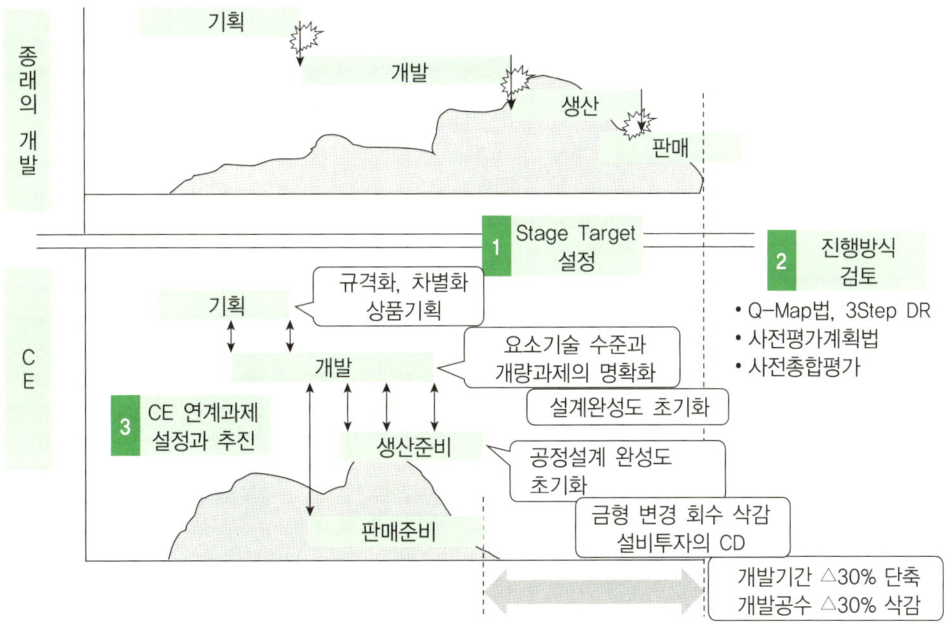

신차 개발기간을 36개월에서 24개월로 단축하고 있다. 이러한 활동은 '풀체인지 · 페이스리프트' 교체주기가 빨라지게 되며 플랫폼 공용화로 라인업의 다양화 전략을 통하여 시장 변화 및 소비자 요구에 유연하게 대응할 수 있게 된다.

[그림 1-9]는 납땜에 사용되는 주요 솔더의 성숙단계 수명주기가 SnPb의 경우 30년 이상에서 최근 Lead-Free 경우 8년 정도로 단축되는 추세를 보여주고 있다.

▌그림 1-9▐ 주요 솔더 재료의 수명주기 추세

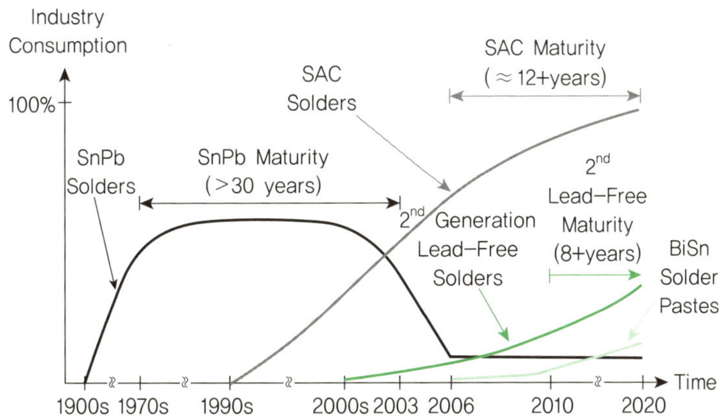

출처 : Chien-Ming Huang et al.(2019), "Life cycle trends of electronic materials, processes and components."

생산현장의 유연성을 저해하는 가장 큰 요소 중의 하나가 생산 프로세스(직접 부서)와 지원 프로세스의 업무 리드타임의 큰 차이(Gap)이다. 기존 생산라인에 원활하게 자재(Material)를 공급한다면, 생산라인의 제조 리드타임은 몇 시간인 것에 비해, 지원 부서의 리드타임은 며칠 또는 몇 개월이 걸리고 있다.

그림 1-10 생산 프로세스와 지원업무 프로세스 리드타임 자동차 산업 차이 분석

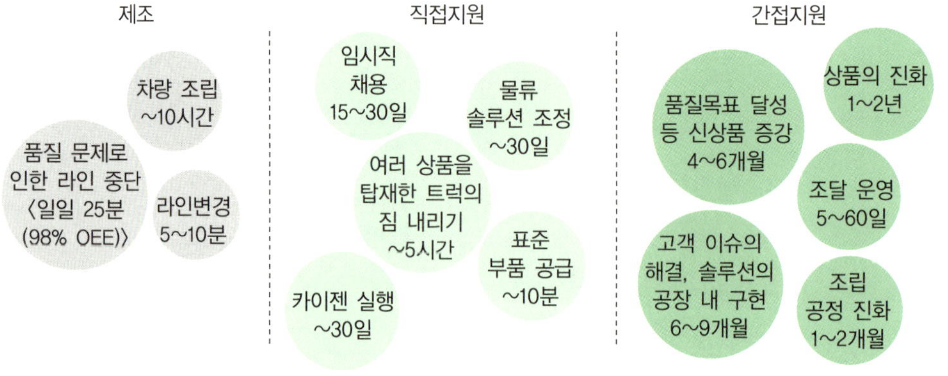

출처 : 보스턴컨설팅그룹

린 활동을 통해서 개선 완료한 생산라인의 유연한 운영을 위해서는 생산현장의 노력뿐만 아니라 지원부서의 협업이 필수적이다. 고객 중심과 적응성을 극대화하고, 팀의 권한을 확대하며, 생산 직접부서와 간접부서의 협업 속도를 빠르게 하기 위해서 애자일은 방법론을 제조현장에 도입한다면, 고객요구사항 변화에 대한 제조현장의 문제를 해결하는 데 큰 도움이 될 것이다.

2.3 빅데이터(Big Data)

2.3.1 정의

빅데이터란 정형, 비정형(사진, 문자 등)을 포함한 다양한 종류의 형식과 규모가 다양하고 데이터 축적 속도가 매우 빨라 기존의 데이터베이스로 처리할 수 있는 역량을 넘어서는 초대용량(테라바이트 또는 페타바이트급)의 정형, 비정형 데이터를 모두 포함하는 것을 말한다.

빅데이터는 데이터 크기뿐만 아니라 최근 발전하는 기술에 따라서 대규모 데이터로부터 효율적으로 가치를 추출하고, 데이터의 초고속 수집, 발굴, 분석을 지원하도록 고안된 차세대 기술 및 아키텍처를 포함하는 포괄적 의미로 확대되고 있다.

빅데이터는 전통적인 3V에서 가치를 추가하여 4V로 특징지을 수 있다. 4V는 데이터 양(Volume), 수집/처리 속도(Velocity), 데이터 유형의 다양성(Variety), 데이터 가치(Value)이다. 앞서 3V는 속성적인 측면이라면 가치(Value)는 기업 등이 궁극적으로 창출하고 고민하여야 할 영역이다.

방대한 빅데이터로부터 숨겨져 있는 패턴과 그동안 알려지지 않았던 정보 간의 관계를 찾아내고 비즈니스 의사결정을 지원할 수 있도록 수집하고, 분석할 수 있는 기술적 바탕이 되는 빅데이터 분석 솔루션은 소프트웨어와 하드웨어로 구성되어 있다.

빅데이터의 활용 증가는 산업의 투명성이 좋아지고, 소비자의 숨겨진 니즈를 찾아낼 수 있으며, 각종 산업의 트렌드 예측 및 의사결정 지원 등 다양한 분야와 혁신에 활용되고 있다.

그림 1-11 빅데이터 개념도

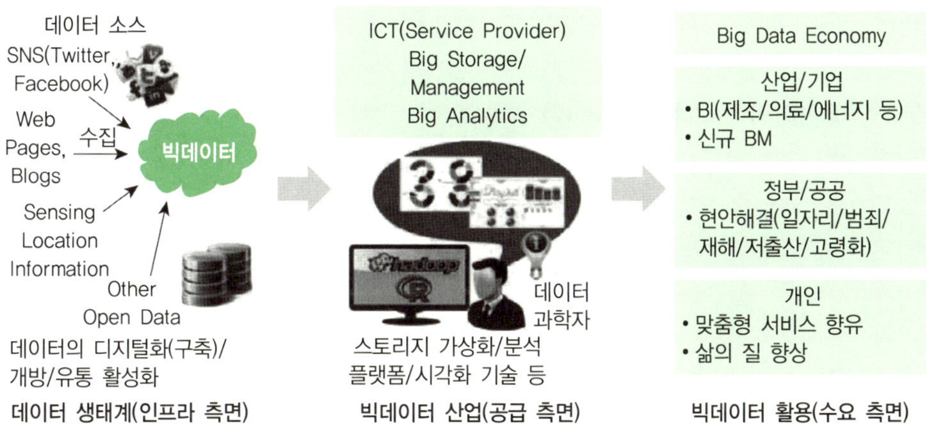

출처 : 중소기업전략기술로드맵 2121~2023 빅데이터, 중소벤처기업부, TIPA(중소기업기술정보진흥원)

2.3.2 필요성

코로나19로 인하여 언택트 환경은 빅데이터 수집 및 활용성이 급격히 증가하고 있다. 예를 들어 코로나19 확진자가 발생하는 경우 확진자 최근 동선을 모바일 데이터, 신용카드 사용 실적 및 CCTV 데이터 등을 활용하여 분석하고 접촉자를 파악하는데 활용하고 있다. 또한 홈 중심의 스마트화와 홈코노미 경제라 불리는 홈 블랙홀 현상에 따라서 인터넷 주문 폭증과 유튜브, 넷플릭스와 같은 동영상 시청의 증가는 2020년 전년도 대비 SNS 버즈량(특정 주제에 대한 언급량)은 15배 증가, 온라인 배송량은 약 3

배 증가하여 빅데이터는 현실화되었다.

빅데이터로부터 새로운 가치와 혁신을 창출하기 위한 관련 기술이 발전하고, 적용되는 분석기법에 따라 다양한 활용분야에서 유의미한 지식 창출이 가능하게 되었으며, 그에 따른 데이터 트래픽을 원활하게 하기 위한 민간 및 공공부문의 사회적 비용도 증가하고 있다.

빅데이터 산업은 오픈소스 중심의 소프트웨어 산업으로 중소기업에 적합한 산업인 동시에 비즈니스에 활용하려는 수요가 시장성장을 견인하는 현 우리나라에 적합한 산업으로 발전하고 있으며, 제조분야에서는 스마트 팩토리 구축 활동이 꾸준히 증가하고 있다. 스마트 팩토리에는 고객정보 파악, 설계 반영, 생산 운영 등에 빅데이터 기술이 적용되어 제품 및 서비스의 품질 향상과 공정성을 높이는 역할을 하고 있다. 국내 대기업뿐만 아니라 중소기업에서도 빅데이터를 활용한 공정 안정화와 예지보전 활동 등에 활용하는 추세이다.

공급망 측면에서도 빅데이터는 물류, 재고관리, 상품구성, 마케팅 등 다방면으로 활용되어 의사결정에 커다란 기여를 하고 있다.

2.3.3 빅데이터의 신뢰성(Veracity)

방대한 양을 초 단위로 수집한다고 할 경우, 어떻게 신뢰성 있는 빅데이터를 만들 것인가 하는 고민은 실무적으로 도전적인 과제라고 할 수 있다. 무조건 많이가 아니라 적절한 간격이 오히려 해석의 신뢰도를 높일 수 있다. 측정을 위한 다양한 센서관리, 데이터의 유실 방지, 데이터의 보완 등 빅데이터 수집설계는 앞으로 가치있는 빅데이터를 구축하기 위해 가장 먼저 확보해야 할 특징이다.

현재 많은 기업들은 이런 빅데이터를 수집, 분석하여 빠른 시간 안에 정보를 획득하여 경영활동에 활용하기 위해 많은 투자와 노력을 하고 있다. 하지만, 빅데이터를 고민하기 이전에 현재 수집하고 있는 데이터의 종류를 확인하고, 이를 먼저 적극적으로 활용하여 실무(현장)문제를 해결하는 것이 선행되어야 할 것이다.

2.4 빅 시그마(Big Sigma)

최근 IoT 기술과 네트워킹 및 컴퓨팅 기술이 발전하면서 현장에서 수집하는 데이터의 양이 급격하게 증가하고 있다. 현장에서 실시간으로 수집하는 빅데이터를 활용한다면 또 다른 개선과 혁신의 기회가 있을 것이다. 빅데이터를 식스시그마 활동과 접목하여 혁신 활동으로 전개하는 것을 빅 시그마라고 한다.

식스시그마 활동을 수식으로 요약하면 고객 관점의 CTQ(이를 Y라고 한다면)를 최적화하기 위해서 치명인자를 선별한 다음 CTQ와 치명인자와의 최적화된 함수식을 찾는 것이라고 할 수 있다.

$$Y = f(x's)$$

위의 식에서 Y, x 데이터를 이제는 원하는 시간에 실시간으로 수집할 수 있다. 기존 식스시그마 방법에서는 수집한 데이터(샘플)를 활용하는 정적(Static) 최적화 개념이었지만, 이제는 실시간 수집이라는 동적(Dynamic) 최적화 개념으로 활동의 방향을 변경할 수 있다. 즉, 식스시그마 활동의 결과로 얻은 최적화 함수식을 현장의 실시간 변화에 연결하고 현장 지식과 접목하여 미래를 예측하고 실행을 준비하는 방향으로 개선과 혁신 활동을 전개해 나갈 수 있다. 이런 접근방법은 데이터 수집 시점의 최적화가 아닌 미래의 위험(Risk)을 미리 감지하고 미래 생산환경을 최적화하는 선제적인 활동과 행동을 가능하게 해준다. 이를 통해 제조현장에서 발생하는 산포를 최소화함과 동시에 생산성을 최대화할 수 있는 그동안 확인하기 어려웠던 현장 지식의 축적과 함께 통찰력(Insight)을 얻을 수 있다.

제조현장에서는 생산 중에 발생하는 산포를 줄이기 위해 오랫동안 다양한 활동을 진행해 왔다. 린 생산방식의 기본 활동인 3정 5S부터 식스시그마 활동까지 현장을 중심으로 많은 개선과 혁신 활동을 전개해 왔다. 하지만, 부정기적으로 발생하는 설비 운영상의 문제, 품질의 갑작스런 하락 등 해결하고 개선해야 할 영역이 아직도 남아있는 것이 사실이다. 그동안 생산현장에서는 산포의 원인이 되는 4M 중에서 설비(Machine) 조건의 최적화에 많은 신경을 써 왔다. 작업자의 표준의 준수, 환경의 변화 등은 측정하는 데 어려움이 있어서 확인하기가 어려웠다. 하지만 빅데이터를 활용함으로써 접근이 용이하지 않았던 작업자의 작업표준 준수 여부를 확인하는 문제와 설비의 점검 주기 예측과 조치 그리고 제조 환경(Environment)의 변화와 CTQ와의 관련성을 분석하여 대처하는 문제(Issue) 등을 해결할 수 있는 대안이 되고 있다.

또한 정형화된 데이터가 아닌 사진, 동영상 등 비정형화 데이터를 활용하여 현장의 안전 관련 문제, 품질검사의 일관성 확보 문제 등을 해결하는 데도 많은 도움이 된다.

▌그림 1-12 ▌제조현장의 혁신 활동 역사와 성과

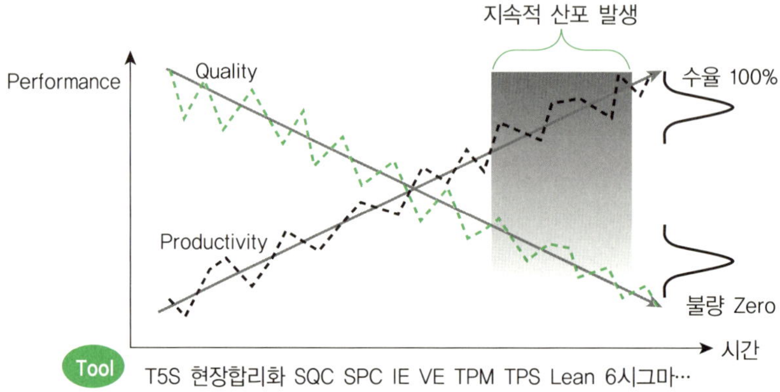

2.5 린 식스시그마

린(Lean)이 프로세스(생산) 흐름을 최적화하기 위하여 낭비제거에 초점이 맞춰져 있다면 식스시그마는 프로세스의 결함인 산포 감소나 품질개선이 목표다. 쉽게 말해 식스시그마는 품질, 린은 생산성 향상과 스피트 개선에 1차적 지향점이 있는 셈이다. 프로젝트 개선효과도 린이 프로세스 각 활동에서 진행되는 요소들의 흐름을 방해하는 비 부가가치 활동을 제거하여 리드타임이나 사이클타임 감소에 있다면, 식스시그마는

▌그림 1-13 ▌린과 식스시그마 관계

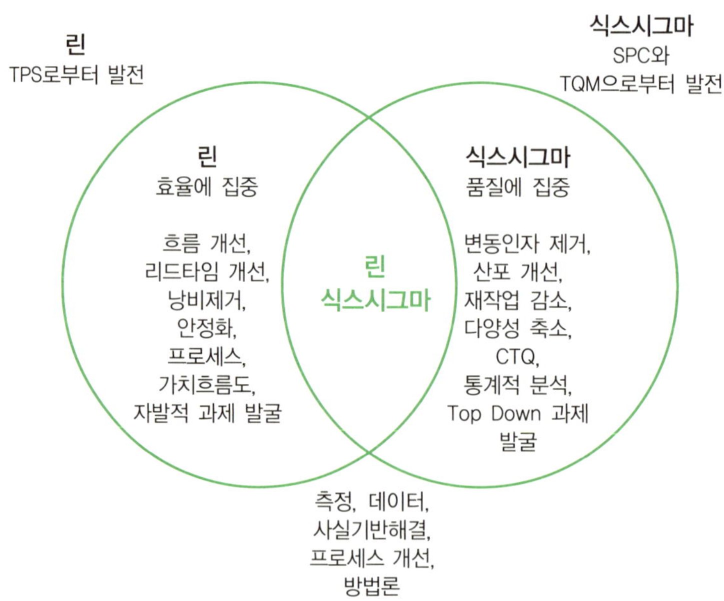

주요 인자의 산포 개선과 원인 제거를 통한 누적수율 개선으로 원가 절감과 품질 개선에 맞춰져 있다. 또한 린은 프로세스를 통계적으로 관리상태에 이르게 할 수는 없으며, 식스시그마는 단독으로 프로세스의 속도나 투하자본 회전율을 획기적으로 향상시킬 수 없는 취약점을 갖고 있다. 이 때문에 문제 유형에 따라서 린과 식스시그마를 개별적으로 활용하거나, 이 두 가지의 특징을 통합 운용하여 시너지효과를 내는 것도 좋은 방법이다.

3. 데이터와 정보

3.1 데이터의 이해

우리는 일상생활에서 수없이 많은 의사결정을 하면서 살아간다. 점심에 무엇을 먹을 것인가 하는 것에서부터 사업의 방향을 어디로 할 것인가 등등 매일 매일 무엇인가를 계속해서 의사결정을 할 수밖에 없다. 합리적인 의사결정을 할 때 우리는 크게 두 가지 방법을 활용하고 있다고 볼 수 있다.

첫째, 과거 경험을 바탕으로 좋았던 선택지를 활용하는 방법
(비슷한 원인으로 인한 문제일 경우)

둘째, 데이터를 활용하여 확인한 다음 해결 가능성이 높은 것을 선택하는 방법
(과거의 경험으로 해결하기 어려운 새롭게 확인한 문제일 경우)

이렇듯 데이터는 우리가 의사결정을 할 때 중요한 역할을 하고 있는 것이 사실이다. 하지만, 한 번 더 생각해보면 데이터를 가공하여 정보(Information)화한 후에 이 정보를 활용하여 의사결정을 하고 있다. 이렇듯 데이터와 정보는 부지불식간에 우리의 삶에 깊숙이 영향을 주고 있는 것이 사실이다.

그렇다면 데이터와 정보의 차이는 무엇인가?

- 데이터 : 사실(Fact)를 측정하여 수집한 수치
- 정보 : 목적과 의도에 맞게 데이터를 가공하여 처리한 결과값

예를 들어 우리나라 기상청은 순간 순간 변하고 있는 온도, 강수량 등을 측정하여 국민들에게 제공하고 있다. 이를 데이터(자료)라고 한다. 데이터를 활용하여 특정 지역의 연평균 온도, 연평균 강수량 등으로 변환을 할 수 있다. 이렇게 데이터를 요약 등을 통해서 정리한 것을 정보라고 한다. 농사를 짓는다면 이 정보를 활용하여 어떤 농작물을 재배해야 할 것인지, 관개 수로 등은 어떻게 정비해야 할지에 대한 의사결정을 내릴 수 있다. 물론 농업에 종사하는 사람이 아니라 여행을 계획하는 사람이라면 날씨 데이터를 참고하여 어느 시기에 여행을 가야 할지, 여행 시 준비해야 할 것은 무엇인지 등에 대한 의사결정을 내릴 수 있다. 댐을 관리하는 사람이라면 월별 강수량의 차이를 확인하고 싶을 것이다. 이럴 경우 월별 강수량 평균의 그래프와 월별 평균 차

이를 계산해서 언제 수문을 열고 닫을지에 대한 의사결정을 할 것이다. 하지만, 일반 회사원의 경우는 특별히 이런 데이터가 필요하지 않을 것이다. 단순히 내일의 날씨가 어떤지만 알면 일상생활을 하는 데 불편함이 없기 때문이다.

따라서, 동일한 데이터라도 사람에 따라서 의미 없는 데이터가 될 수 있으며, 사람의 의도와 목적에 따라 동일한 데이터라도 정보화하는 방법과 정보의 내용이 다를 수 있다. 이렇듯 데이터는 사실(Fact)을 측정이라는 행위를 통해서 수집한 가공되지 않은 상태의 수치이고, 정보(Information)란 어떠한 목적과 의도를 가지고 수치를 가공한 상태인 것이다.

❙ 그림 1-14 ❙ 데이터와 정보의 관계

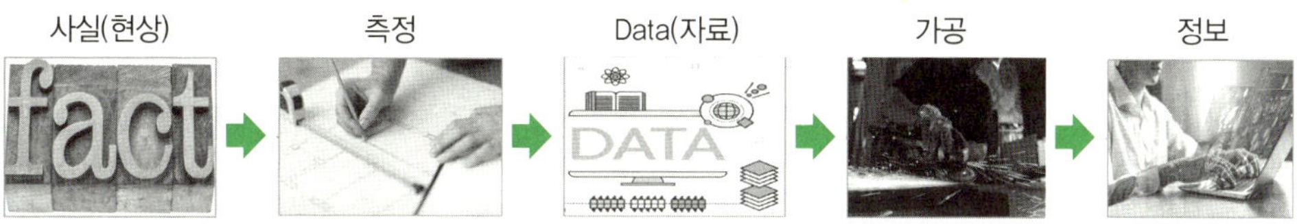

3.2 데이터의 종류

우리가 일상에서 접할 수 있는 데이터의 종류는 크게 4가지로 나눌 수 있다. 데이터의 형태를 이해하는 것이 중요한 이유는 데이터의 형태를 결정하면 분석의 방법과 분석을 통해 얻을 수 있는 정보의 한계가 결정되기 때문이다. 따라서 의사결정을 위한 데이터 수집을 계획할 때 심사숙고해서 데이터 형태를 결정해야 한다.

❙ 그림 1-15 ❙ 데이터의 종류

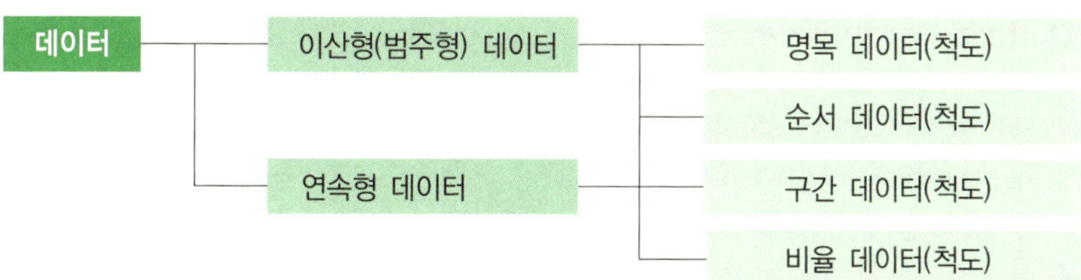

데이터는 실무적으로는 크게 이산형과 연속형 데이터로 나눌 수 있다. 실제 현장에서 활용도를 높이기 위해서는 가능한 한 연속형 데이터로 수집을 해야 하고, 이산형 데이터일 경우에는 연속형 데이터로 대체할 수 있는 대체 변수가 있는지에 대해 먼저

고민을 해야 한다. 왜냐하면 이산형 데이터는 연속형 데이터에 비해서 가지고 있는 정보량이 작기 때문에 분석 시 한계에 부딪히는 경우가 많기 때문이다.

예를 들어 개인별 지각 여부를 확인하기 위해 데이터를 수집한다고 하자.

- 연속형 데이터 : 실제 도착시간을 기록 : 8시 39분, 8시 40분, 8시 55분
- 이산형 데이터 : 오전 9시 이전에 도착하면 ○, 이후에 도착하면 × : ○, ○, ×

동일하게 3개의 데이터를 수집했을 경우 이산형으로 데이터를 수집했을 경우에 우리는 세 사람 모두 9시 이전에 도착했다는 정보밖에는 확인할 수 없다. 하지만 연속형으로 수집했을 경우에는 9시 이전에 도착했다는 정보와 더불어, 평균, 산포, 제일 빨리 도착한 사람, 제일 늦게 도착한 사람이 누구인지 등등 다양한 정보를 확인할 수 있다. 또한 연속형 데이터는 필요에 따라서 언제든지 이산형으로 변환해서 분석에 활용할 수 있지만, 이산형 데이터는 연속형으로 변환하는 것은 불가능하다.

1) 명목 데이터

데이터가 특정 집단 또는 구분을 나타내는 경우에 명목 데이터라고 한다. 예를 들어 남/여, 양품/불량, 맞다/틀리다, 직업, 학력, 국가 등등이다.

명목 데이터는 말 그대로 구분을 해놓은 데이터기 때문에, 크고 작은 차이를 구분할 수 없고, 사칙연산도 할 수가 없다. 따라서 데이터의 종류 중에서 정보를 가장 적게 가지고 있다. 명목 데이터를 분석했을 경우 Counting(개수), Percentage(%)로 요약하는 정보만 제공한다.

2) 순서 데이터

명목 데이터와는 달리 순서(또는 서열)를 구분할 수 있는 데이터를 순서 데이터라고 한다. 예를 들어 1등급/2등급/3등급, 학력수준, 선호도, 설문조사의 만족도 등등이다.

순서에 대한 정보를 가지고 있기 때문에 명목 데이터보다는 좀 더 많은 정보를 가지고 있다. 명목 데이터와 같이 개수와 %로 요약해서 정보를 제공한다. 순서 데이터도 사칙연산을 할 수가 없지만, 설문조사의 경우 연속형처럼 처리해서 평균, 표준편차 등을 계산해서 분석하기도 한다.

설문조사의 리커드 척도인 경우 순서 데이터이지만, 비율 데이터인 것처럼 처리하여 연속형 데이터의 분석을 진행할 수 있다.

3) 구간 데이터

양적인 차이를 측정하기 위하여 측정 척도 간 간격을 균일하게 나눠서 측정한 데이터를 말한다. 가장 대표적인 것이 온도다. 온도 데이터는 온도를 1도, 2도로 나눠서 측정하는 것은 온도의 척도 간격을 동일하게 나눠서 측정한 결과이고, 양적인 차이를 확인할 수 있기 때문에 더하기 빼기 연산이 가능하다. 다만, 온도 0도라고 해서 절대적인 시작점인 0을 의미하지는 않고, 다만 얼음이 어는 온도를 나타내는 것이다.

실제 일상생활에서 흔하게 접할 수 있는 종류는 아니다.

4) 비율 데이터

구간 데이터에서 절대적인 원점(0)이 존재할 경우 이를 비율 데이터라고 말한다. 몸무게, 키, 거리 등은 0을 원점으로 하여 측정을 하고 있기 때문에, 데이터 종류 중에서 가장 많은 정보를 가지고 있다.

비율 데이터는 사칙연산을 통해 다양한 통계적 분석에 활용할 수 있다. 여기서 의문이 드는 것은 설문조사에서 흔히 사용하는 리커드 척도는 보기에는 구간 데이터로 보이지만 실제 분석에서는 비율 데이터처럼 활용하고 있다. 이는 사람이 심리적으로 절대적인 0을 기준으로 해서 의사결정을 하기 때문이 아닐까 하는 생각이다.

앞에서도 이야기했지만, 어떤 종류의 데이터를 수집하느냐에 따라서 이미 분석의 한계와 획득할 수 있는 정보의 종류가 결정되기 때문에 어떤 정보를 어떻게 활용해야 할지에 대해서 충분한 고민을 한 후 데이터의 종류와 수집방법 등을 결정해야 한다.

흔하게 하는 실수 중의 하나가 무조건 데이터를 수집하고 난 후에 분석을 진행하다가 수집하는 데이터의 종류를 잘못 선정했다는 것을 깨닫는 것이다. 따라서 데이터를 수집하기 전에 수집의 목적에 맞는 종류의 데이터를 선정하는 설계단계가 매우 중요하다.

3.3 정보의 종류

우리가 데이터를 체계적으로 수집하여 활용한다면 어떤 장점이 있을까? 예를 들어 다음과 같은 목적으로 데이터를 수집한 경우를 살펴보자.

1. 데이터 수집 목적 : 사출 금형의 온도 압력의 시간대별 수준을 확인하여 제품의 품질에 영향도를 확인하고 품질을 향상함.
2. 데이터 수집 방법 : 설비의 압력과 온도에 센서를 부착하여 데이터를 수집함.
3. 데이터 분석 방법 : 온도/압력의 변화에 대한 그래프 분석
   온도/압력의 이상 변화 유무 확인

위의 예는 생산공정에서 생각할 수 있는 일반적인 데이터 수집 계획이다. 사례에서 보면 데이터 수집의 목적은 공정 중 발생하는 온도와 압력의 변화를 확인하여 품질 향상의 기회를 확인하고자 하는 것이다. 시간별로 변하는 온도와 압력의 변화를 그래프로 그려보면 쉽게 확인할 수 있을 것이다. 이렇듯 데이터를 통해서 가장 먼저 확인할 수 있는 정보는 바로 '내가 확인하고 싶은 정보'이다. 즉, 데이터와 정보를 활용해서 데이터를 수집한 목적과 직접적으로 관련된 정보를 확인할 수 있다.

다음 페이지의 그래프를 보고 정보를 확인해보자.

- 압력 : 설비의 압력을 PLC로부터 데이터 수집
- 온도 : 금형에 온도 센서를 부착하여 데이터 수집

[그림 1-16]의 그래프는 시간별로 변화하는 압력과 온도의 변화를 나타내고 있다. 시간별로 압력과 시간이 어떻게 변하고 있는지 그리고 온도의 변화 중에서 다른 작업보다 온도가 높거나 낮거나 하는 것을 확인할 수 있다. 이렇게 데이터를 수집해서 얻을 수 있는 첫 번째 정보는 바로 '내가 확인하고 싶은 정보'인 것이다.

하지만 데이터를 활용하면 기대하였던 정보 외에 다른 정보를 얻을 수 있는 가능성이 높아진다. 압력의 변화를 나타내는 그래프를 다른 시간에서 보면 작업자가 작업을 시작할 때는 압력이 올라가고, 작업을 하고 있지 않을 때는 압력은 '0'이 됨을 알 수 있다.

그림 1-16 사출 금형 설비의 압력 실시간 데이터

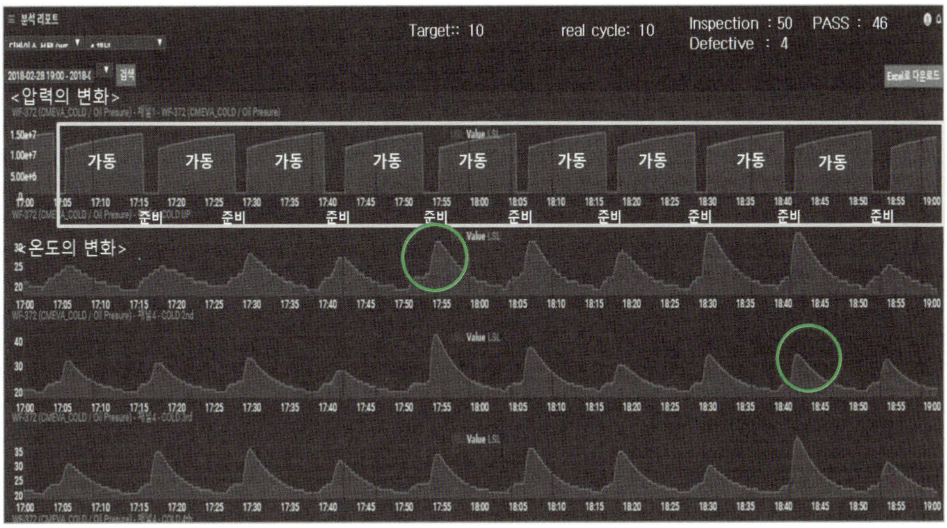

이는 'X축이 시간'의 흐름을 나타내고 있기 때문에 이를 활용하여 데이터를 가공하면 작업자의 작업 시간과 휴지 시간(설비 입장에서 본다면 가동 시간과 비가동 시간)에 대한 데이터를 얻을 수 있다. 이를 활용하여 우리는 '기대하지 않았던 정보'를 얻을 수 있다.

원래 데이터 수집의 목적이 아니었던, 작업자들의 작업 표준(사출 작업의 표준 작업 시간, 준비 작업 시간의 표준 시간)을 잘 지키고 있는지 여부를 확인할 수 있다. 이렇듯 데이터를 체계적으로 잘 수집한다면 '생각하지 못했던, 기대하지 않았던 정보'를 확인할 수 있는 소중한 자산이 된다.

마지막으로 얻을 수 있는 정보는 바로 '예전에 우리가 잘못 알고 있었던 정보'를 확인할 수 있다는 것이다. 위의 사례의 경우 현재 작업 표준으로는 금형 작업 시 최고 온도는 '40도'라는 가정을 해보자. 그런데 데이터를 통해 확인한 바로는 '35도'에서도 품질에 이상이 없는 결론을 얻었다면 향후 작업 표준은 40도에서 35도로 바꿔서 현장에 적용할 수 있을 것이다. 이렇듯 데이터는 경험을 통해서 또는 선배의 가르침을 통해서 알고 있었던 잘못된 정보를 확인할 수 있는 기회 또한 제공하고 있다.

이는 새롭게 변화하는 경영환경 속에서 정말 중요한 점을 시사하고 있다. 매슬로우(A. H. Maslow)는 "사람은 변화를 말하고 있지만 정말 변화하기는 어려운 존재"라고 한다. 우리 몸은 우리 몸에 다른 것이 들어오면 환영하는 것이 아니라 공격해서 없앤 다음, 우리 몸의 항상성을 유지하려고 한다. 어쩌면 이런 특성 때문에 사람이 새로운 것을 받아들인다는 것은 말처럼 쉬운 것이 아닐 것이다. 또한, 조직도 이전의 경험을 통해 만들어진 하나의 표준을 변경한다는 것은 결코 쉬운 일은 아니다. 이 또한 조직도 변화보다는 안정성을 우선하고 있기 때문일 것이다.

하지만 표준을 작성했던 시기로부터 시간은 많이 흘렀고, 이에 따라 기업을 둘러싼 환경도 변했고, 기술수준도 변했다. 표준을 이런 변화를 반영하여 실시간으로 변경을 해야 하는데, 이것이 결코 쉬운 일은 아니다. 왜냐하면 표준을 변경해야 하는 객관적이고 확실한 정보를 제공해야만 변경할 수 있기 때문이다. 이렇듯 과거에 만들어진 사고의 틀에 대해 변경을 해야 하는 이유를 설명할 수 있는 효과적이고 효율적인 방법이 바로 데이터와 정보를 활용하는 것이다.

이렇듯 데이터를 활용하여 우리가 얻을 수 있는 정보는 크게 세 가지로 요약할 수 있다.

첫째, 우리가 확인하고 싶고, 알고 싶은 정보

둘째, 우리가 생각하지 않았고, 기대하지 않았던 정보

셋째, 우리가 그동안 잘못 알고 있었던 정보

변화의 속도가 어느 때보다도 빠른 요즘 데이터의 중요성이 더 강조되는 이유가 여기에 있다.

3.4 체계적인 데이터 수집 방법

정보를 활용하여 효율적이고 효과적인 데이터를 수집하기 위해서는 '무조건 모으자'라는 생각이 아니라 의사결정을 해야 할 사항이 무엇인가(목적)에서부터 시작해서 의사결정에 도움을 주는 정보 그리고 필요한 데이터의 결정과 수집의 순서로 진행을 해야 한다.

빅데이터를 구축하는 경우 일단 관련된 모든 변수를 초 단위로 모아보자는 생각에서 시작되는 경우가 종종 있다. 물론 데이터가 많을수록 많은 정보를 가지고 있다고 볼 수 있지만, 필요없는 정보 그리고 굳이 초 단위까지 수집해야 할 필요가 있는지에 대해서 사전에 충분한 고민이 필요하다고 본다. 아무리 데이터 수집 처리에 드는 비용이 예전보다 저렴해졌다고는 하지만 복잡성이 증가할수록 당연히 비용은 증가되고 굳이 필요 없는 데이터를 수집하는 노력이 필요하지 않기 때문이다.

1) 어떤 의사결정을 할 것인가?

회사(조직)에서 해야 하는 의사결정은 직급에 따라서 그 수준이 달라진다. 사원급에서는 현재/지금 일어나고 있는 실무적인 사항에 대해 정상과 비정상을 파악하고 해결책을 수립하여 현재 프로세스의 항상성을 유지하는 것이 주된 목표가 된다. 하지만 임원급으로 갈수록 회사의 미래에 대해 고민을 하고 방향/투자 등 미래를 준비하는 사항에 대해 의사결정을 하는 것이 일반적이다.

따라서 데이터를 수집하기 전에 누가, 어떤 의사결정을 하는 것인가에 대해 정의할 필요가 있다. 예를 들어 생산현장의 공장을 책임지고 있는 공장장의 경우를 생각해보자.

공장장의 책임과 권한(Role & Responsibility)은 공장의 정상/비정상을 확인하여 생산 계획 목표달성을 위한 전반적인 의사결정을 한다.

공장장의 주요 의사결정을 위해 필요한 정보는 아래와 같을 것이다.

- 공장의 현재 운영 상태가 정상/비정상인지 확인하고 싶다.
- 현재 생산 계획대로 생산이 진행되고 있는지 확인하고 싶다.
- 생산 중인 제품의 현재 품질 상태를 확인하고 싶다.
- 생산 원재료/중간 반제품/완제품의 현재 상태를 확인하고 싶다.
- 중요 설비의 4M 관리상태를 확인하고 싶다.
- 작업자의 근무 현황을 확인하고 싶다.
- 일자별 발생하는 비용을 확인하고 싶다. 등등

이렇듯 데이터를 수집하기 전에는 의사결정을 해야 할 사항과 이를 효과적이고 효율적으로 지원해 줄 수 있는 정보를 사전에 잘 정의해야 한다.

2) 필요 변수의 정의

필요한 정보를 정의한 다음 정보를 획득할 수 있는 변수를 정의한다.

변수의 개수, 변수의 종류, 측정 방법, 측정 주기 등에 대해서 사전에 고민하고 의사결정을 한다. 특히 생산의 경우는 투입(Input), 공정(Process), 결과물(Output) 차원에서 필요한 변수를 정의하면 중요한 변수를 놓치는 경우를 방지할 수 있다. IPO 차트를 활용하기 어려운 경우에는 로직트리(Logic Tree)를 활용하여 전개하여도 필요한 데이터를 놓치는 경우를 방지할 수 있다.

❙ 표 1-8 ❙ IPO 분석을 활용한 데이터 정의 예

공정명	Input			Process			결과물			결과물 분석(요청사항)
	변수명	Data 유형	Data 출처	변수명	Data 유형	Data 출처	변수명	Data 유형	Data 출처	
원재료차량입고	차량번호	Text	FA							
	중량	숫자	FA	입고량	숫자	ERP/FA				
원료투입	원료명	Text	FA	라인가동시간	Time	PLC	원료투입시간	Time	PLC	원료투입 생산성
	차량번호	Text	FA	사일로(빈)정보	숫자	PLC	투입량	숫자	ERP/FA	사일로별 재고 현황
	모선이름	Text	ERP	투입량	숫자	ERP/FA				(모선이름, 원산지, 원료명 포함)
	원산지	Text	ERP							
부원료 입고	제품명	Text	FA	투입량	숫자	FA				
	중량	숫자	FA	투입시간	숫자	FA				
분쇄	원료명	Text	FA	분쇄시간	Time	PLC	생산량	숫자	PLC	호기별 분쇄 생산성
	사일로번호	숫자	FA	모터 암페어	숫자	PLC	가동시간	Time	PLC	원료별 분쇄 생산성
				라인 이송시간	Time	PLC				원료 재고 현황 분석
계량(Dosing)	제품명	Text	FA	배합비	숫자	FA	배치리스트	숫자	PLC	배합비와 실제계량값 차이 분석
	원료명	Text	FA	계량값/원료	숫자	PLC	스케일 계량시간	Time	PLC	제품별 계량 시간 분석
	빈번호	숫자	FA	계량값/스케일별	숫자	PLC				스케링별 계량 시간 분석
	Scale번호	숫자	FA	계량시간	Time	PLC				원료별 계량 시간 분석
				계량 스크류 가동시간	Time	PLC				
배합	제품명	Text	FA	배합시간	Time	PLC	배합 생산량	숫자	PLC/FA	제품별 배합 생산성
	원료명	Text	FA	액상 원료 투입시간 (펌프 가동시간)	Time	PLC	휴지 시간	Time	PLC	기간별 배합 생산성
	빈번호	숫자	FA							배치별 배합시간
	Scale번호	숫자	FA							로트별 배합시간
										휴지 시간 분석

3) 데이터 요구사항 정리

필요한 변수를 선택한 다음에는 변수를 측정하여 데이터로 변환하기 위한 기준들을 정리한다. 회사의 기준 정보 관리 프로세스와 연계해서 활용하면 상승효과가 있을 것이다. 데이터 측정 방법, 범위 등등에 대해서 정리한다. 신뢰성 있는 데이터를 수집하기 위해서는 현장의 도움이 필수적이다. 특히, 3정 5S와 설비관리, 표준 준수 등 생산의 기본적인 활동을 강화해야만 수집한 데이터를 분석한 정보의 정확도와 신뢰성을 높일 수 있다.

❙ 표 1-9 ❙ 데이터 요구사항 정리 예

공정명	관리번호	설비/재료	관리대상 데이터		Lot 크기	검사/관리조건		입력		데이터 원천	검사 및 관리방법	검사/관리주기	계측기 교정주기	책임부서 및 책임자	Data 운영 정의
			검사항목	관리항목		관리조건	Spec	자동	수동						
원재료 차량입고	P-001	차량		차량번호	입고차량			4		FA	SCAN	입고시(매회)	스캐너		입고 차량 번호
	P-002			중량	입고차량			2		FA	개근대 저울	입고시(매회)	개근대		정수형(Kg)
	P-003			입고량	입고차량			2		FA					정수형(Kg)
인테이크 원료투입	P-004			원료명	입고차량			2		FA	SCAN	입고시(매회)	스캐너		FA에 등록된 원료코드
	P-005			모선이름	입고차량			3		ERP	SCAN	입고시(매회)	스캐너		ERP에 있는 모선 이름
	P-006			원산지	입고차량			3		ERP	SCAN	입고시(매회)	스캐너		ERP에 있는 원산지명
	P-007			라인가동시간	Sec			1		PLC	라인가동시간	매 가동시			정지/가동 시간 구분
	P-008			사일로 정보	EA			2		FA		매 가동시			FA에 등록된 빈번호
	P-009			투입량	kg			2		FA	SCAN	매 가동시	스캐너		정수형(Kg)

제조현장에서 빅데이터 구축을 위해 데이터 수집은 크게 세 가지 방법을 고려할 수 있다.

첫째, 기존 시스템(MES, ERP 등)에 있는 데이터를 어떻게 연계할 것인가? 즉, 시스템과 시스템 API(Application Program Interface)를 통해서 연계하는 방법을 고려할 수 있다.

둘째, IoT를 활용하여 측정해야 할 대상은 무엇인가?

셋째, 설비의 PLC 등과 연결하여 수집해야 할 대상은 무엇인가?

필요한 변수를 정의한 다음 변수별 데이터 수집 방법을 결정한 다음 데이터를 수집하여 데이터베이스를 구축한다.

3.5 표(Table)의 이해

사람이 고안해 낸 표현 방식 중에서 가장 쉬우면서도 간단한 것이 표(Table)가 아닐까 싶다. 데이터를 활용하기 위해서 가장 기본적으로 이해해야 하는 것이 바로 표(Table)이다. 행과 열로 구분되어 있는 표에 체계적으로 데이터를 수집하는 것이 정보를 바탕으로 의사결정을 하기 위한 기본 중의 기본이다.

표(Table)는 바로 우리가 원하는 데이터들의 모음, 데이터 집합체인 것이다.

표 1-10 표(Table)의 2가지 모습

성명	성별	키	몸무게
황진이	여	165	55
김대한	남	180	80
박민국	남	176	73

성명	황진이	김대한	박민국
성별	여	남	남
키	165	180	176
몸무게	55	80	73

하지만 표를 활용할 때는 하나의 규칙을 준수해야 한다. [표 1-10]에서 보면 표를 구성하는 방법이 2가지가 있음을 알 수 있다. 분석을 위해서는 왼쪽의 녹색 표처럼 데이터를 입력하고 수집해야 한다. 녹색표 양식으로 데이터를 수집한다는 것을 전제로 통계적인 분석이 이루어지고 있기 때문에 데이터는 녹색표 양식을 활용해서 수집해야 한다. 이것은 분석을 위해 표를 활용하는 일반적인 약속이라고 할 수 있다.

엑셀을 활용하여 표를 만들 때는 하얀색 표처럼 만들어서 보고를 하거나 공유를 하는 용도로 활용할 수는 있지만, 이를 분석하기 위해서는 행과 열을 전치해야 한다.

[표 1-11]을 보면 표는 항상 행(Row)을 가지고 있다. 열(Column)은 특징(속성)을 나타내고 행은 속성을 가지고 있는 관측값이다. [표 1-11]의 오른쪽 표를 보면 열은 개인별로 가지고 있는 특징(속성)을 알려주고 있다(예 : 황진이라는 사람은 여자이고, 키가 165cm, 몸무게가 55kg이라는 특징(속성)을 가지고 있다).

| 표 1-11 | 표의 행과 열

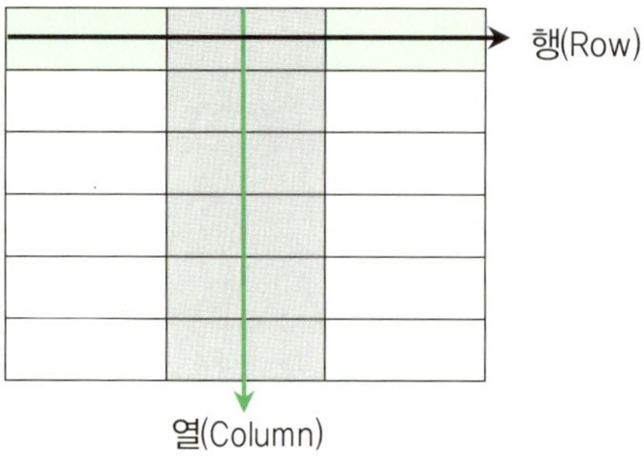

성명	성별	키	몸무게
황진이	여	165	55
김대한	남	180	80
박민국	남	176	73

따라서 열(Column)은 사람이 가지고 있는 특징(속성)을 나타내고 있다. 즉, 내가 관심있는 대상(여기서는 사람)의 특징(속성)을 표시하고 있다. 위의 경우 사람이 가지고 있는 특징을 세 가지만 열거했지만, 필요할 경우 특징(속성)을 추가할 수 있다. 대상에 대해 내가 알고 싶은 내용이 많을수록 수집하고 관찰해야 할 특징이 많아지는 것이다.

행과 열의 개념은 아래와 같이 다양하게 표현되고 있다.

- 열(Column) = 속성(Attribute), Field, 변수(Variable), 특성(Feature)
- 행(Row) = 기록(Record), 관측치(Observed Value), 경우(Case), 사례(Example), 개체(Instance)

이와 같이 표의 기본 형태와 용어를 이해하는 것이 중요하고, 처음에는 용어가 이상하겠지만 자주 접하다 보면 익숙하게 될 것이다.

데이터 수집 계획에서 변수를 정의한다는 뜻은 열의 개수를 정의한다고 할 수 있다. 우리가 말하는 빅데이터는 열과 행이 정말 많아진다는 것을 의미한다. 기술의 발달로 인해서 데이터를 측정하고, 수집하고, 저장하는 것이 이전보다 수월하고 비용도 상대적으로 저렴하기 때문에, 빅데이터가 이제 바로 우리 생활 옆에 와 있다. 작은 데이터이든 빅데이터이든 데이터를 제대로 활용하기 위한 가장 기본 중의 하나가 바로 지금 설명한 표(Table)를 이해하는 것이다.

3.6 데이터를 활용한 문제해결 프로세스

"인생은 문제해결의 연속이다"라는 말이 있다. 우리는 살아가면서 크고 작은 그리고 개인적인, 조직적인 문제들을 해결하면서 살아가고 있다. 그렇다면 우리의 일상은 다양한 문제를 해결하는 프로세스 속에 있다고 해도 과언이 아닐 것이다.

우리는 어떤 절차와 프로세스를 활용해서 문제를 해결할 수 있을까? 문제를 해결하는 절차는 크게 두 가지 종류로 생각할 수 있다. 하나는 누가 가르쳐 주지 않아도 대부분의 사람들이 활용하고 있는 '시행착오법'이다. 확인하고 정의한 문제에 대해 과거에 했던 경험 또는 개인적인 통찰력(Insight)을 바탕으로 해결해가는 방법이다.

반복적으로 반복되는 문제, 과거에 발생했던 문제와 유사한 문제, 정답이 이미 알려져 있는 문제라면 이러한 시행착오법은 빠르게 문제를 해결할 수 있는 효율적인 방법일 것이다.

그림 1-17 시행착오법 문제해결 프로세스

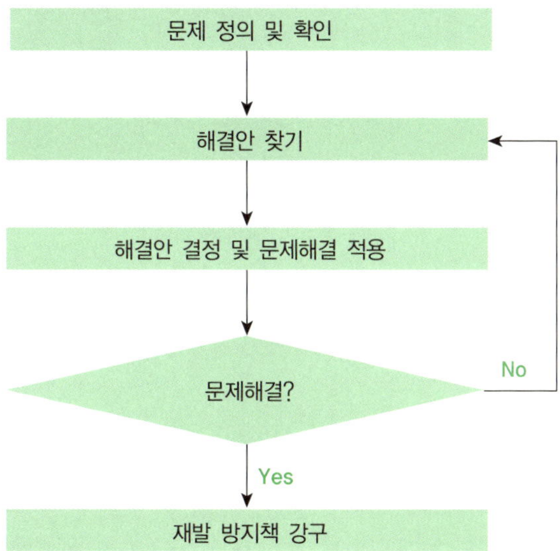

하지만 새로운 문제 또는 문제는 동일하지만 환경이 과거에 비교하여 많이 다른 경우 이런 방법을 통해서 해결한다면 어떤 일이 일어날 것인가? 물론 소가 뒷걸음 치다가 쥐를 잡는 것처럼 우연히 해결되는 경우도 있을 수 있으나 그 문제를 해결할 확률은 매우 적을 것이다. 또한 통찰력(Insight)으로 인해 찾은 해결책이 문제를 바로 해결할 수 있는 경우도 존재하는 것이 사실이다. 통찰력과 많은 경험은 직관이므로 훌륭한 방법이라 할 수 있지만 데이터로는 확인할 수 없는 영역이다. 따라서, 새로운 문제에 대한 해결책이 될 가능성은 결코 높지 않은 것이 사실이다.

그렇다면 경험을 의지할 수 없는 상황에서 해결책을 시행착오법으로 접근한다면 '해결안 찾기에서 문제해결'의 과정을 상당히 많이 반복을 해야 할 것이고, 언제 문제가 해결될 것인지 예측하기가 어려울 것이며, 투자되는 시간이나 비용 대비 효율성이 매우 떨어질 것이다. 이런 상황에서 시행착오법은 효과적인 접근방법은 아닐 것이다.

데이터를 통해서 우리가 문제를 해결한다는 것은 시행착오법이 아닌 데이터에 근거해서 문제해결 방법을 찾아간다는 뜻이다. 이 방법은 현재의 문제를 객관적으로 확인할 수 있도록 데이터를 수집하고, 수집한 데이터를 분석을 통해 정보를 확인하고, 정보에 근거한 해결책을 빨리 찾아서 실제 문제를 해결하는 프로세스를 말한다. 이렇게 접근하면 문제해결 속도를 높이고, 효과적인 해결안을 찾을 수 있을 것이다.

그림 1-18 데이터를 활용한 문제해결 프로세스

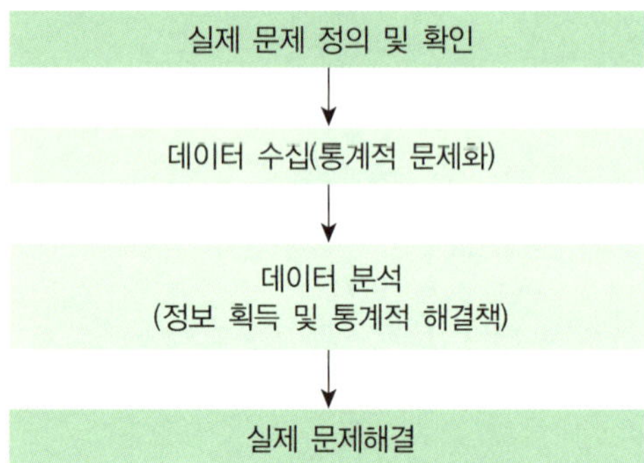

최근에는 IoT, 인터넷 속도 개선, 컴퓨팅 기술의 발전으로 보다 많은 데이터를 실시간으로 획득, 분석, 정보 제공을 할 수 있는 시스템을 구축할 수 있는 시대가 되었다. 실제 문제에 대한 데이터를 현실세계를 투영하는 거울처럼 활용할 수 있도록 하는 이러한 시스템을 CPS(Cyber Physical System) 또는 디지털 트윈(Digital Twin)이라고 한다. 이 시스템을 구축할 수만 있다면, 실제 문제에 대해서 다양한 관점(차원, 변수)을 이전보다 많은 양의 데이터를 실시간 연결을 통하여 보다 효율적이고 효과적으로 해결할 수 있는 접근방법을 제공할 수 있을 것이다.

요즘을 어제가 오늘과 같지 않은 시대라고라고 한다. 변화의 속도가 과거에 비해서 빨라졌음을 뜻하는 것이고 우리가 해결해야 새로운 문제들이 계속해서 발생하고 있다는 뜻으로 받아들일 수 있다. 이런 시대에 데이터를 활용한 문제해결 방법과 이를 시스템화한 CPS의 활용은 조직은 물론 개인의 경쟁력의 중요한 요소일 것이다.

❙ 그림 1-19 ❙ CPS 이해

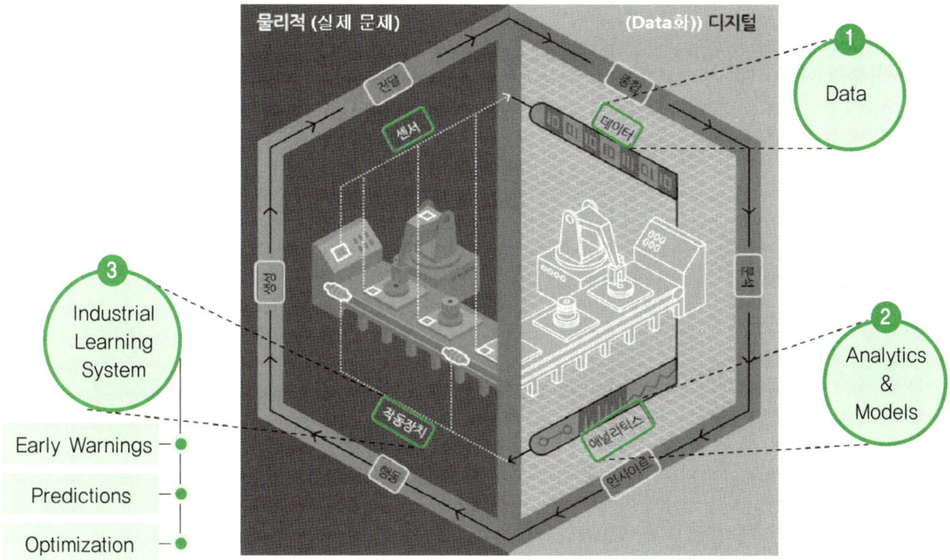

이러한 효율적인 문제해결 방법의 실무(현장) 적용을 방해하는 요소는 크게 두 가지가 있다.

첫 번째는 실무(현장)에서는 경험이 우선한다는 믿음이다.

데이터를 통한 문제해결의 중요성을 현장 작업자(또는 실무자)들에게 설명하고 공감을 얻기가 생각보다 상당히 어렵다. 자신의 경험을 통해 축적된 자신만의 암묵지에 대한 자부심이 상당히 크기 때문이다. 당연히 자신의 노하우를 만들고 가지고 있음은 중요하지만, 문제가 자신이 경험한 것과 전혀 다름에도 불구하고, 문제를 자신이 알고 있는 경험의 범주 안에서만 해석하려고 하고, 그 해석을 바탕으로 해결하려고 하는 경향을 보이는 경우가 자주 있기 때문에, 데이터가 중요하다는 중요성은 인정하면서도 막상 자기 업무에 이를 적용하는 것은 그렇게 쉬운 일은 아니다.

오히려 데이터를 수집하고 활용한다는 것을 시간 낭비라고 보는 관점도 여전히 존재하고 있는 것이 사실이다. 심리학에서는 이런 개인적인 성향을 경험에 의한 비논리적인 추론으로 잘못된 판단을 하는 인지 편향(Cognitive Bias)이라고 한다.

두 번째는 자신이 모르는 부분에 대한 막연한 두려움이다.

데이터를 수집해서 분석하는 그 순간 현장에서 그동안 잘 알지 못했던 사실을 확인할 수 있다. 새롭게 확인한 사실에 대해서 조직적인 비난과 질책이 있으면 현장은 굳이 데이터를 활용하지 않을 것이다. 새롭게 확인하는 것에 대해서 사실로 받아들이고 이를 개선과 혁신의 원천으로 삼는 조직의 노력이 꼭 필요하다.

린(Lean)의 가장 기본 활동인 5S에서 정리(버릴 것)가 가장 어려운 것처럼 5S를 꼭 해야 한다는 인식과 함께 데이터에 대한 긍정적인 마음가짐 및 조직 분위기가 정말 중요하다.

인식하기 전에는 문제가 아니다. 하지만 데이터를 통해 정보를 확인함으로써 새로운 문제를 확인할 수 있는데, 이 문제를 긍정적으로 받아들이는 조직 문화가 없다면 데이터를 활용한 문제해결 프로세스는 회사에 적용하기가 용이하지는 않을 것이다.

문제(Problem)를 기회(Opportunity)로 보면서 문제를 환영하고 이를 적극적인 개선활동으로 연결할 수 있는 조직적인 문화와 역량이 없다면 데이터의 중요성은 공허한 메아리로 전락할 수밖에 없을 것이다.

Chapter 02

린(Lean) 경영

린(Lean) 경영과
빅 시그마(Big Sigma)를 활용한 스마트혁신

1. 린 발전 역사
2. 린 경영 원칙
3. 린 구축 프로세스
4. 산업 분야별 린 경영 적용

Chapter 2

린(Lean) 경영

1. 린 발전 역사

1.1 린 히스토리

린(Lean)이란 사전적 의미로 '얇은' 혹은 '마른'의 뜻이다. 생산계획, 자재구매에서 생산, 재고관리, 판매에 이르기까지 비즈니스 전 과정에서 로스를 최소화한다는 개념으로 군살 없는 경영을 위한 '낭비제거'로 말할 수 있다.

린(Lean)은 시대적 흐름과 제조 환경의 변화에 따라 린 생산(Lean Production), 린 사고(Lean Thinking), 린 제조(Lean Manufacturing), 린 경영(Lean Management), 린 엔터프라이즈(Lean Enterprise), 린 자동화(Lean Automation) 등 다양한 용어로 사용되고 발전되어 왔다.

린 생산(Lean Production)은 도요타(Toyota)자동차의 1930년대 경영 모형인 '도요타 방식(The Toyota Way)'(도요타생산체계(TPS : Toyota Production System)에서 파생된 생산방법(Production Method)이다.

1973년 1차 오일쇼크로 전 세계의 많은 기업이 도산하거나 적자에 허덕이고 있을 때 일본의 도요타자동차는 꾸준히 기업실적이 상승하고 시장점유를 넓혀가고 있었으며, 특히 미국 시장에서의 약진이 돋보였다. 이에 전 세계의 기업은 물론 미국의 자동차 업계는 이를 극복하고자 일본 제조업의 경쟁력 요인을 조사한 결과 포드의 대량 생산방식(포디즘)과는 다른 차원의 도요티즘인 특별한 생산방식인 TPS를 발견하였다. 1차 오일쇼크는 자동차 산업의 미래를 연구하기 위한 관심을 새롭게 하였으며 1979년 '자동차의 미래'라는 주제로 5년간의 IMVP(International Motor Vehicle Program)를 시작하게 된 계기가 되었다.

'린(Lean)'이라는 용어는 1988년 IMVP의 연구자이며 MIT Sloan 경영대학원의 존 크라프칙(John Krafcik)은 석사 학위논문에서 'Lean Production System'이라는 용어를 처음으로 사용하였으며, 1990년 MIT의 자동차산업 경쟁력 방안 확보를 연구한 James Womack, Daniel Jones, Daniel Roos 등은 그들의 저서『세상을 바꾼 방식』(원제 The Machine that Change the World)에서 대량 생산방식과 TPS를 비교하면서 'Lean Production'이라는 말을 사용함으로써 세상에 널리 알리게 되었다. 다섯 가지 린 사고의 핵심 원칙으로 구성된 정의를 다음과 같이 제시하였다.

- 특정 제품별로 정확한 가치를 명시(규명)한다.
- 각 제품의 가치흐름(Value Stream)을 파악한다.
- 가치흐름(Value Flow) 방식을 구축하여 중단되지 않도록 한다.
- Pull 방식 구축으로 고객이 생산자로부터 가치를 이끌어낼 수 있게 한다.
- 완벽성을 추구하도록 한다.

또한, 린 사고는 린 실행의 기본 원리로서 MIT의 얼 머만(Earll Murman) 교수는 "린 사고는 하나의 정의된 엔터프라이즈 내에 속한 모든 사람(고객뿐 아니라 협력업체와 종업원, 주주 등)이 가치창조의 목표를 가지고 지속적으로 낭비를 제거하는 역동적이고 지식 주도적이며, 고객에 초점을 맞춘 프로세스이다"라고 정의하고 있다. 과거 TPS처럼 생산에 맞춘 경영 효율이 아니라 전사적 차원에서 진행된다는 뜻에서 엔터프라이즈란 용어를 사용하였다.

IMVP의 린 생산방식에 대한 본격적인 연구는 대량 생산방식에서 린 생산방식으로의 전환을 원활하게 해주기 위한 것으로, 당시 미국에서의 린 생산방식은 수공업 생산방식과 대량 생산방식의 장점을 결합한 것으로 그간 수공업 생산방식에서 발생하는 원가상승 및 대량 생산방식의 융통성 부족문제를 극복할 수 있었다. 수공업 생산방식은 수세기 동안 유지·발전된 것에 비해 대량 생산방식은 거의 한 세기 동안에 걸치면서 [표 2-1]과 같이 현재 린으로의 진화 발전하는 동기가 되었다.

표 2-1 | 수공업 생산, 대량 생산 및 린 생산의 비교

구분	수공업 생산	대량 생산	린 생산
초점	과업(주문)	제품(산출물)	고객
작업공정	단품 생산	배치(Batch) 생산과 대기	동기화된 흐름과 풀(Pull) 생산
활동목표	기능(공예) 습득	비용감축 및 효율향상	낭비제거 및 가치부가
품질	통합 (기능의 일부)	검사 (두 번째 단계, 생산 후)	예방(설계와 기법을 통한 품질 구현)
사업전략	고객맞춤	규모의 경제 및 자동화	융통성 및 적응성
개선활동	장인 주도, 지속적 개선	전문가 주도, 주기적 개선	작업주체(인력) 주도, 지속적 개선

출처 : 이강인(2012), "사무 · 서비스 산업의 린 경영활동에 관한 사례 연구"

린 생산방식은 GM과 도요타가 합작한 자동차 제조회사인 캘리포니아의 NUMMI (New United Motor Manufacturing Incorporated)에서 출발하였으며, 미국에서의 린 생산방식은 빠르게 확산되어 포드, GM, 자동차 부품 1위인 델파이 등 반복 생산공정에서 그 효과를 본 뒤 알코아(Alcoa)와 같은 중공업 분야에 적용되었다. 이후 로크웰 콜린스, TMI, 보잉사, 록히드마틴, 칼리, 그린기어사이클링 등의 항공산업에 적용되며 린 엔터프라이즈 개념으로 확산 · 전파되었다. 최근엔 유통 1위인 월마트, K마트, 존슨&컨트롤 등 서비스 업계에까지 린이 파급되고 있다.

최근에는 제약이론(TOC)이 접목되어 제조뿐만 아니라 SCM 운영 등 경영 전반의 린 개선활동의 방법론으로 발전 적용되고 있으며, 미국기업을 중심으로 ERP 시스템 개선에 린 방법론이 접목되어 확산 적용되고 있다.

린 시스템의 발전은 린 생산(Lean Production)에서 시작하여 린 사고(Lean Thinking), 린 엔터프라이즈(Lean Enterprise), 린 4.0으로 점진적으로 대상 영역과 적용 방법론이 확장 적용되어 갔으며, 린 4.0은 린 경영과 인더스트리 4.0이 서로 결합하여 만들어진 용어로 4차 산업혁명이 대두되면서 그 적용 방법론이 재정립되기에 이르렀다.

▌그림 2-1▐ 린 발전 단계

1927 TPS 이전	• 1927년 Henry Ford가 포드생산시스템(FPS : Ford Production System)의 철학이 담긴 저서 『Today And Tomorrow』 발간
1945~1978 일본의 발전	• 1937년 도요다자동차(이후 도요타로 변경) 설립 – Toyota Kiichiro, Toyota Eiji, Taiichi Ohno가 FPS를 토대로 도요타생산시스템(TPS) 및 핵심요소인 JIT 개념을 수립 • 1998년 Ohno가 FPS와 미국 슈퍼마켓에서 얻은 아이디어를 바탕으로 저서 『Toyota Production System』 발간
1973~1988 북미지역에 TPS 등장	• 1973년 오일쇼크 이후 일본의 제조업 및 경영에 대한 관심이 급증 • 1977년 린 관련 최초의 학문적 문헌이 출간되었으며, 간판, JIT, 평준화 등에 초점을 맞춘 제한적 연구가 진행됨 • 1984년 도요타자동차와 GM이 캘리포니아에 합작회사 NUMMI 설립 • 1980년대 중반 주목할 만한 두 권의 저서가 영문으로 번역 – Monden(1983) 『Toyota Production System』 – Ohno(1988) 『Toyota Production System : Beyound large-scale production』
1988~2000 학문적 발전	• 1988년 Krafcik이 TPS를 '린(Lean)'이라는 용어로 최초 사용 • 1990년 Womack, Jones, Roos를 통해 『The Machine That Changed the World』 출간 – 기계·설비에 TPS의 특성을 기반으로 한 린 생산방식을 도입 – 린 시스템을 자세히 기술하였으나 구체적인 정의는 제시하지 않음 • 1990년대 중반 JIT, TQM의 측정, 혹은 린을 실제적으로 적용하기 위해 다른 구성변수가 미치는 영향에 대한 학문적 연구 시행 • 1996년 Womack, Jones의 저서 『Lean Thinking』이 출간되었으며, 이후 린 원리 및 철학이 '엔터프라이즈' 차원으로 확대
2000~현재	• 학문적, 실무적 영역에서 린 생산의 중요 특성에 관한 다양한 문헌 출시 • 2010년 가속페달결함 1천만 대 이상 리콜 및 사태 정상화 • 2012년 도요타자동차가 전 세계 자동차 업체 1위, 2019년 재탈환 • 인더스트리 4.0과 결합한 린 4.0

출처 : Shah, R. et al.(2007), 참조

1.2 린 경영의 정의

린의 핵심 사고는 낭비를 제거하면서 고객의 이익을 극대화하는 것이다. 린 경영은 생산 분야뿐만 아니라 비즈니스 전 프로세스(상품기획, 개발, 생산, 관리, 판매, 물류 등)상에서 낭비요소를 제거하여 핵심일(가치일)만 할 수 있도록 하는 경영으로 정의할 수 있다.

기존의 TPS는 자동차산업의 생산현장에 초점이 맞추어져 있으나, 린은 자동차뿐만 아니라 각종 제조산업과 서비스 등 비제조 분야에까지 확대되어 적용할 수 있다. 자동

차, 전자제품과 같은 소품종 대량 생산뿐 아니라 다품종 소량 생산 체제에까지 확산 적용하고 있다.

특히 TPS는 현장 차원에서 적용가능한 기법이다. 반면 린은 전사차원의 최적화 프로그램을 제시하고 있다는 점이 다르다. 대부분의 기업들이 도요타만의 DNA가 적용된 TPS를 형식적인 부분만 가져다가 적용하기 때문에 많은 기업이 실패하였으나 린은 공식화된 로드맵을 적용할 수 있도록 표준화하고 설계되어 실패할 가능성을 최소화하였다.

1990년대부터 한국에서 선풍적인 인기를 끌었던 경영혁신 기법인 식스시그마는 DMAIC의 절차적 순서 표준화와 산포개선에 초점을 두어 품질개선 활동에 집중하였고, 린은 생산흐름이나 낭비제거에 초점을 맞추어 생산성 향상 활동의 목표를 갖고 있다. 따라서 식스시그마의 장점과 린의 장점을 활용하는 상호보완의 관점에서 많은 기업들이 관심을 갖고 적용하고 있다. LG전자에서는 한 발 더 나아가 식스시그마 혁신활동에 블루오션 전략과 린의 사상을 함께 접목하여 '스타일러'와 같이 많은 프로젝트에서 성공하였다.

프로젝트 개선효과 측면에서 린이 리드타임이나 사이클타임 감소와 같은 프로세스 개선에 있다면 식스시그마는 불량개선을 통하여 원가절감과 품질개선에 맞춰져 있다. 이 때문에 린과 식스시그마 각각의 강점을 잘 활용하여 필요 과제에 적절히 적용하는 등 유연하게 종합적으로 운용하는 것이 좋다.

제조현장에서 생산성 개선을 20% 하였다고 하면, 20%의 잉여인력을 새로운 사업영역으로 전환배치하는 등의 엔터프라이즈 경영 관점에서 효과적으로 적용할 수 있으며, 이러한 재배치는 종업원들의 혁신활동에 대한 불안감도 해소하는 일석이조의 효과를 기대할 수 있다.

제조업체의 생산시간 감소나 제품 개발기간 단축과 같은 제조 리드타임 개선에만 적용하는 것이 아니라, 최근엔 월마트 등 유통업체도 린을 도입하고 있다. 특히 월마트는 공급사슬관리(SCM) 분야에 린을 적용했다. 협력업체에 대한 주문에서부터 물류, 창고, 전시와 판매, 고객배송에 이르는 전 과정에 린 시스템을 적용하여 서비스 리드타임 개선 등에 확대 적용하고 있다.

자동차산업에서 시작하여 미국기업의 델 컴퓨터가 제약이론과 린을 통합해 성공하였고, 항공산업의 경우 제품 개발 사이클타임과 제품 개발시 인력투입, 소프트웨어 개발비, 설계변경률 50% 감소와 같은 현격한 효과를 보여주었다.

한국기업들은 1980년대부터 도요타생산시스템(TPS)을 도입해 접목해 왔다. LG전자는 전사 임원, 팀장 및 주요 인원을 TPS 연수와 현업적용을 통하여 생산성 및 품질을 매년 20% 이상 개선하는 활동을 하였으며, 삼성전자 광주공장의 냉장고 생산라인은 혼류 생산방식을 도입·적용하여 생산성을 향상시켰다. 그러나 이러한 체계적 적용은 일부 대기업에 한정적으로 적용되었고, 대부분의 기업은 5S(정리, 정돈, 청소, 청결, 습관화)나 셀디자인, 간판 방식 등과 같이 부분적인 적용으로 제한되어 성과가 미미하거나 지속적 적용에 한계를 드러내기도 하였다. 린 시스템은 TPS를 근간으로 설계되었으나, 미국식 경영에 적합하도록 디자인된 방식이므로 미국식 경영에 가까운 한국기업이 적용하기에는 오히려 더 효과가 크게 나타날 수 있다.

참고로 린 엔터프라이즈(Lean Enterprise)란 "기업 내 모든 작업 프로세스에서 발생할 수 있는 낭비를 최소화하여 최소의 자원으로 기업의 모든 이해관계자들에게 가장 높은 가치를 창출하여 제공하는 기업"으로 정의하며, "고객의 관점에서 가치를 구체화하고 물자와 정보의 변환과정을 가시화하고 산포와 낭비를 제거해서 흐름생산과 마켓인 체제를 만들고 전사적인 참여와 인재양성을 통해서 완벽함을 추진하기 위해 지속적인 개선을 추진하는 문화의 구축"을 하는 것이 주된 사상이다.

1.3 테일러리즘과 포디즘

대량 생산이 가능하게 된 것은 테일러의 과학적 관리 원칙을 바탕으로 기술적 측면에서는 정밀공작기계와 교체가능한 부품의 개발이 조화된 결과이다. 헨리 포드는 20세기 초 수요를 충족시키기 위하여 대량 생산시스템을 개발하여 기존의 생산방식을 혁신하였다.

1.3.1 테일러리즘(Taylorism)

프레데릭 윈즐로 테일러(Frederick W. Taylor)는 역사상 최초로 생산공정을 과학적으로 분석하고 체계적으로 관리하는 기법을 1911년 『과학적 관리의 원리(Principle of Scientific Management)』라는 핸드북을 통해서 제안하였다. 이러한 과학적 경영은 테일러리즘(Taylorism)이라고 불린다. 과학적 관리는 측정과 분업 및 표준화가 핵심이다. 이 이론의 핵심 목표는 경제적 효율성, 특히 노동생산성 증진에 있다.

▌그림 2-2 ▌테일러시스템 구조

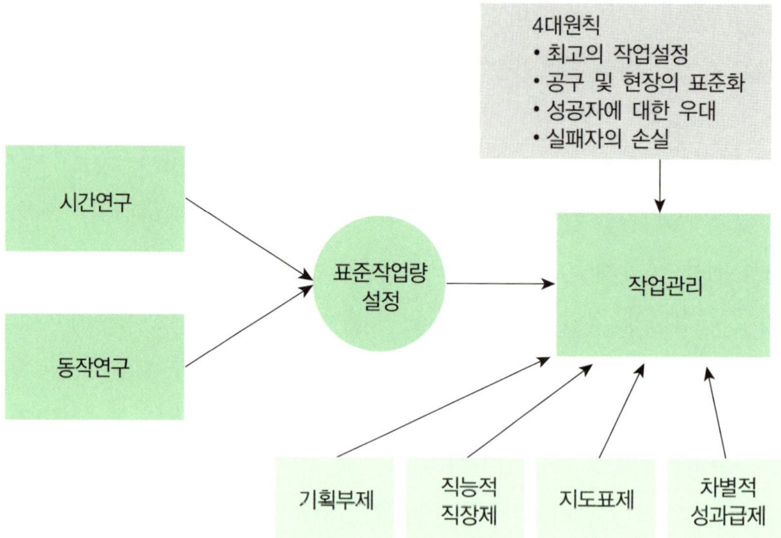

출처 : 위키백과, 우리 모두의 백과사전 Site

테일러리즘은 정신노동(Intellectual Labour)과 육체노동(Manual Labour)을 정밀하게 측정 · 분석한 후 양자를 분리하여 '작업과정을 단순화하는 것'을 목표로 삼은, 체계적 관리 이론이자 실천이었다. 이는 조직적 태업을 방지하며, 더 성과를 낸 노동자에게는 더 많은 보상을 해주는 이윤배분시스템을 제시하였고 이를 포드생산시스템에 적용하여 획기적인 생산성 향상을 가져왔다. 한편, 이러한 테일러관리법은 노동자의 강력한 저항에 직면하였지만, 그가 창안한 작업조직의 원리는 경영관리의 기본원리로 널리 확산되었다.

▌표 2-2 ▌과학적관리법의 구성요소

주요 항목	의미	주요 방법
최적화	• 작업자의 동작 분석을 통하여 불필요 동작 제거 및 교육 훈련	시간 및 동작연구, 계산척 및 시간절약 수단, 계량화
표준화 및 통제	• 공구나 기구를 표준화하고 작업지시서를 통하여 작업의 산포를 줄임 • 관리에 대한 전문화로 노동자 태만 방지	기능적 직장제도, 공구나 기구 등의 표준화, 작업지시서, 기획과 집행 분리
동기부여	• 협동과 신뢰를 바탕으로 공정 효율성 제고 및 과업수행에 따른 인센티브 지급	과업성취 관점, 차별적 성과급 제도

1.3.2 포디즘(Fordism)

테일러리즘은 산업 효율성 향상에 초점을 두었던 반면 포디즘은 대량 생산에 관심을 두었다. 헨리 포드(Henry Ford, 1863~1947)는 대량 생산에 대한 시장의 니즈를 파악하고, 1908년 세계 최초로 컨베이어벨트시스템과 테일러리즘을 접목하여 대중차 T형 포드 모델을 흐름작업방식을 통한 대량 생산의 혁명을 일으켰다. 흐름이란 오퍼레이션 내의 재고가 움직이고 있는 것을 의미한다. 재고가 움직이지 않으면 재고는 쌓인다. 재고가 쌓이면 장소를 차지한다. 이때 재고가 쌓이는 공간(Space)을 제한하면 흐름은 개선된다는 해결책이었다. 이와 함께 포드자동차는 생산계획 · 조직 · 관리의 합리적 경영방식 도입과 1914년 최저임금 일금 5달러, 1일 8시간 노동이라는 획기적인 임금정책을 적용하였다.

그림 2-3 1900년대 전반기의 포드 생산라인의 변화

초기 T모델은 정위치 생산 | 초기 Conveyor Line | 1913년경의 Line

이전의 자동차 조립은 바닥에 프레임을 먼저 설치하고, 바퀴를 부착하고, 엔진을 얹고, 각종 조향장치 및 부품을 조립하는 고정 생산방식이었다. 이러한 생산방식에서 포드는 테일러의 표준화와 분업화 원칙에 따라서 컨베이어를 이용하여 작업자들이 분업작업으로 생산성을 획기적으로 향상하는 흐름조립 생산방식을 적용한 것이다. 그 결과 4층 높이의 260여 미터에 달하는 거대한 조립공간에 컨베이어 벨트가 작동하여 730여 분의 조립시간을 93분으로 단축하였으며, 결과적으로 자동차의 대중화에 가장 중요한 역할을 하였다.

그림 2-4 포드 모델 T 트랙을 따라 작업자들이 자기역할 부분 조립 실시

1.3.3 포스트포디즘(Post-Fordism)

1960년대 이후 노동환경의 변화에 따라서 테일러리즘-포디즘의 경영관리 기법은 노사 갈등의 근원적 원인이 되어 포스트포디즘(Post-Fordism)이 등장하게 되었다. 노동의 파편화, 단조로움, 노동강도 강화 및 노동의 위계적 차별 등 '노동의 비인간화'가 이슈가 되었다. 경영진에서는 노동자를 생산을 위한 부품으로 취급하던 것을 노동의 인간화로 기업의 경쟁력을 확보해 가는 것으로 인식이 변화하기 시작하였다.

최근에는 포디즘의 생산방식을 뛰어넘어 단순반복생산 및 근골격계 이상작업 등을 자동화 · 분임조와 같은 협업작업팀을 운영하는 집단생산시스템 운영 · 다기능공 육성과 작업자들에게 라인스톱할 수 있는 권한을 부여하는 유연생산 체계의 운영 등으로 위기를 타개해 가고 있다. 이러한 방안을 포스트포디즘이라고 하며, 그 대표적인 것이 도요타의 생산방식인 TPS이다.

1.4 도요타생산시스템(TPS : Toyota Production System)

제2차 세계대전 전후 일본은 패전국으로서 모든 산업이 황폐해졌고, 모든 산업분야에서 새로운 기술이나 경영의 돌파구를 찾아야 하는 전환점에 있을 때 도요타자동차는 일본 자동차산업 내에서 내수의 발판을 쌓아 일본을 넘어서 미국시장을 공략하여야만 하는 상황이었다. 당시 미국 자동차시장은 시장규모나 기술적인 면에서나 모든 면에서 일본보다 훨씬 높은 수준이었으며, 빅3가 굳건하게 주도해 나가고 있었기에 도요타자동차가 미국 자동차시장에 진입하는 것은 불가능에 가까워 보였다.

도요타 창업자인 도요타 사키치(Sakichi)의 장남인 도요타 기이치로(Kiichiro)는 선진국의 자동차산업과 경쟁하기 위해서는 생산성이 높고 가격이 낮은 일본의 독자적인 방법이 필요했다. 당시 미국의 제조 판매방식은 빅3의 제조와 판매전략의 연계성과 판매방식 사이에 딜러 제도가 있어 자동차를 대량 생산 후에 딜러에게 수천~수만 대를 강제로 밀어내기(Push) 판매하는 방식으로 운영되었다.

밀어내기식 판매는 대량 생산을 유도하고 대량 자본이 필요한 방식이며, 고객의 입장이 아닌 자동차회사 중심의 이기적인 판매방식이다. 또한 대량 생산방식은 미국에 새로 공장을 지어야 하고 지나치게 많은 투자가 유발되는 방식이기 때문에 도요타의 제한된 경영자원으로는 구현하기가 사실상 불가능한 상황이었다. 이에 오노 다이이치(Ohno Taiichi)는 미국의 슈퍼마켓 운영방식에서 착안한 판매후 채워넣기 방식의 주문형 생산방식을 도입하여 경쟁력을 확보하고 이를 미국에서의 마케팅 방식으로 추진하기 시작하였고, 이는 도요타의 주문형 자동차생산방식인 간판을 이용한 풀 생산방식과 JIT 공급을 통한 재고 최소화라는 방식을 탄생시키기에 이르렀다. 이를 '도요타생산방식(TPS)'이라고 부른다.

따라서, 도요타생산방식이란 철저한 낭비제거 사상을 바탕으로 필요한 물건을 필요한 양만큼 필요한 때에 만드는 생산시스템으로 고품질, 저원가, 다양한 대응을 목표로 수주로부터 생산, 납품에 이르기까지 모든 것이 동기화된 하나의 시스템을 말한다.

이렇게 시작된 미국에서의 도요타생산방식은 미국 자동차산업의 대부인 빅3를 시장에서 압박하게 되었으며, 미국에서의 도요타 성장은 미국 산업사회를 흔들 정도로 엄청난 결과를 가져오게 되었다. 이에 미국의 자동차 빅3는 정부의 자금으로 MIT의 워맥(Womack) 교수에게 도요타의 비밀이 무엇인지, 과연 그것이 미국의 기업들에게도 유효한 방법인지를 연구하게 하였다. 일본을 방문하여 현장부터 연구하고, 시스템을 연구하여 나타낸 결과 리포트가 MIT의 'Lean Report'였다. MIT는 세상을 바꾼 거대한 비즈니스의 변화로서 TPS를 'Lean Management System'으로 소개하였고, 그 책은 모든 기업들의 경영전략은 물론 방법론으로 전 세계에 알려지게 되었다.

TPS는 도요타 가문의 일관성 있는 리더십과 철학을 기반으로 탄생하였으며, 목표를 달성하기 위한 기반체계와 지속적 개선활동을 통해 구체화되었다. 이 시스템은 단기간에 걸친 급진적 혁신이 아니라 오랜 세월에 걸쳐 작은 혁신들이 서서히 축적되어 점진적으로 발전한 도요타의 결과물이다.

1.4.1 도요타생산시스템 3가지 원칙

- 영업에서 주문한 물동량 부하를 평준화하여 생산한다(과부하 해소).
- 생산 로트는 가능한 한 작게 하여 회전율을 높인다(낭비제거).
- 팔리는 속도에 맞추어 생산한다(자원투입 최소화).

1.4.2 도요타 웨이(Toyota Way)

도요타의 가치관을 바탕으로 경영철학을 잘 보여주는 'TOYOTA WAY 21'에서는 지속적 개선과 인간존중을 2축으로 하며 그 각각에는 도전, 개선 및 현지현물 그리고 존중과 팀워크(Teamwork)를 기본요건으로 하고 있다. 지속적 개선은 현재의 상황에 만족하지 않고 더 큰 부가가치를 창출하는 동시에 인간중심의 사상을 바탕으로 직원들의 성장을 통해 경쟁력을 구축해 나가는 과정이다.

인간존중, 도요타에 있어서 인간이란 종업원, 공급자, 고객을 의미하며 제품을 구매하는 고객뿐만이 아니라 조립라인이나 옆의 작업대에서 일하고 있는 동료들도 자신의 고객으로 존중하고 이것이 나아가 팀워크로도 연결되는 것으로 인식하고 있다. 즉, 진정한 인간존중의 바탕없이 생산성 향상만을 도모한다면 변화와 혁신을 지속적으로 추진할 수 없다는 것을 의미한다. 이것은 도요타가 위로부터의 강요된 혁신보다는 아래로부터의 자발적인 점진적 개선을 중시하는 이유이기도 하다.

표 2-3 도요타 웨이(Toyota Way)

기본축	테마	상세 내용
지속적 개선	도전	장기 비전을 수립하고, 꿈을 실현하기 위해, 용기와 창의를 가지고 목표에 도전
	개선	항상 혁신을 향해서 노력하고, 사업경영의 진화를 촉진하기 위해, 지속적인 개선으로 낭비제거
	현지 현물	사업 발견, 올바른 결정, 합의 형성을 하고, 신속하게 목표를 달성하기 위해 현장에서 현물을 보고 현상의 본질 파악
인간 존중	존중	타인 존중과 이해와 노력을 지속하며, 행동에 책임을 가지고, 서로의 신뢰를 쌓아가기 위해서 최선을 다함
	팀워크	개인적 및 직업적인 성장을 장려하고, 경력개발의 기회를 공유하고, 개인과 팀의 성과를 최대화

2. 린 경영 원칙

2.1 The House of TPS

'TPS집'이라고 불리는 이유는 TPS가 하나의 집처럼 구조상의 시스템으로 이루어지기 때문이다. 집은 지붕과 기둥, 토대가 튼튼한 경우에만 강하다. 약한 링크는 전체의 시스템을 허물게 한다.

TPS는 크게 두 개의 기둥으로 나누어지며, 첫째는 설비의 고장이나 부품들의 불량을 감지하고, 불량 발생시 자율적으로 관리하는 또는 사람의 손길을 통한 자동화라는 말로 인(人)변 자동화(自働化)이고, 둘째는 고객이 원하는 만큼, 원하는 시기에, 원하는 장소에 고객에게 전달하는 간판(Kanban)을 이용한 풀(Pull) 방식의 JIT(Just-In-Time) 시스템으로 구성된다. 또한 다양한 모델의 주문에 효율적으로 운영되기 위하여 평준화(헤이준카, Heijunka) 생산계획을 통한 공장 가동 낭비요소를 없애는 것이다.

그림 2-5 | 이시이 마사미쓰(2005)가 제시한 TPS House

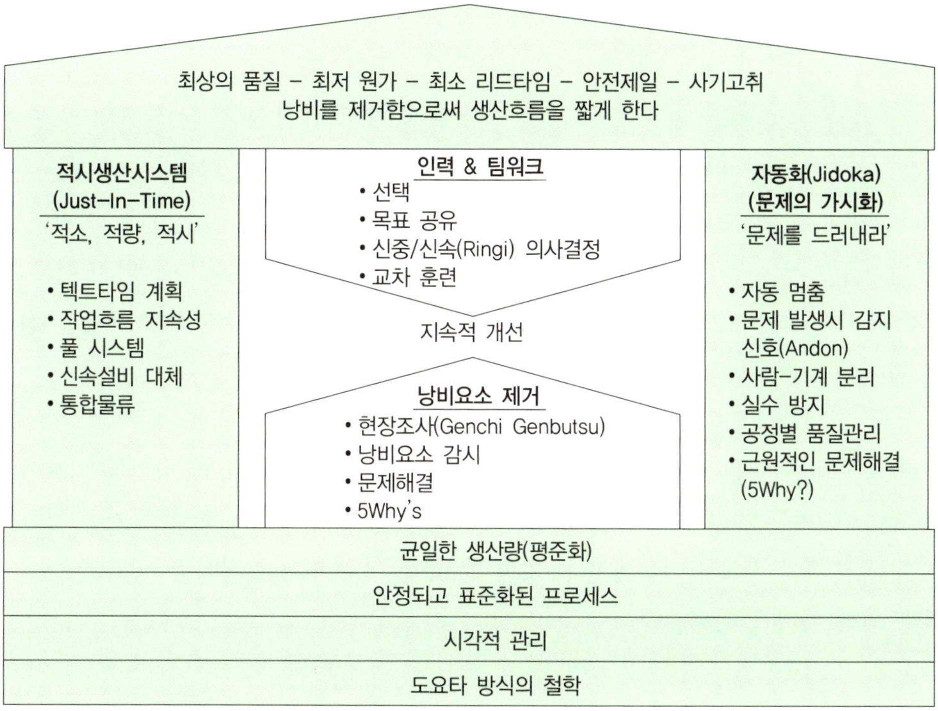

이러한 활동의 토대에는 철저하게 낭비를 제거하는 기본사상을 바탕으로 한 인간중심 사상과 지속적인 개선을 추구하는 것이다. 이런 시스템을 완벽하게 구현하기 위해서는 하위에 여러 가지 방법과 도구들이 선행되어야 한다.

도요타자동차에서 개발한 이 시스템은 리드 타임을 최소화하고 가치 사슬의 낭비를 줄이는 것을 목표로 한다. 이러한 생산 철학을 바탕으로 지속적인 개선 프로세스에서부터 고객 가치에 이르기까지 집중함으로써 도요타는 자동차 산업에서 세계 최고의 위치를 차지할 수 있었다.

TPS는 '낭비제거'라는 확고한 철학을 바탕으로 한 인간중심의 생산시스템이다. TPS를 시행하기 위한 활용기법들은 각각 분리되어 있지 않고 상호 영향을 미치며, 이러한 요소에는 모두 조직구성원의 지속적 개선노력이 스며들어 있다. TPS를 시행하고자 노력했던 수많은 기업들이 100% 완전한 TPS를 구축하지 못한 이유는 TPS를 단순히 적용 가능한 시스템으로만 인식했을 뿐, 여기에 스며들어 있는 도요타만의 철학과 조직구성원의 신념이 바탕이 된 활동을 이해하지 못했기 때문이다. 다시 말해 전조직, 종업원 전체가 스스로 낭비를 발견하고, 이를 지속적으로 개선하는 조직문화가 조성되어야 한다는 의미이다.

2.2 린 시스템의 기본 원칙

린 개념을 처음으로 제시한 Womack & Jones(1996)는 린 시스템의 5가지 주요 원칙을 가치(Value), 가치흐름(Value Stream), 흐름(Flow), 풀(Pull), 완벽(Perfection)으로 정리하였다. 이후 '도요타 웨이 21'이 발표되면서 Bauer et al.(2018)는 모든 직원의 신뢰 협력을 기본 기반으로 간주하는 사람에 대한 존중 원칙을 추가하여 6가지 기본 원칙을 제시하였다. [표 2-4]는 린의 기본 원칙에 사람과 팀워크를 추가한 내용을 정리한 것이다.

첫째, 고객관점에서 가치를 명확히 하라(Specify Customer Value).

린 생산방식의 출발점은 고객관점에서 가치(Value)를 확인하고 더 나아가 시장에서 가치를 창출하는 것이다. 가치는 생산자에 의해서 만들어지나 이에 대한 사용과 확인은 최종 고객의 손에서 이루어진다. 가치(Value)는 사고의 출발점이며, 궁극적으로 고객에 의해 가치가 정해진다.

둘째, 가치흐름을 확인하고 낭비를 제거하라(Identify the Value Stream).

가치흐름(Value Stream)이라고 하는 것은 제품이나 서비스를 제공하는데 필요한 모

표 2-4 린(Lean)의 기본 원칙

린 기본 원칙	설명
고객가치 (Customer Value)	항상 고객의 관점에서 가치를 명확히 정의하여야 하며, 모든 고객 요구사항은 최종 제품의 수령자뿐만 아니라 후속 제조활동을 수행하는 사람을 의미
가치흐름(Value Stream) 분석 및 낭비제거	고객 주문에서 배송까지 제품 생산에 필요한 모든 단계 가치흐름 맵핑을 통하여 낭비를 제거
흐름(Flow) 생산	명확한 가치흐름 기반 생산 레이아웃으로 주문 입력에서 배송까지의 시간을 단축함으로써 고객지향 원칙에 따른 가치창출
풀(Pull) 시스템	고객이 원하는 것을 원하는 시간에 제공할 수 있도록 설계, 즉 주문형 서비스 제공을 의미하며, 고객 주문은 제조 프로세스 촉발을 의미
완벽추구 (Perfection)	완전무결을 위한 지속적인 개선(Kaizen)을 추구, 린 사고의 지도 원칙이며 린 관리의 핵심

출처 : Womack & Jones(1996)와 Bauer et al.(2018)을 바탕으로 재구성

든 활동으로 이 안에는 가치와 낭비적인 요소 모두가 상존해 있다. 이런 활동은 세 가지 주요 활동으로 이루어진다. 첫째 활동이 문제해결 활동(Problem Solving Task)으로 설계와 생산관리 등과 같이 최적의 프로세스로 업무가 이루어지도록 시스템에 의해서 제반 문제를 해결해 나가는 활동이고, 두 번째는 정보관리 활동(Information Management Task)으로 고객으로부터의 주문접수에서 생산활동에 이르기까지 필요한 모든 정보를 관리해 나가는 활동이다. 세 번째는 물적 변환 활동(Physical Transformation Task)으로 원재료에서 원제품과 서비스로 바뀌어 가는 물리적 및 화학적 변화가 일어나는 활동을 말한다. 이러한 세 가지 활동들이 가치흐름을 구성하는 요소들이며, 이에 대한 명확한 규명으로 가치와 낭비를 알 수 있게 된다. 이런 목적으로 작성되는 것이 가치흐름도(Value Stream Map)이다.

자원을 사용하지만 가치를 창출하지 않는 모든 활동을 낭비라고 하며, 피할 수 있는 낭비와 피할 수 없는 낭비 유형으로 정의하였다. 근본적인 린 사고의 목표는 원래 Ohno(1986) 프레임워크 내에서 제시된 7가지 형태의 낭비를 제거하여 가치 창출 활동과 낭비제거의 비율을 높이는 것이다.

셋째, 흐름방식을 구축하라(Flow).

문제를 표면화시키기 위해서는 프로세스 흐름방식을 구축한다. 앞선 두 번째 단계에서 모든 낭비가 제거되면 다음으로 해야 할 것이 바로 한 개 단위씩 흐르게 하는 것이다. 흐름방식은 오노 다이이치가 포드사를 벤치마킹하여 일본상황에서는 대량 생산

이 불가하여 착안해낸 방식이다. 대량 생산으로 진행하면 그에 따른 준비와 대기시간이 다량으로 발생하는 반면 흐름방식은 한 개씩 생산함으로써 그 소요시간이 대폭 줄어든다. 이 단계에서는 정신적인 구조개혁(Mind Change)도 반드시 이루어져야 한다.

가치흐름(Value Stream)은 문제해결 작업, 정보관리 작업, 물리적 변환 작업이라는 세 가지 중요한 작업을 통해 특정 제품을 가져오는데 필요한 모든 작업의 집합이라 하였다. 결과적으로 가치흐름은 개별 비즈니스를 넘어 공급망으로 확장되며, 조직 전체의 시스템으로 협력하여 가치를 극대화하고 공급망 전체에서 낭비를 제거해야 한다.

흐름(Flow)을 위한 가치흐름과 관련된 린 원칙은 JIT, 일체형 및 소규모 로트 흐름, 빠른 전환 기술, 표준화된 작업, 텍타임, 직원 권한 부여, 표준 운영 절차, 시각적 제어, 안돈, 생산 평준화, TPM, 실수 방지 등이다.

넷째, 풀 방식을 구축하라(Pull).

과잉생산을 피하기 위해서는 풀 시스템을 구축한다. 흐름방식이 완성되었으면 이제는 고객이 원할 때만 생산하면 된다. 생산계획에 의해 만들어진 제품을 고객에게 밀어 넣는 방식(Push 방식)에서 과감히 탈피하는 것이다. 판매예측 계획도 필요 없고 단지 고객이 원하는 것을 원하는 때에 최종 프로세스에 정보를 주어 당겨 가도록 하면 된다. 여기서의 사용되는 도구가 간판(Kanban)인 것이다. 이렇게 되면 수요도 안정적이 된다. 이렇게 하기 위해선 평준화 생산(Leveling)이 선행되어야 한다.

풀(Pull) 시스템은 최종 고객에 의해 생산자로부터 공급업체를 통해 제품을 끌어 오기 때문에 적시에 고객 수요에 의해 제품 흐름이 관리된다. 풀 시스템은 간판을 통해 이동, 대기, 재고를 최소화하기 위해 셀 구조로 배치되어 달성할 수 있다.

다섯째, 완벽성을 추구하라(Perfection).

완벽추구(Perfection)는 가치흐름에 따라 모든 활동이 가치를 창출하도록 모든 낭비를 완전히 제거하는 것이다. 생산시스템에서 낭비는 항상 존재하기 마련이다. 가치 흐름을 빨리 흘리면 흘릴수록 그 속에 숨어 있는 낭비는 더욱 더 드러나게 된다. 이를 위해서 지속적인 개선활동이 절대적으로 필요하다. 이러한 개선활동은 문제를 안고 있는 종업원의 마음을 시원하게 해줄 뿐만 아니라 즉각적인 피드백과 동기부여를 제공함으로써 더 나은 수준으로 나아가는 원동력으로 작용한다. 이러한 지속적 개선 시스템을 구축하고 유지하기 위해서는 반드시 '눈으로 보는 관리' 상태가 이루어져야 한다. 그래서 누구나가 쉽게 정상과 이상을 구분해서 알 수 있고 이상에 대해서는 즉각적인 조치상황으로 돌입할 수 있기 때문이다.

완벽추구와 관련된 린 개념은 지속적인 개선, 급진적 개선, 변화관리, 리더십 방향 및 역할이다. 리더십 방향 및 역할은 조직문화와 경영진이 보여주는 중요성과 관련이 있다.

그리고, 이러한 활동의 바탕에 사람과 팀워크(People & Teamwork)가 있어야 한다. 모든 활동은 사람이 시스템을 가동하여 성과를 나타낼 수 있으므로, 직원에 대한 존중은 린 철학의 핵심적인 측면이 되며, 팀워크에 집중함으로써 직원 간의 시너지를 창출시키는 직원의 가용 잠재력 개발이 될 수 있다. 이러한 것은 그 회사의 조직문화로 다져지게 될 것이다.

2.3 낭비

비즈니스 전체 프로세스상에서 필요 이상의 활동으로 가치(Value)를 창출하지 않는 모든 활동을 의미한다. 현장에서 모든 활동에 대하여 부가가치 활동(VA : Value Added) 창출을 추구하고 비부가가치 활동(NVA : Non-Value Added)을 제거하는 노력을 한다.

부가가치 활동이란 고객의 요구를 충족시키기 위해 기능이나 특성을 부가시키는 변환 활동이다. 운영상의 부가가치 활동은 부가가치 활동을 지원해주는 활동으로 계약이나, 법규, 규제로 인해 필요한 활동이나 안전, 건강, 환경 및 종업원의 능력 개발 및

표 2-5 부가가치와 비부가가치 활동

구분		정의	대표적인 활동
부가가치 활동 (VA)		고객이 가치를 제공하는 활동 (고객이 돈 지불)	고객이 가치를 인식하는 활동 제품 형태나 특성에 가치부여 활동 고객이 추가비용 감수 활동
운영상 부가가치 활동 (BVA)		고객이 가치를 제공하는 활동을 수행하기 위해 지원 및 유지에 필요한 활동(비용 지출)	계약, 법규 및 규제로 인한 활동 안전, 건강, 환경, 종업원 능력개발 활동 재무적인 위험을 줄이는 활동 재무보고 활동 전체 프로세스가 중지되는 활동
비부가가치 활동 (NVA)	필요 낭비	부가가치 활동 수행에 현재 꼭 필요한 활동(비용 지출)	검사 및 시험, 운반, 준비작업, 문서 전달 및 보관
	낭비	전혀 불필요한 활동 (고객이 돈 지불 안함)	지연, 대기 및 정체, 불량, 결품, 고객 클레임, 수리 및 재작업

출처 : 남영학(2009)

재무적인 위험 축소나 보고 등이 있다. 비부가가치 활동은 낭비로 시간과 자원을 소비하면서도 고객의 요구사항을 전혀 충족시키지 못하는 활동으로 즉시 제거되어야만 하는 활동이다.

낭비를 제거하는 것은 린 시스템의 기반을 구축한 것으로 볼 수 있다. 낭비제거는 3무(무라, 무리, 무다)(또는 3불(불균일, 불합리, 불필요))를 없애는 것이다. 낭비(Waste)는 일본어로 '무다(Muda)'라고 표현하며 현장에서 작업상 필요하지 않는 행위, 방법, 동작 등을 낭비라 한다.

그림 2-6 낭비 개념

낭비 = 목적 < 수단+방법+동작

2.3.1 3무(無)(3불(不))

예를 들어 2t의 물건을 운반하고자 하는 경우를 살펴보자. 2t 트럭을 사용하는 것이 합리적이지만, 2t 트럭에 1t을 싣으면 여력이 생겨 불필요(무다)한 운행이 된다. 그러나, 3t을 싣으면 엔진이나 차체에 과중한 부하가 걸려 불합리(무리)가 발생한다. 이와 같은 불필요와 불합리를 반복하게 되면 불균형(무라)이 발생하는 것이다. 또한 엔진에 무리한 부하를 걸고 운전을 하면 연소효율이 나쁘게 되고 불필요한 연료가 사용되어 결과적으로 차량비(돈)의 손실(낭비)을 보는 것과 같다. 따라서 그 대책으로서는 3무(3불)를 한꺼번에 개선하는 것이 바람직하다.

1) 무라(斑, 불균일, 편차)

업무 품질이 일정하지 않은 상태로 업무 분배가 고르지 않거나 작업 중에 발생하는 산포로 인하여 생산 수량이 일정하게 유지되지 않아 임시방편으로 생산하거나 하는 일 등을 행하게 된다. 편차, 고르지 못한 것, 얼룩, 불균형 등의 형태로 나타난다. 이런 상태가 생기면 품질과 생산성 등이 안정되지 않게 된다. 산포는 숨겨진 원인이 문제가 되어 발생한다.

2) 무리(無理, 불합리, 과부하)

능력 이상의 부하가 걸리고 있는 상태로 본래의 성능(퍼포먼스)을 나타낼 수 없게 된다. 생산능력에 반하여 생산계획이 과도하게 책정되는 경우에 무리한 현상이 많이 나타나게 된다. 불합리, 무리, 억지, 방관한 관리, 과대한 목표 등의 형태로 나타난다. 현장작업에서는 피로를 주는 육체적 노동, 부자연스러운 작업자세, 오염작업, 정신적으로 견딜 수 없는 매일의 단순 반복작업 등을 말한다.

3) 무다(無駄, 불필요, 낭비)

낭비, 헛됨, 부가가치가 없는 것 등과 같은 것으로 필요가 없는(효과가 없는 일, 이익이 안 되는 것), 쓸데 없는 업무나 생산성에 직접적 영향을 주는 것으로 무라, 무리의 순서로 낭비를 없애는 것이 린의 기틀을 만드는 가장 중요한 요소이다. 필요, 불필요 판단이 어려울 경우 가치 있는 일을 판단하는 오류를 범할 수 있다.

낭비에는 과잉생산의 낭비, 재고의 낭비, 대기시간의 낭비, 운반의 낭비, 가공의 낭비, 동작의 낭비, 불량의 낭비 등의 7가지 유형이 있다.

무리, 무라, 무다의 순서로 설명을 한다는 것은 현장에 3가지 무(無)가 있다는 것으로 그것들을 발견하고 제거해 가는 개선을 의미한다. 그러나 무라, 무리, 무다의 순서로 설명이 된다면 낭비의 근원 원인이 무라(불균일)에서 시작됨을 명확히 설명하는 것이기 때문이다. 일에서 무라가 있다는 것은 작업의 불균일을 해결하기 위하여 작업 인원을 늘리거나, 설비를 추가로 투자하여 생산 대응하도록 하여야 한다. 이러한 무리한 인원 늘리기나 설비투자는 생산능력에 여유가 생겨서 오히려 많은 무다를 초래하게 된다. 즉, 무다를 없애기 위해서는 가능한 한 무라를 없애고 평준화하는 것이 필요하다. 필요한 만큼을 매일 매일 꾸준히 생산해 나가다 보면 무리할 필요가 없어지고 무다가 발생하지 않게 된다.

▌그림 2-7 ▌무다, 무라, 무리 개념 그림

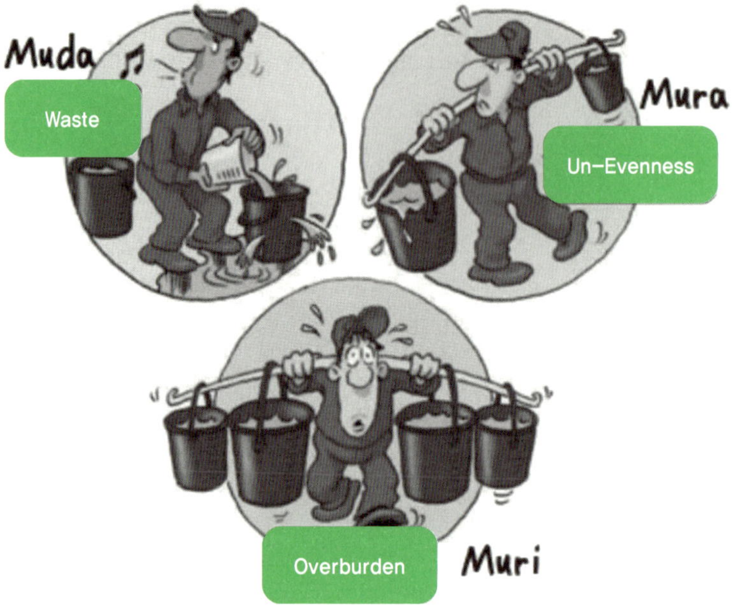

출처 : https://www.mudamasters.com/en/lean-production-theory/toyota-3m-model-muda-mura-muri

2.3.2 7대 낭비

린(Lean)은 '낭비없는 제조'를 의미하고, 낭비는 생산에 절대적으로 필요한 최소한의 장비, 재료, 부품 및 작업시간 이외의 것이라고 정의하였다. 대부분의 회사는 사용 가능한 자원의 상당수를 낭비한다고 하였다. 이렇듯 모든 회사는 린 생산시스템을 구현하는 자체적인 방법을 찾아야 하고, 제조 운영을 개선하려면 제조 시설의 운영 상태를 평가해야 한다. 낭비의 유형과 개선 방안은 다음의 [표 2-6]과 같다.

▌표 2-6 ▌낭비의 유형과 개선 방안

낭비 요소	정의	발생 영향	개선 방안
과잉생산 (Over Production)	실제 필요로 하는 양보다 많이 생산하거나 미리 생산한 것	문제(불량)의 은폐, 자재의 원활한 흐름 방해, 품질 및 생산성 감소 및 여분의 인력, 저장공간, 운송비용의 낭비를 초래	후공정인수, 표준작업, 작업시간 통제, 1개 흐름생산, 평준화 생산, 준비교체 시간 단축

재고 (Inventory)	원자재, 재공품 재고량, 완제품의 과잉생산을 보관하는 것	문제의 은폐, 비판매 잔량, 손상, 운송 및 저장비용의 증가, 배송지연, 생산 불균형, 납기지연, 품질불량 문제를 발생	JIT, 평준화 생산, 계획/지시의 적정화, 간판, 3정
대기 (Waiting)	자동화 설비작업 대기, 공구 및 자재 준비 교체 대기, 재고부족, 작업지연, 설비 고장 및 검사 대기	자원낭비, 생산 리드타임 증가, 재공품 증가, 재고유지비용 증가	1개 흐름생산, 평준화 생산, 준비교체시간 단축, 공정분석/작업재분배
운반 (Transportation)	재공품의 공정 간 이동, 자재, 부품, 완제품의 이동, 보관, 옮겨쌓기, 중복이동, 바꿔넣기, 장거리 운반 등	공간/도구의 낭비, 불필요한 비용 발생 및 자재/제품 손상, 품질문제 발생, 안전사고 유발	레이아웃 개선(U자형 배치 등), 흐름생산, AGV 활용, 다기능화
가공 (Processing)	제품의 잘못된 설계로 불필요한 가공, 혹은 과잉 품질을 생산하는 고가의 기계를 도입하는 낭비	공수 증가, 불필요한 로트 사이즈(1회 생산량) 증가 및 작업자 능률 저하	공정설계 개선, 표준작업 및 치구의 개선, 자동화, DfM
동작 (Motion)	작업자가 부품 및 공구를 집거나 필요한 부품을 찾는 활동 등 작업자의 불필요한 소모적 동작	인원/공수의 증가, 작업의 불안정, 근골격질환, 건강과 안전 문제에 노출	사람과 기계일 구분(가공시간 $\neq$ 가공공수), 동작경제의 원칙, 표준작업, U자형 설비 배치
불량 (Defects)	재료불량, 가공불량, 재작업, 대기품 등 품질의 결함으로 인하여 발생하는 낭비	재작업, 폐기, 대체생산, 검사 작업 등 투입비용 발생, 원가상승, 고객불만 증가	자동화, 포카요케(Error-Proof), 표준작업, 흐름작업, 자주/순차검사, 공정품질보증, 불량품 식별

2.3.3 낭비를 보는 눈

무다워크(Muda Wark)는 낭비를 보는 능력을 향상하기 위한 방법으로 한 가지 낭비에 대해 관찰을 하면서 솔루션을 찾아내는 것이다. 무다워크 기법으로는 Chalk Circle Method가 있는데, 이는 관심 현장 근처 바닥에 원을 그리고 그곳에서 일정한 시간 동안 집중적으로 해당 공정을 집중적으로 관찰하는 방법이다. 현장 개선시 문제를 파악하기 위하여 문제공정을 여러 작업사이클 동안 집중관찰하여 낭비요소가 어디에 있는지를 찾아 모든 낭비를 기록하는 활동이다. 또한 정점 촬영기법은 같은 대상물에 대해서, 같은 카메라를 이용하여 같은 크기로, 같은 위치(정점, 定點)에서 계속적으로 촬영하는 것으로 개선 전·후를 파악하는데 유용하게 활용되고 있다.

2.4 5S

5S는 생산활동을 명랑하고 쾌적한 분위기를 조성하기 위한 기본 활동이고, 개선의 기초단계로 공장의 숨쉬기 운동이며, 3즉 3현 사상에 의해 실시하는 운동이다. 이를 통하여 단순히 현장을 깨끗하게 할 뿐만 아니라 효율 높은 현장을 만들어 제조 경쟁력을 높이는 역할을 한다.

표 2-7 5S의 일반적 정의

구분	일반적 정의
정리(Seiri)	필요한 것과 불필요한 것을 구분하여 불필요한 것을 과감히 버리는 것
정돈(Seidon)	필요한 것을 쉽게 찾아 사용할 수 있도록 각종 물품의 보관 수량과 보관 장소를 정해 놓고 표시해두는 것
청소(Seiso)	작업장의 바닥, 벽, 설비, 비품 등 모든 것의 구석구석을 닦아 먼지, 이물 등을 제거하여 더러움이 없는 환경을 조성하는 것
청결(Seigetz)	정리, 정돈, 청소된 상태를 항상 유지하며, 오염 발생원을 근본적으로 개선하는 것
습관화(Sitzuke)	회사의 규율이나 규칙, 작업방법 등을 정해진 대로 준수하는 것이 몸에 익어 무의식 상태에서도 지킬 수 있는 것

그림 2-8 5S 흐름 체계

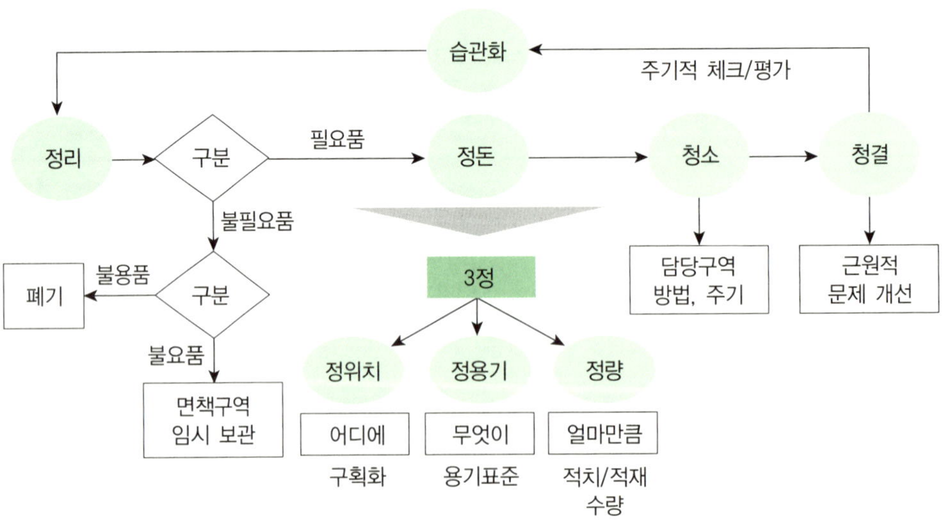

기업에서 경쟁력의 근원은 바로 가치를 창조해내는 현장에 있다. 현장은 항상 5S가 습관화되어 운영되어야 한다. 5S 활동은 늘 변화하는 환경에서 인간이 부가가치 활동을 지속하는 한 반드시 필요한 개선활동으로써, 낙후된 중소기업의 제조환경은 물론이고 환경이 열악한 기초산업 분야나 5S를 등한시하기 쉬운 3D 업종 부문에서도 그 나름대로 개선이 요구된다. 또한 필수적인 청정 환경이 요구되어 엄청난 투자로 기반 환경을 갖춘 대기업의 첨단산업에서도 반드시 거기에 적합한 5S 활동이 꾸준히 추진되어야 한다.

5S 활동이라고 해서 항상 버리고, 치우고, 가지런히 하는 것만으로 만족하면 그 활동은 영원히 힘들고, 시간이 많이 걸리고, 귀찮아질 수밖에 없다. 따라서 아예 불필요품이 발생하지 않도록 현장 구조를 개선해 나가는 활동과 한번 정돈하면 지속적으로 흐트러지지 않도록 하는 활동과 현장이 오염될 수 있는 근원(발생원)을 차단하는 활동이 전개되어야 습관화될 수 있다.

2.4.1 정리

불필요한 것을 제거하여 부족공간을 확보하고 관리범위 축소로 비용 절감과 품질향상에 기여함을 목적으로 한다. 5S 활동의 가장 중요한 단계로 필요품과 불필요품으로 나누고, 불용품은 폐기처리하여 정리하는 것이다. 이때 면책구역을 설정하여 기존의 잘못된 관행으로 불필요하게 보관하였던 것에 대한 책임을 묻지 않는 절차를 반드시 진행함으로써 정리 분위기를 활성화할 필요가 있다.

표 2-8 | 정리 순서

단계	내용
필요품과 불필요품 구분관리	• 필요한 것과 불필요한 것을 구분하여 지정된 장소에 보관한다 – 불요품, 불용품(불량부품, 자재)은 지정한 장소에 구분 보관한다
⇩	
식별 표시	• 생산활동에 필요한 부품/자재는 부품표로 식별 표시를 한다 • 불요품은 식별할 수 있는 정보(붉은 표찰)를 부착하고 지정한 구역에 보관하며, 품목별로 정리(List up)하여 관리한다 – 품명, 수량, 불량내용, 발생사유, 발생일, 처리예정일, 담당자(부서), 처리실적 현황, 활동 전·후 사진 등
⇩	
개선 관리	• 불필요품 발생 원인 파악 및 개선활동으로 불요품, 불용품의 처리기간 및 발생량을 감소시킨다 • 불용품은 즉시 처리한다(매각, 폐기 등)

필요품은 자주 사용하는 것이고, 불용품은 현재 못쓰는 것이며, 불요품은 현재 사용하지 않는 것이다. 면책구역은 불요, 불용품을 보관하기 위해 지정한 장소로 일정기간 동안 책임을 면할 수 있는 구역이다.

▌그림 2-9 ▌붉은 표찰 및 면책구역 운영 예시

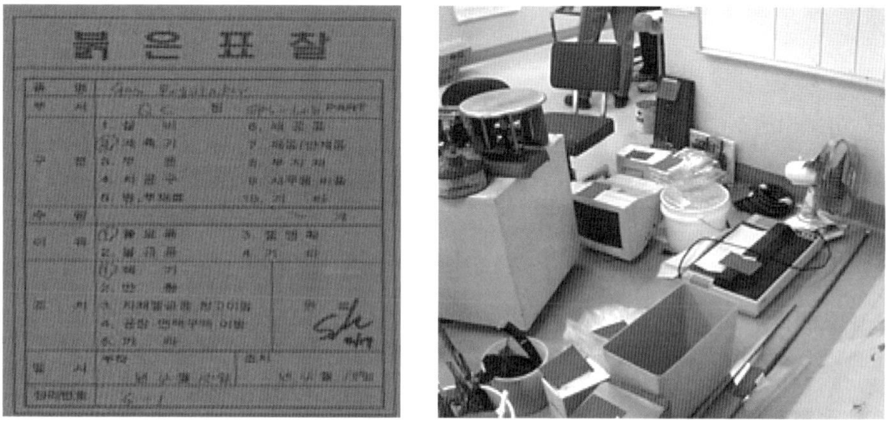

2.4.2 정돈

필요한 것을 누구라도 언제든지 쉽게 사용할 수 있도록 하기 위함으로 정상 상태가 유지되도록 한다. 이상 상태는 품질, 품절, 설비 트러블 등으로 텍타임(Takt Time) 내 작업을 수행할 수 없는 상태를 말하며, 정상 상태는 있어야 할 상태에 바로 있는 것. 또는 그런 상태이다. 정돈은 다음과 같은 운영기준에 따른다.

- 필요한 물건을 쉽게 찾고, 즉시 사용할 수 있게 한다.
- 작업순서에 맞도록 물건을 안전하게 넣는 용기가 고안되어 있다.
- 작업순서에 따라 쉽게 사용할 수 있도록 손동작의 범위 내에 배치되어 있다.
- 볼 수 있도록 표시가 되어 있고, 사용 방법과 순서를 알 수 있게 되어 있다.

정돈 실행은 다음 Step으로 실시한다.

Step 1 : 현재 상황을 분석하고 개선해야 할 사항을 결정한다.

- 작업시 편안한 자세를 유지하는가?
- 작업을 할 때 적절한 높이로 서서 하는가?
- 자재나 각종 도구는 바로 사용할 수 있도록 가까이에 배치되어 있는가?
- 자재나 각종 도구가 쉽게 집어들 수 있도록 되어 있는가?

• 부품이나 도구 등을 찾는데 시간을 소비하고 있지는 않은가?

Step 2 : 재공품 및 생산에 필요한 부품/자재/치공구에 대한 보관 장소를 결정한다.

• 사용빈도를 기준으로 자주 사용하면 가까운 위치에 보관한다.
• 위치를 결정할 때에는 사용순서를 고려해야 한다.
• 보관 장소를 결정할 때 다음 순서에 따라 지도(Map)를 활용할 수 있다.
  - 대상 구역을 선정하고, 바닥의 영역을 확인한다.
  - 현 상황을 확인하기 위하여 자재의 흐름과 작업자의 이동을 그려본다.
  - 새로운 레이아웃에 대하여 브레인스토밍으로 아이디어를 도출한다.
  - 새로운 레이아웃을 테스트한 후 효과가 충분하면 적용토록 한다.

Step 3 : 물품 위치 및 수량 등을 표시하고 유지관리 기준을 수립한다.

• 보관 장소가 결정되었으면 관리 현황판과 위치 식별 표시 등을 실시한다
• 관리 현황판을 활용하여 프로세스 모니터링 및 작업자 지도를 위한 사항들을 관리한다.
• 작업지도서는 최신 현황을 유지해야 하며, 작업이 이루어지는 장소 근처에 위치하고 항상 볼 수 있도록 한다.
• 라벨(Label)을 이용하여 물품의 위치와 수량을 표기한다.
• 바닥에 구획 표시를 통하여 바닥의 적절한 레이아웃을 설정하고 설비 위치를 표시한다.
  - 통로 및 방향, 설비, 부품 및 제품이동 경로, 카트보관 장소, 위험지역 등
• 색깔 및 기호를 표준화하여 눈으로 보는 관리를 쉽게 하도록 한다.

그림 2-10 용기 표준화 및 표준재공 상태로 정돈된 현장 예시

1) 3정(定)

3정은 5S 중에서 정돈의 기본으로 정해진 장소, 정해진 용기, 정해진 양만큼 항시 일정하게 유지 관리되도록 하는 표준화 활동이다. 3정은 물류시스템 구축의 기본이다. 모든 물건에는 이름표가 있어야 하며, 보관 위치를 지정하여 찾는 낭비를 없애고 필요한 양만 보관하여 장소가 협소하거나, 정돈하는 낭비, 재고부담 발생을 방지하기 위하여 활동한다.

표 2-9 | 3정 활동 정의

구분	내용
정위치	• 원재료, 부품, 완제품 등을 지정된 장소에서 보관 • 사용하는 지그공구, 운반도구 등을 정해진 위치에 보관
정용기	• 부품, 자재의 보관과 운반을 위해 정해진 용기에 사용 • 사용하는 용기의 표준화
정량	• 필요로 하는 수량만큼만 원재료, 부품을 구입 보관 • 정해진 수량만큼만 제품을 생산

작은 물건일수록 확실하게 놓는 장소를 지정하여야 하며, 3정 역시 작업의 일부이다. 따라서 평소 작업시간 중에 3정이 되도록 습관화해야 한다.

그림 2-11 | 치공구 정위치 표시 및 부품별 용기 표준화

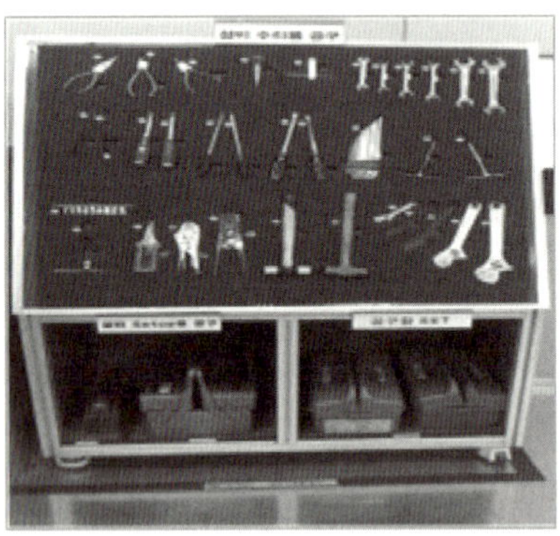

2.4.3 청소

청소를 하는 목적은 단순히 현장을 깨끗하게 할 뿐만 아니라, 누가 보아도 정상과 이상을 구분할 수 있어 문제를 노출시킬 수 있고, 정리와 정돈을 지속적으로 관리하기 위한 부대적인 활동으로 작업장의 바닥, 벽, 설비, 비품 등 모든 것을 구석구석 닦음으로써 깨끗한 환경뿐만 아니라 작업장의 안전을 향상시키고 손상된 장비와 공구 등을 확인하는 기회가 된다. 청소는 점검을 통하여 일상청소, 점검청소, 보전청소 등으로 구분하여 운영할 수 있다.

청소 운영기준은 다음과 같다.

- 5S Map 작성 및 게시
  - 청소 담당 구역 및 구역별 담당자를 설정하고 청소 도구와 방법을 설정함.
- 주기적인 청소 활동 실시
  - 일일 : 2회/일(주/야간) 청소실시 및 Check sheet에 의한 점검과 기록을 관리함.
  - 주간 : 대청소의 날 지정 및 운영(전원 참여)
- 정기적인 활동에 대한 평가 실시
  - 구역별, 담당자별 청소 활동에 대한 평가를 하고, 개선 전·후를 비교하여 관리
- 일상적인 점검을 통해 청소 곤란 개소 및 오염원을 파악하여 근본적인 개선 실시
  - 청소가 쉬운 구조로 개선하고 청소 횟수나 주기를 단축함.
- 특히 이물에 영향을 받는 제품은 이물개선 관리를 통해 이물불량 방지
- 전원이 자발적으로 청소 및 청결 유지가 될 수 있도록 커뮤니케이션 활성화 및 의식수준 향상 활동
  - 5S 활동 우수사례, 청소 곤란개소 개선사례, 이물관리 및 불량 개선사례 공유 등

2.4.4 청결

청결은 정리, 정돈, 청소된 상태를 유지하여 언제나 누가 보아도 한눈에 문제점을 발견할 수 있게 유지하는 것이다. 불필요한 것은 두지 않고, 흐트러트리지 않으며 더럽히지 않는 3불의 자세가 필요하며 구체적으로 청결 상태가 유지되기 위해서는 다음과 같은 기준에 따른다.

① 버리지 않는 정리(예방 정비)

- 불필요한 것이 발생하지 않도록 환경을 만든다.
- 필요한 물건만 필요한 때에 필요한 만큼만 생산하여 공급하는 것을 구조화한다.
- 필요한 자료를 필요한 때에, 필요한 만큼만 작성하여 복사 및 배포한다.

② 3정을 준수하여 흐트러지지 않는 정돈(예방 정돈)

- 계속 사용되는 물건(치공구, 금형, 대차, 문서 등)은 되돌려 놓지 않아도 되는 구조나 장치를 만들어 놓으면 된다.

③ 더러워지지 않도록 유지하기(정기 점검)

이물이 유입 및 발생하지 않는 환경을 만들고, 정량/정용기/정위치가 준수되도록 표시하여 식별되게 하고, 책임자 및 담당자를 정하여 정기적 점검이 되도록 한다.

그림 2-12 자재 선입선출(FIFO) 구조화 사례(일반자재 경사각 배치, 냉장고 보관 유효성 자재(Solder Paste) 투입 및 배출 구분)

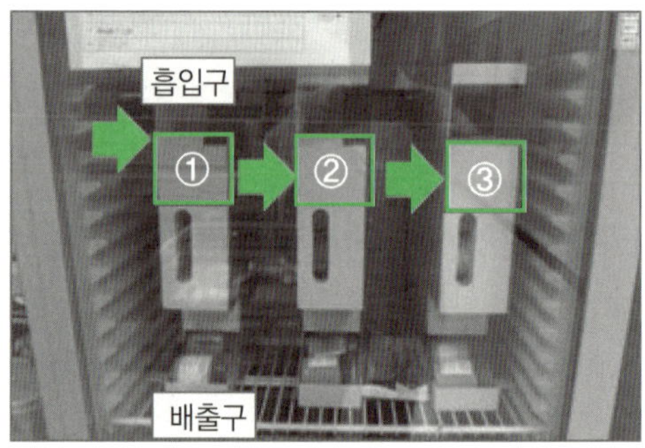

2.4.5 습관화

습관화가 되지 않으면 다음과 같은 현상이 나타난다.

- 잦은 3S(정리, 정돈, 청소) 활동을 실시하여도 바로 흐트러지거나 더러워져 원상태로 되돌아온다.
- 불요/불용품을 치워도 곧바로 불필요품이 발생한다.
- 통로, 빈 공간에 재공품을 놓아 운반을 제대로 할 수 없다.
- 지그 공구, 절삭 용구를 제자리에 놓아도 금방 흐트러진다.
- 기계가 더러워져도 정기 청소 때가 아니면 그대로 방치한다. 등등

따라서 모든 구성원들은 필히 3S(정리, 정돈, 청소)에 대해 관심을 가져야 하고, 감독자는 청결·습관화를 중점으로 추진하여야 한다. 습관화는 지속적인 개선에 강한 조직으로의 변화와 구성원 역량 향상 및 눈으로 보는 관리가 정착되며, 안전하고 일하기 편한 작업장으로 변화되어 커뮤니케이션이 활성화되며 사원들의 의식수준 향상 등

의 효과가 나타날 수 있다.

5S 활동을 정리하면 다음과 같이 3가지로 요약할 수 있다.

- 성공하는 5S 활동의 요체는 습관화이다.
- 아무리 3S 활동(정리, 정돈, 청소)을 잘 하여도 지속적으로 유지관리를 하기 위한 청결 활동과 5S 활동의 궁극적 지향점을 추구하는 바른 마음을 세우지 못하면 5S 활동은 성공할 수 없기 때문이다.
- 5S 활동에 있어 가장 어려운 것이 습관화이며, 전 사원의 책임의식이 반드시 필요하다.

2.5 눈으로 보는 관리(Visual Management)

개선의 시작은 눈으로 보아 정상과 이상 상태를 알 수 있도록 만드는 것이다. 누구나 굳이 말을 하지 않아도 현재 상태를 보아서 정상 상태와 이상 상태를 구분할 수 있게 됨으로써 문제를 빠르게 파악할 수 있고, 정상화하여 낭비를 최소화할 수 있게 해야 한다는 것이다. 또한 눈으로 보는 관리상태가 유지되면 작업에 적용되는 표준과 편차가 있는지를 즉시 눈으로 볼 수 있게 되어 작업자 자신이 작업 환경을 스스로 관리할 수 있게 된다.

전원 참여를 통한 낭비에 대한 개선 의식을 향상시키며, 정보공유가 가능한 환경을 만들어준다. 이를 위해서는 5S 활동이 잘되어 있어야 한다. 정리, 정돈, 청소, 청결하지 않은 직장은 모든 문제가 숨어서 보이지 않는 것이다. 정보 게시판, 시그널 장치, 공간 구분 및 작업지도서 등과 같은 시각적 관리시스템을 운영할 수 있다. 사람은 오감을 통하여 정보를 얻게 되는데 눈을 통하여 가장 많은 정보를 얻는다.

표 2-10 | 오감을 통한 정보 습득량 분석표

눈(시각)	귀(청각)	코(후각)	접촉(촉각)	입(미각)
83%	11%	3.5%	1.5%	1%

현장에서 눈으로 보는 관리 주요 항목은 다음과 같이 생산 현황판, 적치 상한선, 이상 발생 경보장치 등이 있다.

2.5.1 생산 현황판

계획 대비 실적의 진척사항이 파악되고, 이상 상태를 정상화하여 낭비를 최소화하기 위함으로 다음과 같은 항목을 표시한다.

- 라인의 생산 및 품질 현황을 표시
- 계획/실적 관리, 미달요인 관리
- 전사원 목표 공유
- 생산, 품질 목표를 숙지하는 것과 그렇지 못한 것은 목표달성에 영향을 준다.

2.5.2 적치 상한선

작업 인원의 눈높이에 맞는 적치 상한선 관리로 현장을 한눈에 볼 수 있도록 하게 함이 목적이며 다음과 같은 기준을 적용한다.

- 부품이나 자재의 적치 높이는 멀리서도 공장 전체가 보이도록 정한다.
- 적치 상한선 표시 및 높이를 관리하여 재고, 재공의 양을 줄인다.

2.5.3 이상 발생 경보(안돈*)

표시장치는 이상 발생을 즉시 알 수 있고 신속히 조치할 수 있게 하기 위하여 다음과 같이 다양한 방법으로 경보 조치를 한다. 품질 문제로 안돈이 작동하면 즉시 감독자는 현장에서 관련 부문 회의를 소집하고, 현물에 의한 개선 회의를 실시한다.

- 호출 표시 : 부품 청구
- 이상 표시 : 조립라인의 이상 상태 표시
- 가동 표시 : 기계의 가동을 나타내는 등
- 진도 표시 : 작업 진도 표시

* 안돈(行燈, 일본식 발음) : 밤에 길을 밝히기 위해 손에 들고 다니던 등(燈)으로 생산현장에서 각종 이상 상황을 실시간으로 확인할 수 있는 표시장치를 말한다.

▌그림 2-13▌ 안돈시 현장에서 회의 소집

예를 들어 당일 생산 목표 대 실적 관리 및 시간대별 목표·실적을 현황판 관리를 함으로써 작업자 및 관리자 모두 현상 파악이 가능하고 생산 진도에 대한 문제 유무를 확인하고 조치를 할 수 있다.

▌그림 2-14▌ 일일 생산 목표 및 진도율 생산 현황판 예시

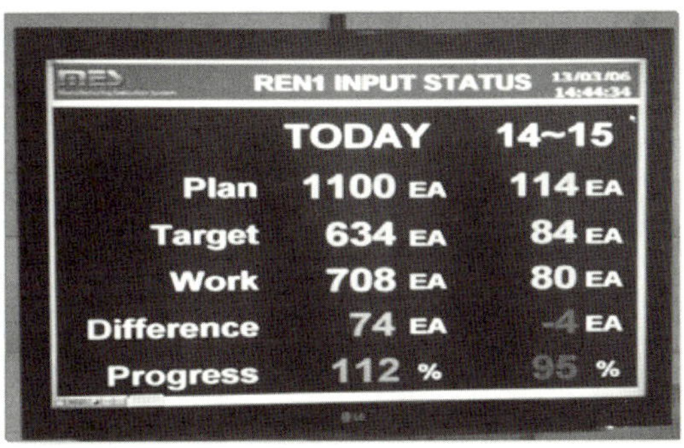

2.6 JIT(Just-In-Time)

낭비제거를 통하여 철저한 원가를 저감시키는 그 착안점 중 하나가 JIT(필요한 것을 필요할 때 필요한 만큼 생산한다)이다.

JIT는 기업이 특정한 고객의 수요를 충족시키기 위해 리드타임(Lead Time)을 최소화하고, 소량생산 및 인도를 가능하게 하는 원칙, 도구, 기법의 집합체이며, 낭비를 철저히 제거하는 지속적인 개선의 철학을 기반으로 하여 내·외부 고객의 실수요를 바탕으로 유연한 생산체계를 통해 필요한 것을 정확한 장소(Right Place)에 정확한 양만큼(Right Quantity), 정확한 시간(Right Time)에 전달하는 생산방식이다.

JIT는 당시 자동차산업에서는 공정마다 방대한 창고와 재고를 필요로 한다는 선진기업의 생산방식을 극복하기 위한 방안으로 비롯되었으며, 대량 생산방식은 헨리 포

드(Henry Ford)가 고안한 컨베이어벨트시스템(Conveyor Belt System)의 기본 개념이었다. 포드 경영이나 생산방식을 철저하게 공부하여 컨베이어벨트시스템 본래의 목적만을 충실하게 반영하여 JIT가 설계되었다. 이후 오노 다이이치(Ohno Taiichi)는 "재고는 자산이 아니라 부채다"라는 생각으로 포드의 아이디어를 발견시켜 만든 간판(Kanban) 방식(부품명, 수량, 납입 일시를 기재한 작업지시표)에 의한 도요타생산방식을 확립하였다.

대다수의 공장은 선공정에서 후공정으로 밀어내는 푸시(Push) 방식이지만 도요타 풀(Pull) 방식은 후공정의 요구에 의한 선공정이 조치하는 방식으로 운영된다. 이렇게 하면 공정 간 불필요한 재고를 가지고 있을 필요가 없어지고 흐름 생산화가 되는 것이다. 이로 인해 과잉생산의 낭비, 재고의 낭비 등을 방지할 수 있다.

표 2-11 JIT 구성 및 전개

기본 원칙	전개 방법
공정의 흐름화	공정순 설비 배치, 정류화
	한 개 흘림 동기화, 당기기 생산(Full Work) 제어
	다공정 담당, 다능공화
소로트 생산	소로트화, 생산준비시간 단축(금형교환시간 등), 한 개 생산
텍타임(Takt Time) 생산	텍타임에 의한 생산
	표준작업
후공정 인수	간판시스템 : 재공간판, 인수간판
	운반 : 정량부정시, 정시부정량, 혼재, 순서공급, 세트공급, AGV

JIT 시스템의 전제조건은 철저한 계획생산, 수주의 안정화가 선행되어야 한다. 이를 위한 해결방법은 생산조직과 판매조직의 분리로 각 조직의 미션 수행이 투철해야 하고, 철저한 계약 이행이 바탕에 깔려 있어야 한다. 생산 리드타임이 줄고 판매자의 리스크가 줄어드는 효과를 기대할 수 있다. 또한 공장 내부적으로는 작업자, 정보관리, 설비, 생산방법 등 관련 시스템과 인프라가 갖추어져야 한다. 또한 부품을 공급하는 공급사의 실시간 공급능력을 갖추고 자동차 조립회사와 물자와 정보를 동기화하는 시스템이 구축되어야 한다.

전통적인 JIT 시스템은 철저히 낭비를 제거하는 활동에 초점이 맞추어져 있으며, 간판을 이용하여 재고관리를 수행한다. 간판은 단위 재고마다 부착되는 카드로서 작업을 통제하는 수단으로 운용된다. 간판 수는 총 재고량과 비례하고, 후속 공정이 요구하는 수요의 부품을 선행 공정이 생산하도록 도와준다. JIT 시스템은 간판이라는 손쉬운 방법을 통해 재고관리를 수행한다는 장점이 있다. 그러나 전통적인 JIT 시스템은 확정적인 간판 수를 사용하기 때문에 수요 변동에 따른 재고부족 또는 재고과잉을 발생시켜서 오히려 낭비를 초래하는 경우가 빈번해지고 있다.

최근에는 수요의 불확실성이 증가하여 자재의 Shortage Risk를 최소화하기 위하여 재고 운용과 JIT를 ABC 구매관리에 따라서 혼합하여 운용하는 하이브리드 JIT 시스템으로 운용하는 추세이다. 이것은 리스크 정도에 따라서 모기업과 협력사 간 문서로 합의된 최소의 안전재고를 확보하여 불확실한 리스크에 대비한 재고관리가 필요하다. 상황에 따라 안전재고 확보 수량을 조정하여 전통적인 JIT 시스템의 단점을 보완하는 하이브리드 JIT가 필요하다.

전통적인 전사적자원관리(ERP) 관점에서 회사는 인사, 재무 등 비즈니스를 지원하는 영역과 제조 및 서비스를 판매, 조달, 생산, 출하하는 MRP 영역으로 나뉠 수 있다. MRP는 고객의 예측수요에 기초한 계획생산방식으로 생산계획 및 조달중심으로 업무가 전개되며, 풀(Pull) 방식으로 운영되는 JIT와는 다른 푸시(Push) 생산방식이다.

원자재, 부품, 구성품, 공정품, 중간조립품 등과 같이 수요가 상위단계의 품목에 종속되어 있는 종속수요 품목의 소요량과 주문시기를 결정하여 효과적으로 재고관리를 하기 위한 구조로 만들어졌다. MRP가 태동된 배경은 독립수요 제품이 고도화됨에 따라 종속수요품의 관리가 어려워지고, (최종)조립 일정에 차질이 없도록 부품, 반조립품의 공급일정을 결정하기 위함이다. MRP를 운용하기 위해서는 모든 자재의 조달기간은 파악이 가능해야 하고, 모든 조립 구성 품목들은 조립 착수 시점에서 사용이 가능하여야 한다.

이와 같이 일반적인 기업이 운용하는 시스템인 MRP 개념과 JIT 개념을 비교하면 다음의 표와 같이 각각의 특징을 설명할 수 있다.

표 2-12 JIT 시스템과 MRP 시스템 비교

구분	JIT 시스템	MRP 시스템
재고	부채, 재고를 줄이기 위한 부단한 노력을 경주함	자산, 재고는 예측오차를 보호함. 안전재고는 미래의 불확실성 때문에 필요함
로트 크기	꼭 필요한 양만큼 제조 및 구매, 최소량의 로트 크기 추구함	생산준비 비용과 재고유지 비용이 균형되는 로트 크기로 결정

생산 준비	빠른 생산준비로 생산에 미치는 영향을 최소화. 빠른 교체는 작은 로트 크기로 여러 모델을 자주 생산할 수 있음	관심이 적음. 최대생산량이 목표임 빠른 교체를 위한 노력이 부족함
대기 행렬	대기시간을 최소로 함. 문제 발생시 바로 원인을 규명하여 개선함. 대기기간이 짧을 때 문제개선이 쉬움	필요한 투자임. 대기물은 선행작업에 문제가 있을 때 후속작업을 계속하게 해줌
외주처	우호관계, 시스템의 일부로 생각함. 소량의 부품을 수시로 공급함	상거래 관계, 동일 부품에 대해 복수의 외주처
품질	무결점. 품질이 100% 아니면 생산에 지장이 있음. 품질상의 문제는 근원지에서 개선함	약간의 폐기물 인정. 불량품이 발생한 이후에 품질관리기사에 의하여 원인 규명함
장비 정비	자주 효과적으로 함. 기계고장은 최소화함	필요한 때에 함. 대기물이 있기 때문에 결정적이지 않음
조달 기간	짧게 유지함. 이는 독촉의 필요성을 줄이므로 마케팅, 구매 및 제조를 단순하게 함	길면 길수록 좋음. 감독관과 구매부서도 긴 조달기간을 바람
작업자	의견일치에 의한 경영. 의견일치 후 변화가 가능	명령에 의한 경영. 새로운 시스템이 작업자에 관계없이 설치됨

2.7 인변 자동화(自働化, Jidoka)

생산시스템에서 작업자를 통해 불량품을 생산하는 것을 방지하는 체계로 문제 발생시 그 즉시 문제를 파악하기 위해 설비, 라인이 스스로 판단하여 정지하는 시스템이다.

통상의 자동화(自動化, Automation)의 개념과 달리 도요타에서 자동화인 지도카(Jidoka)는 움직일 '동(動)'에 사람 '인(人) 변'이 추가된 자동화(自働化)를 나타내며, 자동화의 영어식 표현인 'Automation'에 자율성을 의미하는 'Autonomy'가 결합하여 'Autonomation'의 개념으로 Error-Proof의 철학이 가미되었다.

도요타는 방직사업으로 시작하였다. 당시에는 방직기에서 실이 하나 끊어지면 발견할 때까지 불량 제품을 계속 생산하는 낭비가 발생하곤 하였다. 이에 창업주 사키치(Sakichi)는 방직기에서 이런 손실을 방지하기 위해 실이 끊어지면 설비가 자동으로 중지되는 도요타식 자동직기를 개발하였고, 이것이 인변 자동화(自働化)의 시작이라 할 수 있다.

지도카(Jidoka)는 생산시스템에서 작업자를 통해 불량품을 생산하는 것을 방지하는 안전체계를 말하며, '후공정으로 불량을 절대 보내지 않는다'라는 개념으로 본질적으로 소재를 가공할 때 품질의 확보와 오류(실수)를 방지하는 것을 목적으로 하고, 작업자가 기계에 구속되지 않고 부가가치를 창출할 수 있도록 설비 및 운영을 기획하는 것을 추구한다. 이 개념이 후에 생산라인에서의 작업자에 의한 라인스톱제도(안돈시스템)로 발전하였다. 이러한 철학은 4차 산업혁명 기술인 인공지능(AI) 접목시 활용되어 품질향상 및 생산성을 획기적으로 올리는 역할을 하고 있다.

지도카를 실행함에 있어 공정의 이상신호나 문제점을 발견하기 위해서는 시각적으로 확인할 수 있는 장치가 필요한데, 이를 쉽게 발견하기 위해 '눈으로 보는 관리(Visual Control)'를 공정에 도입하여 '가시화된 공장(Visual Factory)'을 구축하기 위해 노력하였다. 또 다른 활용 도구인 '안돈(Andon)'은 생산라인의 정지를 알리는 표시판으로 녹색등(이상이 없다는 의미), 황색등(책임자가 필요한 문제 상황을 의미), 적색등(책임자의 요청이 추가된 라인 정지를 의미)으로 구분된다.

지도카는 다음과 같은 4가지 단계를 통해 적용한다.

- 이상신호 및 문제점 발견
- 생산라인 정지
- 문제가 발생한 상황을 즉시 올바르게 정정
- 문제가 발생한 근원을 조사하고 영구적인 예방책을 마련

첫 번째와 두 번째 단계인 문제 발견과 생산라인 정지는 자동화를 통해서 충분히 실현이 가능하다. 그러나 세 번째와 네 번째 단계는 자동화된 기계·설비의 구축만으로는 실현이 어려우며, 인적 자원의 투입을 통한 노력과 개선이 필요하다. 이렇듯, 인간의 감성이 가미된 시스템으로써 지도카는 다양한 사람의 제안과 아이디어가 설비별로 착안되어 있고, 이에 따라 기계의 이상신호 감지, 불량품의 자동적 검출과 더불어 과잉생산을 방지하는 효과를 창출할 수 있으며, 작업자와 기계의 역할을 분리하여 각각의 기능과 역할이 최대한 발휘될 수 있도록 한다. 이러한 인간의 영역에 해당하는 3, 4단계가 4차 산업혁명 기술의 발달로 인공지능(AI)과 많은 부분에서 그 역할을 대신하여 가는 추세이다.

표 2-13 자동화 실행 기본 원칙

기본 원칙	실행 기준	전개 방법
불량을 만들지 않는다	이상에서 멈춘다	자동 정지, 정위치 정지, Error-Proof, 작업자 정지끈
	이상을 안다	눈으로 보는 관리(안돈, 표준작업, 간판, 생산관리판, 자동취출)
소인화	사람의 일과 기계의 일 분리	어렵고 반복적인 일은 기계가, 창의적인 일은 사람이 (작업자 제안 및 개선활동)

2.8 평준화 생산(헤이준카, Heijunka)

생산계획이 확정된 구간 내의 모델별 필요 생산수량을 1일 평균 수량으로 동일하게 분할하여 생산하는 방식으로 작업량을 평준화하여 낭비요소를 최소화하는 것으로 풀 생산시스템 구현의 기본이다.

고객의 주문은 불규칙적으로 요구되고, 이를 대응하기는 매우 어렵기 때문에 선제적으로 필요로 하는 부품을 필요한 시기에 가져가는 후공정의 물량에 대응하기 위해서는 선행적으로 항상 일정부분의 안전재고를 확보하여야 한다. 따라서 부품이나 자재는 물론 생산설비나 인력도 여유있게 가져감으로써 전체적으로 낭비가 발생하는 것은 일반적인 현상이다. 따라서 공장의 생산요소(작업자, 설비, 자재 등)를 기간별로 물동의 변화로 발생하는 경우를 최소화하고, 공정 간 대기의 낭비요소를 최소화하기 위하여 평준회 방식을 적용한다.

대량 생산은 시장의 다양한 모델과 수량에 탄력적 대응이 불가하고, 고객의 다양한 요구사항에 맞출 수가 없으므로 수주에도 제한이 따르게 되며, 장납기 자재 등은 재공 및 재고를 확보하여 운영하게 됨에 따라서 생산의 낭비가 많이 발생한다.

2.8.1 평준화 생산 편성 원리

먼저 생산현장에 인원, 설비, 자재 등 투입자원에 균일한 부하가 부가되게 하고자 하는 방식으로 생산하고자 하는 제품을 적절히 혼합하고 물량을 조절하여 생산수량과 모델종류를 평균화한다. 각 공정의 생산속도 균일화를 하여야 한다.

평균화 생산이 안정적으로 되면 1일 생산모델과 수량을 몇 회의 세분화된 주기로 나누어 다분할 생산으로 편성한다. 생산 평준화는 세 가지 개념으로 나눌 수 있다.

1) 총량 평준화

제품별 월별 수요예측에 따라서 연속하는 두 기간의 총 생산량 변동폭을 최소화하는 것으로 월별 생산량에는 변경이 있을 수 있으나 일간 생산량 변동을 최소화한다.

2) 수량 평준화

딜러의 1일 주문에 따라서 혼류조립라인의 제품 순서 계획을 수립하는데 있어서 제품 종류별 흐름이 일간에 변동폭이 생기지 않도록 하는 것으로 제품이 시장에서 팔려나가는 속도로 생산하는 것이다. 이는 텍타임 산출의 기준이 된다.

3) 순서 평준화

하루의 생산물량을 생산조건에 맞추어 평균화되도록 순서를 조정하는 것이다. 한 차종을 몰아서 생산한 후에 다음 차종을 생산하는 것이 아니라 필요량을 비율로 맞추어 평균이 되도록 생산하는 것이 평준화의 의미이다.

2.8.2 텍타임(Takt Time)과 사이클타임(Cycle Time)

양뿐만 아니라 종류까지를 평준화한다는 것은 무엇을 기준으로 하여 종류의 산포를 평준화하는가가 문제가 된다. 모든 작업에는 타이밍이 필요한데 이것이 잘 되지 못하면 납기에 대지 못하게 되거나 너무 빨리 만들어 재고의 낭비가 된다.

텍타임은 한 단위의 제품에 대해 생산을 시작하고 다음 단위의 제품을 생산하기 시작하는 데 소요되는 평균시간이며, 텍타임은 고객의 요구에 맞춰 생산할 수 없느냐 하는 것에 근거한다. 만약에 프로세스나 생산라인이 텍타임에 맞춰서 완료할 수 없다면, 협의를 통해서 고객의 수요를 조정하거나 그게 어려울 경우에는 추가적인 리소스를 투입해서 프로세스를 재조정함으로써 이슈를 해결하는 활동이 필요하다.

사이클타임은 한 공정 작업을 완료하는 데 걸리는 시간으로 텍타임과 계산 방식은 동일하다. 다만 텍타임은 고객 중심적인 시간이고, 사이클타임은 회사가 생산 가능한 시간으로 바라보기 때문에 관점의 차이가 있다. 즉 고객 관점에서 고객이 요구하는 시간에 원하는 수량만큼을 공급하기 위하여 텍타임의 개념이 적용되었으며, 이를 제조 관점에서 자재공급, 작업준비, 순수 가공시간 등을 고려하여 사이클타임을 설정한다.

$$\text{사이클타임} = \frac{\text{일일 가동 시간}}{\text{일일 생산 필요수량}}$$

이때 현재 보유하고 있는 설비능력과 인원, 즉 공수에서 계산을 하기 때문에 과잉생산할 가능성이 있으므로 이를 경계하여야 한다.

2.8.3 평준화 생산 예시

예를 들어 6개의 모델을 생산하는 공장에서 고객의 수요가 아래 그림과 같을 경우를 생각해보자.

| 표 2-14 | 고객요구 생산량

모델명	월 수요량	일평균 생산량
A	1,200	60
B	400	20
C	1,600	80
D	400	20
E	600	30
F	600	30
합계	4,800	240

| 표 2-15 | 전통적인 배치 생산계획

모델명	1주차	2주차	3주차	4주차
A	1,200			
B		400		
C		800	800	
D			400	
E				600
F				600
합계	1,200	1,200	1,200	1,200

주어진 4주차 기간 내에 모델별 생산량을 각 주차별로 평준화하는 생산계획을 수립한다.

| 표 2-16 | 평준화 생산계획

모델명	1주차	2주차	3주차	4주차
A	300	300	300	300
B	100	100	100	100
C	400	400	400	400
D	100	100	100	100
E	150	150	150	150
F	150	150	150	150
합계	1,200	1,200	1,200	1,200

2.8.4 평준화 생산의 장 · 단점

1) 장점

- 제품의 종류와 생산량의 산포를 없애고 재고를 최소화하여 공장 전체의 능률을 최고로 유지한다.
- 텍타임에 따른 생산으로 과잉생산 낭비를 없애고 납기를 맞추기가 용이하다.
- 다품종 소로트 생산으로 시장환경 변화에 신속한 대응이 가능하다.
- 생산의 평준화 실현으로 생산라인의 유연화를 실현할 수 있다.
- 재고는 텍타임을 맞추기 위한 최소한의 수량으로 로트 생산 대비하여 재고가 적다.
- 선행공정에서 설비 및 인원을 여유 있게 확보할 필요가 없으며 후공정에서는 간판 사용이 가능하다.

2) 단점

- 분할 생산으로 모델 변경이 잦아 가동률이 떨어질 수 있다. 따라서, 모델 변경 시간을 단축하는 선행 활동이 반드시 필요하다.
- 설비 고장 및 불량 발생 등에 따른 생산 산포 발생시 전 · 후 공정에 미치는 영향이 로트 생산 대비 크다.
- 잦은 모델 변경은 미조립, 오조립 등 작업 불량의 가능성이 크다. 따라서 작업자의 숙련도와 다기능화가 필요하다.

3) 로트 생산과 평준화 생산의 차이

전통적인 로트 생산과 린 경영의 핵심가치인 낭비를 최소화하기 위한 평준화 생산의 특장점을 비교하면 [표 2-17]과 같다.

▌표 2-17 ▌로트 생산과 평준화 생산

구분	로트 생산	평준화 생산
생산 이념	Product-Out 만들기 쉬운 것을 만들기 쉬운 때 만들기 쉬운 양만큼 만듦	Market-In 필요한 것을 필요한 때에 필요한 양만큼 만듦
제조 방법	모델 교체 횟수가 작아지도록 로트로 모아서 생산	시장의 요구 속도인 텍타임에 맞추어 라인 편성

능률에 대한 사고방식	개개인의 능률을 중시	전체의 능률을 중시
설비에 대한 사고방식	• 고속설비로 대량 로트 생산이 좋음 • 대형 범용기계로 고가의 설비	텍트에 맞추어 천천히 생산함에 따라 1개씩 생산하는 소형 저가 설비
재고 및 리드타임	로트 단위로 생산하고 재고관리를 함으로써 정체가 많고 운반이 많으며, 제조 리드타임이 길어짐	텍트에 맞춘 흐름조절로 재고가 적고 운반도 작으며 제조 리드타임은 짧아짐

2.9 카이젠(지속적 개선)

린에서의 지속적인 개선은 종업원들이 중심이 되어 수행하는 아래로부터(Bottom-up)의 개선활동으로 보통 카이젠(Kaizen)이라는 용어로 사용된다. 낭비제거를 위한 전체 프로세스에서 지속적인 개선을 추구해 나가는 것을 의미하는 것으로, 현장에서 여러 소집단 활동을 통하여 혼자 해결하기 어려운 문제들을 해결해 나가는 방식이다. 분임조 활동과 같이 다양한 소모임 활동으로 발전하고 있다. 카이젠을 통하여 지속적인 조직학습의 환경을 만든다.

2.9.1 PDCA를 통한 카이젠

카이젠 활동은 제2차 세계대전 후 에드워드 데밍(Edwards Deming)이 품질개선을 위한 방법론으로 제시한 PDCA Cycle(Plan, Do, Check, Act)을 기초로 설계되었다. 개선은 낭비를 발견하면 그것을 전원이 참여하여 제거하는 활동으로, 도요타자동차의 개선의 개념은 사소한 개선이라도 쉬지 않고 전 종업원이 참여하여 추진한다. 개선제안 활동 등 소집단 활동이 활성화되어 지속적 개선의 기반을 만들어가고 있다. 도요타자동차의 개선은 일반적으로 현장의 문제를 해결하는 개선(Improvement)이 아니라, 어느 누구라도 불량률에 대해 곤란함을 느끼지 않는 상태로의 개선(Kaizen)을 의미한다.

개선활동의 일반적인 프로세스는 다음과 같이 정리할 수 있다.

- 회의를 소집하여 문제의 성격을 분류한다.
  - 즉 실천 가능한 것인지, 시간을 두고 개선해야 되는 프로젝트 성격의 문제인지
- 개선이 가능한 과제는 즉시 조치한다.
  - 문제가 바로 해결이 가능한 것은 개선 전과 개선 후 사진을 찍어 개선 전후를 비교할 수 있도록 하여 개선 이력관리를 한다.
- 프로젝트성 과제에 대한 개선 계획을 수립한다.

- 누가 언제까지 개선할 것인지에 대한 책임과 기간을 정한다.
- 만약 개선의 리더와 활동 기간이 선정되지 않는다면 문제는 해결하지 못한 상태로 묻혀버리게 된다.

• 개선 기법을 선택하고 실행한다.
- 개선의 리더는 개선의 기법을 선택하고, 종업원들에게 숙련된 경험을 전파한다.
- 주로 PDCA(Plan, Do, Check, Action) 사이클을 이용하여 실시하는 것이 일반적이다.

• 개선 후 성과를 정리하고 수평전개한다.
- 개선은 지속적으로 이루어져야 하고, 유사 문제가 재발하지 않도록 수평전개하는 활동까지 연계하는 것이 바람직하다. 이는 회사 차원의 조직적 지원이 필수적이다.

▌그림 2-15 ▌PDCA 사이클과 지속적 개선

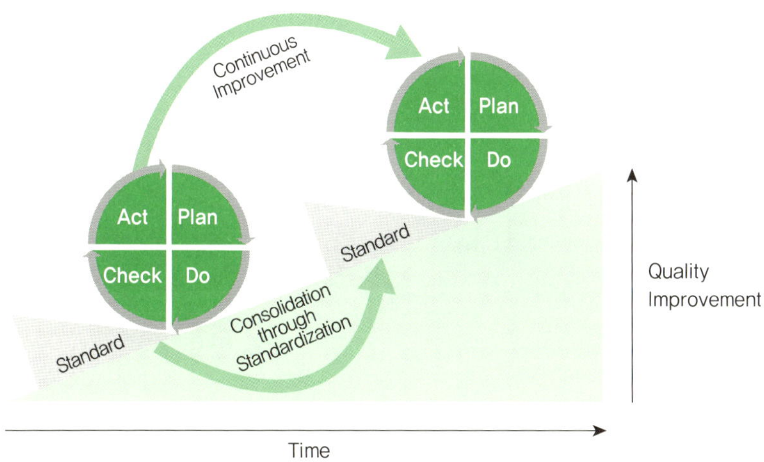

이 PDCA 사이클을 통해 설정된 표준과 유지관리는 문제가 재발하는 것을 방지해준다. 물론 PDCA 개선을 통한 표준이 설정되기 이전에는 기존에 설정된 표준을 준수하는 것이 중요하다. 이는 개선의 기반 조성을 위한 초기 단계로 먼저 표준을 설정하고 표준과 비교하여 편차를 찾아내면 이를 개선하기 위한 활동을 하고 다시 표준을 개정하는 사이클을 그리게 된다.

[그림 2-16]은 현장의 지속적인 개선활동 사례로 제조라인 길이 단축 및 공정 합리화, 1인공정화 등에 따른 연도별 개선성과 등을 나타내고 있다.

▌그림 2-16 ▌지속적 개선 사례(조립라인)

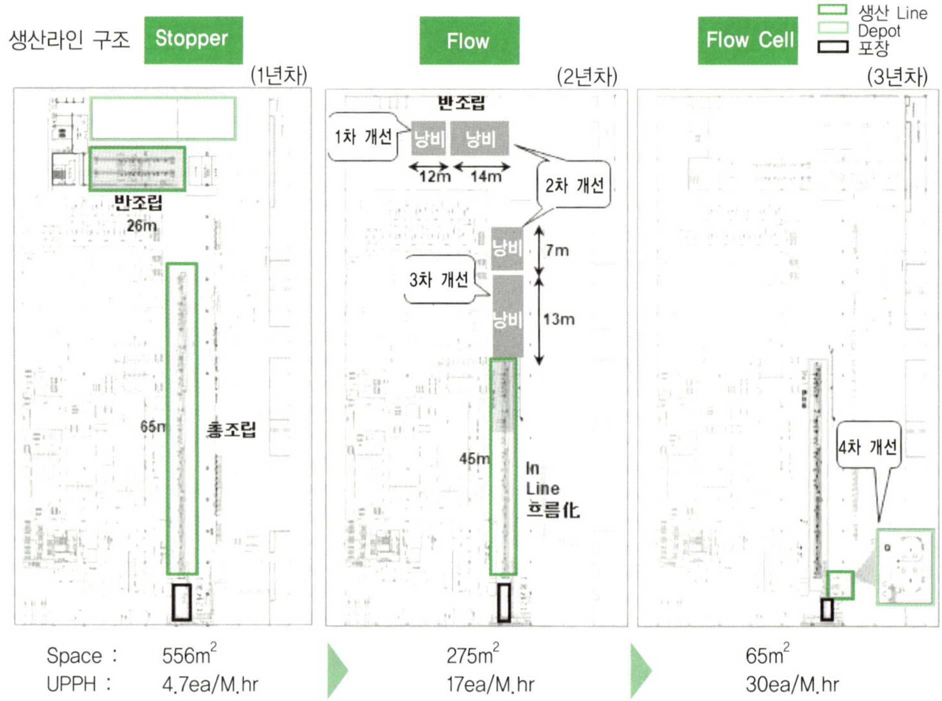

기업경영에서 지속적 개선의 문화를 만들어가는 것은 매우 힘이 드는데 이를 극복하기 위한 방법 중에 아래 '개선 10원칙'과 같이 일상업무에서 항상 업무수행 기본자세에 해당하는 원칙들을 제시하고 곳곳에 게시하여 항상 생각하고 그 원칙에 따라서 의사결정하고 실행하도록 하는 분위기를 만드는 것도 필요하다.

▌그림 2-17 ▌L사의 혁신 10계명 사례

혁신 10계명	
5%는 불가능해도 30%는 가능하다	'나' 아닌 '우리'
한방에 끝내라	資源有限 智無限
조직을 파괴하라	Early Innovation
실천하는 것이 힘이다	과수원 패러다임
'NO' 없는 '도전'	'큰 덩치'를 잡아라

2.9.2 소집단 활동

자주연구회와 같은 소집단 활동이 정상적으로 운영되기 위해서는 체계적인 교육훈련, 종업원의 자발적 참여, 경영층의 조직적 활동지원 등이 이루어져야 한다. 자주연구회는 관리감독자에게 낭비를 발견하는 안목을 길러주고, 동료들 간에 커뮤니케이션을 원활히 하여 내일을 준비하는 모체 역할을 한다. 동료와 함께 생각하고, 의논하고 제안하는 과정을 중요시하는 동료 집단적 활동의 개선 조직이다.

소집단 활동과 더불어 개선제안 활동은 각 개개인의 낭비에 대한 관심과 참여를 유도하는 것으로 종업원의 노하우와 아이디어를 이끌어내어 기업경영의 합리화와 개선에 적극 활용하는 개선전략의 일환이다. 개선 제안제도가 정착되기 위해서는 다음과 같은 환경을 만들 필요가 있다.

- 자유로운 분위기에서 사소한 것이라도 제안이 가능할 수 있도록 격려하고, 자기 업무를 스스로 개선하려고 하는 환경을 만든다.
- 회사는 관련 교육을 실시하여 문제발견과 분석능력 및 해결역량을 계발할 수 있도록 할 필요가 있다.

그림 2-18 개별 개선활동 보고서

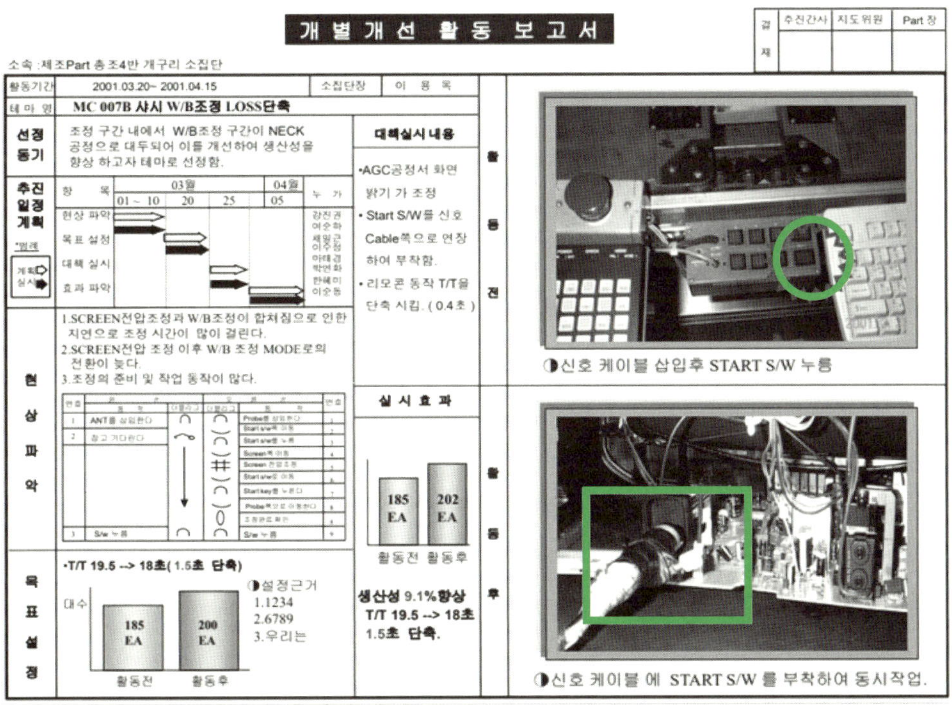

• 제안 내용이 해결 난이도, 실행 후 영향력 등을 고려하여 단순개선 활동, 과제개선 활동 등으로 리소스를 투입하여 기업의 성과에 연계될 수 있는 장기적 투자 관점에서 진행한다.

그림 2-19 TPM 개선 사례(정점(定點) 기법 적용)

개선 Point	W/B 수강부 Cover 개선건					작성자	홍길동
Line 명	층조 5반	소집단명	그린	설비명	W/B 조정기	완료일	00.9.07

개선 전	개선 후
	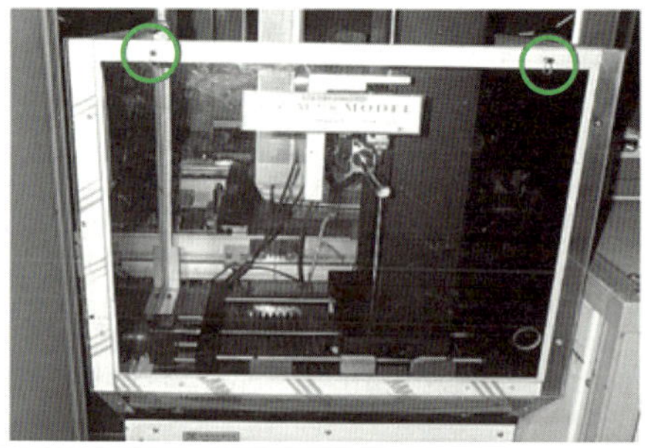
현상	결과 및 효과
W/B 조정기 수강부 측의 Cover가 Bolt로 고정되어 있어 청소, 점검이 난이 하여 시간 과다 발생 • 청소 주기 : 1회/주 • 소요 시간 : 8분/1회당	W/B 조정기 수강부 측의 Cover를 착·탈식으로 변경하여 청소, 점검이 용이하게 개선함 • 청소 주기 : 1회/주 • 소요 시간 : 4분/1회당

2.9.3 3현주의

고객의 가치를 만들어내는 현장에서의 경영이 매우 중요하다. 겜바(Gemba)라는 용어는 가치가 생성되는 장소로 제조에서는 공장 현장을 의미하고 서비스업의 경우 고객과 직원이 대면하는 곳이 되며, 자동차 경주에서는 자동차 경주장이 된다. 경영진이 사무실에서 벗어나 실제 업무가 이루어지는 곳을 확인하고, 현장(Gemba)에서 현물(Gembutsu)을 가지고 현상(Genchi)을 관찰하여 분석할 수 있기 때문에 오노 다이이치는 '현장에 답이 있다'라고 강조하였다. 현장경영은 지속개선과 조직문화를 구축하는 측면에서 실무직원과의 직접적인 소통을 하므로 신속한 의사결정을 할 수 있으며, 경영진과 현장직원이 상호 신뢰관계를 구축하는 계기가 될 수 있다.

겜바 워크는 현장에 직접 가서 보고 작업 프로세스를 이해하고, 질문을 하고 배우는 활동을 의미하며 린 경영의 근본적인 철학 중 하나이다. 린 경영 도입시 경영진 또는 린 전문가와 함께 가치흐름에 따라 현장을 돌아다니면서 겜바 워크를 6개월 이상 매주 실시하여 현장의 지속적인 개선문화를 형성하도록 하며, 린 리더는 반드시 이 원칙을 준수하여야 한다. 겜바 워크는 프로세스에서 낭비를 찾아내어 개선 리스트를 만드는데 집중하는 활동이다.

사서삼경 중 대학의 8조목 중에 격물치지(格物致知)라는 말이 있는데 '사물에 다가가 사물을 살피고 이치를 깨닫는다'로 현장에 다가가서 현물을 가지고 현상을 파악하는 것이 개선의 첫걸음이다.

1) 현장개선 프로세스(Gemba Work) 7단계

현장개선은 다음과 같은 7단계로 진행할 수 있다.

① 테마 선정

현장에 가면 어떤 문제가 있는지 무엇을 개선해야 하는지 테마를 선정한다. 이렇게 하면 모든 역량을 집중하고 효과적으로 개선할 수 있다. 생산성, 비용 효율성, 안전 등과 같은 다양한 주제를 탐색할 수 있으며, 최대한 정확하게 하려면 질문할 질문 목록도 준비하여 진행한다.

② 팀 편성

준비된 팀은 앞으로 일어날 일에 대비해야 한다. 모든 팀원은 최종 개선목표가 지속적인 개선으로 공통의 프로세스라는 것을 분명히 이해해야 하며, 이렇게 하면 작업자가 자신이 해결해야 할 문제로 생각하여 훨씬 더 적극적으로 기꺼이 협력할 것이다.

③ 사람이 아닌 프로세스(과정)에 집중

현장경영은 팀의 성과를 평가하는 것이 아니다. 프로세스를 관찰, 이해를 바탕으로 개선하는 것이므로 작업자의 개인능력에 집중하지 말고 프로세스에 집중하여 프로세스의 문제점을 찾는 노력을 한다.

④ 가치흐름이 어디인지를 파악

VSM 분석을 통하여 어느 프로세스에 낭비 활동이 있는지 영역을 식별하고 원인을 찾을 수 있다. 이러한 낭비 활동을 제거하면 전반적인 프로세스를 개선하여 성과를 얻는데 도움이 될 것이다.

⑤ 관찰 내용을 기록하고 개선 제안을 하지 않는다

프로세스를 세분화하여 관찰하고 관심을 끄는 모든 것을 기록하거나 스마트폰으로 기록한다. 어떤 경우에는 즉시 해결책을 제시하고 싶은 마음이 들 수도 있지만 관찰하는 단계에만 충실해야 한다. 나중에 분석시 제안할 내용을 정리한다. 이렇게 하면 모든 사실을 확인한 후에 제안되는 것이므로 훨씬 더 정확한 해결방안이 될 것이다. 또한 전반적인 파악은 PDCA 사이클과 같은 효과적인 문제해결 도구를 사용할 수 있는 기회를 제공할 수 있다. 즉각적인 직감보다 훨씬 낫다.

⑥ 다른 시각의 눈

다른 부서의 동료를 초대하여 다른 관점에서 현상을 바라볼 수 있도록 하는 것이 좋다. 개발시 Peer Review를 하는 것도 이와 같은 맥락이다. 완전히 다른 업무를 가진 사람, 프로세스에 익숙하지 않은 사람들은 일반적으로 새로운 관점을 가지고 있으며 당사자들이 당연하게 생각하고 있는 사항도 원초적인 질문을 함으로써 근원적인 문제와 해결책에 쉽게 다가갈 수 있다.

⑦ 후속 조치 및 공유

중요한 것을 발견하지 못하더라도 배운 내용이나 본 내용을 팀과 공유함으로써 팀원들이 방관자가 되지 않도록 한다. 관찰사항에 대하여 변경 조치사항은 그 이유를 팀원들에게 알려 이해하도록 해야 한다.

▌그림 2-20 ▌현장개선 프로세스 7단계

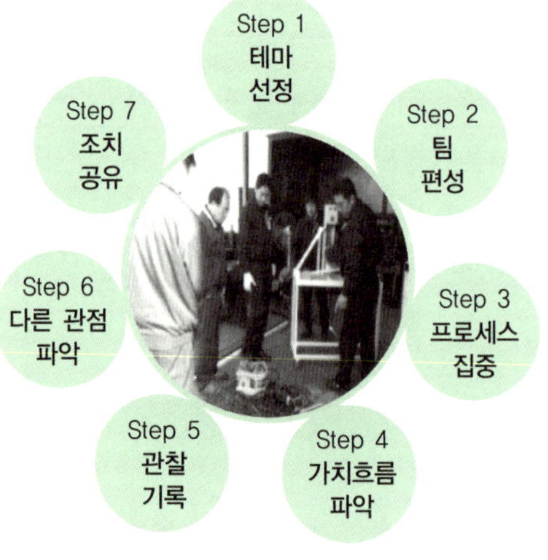

2.10 린 시스템과 TPS

린 시스템과 도요타생산방식의 목표는 낭비제거를 통한 고객의 가치와 기업의 이익을 창출하는 점에선 동일하지만 도요타생산방식은 도요타 회사에서 다품종 소량 생산에 적합하도록 현장개선 활동을 중심으로 개발되어 적용되었지만 몇 가지 한계점이 나타났다.

첫째는, 전문가의 도움이 필요하다는 것이다. TPS를 도입해서 실행하기에는 TPS 전문가 없이 힘들다는 것이다. 둘째는, 주로 현장부터 적용하는 것이 일반화되어 있다. TPS가 강력한 방법론이지만 일정한 기간이 지나면 혁신활동의 정체 현상이 나타나곤 한다. 셋째는, TPS는 비즈니스 프로세스의 낭비를 찾고 제거하는 방법론이 부족하고 생산현장을 중심으로 활동하는 것이 대부분이라는 점이다. 이러한 한계를 극복하고 체계적으로 접근하고자 린이 탄생하게 되었다.

또 다른 차이점은 적용 분야가 다르다. TPS는 자동차산업의 생산에서 낭비를 줄이는데 중점을 두었지만, 린 시스템은 자동차산업 이외에도 다품종 소량생산 방식인 항공산업 및 비제조 분야뿐만 아니라 신제품의 개발, 사무업무에까지 확장하였다. 또한 TPS는 구체적인 로드맵이 부족하지만 린은 상세한 로드맵을 구축하고 제시한 것이 가장 큰 차이점이라 할 수 있다. 분명히 린 시스템은 TPS를 근간으로 만들었지만 적용 분야 및 방법론 등에서 차이가 있으며, 아래 [표 2-18]에 요약하였다.

▌표 2-18 ▌린과 TPS 비교

구분	린(Lean)	TPS
기원	도요타+MIT IMVP(1993)	도요타자동차(오노)
추진 로드맵	공식화된 로드맵, 누구나 쉽게 적용 가능	비공식화, 전문가 적용
목표지향성	낭비제거를 통한 이익 창출, 고객가치 창출	낭비제거를 통한 이익 창출
적용 분야	전 업종 생산현장 및 사무부문 적용	제조업, 생산현장 중심
성숙도 측정 도구	Lean Assessment Tool	측정 방법론 없음
프로그램 통합성	TPS 기반의 린 프로세스	TPM이 녹아든 조직문화
프로젝트 선정 도구	VSM(Value Stream Mapping)	도요타 자체 보유(비공개)
전문가 교육 과정	체계적인 공개 교육 과정	한정된 인원, 폐쇄적 운영
전 조직원 참여	전원 참여 가능, 공감대 형성	전문가 집단 중심, 개선과제 실행팀 위주

3. 린(Lean) 구축 프로세스

3.1 준비

린 활동은 준비(Preparation) 단계가 매우 중요하며, 준비가 부족한 린은 반드시 실패한다. 이 단계는 린 전략이 결정되고 지원구조 등이 린 생산방식을 위해 준비되어야 하는 단계이다. 핵심 고위 관리자가 린과 관련된 깊이 있는 지식과 통찰력을 확보해야 하며 회사 내에서 린 활동이 될 경우 어떻게 보이고 어떻게 행동해야 하는지에 대한 비전도 공유하기 시작해야 한다. 따라서 세미나, 컨퍼런스, 워크숍 및 리더십 교환에 참석하는 것은 린 경영에 대한 적절한 정보를 얻을 뿐 아니라 실제 활동에서 큰 도움이 된다. 따라서, 경영진부터 실무진까지 전 계층이 추진의 필요성을 인식하고, 관련된 기초 지식은 학습을 통하여 습득하고, 종합적 사고를 바탕으로 포괄적 접근의 시스템적 사고가 필요하다.

3.1.1 리더십

이 단계에서는 생산운영 로드맵에 모든 것의 변경이 검토되어야 한다. 린 생산방식으로의 전환은 전체 기업 관점에서 혁신과 조금은 다르다. 기존의 기업혁신 체계를 교체하는 것이 아니라 조금 보완하는 방법을 선택해야 한다. 수직 · 수평조직이 정의되고 변화에 대한 권한, 책임을 재설계하여야 한다. 관련 부문 및 주요 비즈니스시스템과 기능적으로 연계하고, 경영 혁신의 주요 활동으로 린 시스템을 정의한다. 인력 및 조직문화와 같은 주요 쟁점(과제)들에 대하여 극복해 나가야 한다. 린 원칙과 실천에 대한 지식은 조직적으로 주요 부분에서 학습되기 시작하고, 구현 진행 상황을 측정할 수 있는 측정지표(Metric)와 정책 및 지침이 마련되어 있어야 한다.

린 프로그램은 최고경영자에 의하여 조직에서 모든 프로세스에 걸쳐 적극적으로 추진되어야 한다. 최고경영자는 린의 적용에 있어 근본적인 책임과 의무를 부담하며, 지속적으로 발전하는 조직을 만들기 위하여 전체 직원들을 대상으로 비전을 제공해야 한다. 린은 고객과 직원 그리고 주주들을 위한 가치를 창출하기 위하여 회사 내의 가능한 자원과 인력을 투입하여 추진한다. 이때 최고경영자는 리더십 관점에서 린 경영을 반드시 성공시켜야 한다는 의지를 모든 직원들에게 공개적으로 반복적으로 밝히고 솔선수범하여야 한다.

최고경영자는 린 경영 문화를 구축하기 위하여 다음의 3가지 질문에 리더십의 긍정의 답을 할 수 있어야 한다.

- 고객과 사회를 위해 부가가치를 추구하는 장기비전에 전념하는가?
- 종업원과 파트너를 개발하고 관계를 유지하는데 전념하는가?
- 리더십에 일관적인 철학이 있는가?

3.1.2 비전 및 사명

비전과 사명은 전략 수립 피라미드의 출발점이다. 기업의 사명은 기업의 장기적인 목적이자 전략적 방향이며, 비전은 조직이 달성하고자 하는 목표와 장기적인 열망을 보다 구체적으로 설명하는 것이다. 예를 들어 '향후 5년 내에 업계 린분야에서 세계 최고의 기업이 된다'와 같은 비전을 제시하는 것이 전 조직원의 전략 수립과 행동방향에 대한 지침이 되는 것이다.

린 프로그램은 비전을 향한 체계화된 적용기법이다. 즉, 린 프로그램은 각각의 비즈니스 유형에서뿐만 아니라 회사 전체의 목표와 비전을 달성하기 위한 체계화된 방법이다. 직원들뿐만 아니라 고위 경영진들도 부서 간의 협업을 통한 지속적인 개선에 적극 참여하여야 그 성과를 얻을 수 있다.

사명과 비전에 맞추어 일반적인 목표와 구체적인 목표를 설정하게 되며, 일반적인 목표는 정량화되지 않을 수 있지만, 특정 목표는 정량화되고 구체적이 된다. 예를 들어 판매, 재무, 품질, 물류, 비용 등에서 품질향상 및 비용 절감을 구체화하여, '3년 이내에 30% 생산성을 향상한다' 등으로 설정할 수 있다.

3.1.3 필요성 인식

린 프로세스의 기반이 되는 가치와 규범은 조직 내에 이미 존재하고 있는 문화와 충돌을 일으킬 수 있다. 이러한 것은 린 경영을 채택하고 적용하는데 장애가 될 수 있다.

1) 사고 전환

린 생산시스템의 구현의 가장 큰 장애물은 경영자와 직원의 사고방식이다. 경영자는 실패에 대한 우려와 구현에 투입되는 비용의 두려움을 가지고 있고, 직원들은 지금까지 익숙한 작업 습관을 변경하기를 꺼리는 것이다. 일반적으로 경영자와 직원들이 긍정적인 태도를 취하면 효과는 긍정적으로 나타난다.

중소기업은 적절한 린 시스템을 실행하는데 필요한 지식이 부족한 경우가 많다. 린 시스템은 지속적인 프로세스 개선을 위해 회사 직원들을 중심으로 낭비제거에 초점을 두는데, 린 방식과 도구를 사용하다 보면 종종 작업환경에 큰 변화가 필요하기 때문에 기초 단계에는 직원들의 저항이 발생한다. 이를 해결하기 위해 경영진은 전략을 수립하고 실행할 수 있도록 좋은 사례를 제시함과 동시에 직원들에게 동기부여를 해야 한다. 또한 직원은 린 방법과 도구를 적용하려면 적절한 자격을 갖추어야 하는데 이는 직원들에게 린 구현의 방법에 대한 교육이 필요하다.

회사 내에서 린을 추구한다는 결정은 타협할 수 없고 취소할 수 없는 것으로 간주되어야 한다. 모든 관리자의 린 활동은 의무사항이고, 모든 매니저의 목표 또한 분명해야 한다. 그들 각자 모두는 회사가 중대한 여정을 위해 가는 길에서 부분적으로 역할을 맡아서 활동한다는 것을 알아야 한다. 의심은 없으며, 피할 수 없는 도전은 결국 창의적 해결책으로 이겨내야 한다.

2) 컨센서스

최고경영자의 이해와 지원을 받는 사업부의 경영자는 린에 관한 결정을 내릴 책임이 있고, 이 결정을 이해하고 긍정적인 활동을 해야 한다. 린 시스템으로 변환을 수행하기로 한 결정과 관련하여 의사결정 권한 또는 자원 제어 등의 규정은 모호하지 않아야 한다. 린 경영은 포괄적인 접근이 반드시 필요하다. 즉, 다양한 린 원칙과 실천이 선택적으로 실행되어서는 안 되며 종합적 사고 시스템으로 구현되어야 한다.

최고경영자 및 사업부 경영자는 자원의 적극적 투입이 당연히 필요하다는 것을 알아야 한다. 외부환경에 따른 이슈는 있을 수 있으나, 사업부 내에서는 구성원 전체가 상호 철저하게 약속이 지켜져야 한다. 컨센서스(Consensus)는 조직과 개인 간 약속이며 약속은 내부적으로 통제되지 않는 장벽을 줄이기 위해 다른 사람들과 협업하기로 결정한 것을 의미한다.

또한 린 경영의 성과로 나타나는 생인효과는 리더십을 바탕으로 인원감축이 아닌 미래경쟁력 확보를 위하여 전환배치한다는 것을 공개적으로 선언하여 조직원들의 동요를 잠재시킬 필요가 있다. 도요타에서는 린 경영이 종업원 상호존중, 검약, 인내 같은 회사의 기본적 창업이념에서 탄생했다. 이 방식은 처음부터 공장 근로자부터 관리자와 간부에 이르기까지 모든 사원들에 의해 실행되었다. 왜냐하면 바로 그것이 기업문화이기 때문이다.

조직문화적 요소는 통합이 필요하며, 인프라 구조를 통한 조직문화 패러다임 변화의 6가지 요소는 아래 그림과 같다.

▌그림 2-21 ▌린 경영 조직문화 패러다임

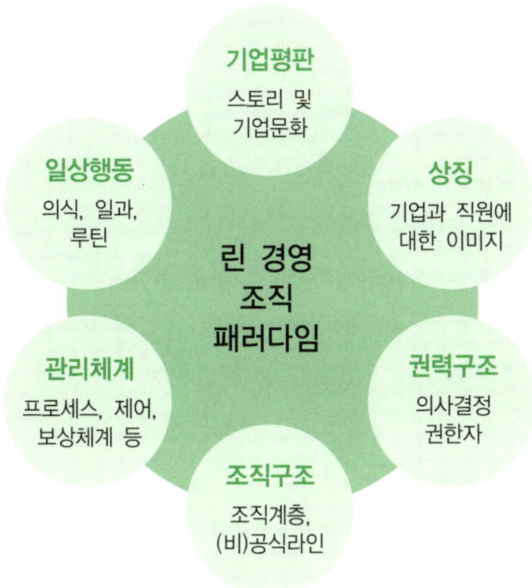

3.1.4 조직 구성

1) 전략 개발

조직의 운영 철학을 린 사고로 변경하기로 한 이상 이를 실현하기 위한 전략의 개발이 우선되어야 한다. 전략적 운영은 가장 효율적인 방식으로 자원과 자산을 사용하여 린 미션과 비전을 향한 중요한 변화를 인식하고 전략적 계획 및 의사결정을 진행하는 프레임워크이다. 전략적 운영은 적대적이고 경쟁적인 환경에서 기업이 경쟁할 수 있도록 하는 조직의 장기적인 성공을 위해 매우 중요하다. 전략적 및 린 계획에는 새로운 시장 진입, 글로벌 소싱, 제조 또는 구매 전략, 신제품 또는 서비스 배포, 활동의 중앙 집중화 또는 분산화, 리더십 및 리소스 조정과 같은 조치가 포함될 수 있다.

전략적 프레임워크를 설계하는데 마이클 포터(M. Porter)의 '5 Forces Model Analysis'에서 제시한 5가지 요소 분석을 활용할 수 있고, 민츠버그(H. Mintzberg)의 전략인 계획, 계략, 패턴, 위치 및 관점 5가지 정의를 통한 분석 등을 활용할 수도 있다.

전략적 관리 프로세스는 ① 전략적 분석, ② 전략적 선택, ③ 전략적 구현의 세 단계로 나누어 추진할 수 있으며, 추진시 다음과 같은 자기 질문을 통하여 구체화시켜 나간다.

- 린 경영 측면에서 우리는 어느 위치에 있는가?
- 어디로 가고 싶은가?
- 이를 어떻게 달성할 것인가?

단기적인 재무성과를 희생하더라도, 경영 의사결정은 장기적인 철학에 기초하는 장기적인 사고가 필요하다. 조직의 전략적 분석은 린 관리 측면에서 조직의 전략적 위치를 이해하는 것이다. 조직의 기존 역량과 자원을 활용하여 전략적 목표와 목표를 추구하기 위해 향상되는 상황파악을 할 수 있는 KPI를 결정하여야 한다. 또한 조직에 영향을 미치는 주요 이해관계자의 의견이나 관점을 고려하여야 한다. 적절한 시작 지점을 설정하고 조직의 현재 및 미래 상태에 대한 주요 영향과 환경과 조직의 역량에 의해 제공되는 기회를 파악하여야 한다.

전략적 위치 평가를 하기 위하여 다양한 방법으로 진행하는데 다음의 [표 2-19]와 같이 전략 분석 요소에 따라서 다양한 방법론을 활용할 수 있다.

표 2-19 전략적 분석의 요소

전략 분석 요소	방법론
사업환경 매크로분석(Political, Economic, Social, Technological, Environmental, Legal)	PESTEL 분석
자사, 경쟁사, 시장분석	3C 분석
산업 및 경쟁 상세분석 (산업 내, 구매자, 공급자, 대체재, 진입장벽)	5 Forces Model(마이클 포터)
내부 강점과 약점, 외부 위협과 기회분석	SWOT 분석
문화와 신념(조직 히스토리, 철학, 미션, 비전)	문화분석
전략적 역량 및 역량(조직 전반 또는 해당 부문)	벤치마킹분석
이해관계자 기대(경영진의 목표 요구수준, 기대사항)	이해관계자분석

전략적 선택은 다양한 대안 중에서 특정 옵션을 선택하는 일반적 분석 프로세스를 따라서 다음과 같은 절차로 진행한다.

- 전략적 옵션을 정의한다. 예를 들어 성장, 인수, 다양화 또는 집중들이 있다.

- 상대적 장점과 실행 가능성을 평가하기 위한 옵션을 평가한다.
- 조직이 추구할 전략이나 옵션을 선택한다.

하나 이상의 전략이 선택될 수 있지만 선택한 모든 선택에는 고유한 위험이나 불이익이 있을 수 있다. 전략적 실행은 선택된 전략을 행동으로 옮기는 것이다. 선택한 전략의 성공적인 구현은 이해관계자의 기대, 직원, 회사문화, 변화 의지 및 조직 내 협력과 같은 여러 요소에 따라 달라질 수 있다.

이러한 요소와 경영진과 직원이 협력하여 새 계획을 채택하는 방법에 따라 전략 구현의 성공 여부가 결정된다. 사용 가능한 기술 및 계획된 변경에 대하여 필요한 경우 새로운 기술을 개발할 수 있는 능력과 구조적 재구성 및 그로 인한 문화적 혼란과 같은 문제도 성공에 영향을 줄 것이다. 리소스 가용성 및 이러한 리소스 활용 계획은 구현 계획의 일부로 다루어야 한다. 전체 프로세스는 전략적 변화의 관리를 필요로 하며 조직의 하드 및 소프트 요소, 즉 구조 및 시스템, 문화 및 동기부여 등을 모두 처리하는 것과 관련이 있다.

전략을 성공시키기 위한 전략적 실행은 다음과 같은 세 가지 기준을 충족하는지 사전에 검토하여야 한다.

- 적합성 : 추진 전략이 기업이 수행할 중요한 우선순위 과제인지 평가하여야 한다.
- 수용성 : 추진 전략이 회사의 목표를 충족하고 일관성이 있으며 이해관계자가 수용할 수 있는지 여부를 고려해야 한다.
- 실행 가능성 : 조직이 전략을 수행하는 데 필요한 리소스를 보유하고 있는지 평가해야 한다.

2) 핵심리더 양성

장기적 관점에서 학습조직을 만들고 이를 바탕으로 기업경영이 이루어지는 것이 중요하다, 따라서 린의 적용과 함께 경영진들이 주는 격려와 교육훈련의 기회 그리고 단기간 내에 성취하는 작은 성과들을 통한 긍정적인 경험들은 태도의 변화를 이끈다. 회사에서 정기적으로 제공하는 교육훈련은 린을 제2의 천성이 되도록 이끌고, 직원들로 하여금 행동의 변화를 위한 생각을 새롭게 하는 계기가 된다. 회사는 철학을 실천하는 핵심리더를 육성한다. 핵심리더는 기업의 리더십과 조직원들 간의 핵심적 연결고리 역할을 하여, 조직의 변화와 발전을 위해 도전하는 중심이 되어야 한다.

린 시스템 구축의 성공 여부는 핵심리더의 확고한 의지와 솔선수범에 달려있다. 린 시스템으로의 변경이 불가능하거나 불가능하다고 밝힌 핵심리더는 반드시 교체되어야 한다. 린 시스템 구축을 성공적으로 이끌어낸 외부 전문가(지도자)의 지원을 받아 추진하는 것이 시행착오를 줄일 수 있는 방법이다.

핵심리더 양성은 조직의 계층별 역할에 맞추어 교육훈련을 실시한다. 먼저 최고경영자와 관리자를 대상으로 우선 실시하여 리더십이 발휘될 수 있도록 하며, 린 프로젝트를 이끌어갈 실무자를 대상으로 진행한다.

실무자들은 실습을 병행하여 보다 세밀하고 강력하게 진행하여 숙련된 교관과 같은 수준으로 무장시켜 리딩을 할 수 있도록 한다. 또한 모든 조직의 균형적 발전과 린 생산방식 수행을 위하여 조직원 전체를 대상으로 린 사고 기초교육을 실시한다. 향후 전개될 린 생산방식의 모델과 린 철학에 대한 짧은 교육이라도 모든 직원들이 100% 수강하도록 하여 린 경영에 대한 목적과 의도를 이해하게 하며, 일상에서 린 사고 대화환경을 만들도록 한다.

3.1.5 목표 설정

어떠한 성과측정치가 보다 강조되어야 하는가는 기업의 비전과 전략의 측면에서 결정되어야 한다. 기업이 지향하는 목표에 정렬(Align)되어 하위 목표가 전개되는 일종의 방침관리와 같이 시너지를 나타낼 수 있는 KPI가 조직별로 설정되어야 한다. 모든 조직구성원이 달성에 기여하고 시각화할 수 있는 방식으로 조정 공유하면서 전 직원이 컨센서스가 되어야 한다. KPI는 조직원의 행동 기준이 되기 때문이다. 실무적으로는 제품처리시간 단축, 총제품 비용, 고객만족도 점수 및 전반적인 제품 품질과 같은 균형잡힌 성과측정지표(KPI)의 형태를 취할 수도 있다. 성과지표는 불필요한 활동을 유발할 수 있으므로 선택한 지표(Metric)가 어떤 영향을 미치는지 사실적으로 확인하는 것이 매우 중요하다.

1) 효과적인 KPI 구성 요소

효과적인 KPI 시스템은 다음 세 가지 주요 성공 구성 요소로 나눌 수 있다.

- 올바른 KPI가 있어야 한다. 그것은 정확하고 적절하게 활용된다면 우리가 의도한 방향으로 나아갈 수 있는 정보를 제공하고, 올바른 행동을 유도할 수 있다.
- KPI 정보가 정확하여 이 정보가 행동에 관한 효과적인 결정을 내리는 데 사용될

수 있다는 확신이 필요하다. 부정확한 입력은 잘못된 결론과 동일하여 비효율적인 결정을 초래할 수 있기 때문이다.

- 시스템이 제공하는 정보를 적절하게 활용해야 한다. 그것이 올바른 KPI이고 제공된 정보가 명확하고 정확하더라도 올바르게 사용하는 방법을 이해하지 못하면 여전히 잘못된 결정을 내릴 수 있다.

2) KPI 선정 분야

린 경영은 회사 전 부문을 대상으로 추진하므로 선정분야는 아래 표와 같이 경영에 관련된 전 분야를 대상으로 하며, 프로젝트 추진 주체에 따라서 그 범위를 제한할 수 있다.

표 2-20 항목별 KPI 예시

항목	목표
생산성(Productivity)	낭비제거(7대 낭비)
품질(Quality)	완전 품질(Zero Defect)
납기(Delivery)	풀 생산방식(간판 및 평준화)
조직문화(Culture)	전원 참여(마케팅~개발~생산)
지속가능경영(Sustainability)	지속적 개선(PDCA Cycle)

3) KPI는 SMART하여야 한다

S(Simple, Specific, and Sensitive) 단순하고 구체적이며 민감하여야 한다. 단순하지 않으면 번거롭고 데이터에 정확도가 문제가 될 수 있다. 실행영역에 적용 가능하거나 구체적이어야 한다. 프로세스의 변화를 감지하는 능력이 있어야 한다.

M(Measurable) 측정 가능해야 한다. 측정할 수 있어야 관리할 수 있다. 적절한 수준으로 측정하는 것이 바람직하다.

A(Actionable) 실행 가능해야 한다. 비전과 연계된 달성 가능한 높은 목표를 설정하여 성취감을 맛볼 수 있도록 하여야 한다.

R(Reliable and Relevant) 신뢰할 수 있고, 관련성이 있어야 한다. 전략 및 목표와 관련성이 있어야 지속적인 개선이 가능하게 된다.

T(Timely) 시의적절해야 한다. 자동차의 대시보드 속도계가 5분이 지연된다면 어떤 의미가 있을까? 이런 경우에는 즉시 데이터가 측정이 되어야 할 것이다. 어떤 경우에

는 문제와 현상을 명확히 파악하기 위하여 적당한 시간의 확보가 필요하다.

요약하면, KPI 대시보드는 제공된 정보를 적절하게 해석하고 활용할 수 있도록 필요한 데이터를 제공하고 정확하고 이해할 수 있어야 한다.

3.2 가치흐름분석(The Value Stream Analysis)

올바른 프로세스는 제대로 된 결과를 얻게 된다, 이 단계는 고객의 가치와 가장 직접적으로 관련 있는 내부 프로세스 가치를 연관하여 이해하여 연결하는데 중점을 둔다. 초기 구현 영역은 초기에 특정 제품군 또는 특정 제조 프로세스와 같이 시범적 모델이어야 하고 성공체험을 통하여 확대해 나간다. 초기의 확실한 구축을 위해 보다 전략적으로 린 생산 철학을 구현함으로써 1단계(준비)에 이어서 주도면밀한 전략적 개념으로 준비되어야 한다.

3.2.1 가치(Value)와 가치흐름(Value Stream) 정의

1) 추진 범위 결정

린 경영의 시작은 시범 프로젝트 성공을 통하여 전 조직에 확산하는 것이다. 따라서 프로젝트를 추진할 제품 또는 프로세스 범위 설정이 우선되어야 한다. 생산의 경우 주문접수에서 원자재가 공급되는 시작지점으로부터 출하/인도되는 시점까지를 정의한다. 가치흐름 프로세스도 정보와 물류의 구체적인 흐름으로 정확히 정의해야 한다. 초기 프로젝트 범위가 너무 방대하면 구축 과정이 복잡해지고 힘들어질 수 있으니 가능하다면 명확히 할 수 있는 제한된 범위로 추진해야 한다.

2) 고객 정의

린 경영은 고객(궁극적 사용자)의 요구를 충족시키는 데 초점을 맞추어야 한다. 기업 내부 또는 중간 고객의 요구사항이 제품의 궁극적인 사용자의 요구사항에 대해 잘못된 활동이 이루어지면 불필요한 원자재가 생산시스템에 유입되고 이는 대단히 많은 낭비를 유발한다. 가치가 있는 작업과 가치가 없는 작업을 정확하게 정의하기 위한 전제조건과 기준은 궁극적 고객이 누구인가를 명확하게 정의하는 것이 매우 중요하다.

3) 가치(Value)

린 사고의 출발은 '가치(value)'이며, 가치는 궁극적으로 고객에 의해서만 정의될 수 있다. 예를 들어, 고객 요구에 대응하는 생산 및 배송 일정, 가격, 중요한 고객 요구사항이나 기대사항, 고객의 만족 등이 있다.

그러나 가치는 생산자에 의해서 만들어진다. 가치에 대해 생산자가 명확하게 정의하기 매우 어렵기 때문에 생산자들은 가치를 생산자 중심으로 왜곡하려는 경향이 있다. 따라서 생산자들은 고객의 입장에서 가치를 창출하려는 노력을 꾸준히 하여야 한다. 가치란 인간의 행동에 영향을 미친다는 측면에서 고찰하면 의견, 신념, 태도, 흥미 등 보다 포괄적인 개념으로 정의되며, 인간의 동일한 행동을 평가하면서도 다른 관점에서 평가할 수 있는 인간의 근본적이고 광범위한 개념으로 생각할 수 있다.

가끔은 고객이 원하지도 않는 기능을 생산자들이 생산하여 시장에 출시하고 결과적으로 실패하기도 한다. 생산자들은 고객의 요구를 너무 단순하게 생각하거나, 자신들이 고객의 기호를 이끌어간다는 생각에서 자신들의 상품이나 서비스를 고객의 가치 측면에서 고려하지 않고 시장에 출시하기 때문이다. 생산자는 고객-생산자 간의 가치에 대한 직접적인 소통을 통하여 고객의 가치를 규명하기 위한 노력이 필요하다.

4) 가치흐름(Value Stream)

가치흐름은 가치흐름도(VSM : Value Stream Map)를 통하여 시각화되어지는데 특정 제품이나 서비스를 구현하는데 필요한 모든 활동을 의미한다. 가치흐름도 작성은 가치흐름의 도식화를 통한 낭비를 이해하고 고객에게로 가치흐름이 집중하게 해준다. 가치흐름도(VSM)는 가치흐름을 시각화하여 리드타임 단축, 사이클타임 단축, 병목 문제 해결을 위해 일반적으로 사용된다.

가치흐름분석은 항상 문제해결, 정보관리, 생산가공의 세 가지 유형의 활동이 가치흐름에 따라 일어남을 보여주고 있다. 문제해결은 개념설계에서부터 상세설계까지, 그리고 엔지니어링에서부터 제품 출시까지의 과정이며, 정보관리는 주문접수에서부터 납품일정 수립까지의 과정, 그리고, 생산 가공은 원자재와 원료로부터 고객의 손에 쥐어지는 완제품에 이르기까지의 과정을 의미한다. 일반적으로, 측정할 수 없고, 볼 수 없는 활동은 잘 관리할 수 없다. 즉, 주문, 생산, 판매에 필요한 활동에 대하여 명확히 정의되고 분석되며 함께 연결시켜 측정할 수 있어야 개선하거나 방향을 바꾸거나 또는 포기할 수 있는 것이다.

기존의 전통적인 관리기법에서는 여러 개의 제품이나 서비스를 한데 묶어서 처리하는 일괄처리방식이나, 부서 단위 또는 회사 단위로 총괄해서 관리하는 총괄처리방식이 노력을 적게 들이기 때문에 효율적이라고 생각하는 경향이 있다. 모든 것을 한데 묶어서 관리하게 되면 효율적이기는 하지만 문제가 그 속에 내재되어 있기 때문에 찾아내기가 쉽지 않다. 따라서 문제를 효과적으로 파악하기 위해서는 묶어서 총괄하던 제품이나 서비스를 가치의 흐름에 따라 분리해서 표현하는 것을 가치흐름분석이라고 한다. 마치 로트생산에 따라 재고가 쌓이고, 공정의 문제가 늦게 노출되는 것을 한 개 흘리기 생산으로 한 개 문제가 발생 즉시 발견되어 조치할 수 있는 것과 같은 이치이다.

가치흐름분석의 목적을 달성하기 위해서는 낭비의 종류에 대한 이해가 필요하다. 보통 여러 종류의 낭비를 정의하여 문제를 현실화시킴으로써 개선을 추진하는 기반을 조성하는데, 7대 낭비제거의 관점에서 분석하는 것이 바람직하다.

그림 2-22 가치흐름도 심볼 설명

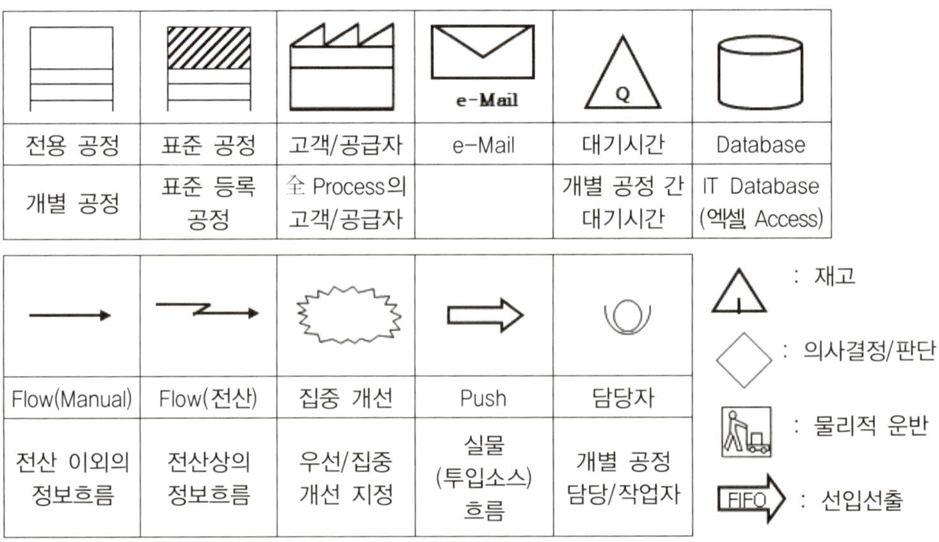

전용 공정	표준 공정	고객/공급자	e-Mail	대기시간	Database
개별 공정	표준 등록 공정	全 Process의 고객/공급자		개별 공정 간 대기시간	IT Database (엑셀, Access)

Flow(Manual)	Flow(전산)	집중 개선	Push	담당자
전산 이외의 정보흐름	전산상의 정보흐름	우선/집중 개선 지정	실물 (투입소스) 흐름	개별 공정 담당/작업자

: 재고
: 의사결정/판단
: 물리적 운반
: 선입선출

5) 전통적 가치사슬

마이클 포터(M. Porter)가 제안한 가치사슬모델(Value Chain Model)은 기업에서 경쟁전략을 세우기 위해, 자신의 경쟁적 지위를 파악하고 이를 향상시킬 수 있는 지점을 찾기 위해 사용하는 모형이다. 가치사슬의 각 단계에서 가치를 높이는 활동을 어떻게 수행할 것인지 비즈니스 과정이 어떻게 개선될 수 있는지를 조사하여야 하며 가치사슬모델을 통한 특징은 다음과 같다.

• 가치사슬모델을 통하여 기업의 상품 및 서비스 가치의 마진을 분석할 수 있다.
• 가치사슬모델의 확장된 범위로서 공급사슬관리(SCM), 고객관계관리(CRM) 등을 포함할 수 있다.
• 가치사슬모델은 본원적 활동과 지원활동으로 구분된다.
• 가치사슬모델은 최저비용, 운영효율성, 이익마진 향상, 공급자와 고객 간의 관계와 같은 경쟁우위의 이점을 준다.

▌그림 2-23 ▌Porter의 가치사슬

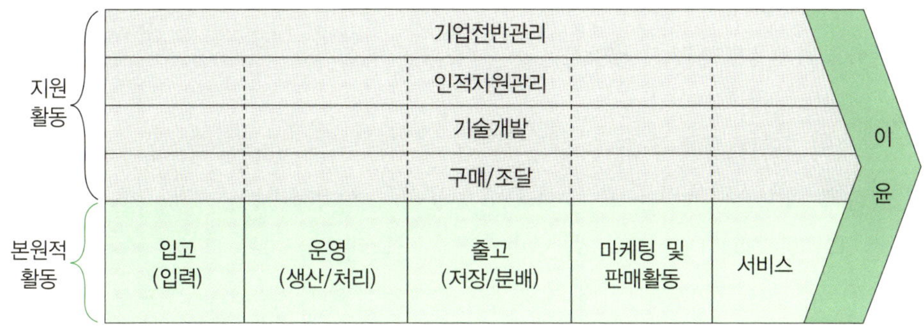

지원활동	기업전반관리	일반관리, 기획, 재무, 경리, 법무, 정보시스템(IT) 업무 등
	인적자원관리	인재채용, 교육/훈련, 평가, 보상, 급여업무 등
	기술개발	주활동과 관련된 시제품, 서비스개발, 각종 테스트 등
	구매/조달	주활동을 지원하는 물건이나 서비스의 구입 등
본원적 활동	입고(입력)	원재료나 부품의 구입, 검수, 보관, 생산현장 출하 등
	운영(생산/처리)	구매한 재료의 가공, 조립, 설비보수, 재공품 관리 등
	출고(저장/분배)	제조한 제품의 출하, 창고 및 재고관리, 배송 등
	마케팅 및 판매활동	제품의 광고, 판매촉진, 채널관리, 시장조사 등
	서비스	제품설치, 제품조정, A/S 등

출처 : 저자 출처, Helmold et al.(2020) 편집

가치사슬 활동을 본원적 활동과 지원활동으로 구분된 내용은 다음과 같다.

① 본원적 활동(Primary Activity)

입고(물류)활동 내의 원재료는 입고처리됨으로써 조직에서의 기본적인 가치가 부가된다. 그리고 그 가치는 생산활동을 통하여 제품으로 제조됨으로써 또 다시 새로운 가치를 더하게 되고, 포장, 저장, 선적을 거쳐 배달을 기다리게 되며, 이 과정에서 역시 새로운 가치가 부가된다. 마케팅 및 판매활동에 의해 제품을 고객에게 조달하며, 최종적으로 고객에게 서비스가 수행되게 된다. 이들 주 활동은 순차적인 흐름으로 연결되어 있고, 모든 활동의 결과 축적된 가치는 기업의 이익을 형성한다.

② 지원활동(Support Activity)

기업의 인프라스트럭처(회계, 재무, 경영), 인적자원관리, 기술 개발, 조달 프로세스 등에 의해 골고루 지원된다. 지원활동은 모든 본원적 활동을 지원할 뿐 아니라 지원활동 간에도 서로 지원한다.

3.2.2 현재 가치흐름매핑(P-VSM)

1) 현 상태의 가치흐름매핑

현 상태의 가치흐름매핑은 표준 심볼을 이용하여 시각화하는데, 전체 흐름을 이해하고, 현재의 생산과정(프로세스)의 낭비요소가 어디에 있는지를 보여주는데 있다. 현재가치가 어디에서 추가되고 어떤 경로에서 문제점이 발생하는지를 매핑으로 보여주기 때문에 상황 파악을 하는 데에 매우 정확한 정보를 제공한다. 가치흐름매핑은 린 생산방식 프로세스 구축에서 매우 중요하게 사용되는 수단이며, 반드시 활용해야 하는 진단과 결과 확인 수단이다. 또한 린 생산방식으로 생산되는 제품이나 프로세스나 성숙도를 정확하게 보여주는 매우 중요한 계량적 가치판단의 도구이다.

해당 작업공정 또는 프로세스의 표준시간과 실제관측시간 정보를 나타내기 때문에 어느 공정이 낭비가 발생하는지를 확인할 수 있으므로 개선의 기회를 발견할 수 있다. 가치흐름매핑은 효과적으로 개선 목표를 달성하는 데 도움이 되는 다양한 수준의 구체적이고 명확한 정보(데이터 박스)를 명기하여 그려진다. 이러한 가치흐름매핑은 잠재적으로 개선과제 활동의 우선순위를 결정하기 위한 용도로 자주 사용된다.

현재의 가치흐름도에는 가치흐름상의 프로세스명, 측정 순간의 작업, 지연, 인원, 재고를 입력하고 리드타임과 프로세스타임 등을 입력한다.

2) 물류와 정보흐름매핑

생산활동에서 가장 중요한 요소는 물건과 정보이고, 이들의 흐름이 얼마나 잘 매칭되느냐 하는 것은 흐름이 원활하다는 의미이다. 물건과 정보가 미스매칭된다는 것은 생산된 제품이 어디에 있는지 파악이 안되는 것과 같으므로 재고의 낭비요인이 될 수 있다. 따라서, 물건과 정보는 동시에 관리되어야 하기 때문에 제조하는 물건이 대기 상태에 있는 시간, 움직일 때 이동하는 거리, 이동시간, 작업의 사이클타임, 불량에 대한 재작업의 양 등을 모두 기록해야 유용하다. 제조과정의 물건에 대한 데이터를 수집하는데 소비된 시간, 발생한 위치, 누적된 시간 및 기타 여러 가지 기록된 정보를 측정해야 한다. 이와 같은 현재의 정확한 자료는 미래의 가치흐름을 예측하는데 도움을 줄 수 있다.

3) 현장작업분석

① 이동분석

현장에서 작업분석하는데 유용하게 사용하는 도구로 스파게티 다이어그램(Spaghtti Diagram)이 있다. 스파게티 다이어그램은 사람이 배치된 설치물의 레이아웃을 추적하면서 작성하고 이런 차트를 분석하면 작업순서와 이동을 표준화하고 작업영역 내에서의 작업활동을 효율적으로 재배치하여, 생산공정 중에 문제가 있는 낭비 작업을 표시할 수 있다.

조립 작업자들은 가치를 만드는 사람들이다. 따라서 작업을 표준화하여 가치작업에 집중하고, 부가적 작업은 최소화하는 활동이 필요하다. 가공공정에서는 제품에 부가가치를 창출하는 주체는 기계이며, 기계는 기계 오퍼레이터와 구별되어야 한다. 기계 오퍼레이터는 기계의 부가가치를 창출하는 보조원이다. 기계 오퍼레이터가 직접 부가가치를 창출하지 못한다는 것을 이해해야 한다. 그러나 조립이든 가공이든 모두 오퍼레이팅 활동은 제품에 가치를 부여하는 방향으로 개선하여야 한다.

그림 2-24 스파게티 다이어그램

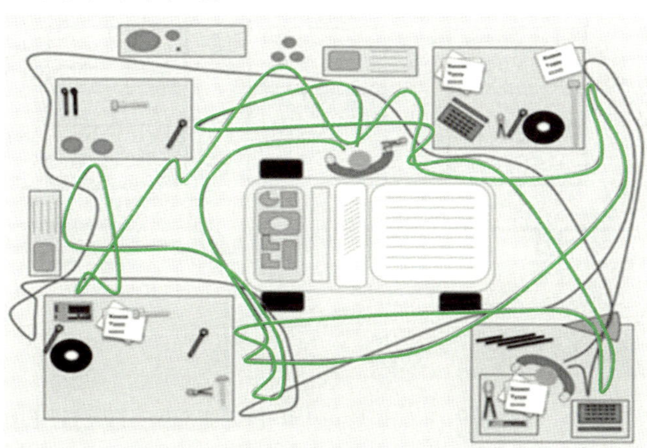

② 도구의 이동분석

공정작업 이동분석시 작업에 사용하는 도구나 관련 물품의 흐름도 같이 분석하여 도구의 이동동선에 따른 낭비요소를 확인하고 제거 및 표준화가 가능해진다.

4) 데이터 수집

데이터는 개선활동의 가장 중요한 요소이다. 데이터 수집은 직접 및 간접비용, 생산주기 및 리드타임, 품질 수준, 생산능력 등 현재 수준 평가와 개선의 목표설정이 용이하다. 또한 현상에 대한 문제점 파악이 용이하여 효과적인 개선활동을 할 수 있으며 데이터에 의한 객관적 분석에 활용할 수 있다. 이 단계에서의 산출물은 전체적인 정보의 흐름, 생산공정 내에서의 가치창출 포인트, 낭비가 발생하는 각 공정의 흐름 파악을 할 수 있으며, 개선과제를 도출하여 이후 활동의 과제 리스트로 정리한다.

❙ 그림 2-25 ❙ Current Value Stream Map 예시

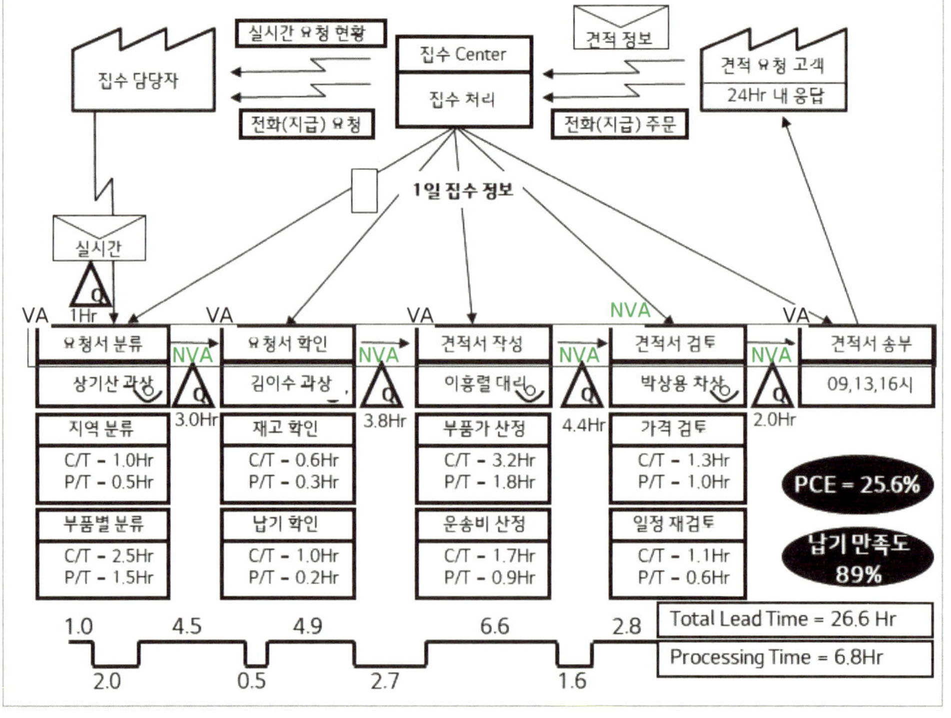

5) 린의 주요 척도

린의 주요 척도로는 리드타임(Lead Time)과 PCE(Process Cycle Efficiency)를 사용

한다. PCE는 프로세스 주기 효율(Process Cycle Efficiency)이라고 하며, 부가가치시간(Value Added Time)을 총리드타임으로 나눈 비율 값이다.

$$PCE = \frac{\text{부가가치시간(Value Added Time)}}{\text{총리드타임(Total Lead Time)}} \times 100$$

부가가치시간이란 고객이 요구하는 제품이나 서비스를 창출하는데 고객의 입장에서 필요하다고 느끼는 작업을 수행하는 데에 소요되는 시간을 말하며, 전체 리드타임은 프로세스의 시작(주문)부터 끝(제품 인도 혹은 제품 완성)까지 걸리는 시간을 의미한다. 또한, 재고회전율, 재고일수, 공정재고 등 재고관련 항목과 가치시간, 공정리드타임, 공급망 리드타임 등은 투입자원의 효율성 척도로 평가활용할 수 있다.

3.2.3 미래 가치흐름매핑(F-VSM)

1) 미래기준의 가치흐름매핑

가능한 생산시스템의 기본설계를 가치상승의 관점에서 수행하는 것이다. 가치흐름매핑은 어디에서 가치가 추가되고 어떤 경로에서 문제점이 발생하는지를 매핑으로 보여주기 때문에 상황파악을 하는 데에 매우 정확한 정보를 제공한다. 린 생산설계 단계의 핵심은 전체의 흐름을 중요하게 생각하고, 미미한 사항들은 전체 흐름에 맞게 향후에 맞추어야 할 것이다. 현재와 미래의 생산시스템이 어떤 상태에서 어떤 문제로 어떤 방법으로 진화하는지를 이해하면서 발전하는 것이 매우 중요하다.

린 경영의 목표 달성을 위하여 미래의 가치흐름은 공급업체와의 긴밀한 협조, 상호운영을 통한 부품 및 어셈블리 원자재의 원활한 흐름, 그리고 고객요구사항 등이 최적화되어야 한다. 린 경영은 전체 최적화로부터 부분 최적화 개념으로 시스템을 통합한다. 고객의 요구사항은 기업의 필수 활동사항이 되어야 하고, 기업의 요구사항은 공급업체의 필수 활동사항이 되어야 한다.

2) 텍타임에 의한 라인편성

텍타임은 고객의 요구시간에 대응하기 위한 편성으로 앞서 설명한 방식에 따라서 시간 안배 및 라인 편성을 한다. 생산시스템의 최대 생산량을 결정한다. 일반적으로 과거의 수요를 바탕으로 예측하기도 하나, 미래 예상 수요를 고려하는 것이 바람직하다. 예상되는 가장 많은 요구 수량을 최대 생산능력으로 나누어 최소 생산시간(기간)을 결정하는 것이다. 미래의 생산시스템은 가변적 수요를 유연하게 처리할 수 있어야 한다. 따라서 예상 수요량을 충분히 충족시킬 수 있는 생산시스템을 설계하고 실현해야 한다.

최소 작업시간은 시스템의 최대 생산량으로 결정하고, 최대 작업시간은 생산시스템의 최소 용량으로 결정한다. 어느 시점에서든 평균 고객수요를 필요한 소요 시간으로 산정하여 결정해야 한다. 이러한 시간은 공정의 주요 구성요소와 최종 제품에 대해서 정확하게 데이터화하고 그것을 기준으로 생산의 속도와 기간을 결정해야 한다. 제품 생산의 하부요소가 여러 제품 라인에서 공통적인 경우 각각의 제품에 대한 별도의 수요를 소요시간 계산에서 반영하여 정확하게 고려해야 한다.

❙ 그림 2-26 ❙ 텍타임 설계 프로세스

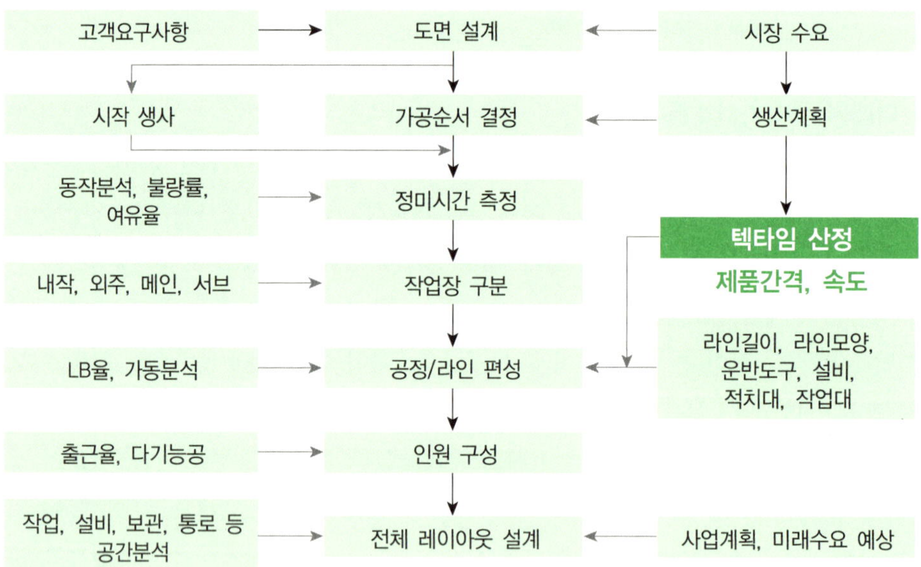

3) SCM 정비

미래 가치흐름 설계에 따른 조달방식을 재검토한다. 기존의 생산방식 변경에 대응할 수 있는 체계가 필요하다. 제조방식, 시간, 유형 등이 달라지므로 그에 맞는 텍타임, 공급속도, 공급방식 등의 대응이 요구되므로 이를 위해 내부적으로는 생산시스템 내에 처리할 수 있는 부품·반제품의 구조 재설계, 모듈화 등의 설계적 개선과 지원프로세스등이 갖추어져야 한다. 외부적으로는 요구 공급속도에 대응할 수 있는 납품업체 프로세스와 생산체계의 정비가 필요하다. 새로 설계된 미래가치흐름 활동이 준수될 수 있는 공급 프로세스의 정비가 병행되어야 한다. 기존의 방식에서 벗어나 미래가치 관점에서 모든 SCM 구조를 정비하고 적용하여야 한다.

4) 레이아웃 재설계

레이아웃 재설계의 핵심은 모든 공정이 주어진 작업시간 내에 생산요구량을 완료할 수 있는지를 확인하는 것이다. 가장 먼저 미래가치흐름을 통해 현재 공정을 보다 짧은 시간 내에 완료될 수 있도록 개선과제를 실행한다. 모든 요소 작업은 텍타임 내에 완료될 수 있도록 설계되어야 하고 적용 여부를 결정하기 위해 시뮬레이션 평가를 실시한다.

ECRS(Eliminate, Combine, Re-arrange, Simplify)의 관점에서 분석하고 작업시간을 개선한다. 최소 작업시간보다 작은 요소작업은 다른 요소작업시간과 결합될 수 있다. 단 텍타임을 벗어나지 않는 범위에서 다른 작업과 결합할 수 있다. 텍타임보다 긴 작업의 경우 요소작업을 작게 나누어 요구 텍타임을 초과하지 않도록 다른 작업으로 이관하거나 병렬처리를 수행하는 방법을 적용한다. 가장 바람직한 해결책은 재공품, 재고 및 로트 크기 등의 생산요소를 조정하여 요구 텍타임을 초과하는 초과 요소작업을 메인에서 분리하여 다른 방법으로 처리하는 것이다. 설계변경(DfM), 로봇활용 등 해당 공정에 적합한 다양한 방법으로 개선을 추구한다.

아래 [그림 2-27]은 도요타 승합차 생산공장인 기후차체 레이아웃 재설계 사례로 기존 생산모델(Hiace)에서 2배 큰 미니버스(Coaster)를 생산해야 하는 상황에서 공장 증설을 최소화하고, 기존의 세로방향으로 이송방식을 일부 구간을 세로 이송방식으로 변경하여 고객요구에 대응하였다. 더불어 공정수, 라인길이, 작업시간의 획기적 개선이 병행되었다.

▌그림 2-27 ▌ 기후차체 공장 레이아웃 변경으로 생산능력 개선 사례

5) 공급업체 통합

공급업체와 생산시스템이 동기화되어야 한다. 공급업체는 요구 텍타임을 충족할 수 있는 생산시스템을 운영할 수 있어야 한다. 이러한 원칙하에 모든 생산시스템이 통합 수행되어 고객요구사항을 준수할 수가 있다. 이러한 통합을 수행하는 방법은 여러 가지가 있지만 생산시스템 설계는 공급업체가 신규 생산시스템의 요구사항을 준수할 수 있도록 필요한 정보를 제공하고, 지원할 수 있는 시스템 등을 반드시 고려해야 한다. 공급업체와 수요업체 간 시스템 통합을 위해서는 서로 간에 원활한 소통이 되어야 하며, 물건과 정보의 흐름이 쌍방향으로 운용되는 SCM 체계가 구축되어야 한다.

6) 눈으로 보이는 생산시스템 운영

생산시스템의 조정과 통제(제어)를 용이하게 하기 위하여 시각적 관제시스템을 활용한다. 예를 들면 도로의 신호등과 같이 눈으로 보이고, 누구나 식별할 수 있는 표준화된 체제를 의미한다. 스마트 팩토리의 최고 단계는 스스로 제어하는 능력을 가진 시스템이다. 시각적 관제와 제어 수단을 적용함으로써 생산시스템 내의 모든 사람들이 생산시스템을 효율적으로 통제할 수 있는 효과적인 조치를 취할 수 있다. 따라서 이 단계에서는 작업을 제어하기 위한 시각적 장치의 물리적 설계뿐만 아니라 시각적 시스템을 생산현장 내부에서 제어하는 방법에 대한 교육훈련이 반드시 필요하다.

또한 ERP와 MES를 연계운영하는 데 있어서 POP, IoT와 빅데이터를 활용하여 실시간 모니터링되도록 하는 한편 예지보전 시스템을 구축하여 항시 정상가동의 상태로 구현시키는 공장을 구축하는 것이 스마트 팩토리로 운영하는 모습이다. 이러한 궁극적인 단계 이전에 POP 시스템 등을 통하여 모니터링하고 작업자나 현장 리더들이 모종의 특정한 상황에서 의사결정을 하게 하여 생산시스템을 효과적으로 자율통제하는 것이 바람직하다.

7) 투자경제성 검토

린 생산시스템 구축에는 투자가 필요하고, 이러한 투자는 경제성 검토가 우선되어야 한다. 경제성 검토에서는 해당 공정만의 효과뿐만 아니라 회사의 관점에서 검토되어야 하고, 단기적 성과보다는 중장기적 비전과 연계되는지도 검토할 필요가 있다. 초기 투자가 많이 들어가는 경우 기존 조직 또는 변화를 두려워하는 사람들의 반대 구실에 직면할 수 있기 때문에 보다 철저하게 데이터에 근거하여 검토되어야 한다. 아무리 좋은 아이디어라 할지라도 경제성이 확보되지 않는다면 린 경영을 추진하는데 한계에 부딪칠 수밖에 없기 때문이다.

특히 경영층과 사전에 KPI에 대한 명확한 컨센서스가 이루어져야 투자와 같은 결정이 무리없이 진행될 수 있다. 특히 직원들과 공감하는 활동이 필요한데 린 생산시스템 효과에 대하여 구체적으로 경영진은 설명하고 이해할 수 있는 환경을 만들어야 한다.

8) TPM 시스템 계획

린 생산시스템은 낭비가 없는 생산운영체계이다. 이는 설비운영에 있어서도 트러블이 발생할 경우 설비의 버퍼가 없기 때문에 심각한 공급의 문제가 발생할 수 있음을 의미하는 것이다. 이와 같이 계획된 정지 외에 발생되는 트러블 문제를 회피하기 위하여 TPM(Total Productive Maintenance) 시스템 구현을 통하여 사전설비보전 및 예방보전을 실시함으로써 상시 설비가 가동 가능 상태로 운영할 수 있도록 한다.

작업자가 실행하는 자주보전, 관리자가 설비나 생산시스템을 모니터링하는 개별개선, 보전전문가가 사전에 시스템의 트러블을 예측하고 안정 상태로 사전 조치하는 예방/예지보전활동 등이 TPM 활동이다. 특히 OEE(Overall Equipement Efficiency) 활동

그림 2-28 Future Value Stream Map 예시

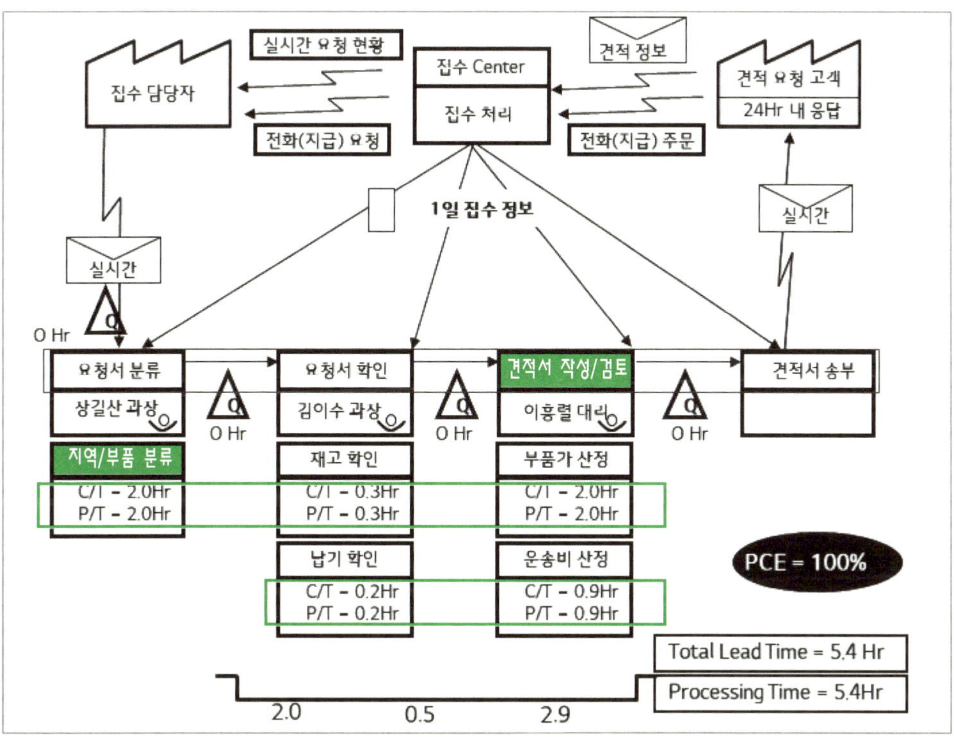

으로 개별개선을 진행한다. 최근에는 설비에 센서를 부착하여 얻은 빅데이터를 활용하여 불량발생 및 설비시스템 정지 등을 사전에 감지하여 조치하는 예방보전활동에 관심이 증가되고 있다.

F-VSM은 먼저 혁신적인 개선 Idea를 찾기 위해 NVA가 모두 제거된 이상적인 VSM 설계를 실시하고, 시뮬레이션을 통하여 도출된 문제점이 최소화 될 수 있는 실행 가능한 VSM을 작성한다.

▌그림 2-29 ▌실현 가능한 Future Value Stream Map 예시

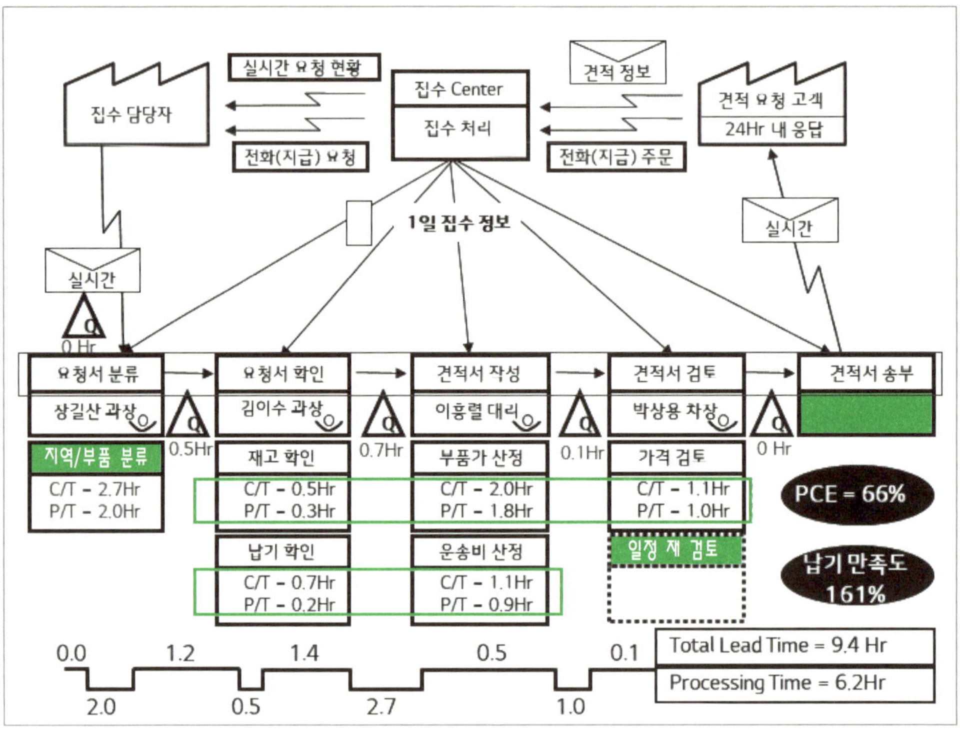

3.3 흐름(Flow)방식 구축(Defect Free 생산 System)

가치흐름 분석을 통하여 낭비가 가치흐름에서 제거되면 흐름의 중단, 지연 또는 병목 현상이 없이 원활하게 진행되는지 확인한다. 이를 위해서는 조직 간, 공정 간 사일로(Silo) 사고를 무너뜨리고 모든 부가 상호 협업의 노력이 필요하며, 이는 린 경영에서 극복해야 할 중요한 과제이다. 흐름방식이 구축되기 위해서는 눈으로 보이는 관리가 되어야 한다. 이를 위하여 사전에 5S 활동과 표준화 활동 등이 선행되어야 한다.

3.3.1 흐름을 위한 운영 표준화

이 단계는 대기시간이 가장 적게 발생하는 유형으로의 구조적 전환을 유도하는 과정이다. 고객은 생산자 입장에서 주문하는 것이 아니기 때문에 생산시스템은 항상 안정상태가 아니다. 따라서 불안정 주문을 소화하고 흡수할 수 있는 구조를 가지는 것이 급선무이다. 개별적인 셀 생산라인은 전체 생산시스템의 흐름에 맞게 실행하는 방식으로 설계되어 원활한 흐름이 형성되어 구현되어야 한다. 이 단계의 한 개 흘리기, 셀 시스템 등의 원리는 생산에 최적화한 형태로 적용되어야 하고 각 회사의 공정 특성에 맞게 설계되어 적용되어야 한다.

가치 규명과 가치흐름 분석이 완료되면 이를 바탕으로 로드맵을 작성하고 흐름(Flow)방식을 구축하는데, 이를 위해서는 소로트 단위의 라인 운영이 중요하다. 이를 위해서는 생산 준비시간을 최소화하고 텍타임에 맞게 운영가능하며, 팀워크를 통해 효과적으로 운영할 수 있어야 한다. 또한, 흐름을 구축하기 위해서는 투명성이 강조된다. 이를 위해서 5S를 통한 눈으로 보는 관리를 적용하고, 표준과의 격차를 줄이는 개선 활동과 표준을 통하여 작업 실수를 빠르게 찾아낼 수 있으며, 품질의 측정방법이 잘못되었을 경우에도 즉시 시정할 수 있도록 시스템을 구축하는 것이 중요하다.

흐름방식이 적용되면 그 효과로서 수년이 걸리던 제품 개발 기간이 수개월 내에 완성되고, 수일이 걸리던 주문접수 처리가 수 시간 내에 이루어지고, 물류흐름도 수주일 또는 수개월 걸리던 경유시간(Throughput Time)이 수 분 내지 수일로 단축될 수 있다. 만일 이러한 성과들이 나타나지 않게 된다면 린 적용 시스템이 잘못되어 있다고 판단할 수 있다. 그만큼 흐름의 적용은 쉽지는 않지만 혁신적인 성과를 가져올 수 있는 프로그램이다.

작은 로트 사이즈의 운영은 전통적인 생산방식과 측정에 젖어 있는 경영자들에게는 상당한 도전으로 느껴질 수 있다. 그것은 분야별로 전문화하는 편이 전문가들이 일하기에 더 효율적이라고 믿기 때문이다. 개인의 생산성 관점에서는 큰 로트 사이즈가 전문성을 키울 수 있고, 누가 작업했는지 알 수 있으며, 전문가가 방해받지 않고 일할 수 있다는 일반적인 논리가 나름 합리적인 전략일 수 있다. 그러나 정밀 생산현장의 경우 만약 개별흐름 방식으로 로트 사이즈를 크게 줄인다면 불량이 발생했을 때 즉시 한 개의 불량을 잡아내고 다른 제품에는 영향을 줄일 수 있지만, 큰 로트 사이즈의 프로세스에서는 불량이 발생한다면 인식하지 못하고 그냥 지나치는 경우 해당 로트 전체가 불량이 발생할 수 있다.

그림 2-30 표준작업지도서 예시

* Print Date : 20XX-XX-XX

표준작업지도서	모델명	NANAKING	문서 번호	작성	검토	승인
	공정명	Main PCB Assembly	A-012345	Han-Suk Park 20xx-02-03	Jae Im 20xx-07-20	Hyung Na 20xx-07-20

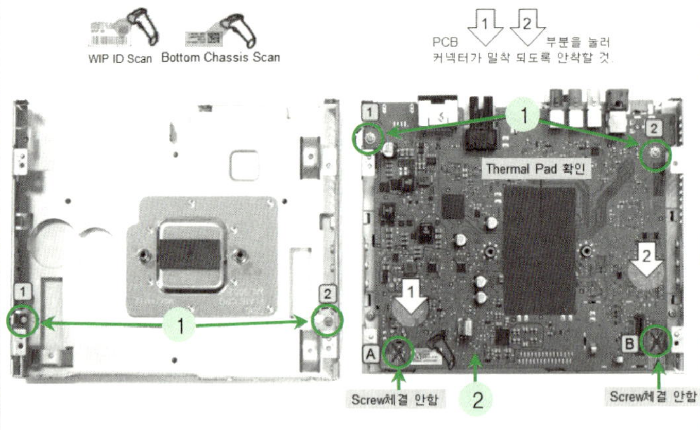

작업 방법

1. MES Scan
   WIP 라벨 → Bottom Chassis 라벨
   → ② Main PCB 라벨
2. ① Screw 2개 체결, 순서 : 1 ~ 2
3. ② Main PCB 안착
4. ① Screw 2개 체결, 순서 : 1 ~ 2

※ Screw 체결 안함 [A, B 위치]

☆ 중점 관리 항목 ☆

- 자주순차 Main PCB의 Thermal Pad 확인 방법 → [아래CPU 메모리가 보이지 않을 것]
- 정전기링은 반드시 착용후 작업할 것
- Torque : 5 ± 0.5 Kgf.cm 점검주기:일 1회
- 자주순차 PCB누름시 부품파손에 주의할 것

No	부품 번호	품 명	수량	규격	설비 및 공구
①	LA23456	SCREW,CUSTOMIZED	4	PWH + 2.6M 6M SWCH16A WHITE	1. PC,Scanner 2. Electric Driver 3. Screw Counter 4. 받침 치구
②	PB45637	PCB ASSEMBLY	1	AR_256G_JW_KOR_NON_RSE - -	
③					
④					
⑤					
⑥					

개정 이력		
개정 번호	04	ECO 상세 내역
ECO 번호	업데이트	Main PCB 이미지 변경
개정 일자	20xx-02-03	
작성자	Han-Suk Park	

1) 생산흐름에 따른 구분

린 사고(Lean Thinking)에서 강조하는 흐름생산은 개별흐름생산을 의미하는 것이다. 린에서 정의하는 흐름생산 방식에는 로트생산(또는 배치생산)과 개별흐름생산이 있다. 대부분의 경우 사람들은 직관적으로 일괄처리방식(Batch Process)이 좋을 것이라는 막연한 고정관념을 버리고 새로운 관점에서 바라볼 필요가 있다.

생산흐름에 따른 구분으로는 단속생산, 반복생산, 흐름생산의 세 가지 종류가 있다.

첫째, 단속생산에는 잡샵(job shop) 방식이 대표적이다. 일종의 프로젝트에 따라 생산하는 방식으로 작업공정의 크기와 진행속도에 따라 경제적인 작업순서와 일정을 정하여 주문을 납기 내에 완성할 수 있도록 진도를 관리한다.

둘째, 반복생산 방식에는 로트생산시스템(Lot System)과 배치생산시스템(Batch System)이 대표적이다. 로트생산시스템은 다품종 소량생산에 적합한 단속생산과 흐름생산의 중간인 반복생산 형태로서, 일정한 조건 아래 동시에 산출된 수량의 크기(Many)인 경제적 생산로트 결정과 제품의 생산순서 결정이 주요 문제이다. 한편, 배치생산시스템은 화학공장에서 흔히 볼 수 있는 시스템으로서 단속생산과 흐름생산의 중간인 반복생산 형태이다. 주로 설비에 의존하며 일정한 조건 아래 동시에 산출된 분량의 크기(Much)의 혼합 비율에 따라 제품을 구분하여 놓고 각 배치별로 관리한다.

셋째, 흐름생산시스템은 전용설비에 의하여 소품종을 대량 생산할 수 있으며, 일정 계획이나 작업 배정이 수월하다. 공정 간 균형이나 공정 중단, 생산능력 수준 등이 주요 관심사이다.

이러한 기존의 산업에서 제품별로 적용하는 생산시스템이 있었으나, 현실적으로 사람들이 원하는 제품들을 보면 거대한 흐름이 아닌 소규모 생산흐름으로 만들어야 할 것들이 많기 때문에 린 사고(Lean Thinking)에서는 소로트의 흐름생산을 규정하고 있다.

3.3.2 포카요케(실수방지, Mistake-Proof)

1) 실수방지

작업자들은 엄격히 표준작업을 준수하며, 불량이 후공정으로 넘어가지 않도록 포카요케(Poka Yoke)의 원리를 적용한 근본적인 대책을 프로세스에 적용해 두어야 한다.

그림 2-31 실수방지 구조

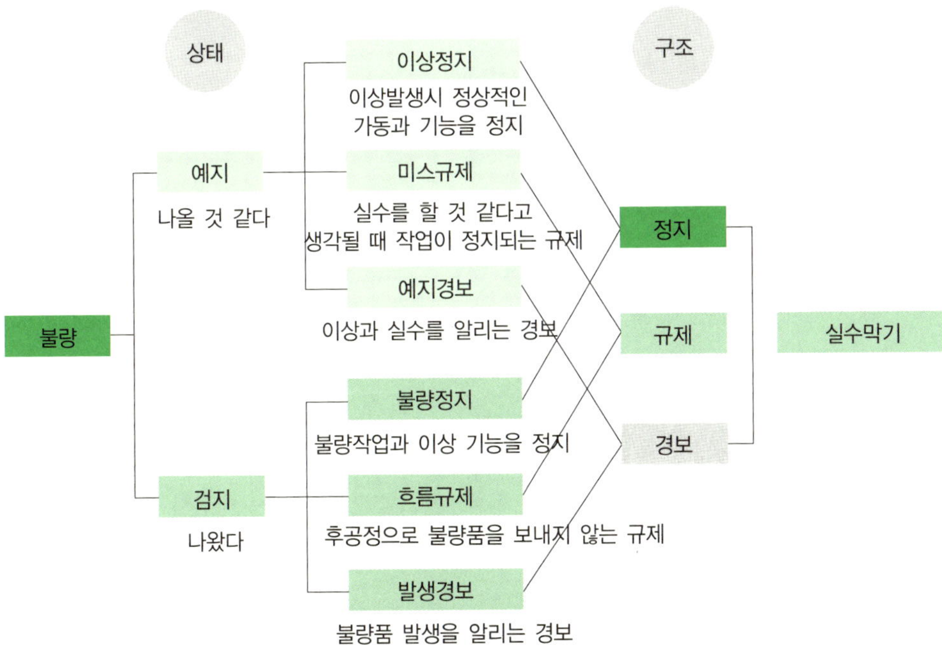

포카요케는 인간의 과오나 실수를 제거하는 시스템으로 가공품 내지 공정의 이상 또는 차이를 탐지하는 검출장치와 라인을 정지시키는 규제장치, 그리고 작업자의 주의를 촉구하기 위하여 소리 또는 램프의 점등이 행해지는 신호장치 등으로 구성되어 이상 발생시 즉시 피드백을 행하고 조치를 취할 수 있게 하여 전수검사를 실시하여 불량을 제로화하는 시스템이다.

2) 실수방지 장치 응용

작업실수나 불량품이 발생되면 작업이 진행되지 않거나 라인이 스톱되어 즉각 조치를 취해야만 하도록 하여 실수를 자동적으로 방지하고 불량을 제로로 만들기 위한 방안을 강구한다.

① 품목특싱 방식

- 중량 방식 : 양품의 중량기준을 정하고, 중량이 초과되거나 미달되면 불량으로 판정한다.
- 치수 방식 : 가로, 세로, 높이, 두께, 직경 등의 치수를 기초로 하여 기준을 설정하고 이 기준을 벗어날 경우 불량품으로 처리한다.
- 형상 방식 : 구멍, 각요철, 돌기, 굽은 것 등 재료나 부품의 형상 특징을 이용하여 그것과의 차이에 의해 불량품을 판별한다.

② 공정 CHECK 방식

- 공정 SEQUENCE 방식 : 공정이 작업자와 기계의 작업이 연동되어 표준작업으로 설정되어 주어진 작업순서를 따르지 않을 경우 작업이 진행되지 않도록 한다.
- 공정 간 SEQUENCE 방식 : 일련의 공정 간 작업이 정해진 순서를 따르지 않을 경우 작업을 할 수 없도록 한다.

③ 숫자 방식

- 카운터 방식 : 작업횟수나 부품개수 등을 미리 결정해 놓아 기준치를 벗어날 경우 이상을 알려주거나 라인을 정지시킨다.
- 잔여 CHECK 방식 : 여러 개의 부품을 조립하는 경우 해당 공정에서 조립해야 하는 숫자만큼 부품수를 준비해 놓고 부품이 남으면 이상이 발생된 것이다.
- 정수 검출 방식 : 압력, 전류, 온도, 시간 등 기준을 미리 설정해놓고 검사시 이 기

준을 초과할 경우 작업을 중지시킨다.

물리적 · 기계적 Error-Proof 시스템 구축과 더불어 작업자에 대하여 작업의 환경을 편하고 안전하게 만들어주는 것이 매우 중요하다. 이러한 실수방지시스템 구축은 최종 가치를 제공하는 고객에게 불량품이 전달되지 않도록 하는 기본 운영체계이다.

그림 2-32 제전이 필요한 공정 출입을 위한 시스템을 구축하여 제전복장 준수

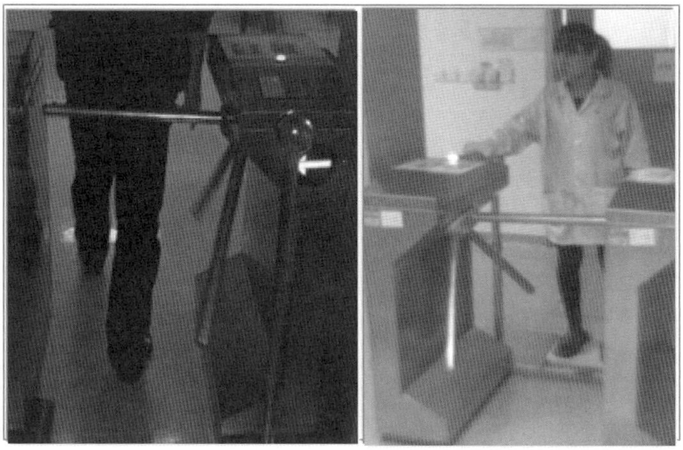

3.3.3 안돈(알람)과 라인스톱제(지도카)

라인스톱제 운영은 완벽한 품질을 추구하는 TPS 사상이 현장 작업자에게까지 구현되는 시스템이다. 생산의 주체인 작업자가 생산라인의 문제를 즉각 파악하여 조치를 취할 수 있는 권한을 가지고 있으며, 안돈시스템의 적용은 전광판 등 눈으로 보는 관리의 적용 여부를 의미한다.

일반적으로 라인작업을 하는 경우 생산량의 감소를 감수하고 라인을 정지한다는 것은 매우 어려운 결정이다. 특히, 최고경영자의 확고한 의지와 전 직원이 공감하는 환경이 수반되지 않은 경우에는 더더욱 라인스톱제도를 운영할 수가 없다. 그러나 라인정지 등을 통하여 문제점이 노출되고, 근본적인 개선을 함으로써 궁극적으로 멈추지 않는 라인을 만들기 위한 시작임이 될 수 있기 때문에 많은 기업에서 도입하고 있다. 라인스톱제는 작업자의 품질관리 능력 및 품질관리 의식이 뒷받침될 때 불량의 감소, 검사 및 수리 등의 간접인력의 절감 그리고 작업자가 스스로 자신의 생산과정을 통제하고 있다는 자율성 제고 등의 긍정적인 효과를 기대할 수 있다.

그러나 라인정지는 누구에 의한 것인지 즉각적으로 드러나며 무능한 작업자로 낙인 찍히기 쉽고 또 라인을 중지한 시간만큼 동료작업자에게 잔업이라는 부담을 가져다 주기 때문에 가능하면 라인을 세우지 않기 위해 항상 주의력을 집중할 것을 요구하고 있는 것이다. 관리자의 생산관리상의 권한을 현장작업자에게 부여함으로써 현장작업자가 자주적으로 품질의 사전적 관리를 추구함으로써 낭비제거의 본질적인 목표가 충분히 달성될 수 있다.

안돈시스템의 일환으로 현장의 상황과 이상을 알리는 눈으로 보는 관리의 도구로는 부품청구를 위한 호출표시등, 기계의 가동상태를 나타내는 가동표시등, 택트(Takt)가 긴 라인에서 작업진도 확인을 위한 진도표시등 그리고 라인의 이상을 알리는 이상표시등이 있다.

실수방지와 안돈이 같이 운용되면 효과가 배가가 된다. 예를 들어 아래 그림과 같이 PCB에 스크류 체결작업 공정의 경우 #1~#4까지 작업순서를 프로그램으로 표시하여 주고, 체결 누락시 안돈이 작동되어 작업누락 상황을 파악할 수 있으며, 그에 따른 조치가 가능하게 되어 후속공정으로 불량이 유출되지 않게 된다.

그림 2-33 스크류(Screw) 체결 실수방지 및 안돈장치 예시

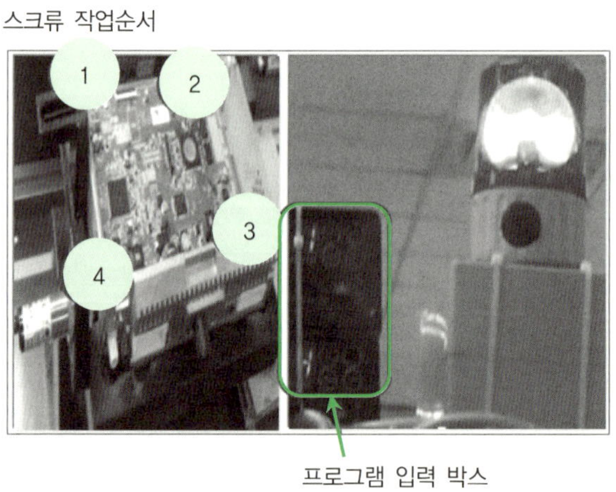

3.3.4 통계적 공정관리(SPC)

공정은 제품생산을 위해 필요한 공급자, 생산자, 사람, 장비, 입력자재, 작업방법 및 작업환경과 생산된 제품을 사용하는 고객이 총체적으로 결합된 형태이다. 공정의 능력은 고객과 공급자 간의 의사소통과 공정의 설계와 설치방법 및 그에 따른 운영과 관리에 달려 있다.

관리 통제하에 있는 제조현장은 결과를 기준으로 통계적인 예측이 가능하다. 프로세스 결함은 이상원인 또는 우연원인의 2가지 유형으로 구분하는데 프로세스에 특별한 원인이 없는데 발생하는 경우를 우연원인에 의한 변동으로 관리상태에 있는 안정적인 변동이다. 이상원인은 관리한계선을 벗어나거나 관리한계선 내에 있어도 비정상적인 트렌드일 경우로 확인할 수 있다. 또한 통계적 데이터에 의한 공정능력(Cp와 Cpk, Pp와 Ppk, Cpm)으로 관리하는 것을 통계적공정관리(SPC)라고 한다.

공정능력은 평균치의 중심치에서 벗어나는 정도와 산포의 변동 크기로 평가하는데 프로세스 능력이 어느 정도 되는지를 파악하여 조치가 가능하다. 프로세스에서는 프로세스가 제어 또는 통제 상태에 있다는 것은 처리량, 처리시간, 정시납품, 품질, 장비 신뢰성 등과 같은 생산시스템 전반의 성능 측정치가 안정되어 있다는 것을 의미하므로 안정상태로 시스템이 운영되도록 하는 것이 매우 중요하다.

특히, 기존의 공정관리는 불량을 검출하는 데에 주력하였으나 검출은 낭비를 허용하는 것이고, 불량의 발생을 미연에 방지하는 활동에 집중하여 예방함으로써 낭비를 피하는 것이다. 따라서 관리가 아닌 예방전략의 SPC가 중요하다.

그림 2-34 통계적 공정관리 $\overline{X}-R$ 관리도 공정운영 사례

Line명 AV Line	Model 전 모델	Spec(평균값) 14.5	X bar Limit	UCL 14.0	R Limit	UCL 0.5
공정명 Modul조립	측정주기 6회/일	Spec(USL) 16		CL 13.9		CL 0.2
CTQ명 조임 Torque	측정장비 Torque Meter	Spec(LSL) 13		LCL 13.8		LCL 0.0
측정방법 : Line생산시 정해진 시간에 측정하여 기록						

Index	n	A2	d2	D4	D3
	6	0.48	2.53	2.00	0
	7	0.42	2.7	1.92	0.08

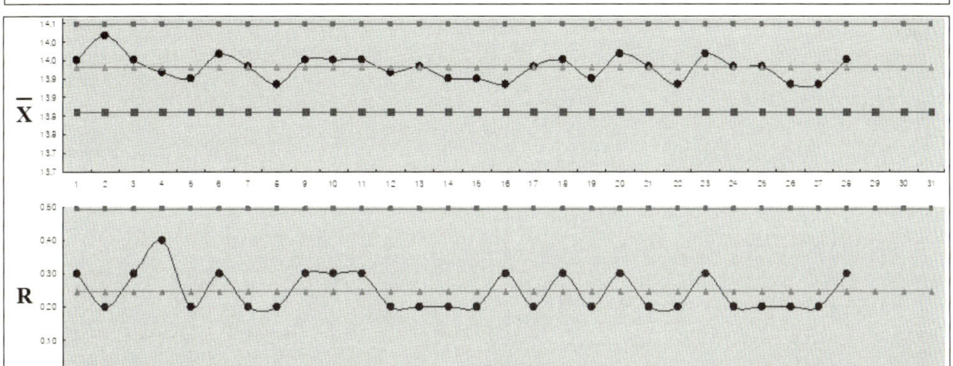

일자 / 시간	1	2	3	4	5	6	7	8	9	10	11	12	13	14	15	16
	8/3	8/4	8/7	8/8	8/9	8/10	8/11	8/14	8/16	8/17	8/18	8/19	8/21	8/28	8/29	8/30
05:00	13.9	14.0	13.9	14.0	13.9	14.0	13.9	13.9	13.8	14.0	13.9	14.0	13.9	14.0	13.9	13.8
10:10	14.0	14.1	13.8	14.1	13.8	14.1	14.0	14.0	14.0	13.8	14.0	13.9	14.0	13.9	13.8	14.0
11:50	14.1	13.9	14.0	13.9	14.0	13.9	13.8	13.8	13.9	14.0	13.8	13.9	13.8	13.8	14.0	13.9
12:50	13.8	14.0	13.9	14.0	14.0	13.8	14.0	13.9	14.0	14.1	14.1	13.9	14.0	14.0	13.9	13.7
15:40	14.0	14.1	14.0	13.8	13.8	14.0	13.9	13.8	14.1	13.8	14.0	13.8	13.9	13.9	13.8	14.0
17:00	13.9	14.0	14.1	13.7	13.9	14.0	14.0	13.9	13.9	14.0	13.9	14.0	14.0	13.8	14.0	13.9
평균값(X)	14.0	14.0	14.0	13.9	13.9	14.0	13.9	13.9	14.0	14.0	14.0	13.9	13.9	13.9	13.9	13.9
범위(R)	0.30	0.20	0.30	0.40	0.20	0.30	0.20	0.20	0.30	0.30	0.30	0.20	0.20	0.20	0.20	0.30
표준편차	0.10	0.08	0.10	0.16	0.09	0.10	0.08	0.08	0.10	0.12	0.10	0.08	0.08	0.09	0.09	0.12

일자 / 시간	17	18	19	20	21	22	23	24	25	26	27	28	29	30	31
	8/31	9/1	9/2	9/4	9/5	9/6	9/7	9/8	9/9	9/11	9/12	9/13	9/14	9/15	9/16
05:00	13.9	14.0	13.9	14.0	13.9	13.9	14.0	14.0	13.9	13.9	13.9	13.8			
10:10	14.0	13.8	13.8	14.1	14.0	14.0	14.0	13.9	14.0	14.0	14.0	14.1			
11:50	13.8	14.0	14.0	13.9	13.8	13.8	13.8	14.0	13.8	13.8	13.8	13.8			
12:50	14.0	14.1	14.0	13.8	14.0	13.9	14.1	13.9	14.0	13.9	13.9	14.0			
15:40	13.9	13.8	13.8	14.0	13.9	13.8	14.0	13.8	13.9	13.8	13.8	14.1			
17:00	14.0	14.0	13.9	14.0	14.0	13.9	13.9	14.0	14.0	13.9	13.9	13.9			
평균값(X)	13.9	14.0	13.9	14.0	13.9	13.9	14.0	13.9	13.9	13.9	13.9	14.0			
범위(R)	0.20	0.30	0.20	0.30	0.20	0.20	0.30	0.20	0.20	0.20	0.20	0.30			
표준편차	0.08	0.12	0.09	0.10	0.08	0.08	0.10	0.08	0.08	0.08	0.08	0.14			

3.3.5 TPM(Total Productive Maintenance) 실행/구현

TPM은 전원 참여에 의한 생산보전 활동으로 전통적으로 운영되던 PM 전문가 중심의 예방보전 활동인 예방보전(또는 생산보전)(PM : Preventive Maintenance)을 기초로 기업의 생산성을 높이고 또는 기회손실을 감소하여 수익성을 향상시키기 위하여 설비의 계획, 구축, 유지, 개선을 함으로써 설비의 기능을 최대 한도로 활용하려고 하는 종합적 효율화 활동이다.

1) TPM의 기본 사고

TPM은 설비의 상시 가동상태를 유지하는 것을 목표로 하며, 보전은 로봇이 아닌 인간의 활동 영역이므로 활동은 사람을 중심으로 설비의 고장이 발생하지 않게 하거나 예방 조치 등을 다음의 원칙에 따라 실시한다.

- 전원이 참여하여 활동한다 : 설비 관련 인원만 참여하는 것이 아니라 영역부문에서는 생산부문을 비롯하여 관리, 지원, 개발 등 사내 전 부문이 참여하고, 계층별로는 최고경영자로부터 제일선 작업원에 이르기까지 전원이 참여하여 활동한다.
- 설비는 항상 가동상태로 유지한다(로스제로지향 사고) : 기본적인 사고방식과 행동을 '고장을 내지 않는다'와 '고장 Zero가 가능'하도록 하는 것이 중요하다.
- 고장의 주요 원인은 사람이다 : 고장은 복잡한 이유에서 발생하나 사용 중에 있는 대부분의 고장은 설계나 기술적인 측면보다는 기본을 지키지 않는 데 있으며, 통계적으로 보면 고장빈도는 청소, 급유, 조임 미비, 미소 결함 방치 등의 기본업무와 열화 방치 및 사용조건을 제대로 갖추지 못하는 운전요인 그리고 설계 문제 및 기술의 순이다.
- 고장이 발생하기 전에 조치한다 : 해야 할 일 하기와 고장 원인인 잠재 결함 제거 등을 효율적으로 수행함으로써 고장을 미연에 방지하는 활동을 한다. 최근 IoT와 빅데이터를 활용하여 예측모델을 개발하고, 고장발생 증상을 사전에 감지하여 교체 또는 수리하는 활동이 활발히 진행되고 있다.

표 2-21 TPM 항목별 목표 및 실시 내용

TPM 항목	목표	실시내용
1. 생산효율화 (5S 3정)	• 질서 있고 깨끗한 현장 • 눈으로 보는 관리가 가능한 현장 만들기	• 필요품 및 불용품의 구분 처리 • 3정 및 눈으로 보는 관리 실시 • 청소 · 청결의 생활화
2. 자주보전	• 설비에 강한 오퍼레이터 육성 • 설비에 대한 사고와 오퍼레이터의 행동 변화 • 자산의 설비는 자신이 지키는 자주 보전의식 고취	• 기본조건의 정비(청소, 급유, 체결) • 철저한 점검에 의한 트러블 예방 • 자주 또는 소집단 개선활동 • 자주보전 능력 배양
3. 개별개선	• 설비 6가지 낭비 배제 • 생산(설비)효율 향상 • 설비에 대한 고유기술 및 개선능력의 향상	• 설비의 6가지 낭비요인 개선 • 낭비요인의 근본 요인 분석 • 개선능력 배양 • 만성적 낭비항목 개선
4. 계획보전	• 설비 가동률의 극대화 • 정기보전 체계 구축 • 보전에 따른 비용의 최적화	• 자주보전, 개별개선의 지원 • 설비진단기술 개발 및 고장 해석과 재발장지 대책 수립 • 보전작업의 효율화
5. 품질보전	• 4M의 조건설정 및 불량 '0' 실현 • 최적공정 조건 설정 및 정도 관리	• 설비와 품질과의 관계 분석 • 설비의 조건 설정 및 유지관리 • 설비 및 관련기기 정도 관리
6. 양산시작/ 초기관리활동	• 설비 생산성의 극대화 • 설비 초기 유통관리 체제 확립 • 최적의 공정 및 생산방식 제공	• 설비 및 제품의 초기 관리체계 확립 • 설비투자 경제성 평가 • MP 정보화 카드 작성 활용
7. 사무 · 지원부문 효율화활동	• 간소화, 표준화, 효율화의 지속 유지 • 사무간접부문 효율화 향상	• 담당구역 3정 5S 활동 유지관리 • 업무 개선(간소화, 효율화) • 정보화 레벨업 • 업무표준의 재정비 및 유지개선
8. 안전/환경 보전활동	• 쾌적한 작업환경 • 무재해 공장달성 • 환경보전운영 시스템 구축 • 온실가스 감축	• 무재해 운동 추진 • 안전관리 체계 수립 및 실시 • 환경관리 종합 운영시스템 개발 • 환경보전 실시, 환경설비 고장 제로
9. 교육훈련활동	• TPM 교육 · 훈련체계 확립 • 기능 레벨업	• TPM 마인드 교육 • 설비보전 기능 교육장 운영 • 보전기술 레벨업 교육

2) 자주보전

자주보전이란 설비의 사용부문이 소집단 활동을 중심으로 자주보전 7단계까지 단계별 지정활동을 추진하면서 '내 설비는 내가 지킨다(My-Machine 개념)'는 사고를 함양하고 운전부문의 3대 역할인 일상점검, 설비의 기본조건(청소, 급유, 더 죄기) 준수, 경수리/경정비 등을 수행하는 등 설비에 강한 오퍼레이터를 육성하는데 있는 보전활동을 말한다. 이러한 자주보전을 기본으로 TPM 8대 기능을 수행하여 항상 가동 가능한 상태로 유지하여 설비에 의한 낭비가 발생하지 않도록 한다.

▌그림 2-35▐ 자주보전활동 전체 구조도

청소 점검 (초기 대청소)	발생원, 곤란개소 대책		청소, 점검, 급유 기준서 작성	실행
활동계획 수립	발생원 List-up	곤란개소 List-up	청소, 점검, 급유 개소 List-up	활동계획 수립
현장 정리정돈	발생원 분석	곤란원인 분석	설비원리 이해	원포인트 레슨 작성 및 교육
불요/불급품 정리	발생개소 감축 목표치 설정	곤란개소 개선 목표치 설정	청소·점검·급유기준 작업요령 교육	총점검 Check Sheet 작성
설비 청소 실시	개선계획 수립		청소·점검·급유 리스트 점검	총점검 실시
결함개소 List-up	개선 실시		기준서 작성	불합리 개선 실시
개선계획 수립	개선효과 확인		일상점검표 작성 및 실행	일상점검 기준서 작성
개선실시와 확인				
눈으로 보는 관리 실시	눈으로 보는 관리 실시		눈으로 보는 관리 실시	
결함발견 능력향상	개선능력향상		열화방지 능력향상	설비구조파악 능력향상

설비는 해당 설비(기계)별로 다음의 그림과 같이 일일점검, 일일주유, 월간 및 분기 단위별로 점검/청소개소를 정하고 점검계획표에 따라서 점검 및 교체 작업을 실시한다.

그림 2-36 설비 주요 점검 Point Map 예시

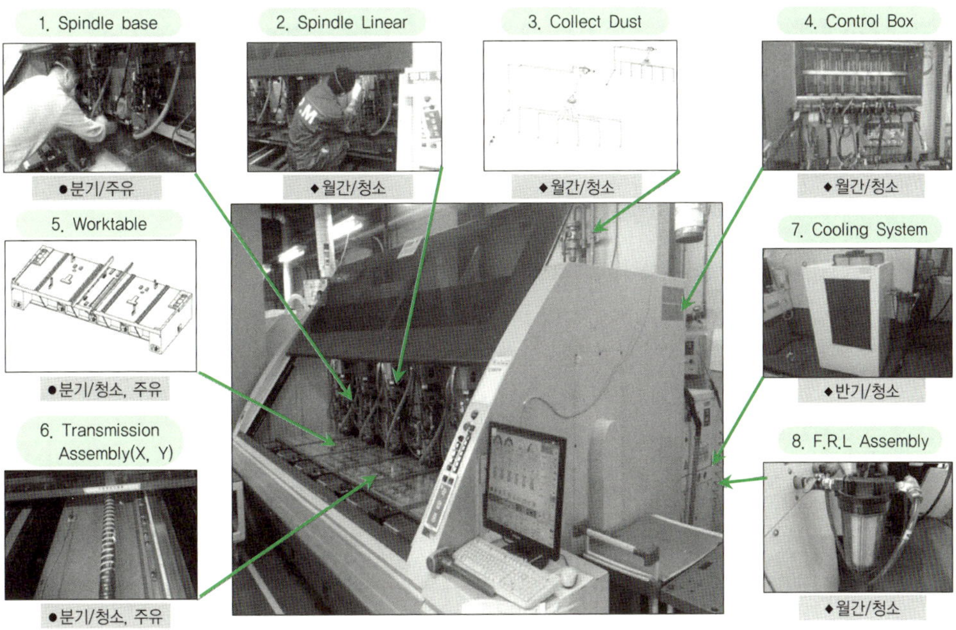

그림 2-37 설비예방보전 점검계획표 예시

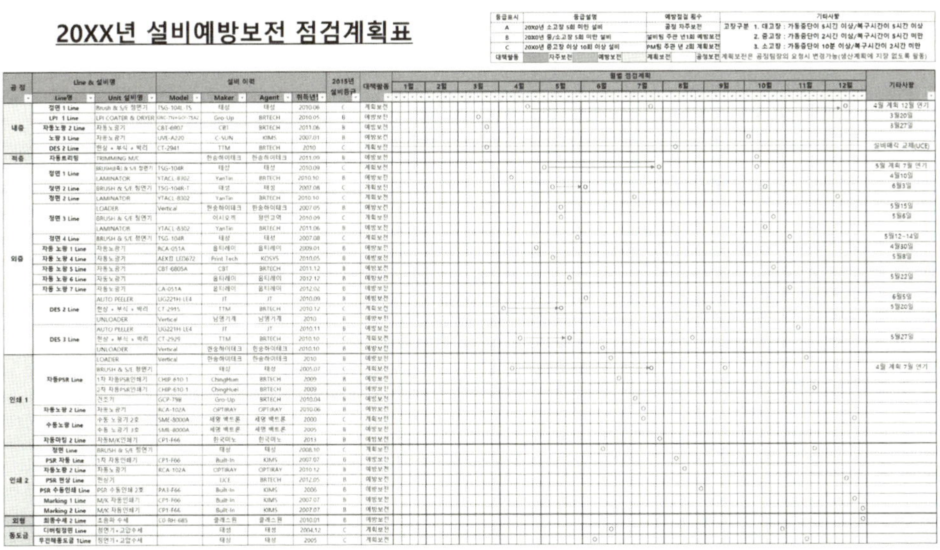

20XX년 설비예방보전 점검계획표

등급표시	등급설명	예방점검 횟수	기타사항
A	20X0년 소고장 5회 미만 설비	공정 자주보전	고장구분 1. 대고장 : 가동중단이 5시간 이상/복구시간이 5시간 이상
B	20X0년 중/소고장 5회 미만 설비	설비팀 주관 년1회 예방보전	2. 중고장 : 가동중단이 2시간 이상/복구시간이 5시간 미만
C	20X0년 중고장 이상 10회 이상 설비	PM팀 주관 년 2회 계획보전	3. 소고장 : 가동중단이 10분 이상/복구시간이 2시간 미만
대책활동	자주보전 / 예방보전 / 계획보전 / 공정보전		계획보전은 공정팀장의 요청시 변경가능(생산계획에 지장 없도록 활동)

공정	Line명	Unit 설비명	Model	Maker	Agent	취득년	2015년 설비등급	대책활동	기타사항
내층	정면 1 Line	Brush & S/E 정면기	TSG-104L-TS	태성	태성	2010.06	C	계획보전	4월 계획 12월 연기
	LPI 1 Line	LPI COATER & DRYER	GNC-7N+GOI-7SA2	Gro-Up	BRTECH	2010.05	B	예방보전	3월20일
	자동노광 2 Line	자동노광기	CBT-6907	CBT	BRTECH	2011.06	B	예방보전	3월27일
	노광 3 Line	자동노광기	UVE-A220	C-SUN	KIMS	2007.01	B	예방보전	
	DES 2 Line	현상 + 부식 + 박리	CT-2941	TTM	BRTECH	2010	C	계획보전	설비매각 교체(UCE)
적층	자동트리밍	TRIMMING M/C		한송하이테크	한송하이테크	2011.09	B	예방보전	
외층	정면 1 Line	BRUSH(8축) & S/E 정면기	TSG-104R	태성	태성	2010.09	C	계획보전	5월 계획 7월 연기
		LAMINATOR	YTACL-8302	YanTin	BRTECH	2010.10	B	예방보전	4월10일
	정면 2 Line	BRUSH & S/E 정면기	TSG-104R-T	태성	태성	2007.08	C	계획보전	6월3일
	정면 2 Line	LAMINATOR	YTACL-8302	YanTin	BRTECH	2010.10	C	계획보전	
	정면 3 Line	LOADER	Vertical	한송하이테크	한송하이테크	2007.05	B	예방보전	5월15일
		BRUSH & S/E 정면기		어시오케	정면교역	2010.09	C	계획보전	5월6일
		LAMINATOR	YTACL-8302	YanTin	BRTECH	2011.06	B	예방보전	
	정면 4 Line	BRUSH & S/E 정면기	TSG-104R	태성	태성	2007.08	C	계획보전	5월12-14일
	자동 노광 1 Line	자동노광기	RCA-051A	옵티레이	옵티레이	2009.01	B	예방보전	4월30일
	자동 노광 4 Line	자동노광기	AEX한 LED672	Print Tech	KOSYS	2010.05	B	예방보전	5월8일
	자동 노광 5 Line	자동노광기	CBT-6805A	CBT	BRTECH	2011.12	B	예방보전	
	자동 노광 6 Line	자동노광기		옵티레이	옵티레이	2012.12	B	예방보전	5월22일
	자동 노광 7 Line	자동노광기	CA-051A	옵티레이	옵티레이	2012.02	B	예방보전	
	DES 2 Line	AUTO PEELER	UG221H-LE4	JT	JT	2010.09	B	예방보전	6월5일
		현상 + 부식 + 박리	CT-2915	TTM	BRTECH	2010.12	C	계획보전	5월20일
		UNLOADER	Vertical	남영기계	남영기계	2010	B	예방보전	
	DES 3 Line	AUTO PEELER	UG221H-LE4	JT	JT	2010.11	B	예방보전	
		현상 + 부식 + 박리	CT-2929	TTM	BRTECH	2010.10	C	계획보전	5월27일
		UNLOADER	Vertical	한송하이테크	한송하이테크	2010.10	B	예방보전	
인쇄 1	자동PSR Line	LOADER	Vertical	한송하이테크	한송하이테크	2010	B	예방보전	
		BRUSH & S/E 정면기		태성	태성	2005.07	C	계획보전	4월 계획 7월 연기
		1차 자동PSR인쇄기	CHIP-610-1	ChingHuei	BRTECH	2009	B	예방보전	
		2차 자동PSR인쇄기	CHIP-610-1	ChingHuei	BRTECH	2009	B	예방보전	
		건조기	GCP-798	Gro-Up	BRTECH	2010.04	B	예방보전	
	자동노광 2 Line	자동노광기	RCA-102A	OPTIRAY	OPTIRAY	2010.06	B	예방보전	
	수동노광 Line	수동 노광기 2호	SME-8000A	세영 백트론	세영 백트론	2000	C	계획보전	
		수동 노광기 3호	SME-8000A	세영 백트론	세영 백트론	2005	B	예방보전	
	자동마킹 2 Line	자동M/K인쇄기	CP1-F66	한국미노	한국미노	2013	B	예방보전	
인쇄 2	정면 Line	BRUSH & S/E 정면기		태성	태성	2008.10	C	계획보전	
	PSR 자동 Line	1차 자동인쇄기	CP1-F66	Built-In	KIMS	2007.07	B	예방보전	
	자동노광 2 Line	자동노광기	RCA-102A	OPTIRAY	OPTIRAY	2010.12	B	예방보전	
	PSR 현상 Line	현상기		UCE	BRTECH	2012.05	B	예방보전	
	PSR 수동인쇄 Line	PSR 수동인쇄 2호	PA3-F66	Built-In	KIMS	2006	B	예방보전	
	Marking 1 Line	M/K 자동인쇄기	CP1-F66	Built-In	KIMS	2007.07	B	예방보전	
	Marking 2 Line	M/K 자동인쇄기	CP1-F66	Built-In	KIMS	2007.07	B	예방보전	
외형	최종수세 2 Line	초음파 수세	C0-RH-685	클레스원	클레스원	2010.01	B	예방보전	
동도금	디버링정면 Line	정면기+고압수세		태성	태성	2004.12	C	계획보전	
	무전해동도금 1Line	정면기+고압수세		태성	태성	2005	C	계획보전	

3) 설비종합효율(OEE)

제품을 제조하는 과정은 매우 복잡한 과정을 거친다. 생산에서 설비종합효율은 제조 관련 여러 가지 문제와 프로세스에 대한 정보를 제공해준다. 설비종합효율 지표를

보고 제조 프로세스상에 가용성, 성능, 품질 등 어떤 항목에 문제가 있는지를 알 수 있는 종합적인 지표이다. 설비운영상에 발생할 수 있는 낭비(로스)를 [표 2-22]와 [그림 2-38]로 정리하였다.

표 2-22 설비 6대 로스(Loss)

6대 로스	로스(Loss)의 정의
고장 로스	돌발적 또는 만성적으로 발생하는 고장에 의하여 발생되는 시간 로스
준비·교체·조정 로스	준비작업 및 품종교체, 공구 교환에 의한 시간적 로스(품종교체를 위하여 생산정지 후 다음 양품이 생산될 때까지 거리는 시간도 포함)
속도저하 로스	설비의 설계에 의한 이론 사이클 시간과 실제 사이클 시간과의 차이
순간정지 로스	부품 막힘, 센서의 오작동에 의한 일시적인 설비정지 또는 설비만 공회전함으로써 발생되는 로스로써 간단한 처치로 설비는 정상적으로 작동한다.
수율저하 로스	품종교체 또는 파손에 의한 Grinder Cutter 등의 공구교환 때문에 발생되는 조기 불량 로스
공정불량 로스	공정 중에 발생하는 불량품에 의한 불량 로스

그림 2-38 설비의 6대 로스

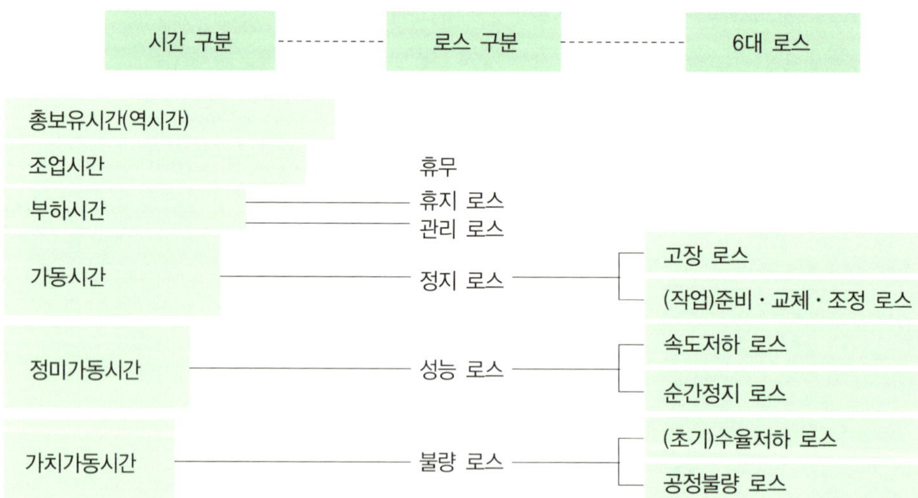

설비종합효율은 시간가동률과 성능가동률, 양품률의 누적곱셈값으로 나타내며 전체적인 설비의 성능을 나타낸다.

시간가동률 = 가동시간/부하시간 × 100

설비종합효율 = 시간가동률 × 성능가동률 × 양품률

- 성능가동률 = 이론 사이클 시간 × 가공수량/가동시간 × 100
- 양품률 = 양품수/생산량 × 100

자주보전 및 예방보전을 통하여 활동설비의 상시 가동상태를 유지하도록 노력하지만 발생할 경우 응급조치 대책과 재발되지 않도록 하는 근본대책을 수립하고 아래 그림과 같이 재발방지 대책서를 발행한다. 이러한 활동은 설비주관부서뿐만 아니라 설계, 생산 및 관련 부문이 함께하여야 성과가 가시화될 수 있다.

▌그림 2-39 ▌설비고장 재발방지 대책서 사례

설비고장 재발방지 대책서

작성일 : 20XX년 00월 00일

작성자	반장	팀장

라인		발생시간	08/12 00.00-00:00	라인정지시간	00	분
설비명		수리자		수리시간	00	M.Hr

고장현상

- 설비 : XXXX
- Unit : Main Control Box
- Sub Unit : Motor구동 전기계통
- 부품 : Fuse

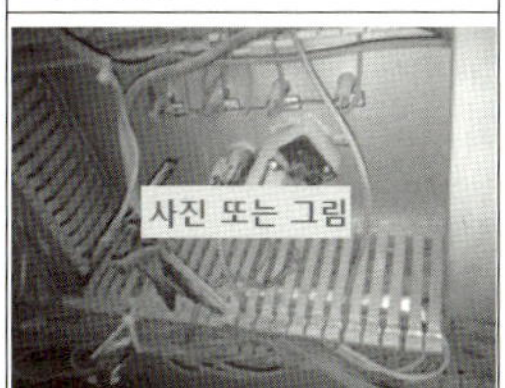

5Why 분석

부품	Fuse
고장Mode	탐
추정 Stress	과부하

1차	W	Fuse가 왜? 탔을까
	A	과부하가 걸렸다
2차	W	왜? 과부하가 걸렸을까?
	A	축의 마찰력이 커졌다
3차	W	왜? 축의 마찰력이 커졌을까?
	A	마찰부위의 윤활부족
4차	W	왜? 윤활이 부족했는가?
	A	Oil을 급유하지 못했다.
5차	W	왜? 급유하지 못했나?
	A	Oil 급유기준이 없었다.

기본조건	사용조건	열화방치	설계약점	OP/PM 기능
○				

How

임시대책	Fuse 교환		
근본대책	내용	일정	담당
	급유기준 작성	08/12	홍길동

관리적인 대책 관리

O/H 반영	기준 변경	교육 실시	부품 교환	구조 변경	기타
	○				

내용	일정	담당
동일 유형고장 발생가능 부위 조사 및 기준 추가	8/19	홍길동

3.3.6 준비교체시간 단축(SMED : Single Minute Exchange of Die)

준비교체시간은 생산준비시간으로 소량 다품종 생산라인에서는 준비교체시간 단축이 생산능력(Capacity)과 일정계획(Scheduling)의 변화에 효과적으로 대응하고 유연성을 증대시켜주며, 재고와 생산로트의 크기를 줄이는 중요한 요소이다. 준비교체 단축 활동은 생산준비시간 단축을 위한 생산 단계별 준비시간 단축(제품투입시간 단축, 부품교체시간 단축, 금형 및 지그 교체시간 단축) 활동에서 주로 설비를 중심으로 추진하는 것을 의미한다. 전통적인 생산시스템에서는 준비교체시간보다는 단위당 생산기간의 단축에 집중하여 경제적 주문량(EOQ : Economic Order Quantity)과 경제적 생산량(EPQ : Economic Production Quantity)을 사용하였다.

JIT 시스템이 구축되기 위해서는 준비시간의 증가요인을 제거하는 것이 중요하다. JIT 시스템은 소규모 로트(very small lot size) 생산을 추구하므로 준비시간이 소로트 생산을 가능하게 하느냐의 중요 요인이다. 가장 이상적인 것은 한 단위씩 혹은 로트 없는 생산과 구매를 실현하는 것이다. 소규모 생산과 짧은 준비시간의 조화로 생산의 평준화가 가능하려면 준비시간의 감축이 가장 어려운 과제이다.

준비교체시간은 가공이 완료될 때부터 다음의 가공을 완료하여 제품이 나올 때까지의 시간으로, 준비교체시간을 단축하기 위해 다음의 4가지 원칙을 적용하여 교체시간을 최소화하는 활동을 한다.

- 내준비와 외준비를 분리한다.
- 내준비를 외준비로 전환한다.
- 준비의 모든 측면을 간소화한다.
- 설정작업을 병렬로 수행하거나 완전히 제거한다.

준비교체시간은 다음과 같이 3가지로 구분하여 정리할 수 있다.

- 내준비시간 : 가공이 끝났을 때부터 다음 가공을 하여 양품이 나올 때까지의 시간으로 기계가 가공물에 부가가치를 생성하지 않는 시간
- 외준비시간 : 기계가 가동하고 있을 때 기계 밖에서 준비교체를 위한 사전준비, 후처리를 하는 시간
- 차기준비시간 : 사용금형 및 각종 설비를 다음 생산시 사용할 수 있도록 보전, 보수 관리하는데 소요되는 시간

3.3.7 자주/순차검사 실시

자주/순차검사는 내가 만든 물건은 내가 책임진다는 사고를 바탕으로 자공정 완결품질을 추구한다. 스스로 품질관리를 함으로써 자아실현의 동기부여가 부여되고, 고객제일주의 사상을 스스로 실천할 수 있다. 자주/순차검사는 작업자가 올바른 표준작업방법을 훈련을 받았고, 작업을 점검할 수 있는 적절한 도구나 장치를 가지고 있으

며, 작업에서 양심적이며, 결함이 다음 공정으로 전파되는 것을 거부할 수 있는 성실성이 있음을 의미하는 행위이다. 일정한 작업장 내의 규율이 필요할 뿐만 아니라 작업자, 관리자의 소통에 의한 시너지 작용을 전제로 시스템이 운영되어야 한다.

1) 자공정 완결주의 특징

본질적인 품질추구의 결과로 자공정 완결을 추구하는 품질관리 체계로 품질을 공정에서 바로 알 수 있게 하는 도구인 포카요케(Fool Proof 일종), 경보 등의 알람 설치, 오감의 체크를 통한 자동화 등을 활용한다.

공정은 다음과 같은 불량방지 3원칙을 적용한다.

- 라인스톱의 원칙 : 불량품을 만들지 말고 라인을 정지시켜라.
- 전수검사의 원칙 : 불량품을 후공정으로 보내지 말고 사용하지도 말라. 무검사는 있어도 무보증은 없다.
- 원류관리의 원칙 : 불량을 받지 않는다. 공정은 수리공장이 아니다.

▌그림 2-40▐ 자주/순차검사 Map 예시

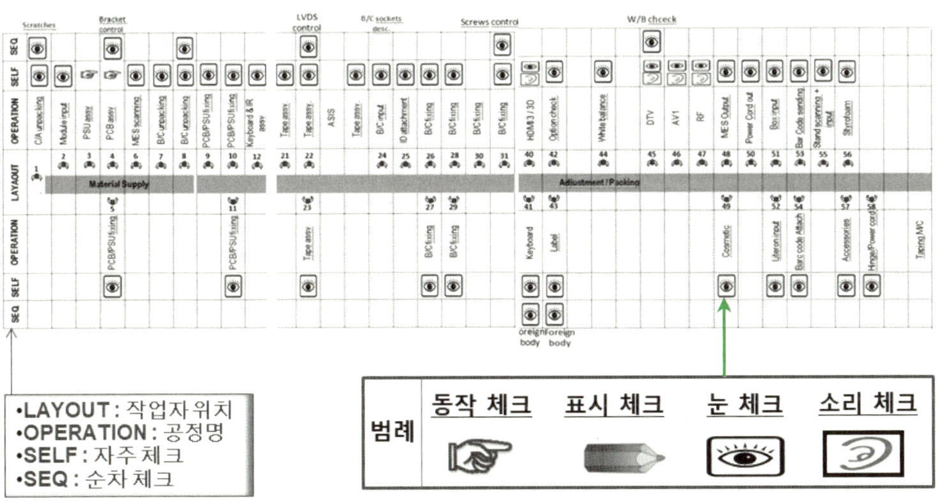

그림 2-41 자주/순차 체크 카드 작성 사례

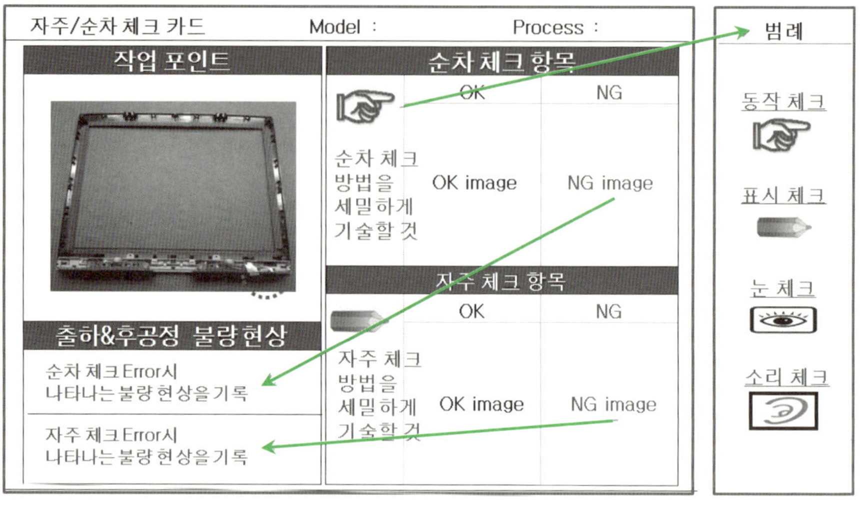

2) 품질반성회

품질반성회는 매일 생산시작전 또는 작업완료후 실시한다. 이때 문제 내용은 현물을 가지고 공유함으로써 현상에 대한 명확한 이해가 될 수 있도록 하여야 하고, 발생한 품질문제의 개선 아이디어 제안 및 후속조치 활동 내용 등을 공유한다.

- 불량전시대를 설치하고 중요 불량에 대해 전시함
- 신입사원 교육시 적극적으로 활용함
- 품질반성회시 현물을 보고 불량현상을 공유함
- 이해가 부족한 부분은 작업자가 수시로 확인할 수 있도록 함

그림 2-42 제조현장 품질반성회

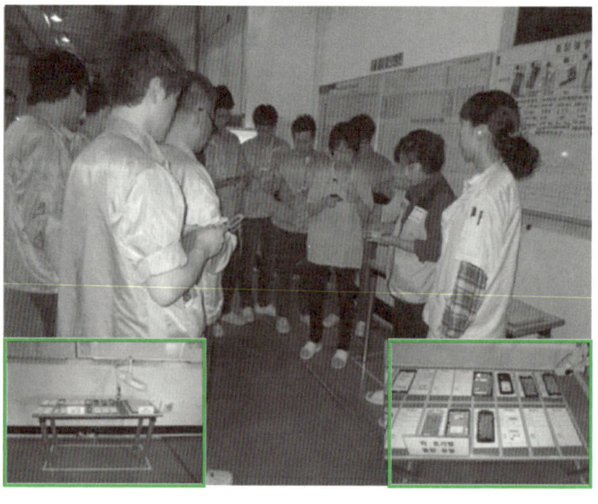

3.3.8 다기능 훈련

이상적인 연속흐름 시스템이 한 번에 적어도 1~2분 동안이라도 흐르도록 하려면 모든 작업자와 기계설비가 집중해서 일할 수 있는 상태로 유지되어야 한다. 즉, 부품도 필요한 상태로 준비되어 있어야 하고, 직원들도 충분히 훈련되어서 필요할 때 정확히 투입될 수 있어야 한다. 즉, 직원 중 한 명이 결근하거나 다른 업무를 감당해야 하는 경우에도 즉시 대치할 수 있도록 작업자는 다기능화되어져 있어야 한다. 또한 전원 참여의 자주보전활동(TPM)이 평소에 이루어지고 있어서 기계설비는 항상 작업할 수 있도록 정밀하게 준비되어 있어야 한다.

다기능공이란 한 사람이 여러 개의 공정을 담당하거나 여러 대의 기계를 담당하는 능력을 가진 작업자로 정의한다. 다기능화는 다양한 작업의 수행능력을 의미하는 작업능력의 융통성으로 설명할 수 있는데 이는 셀제조방식에서는 가장 중요한 요소이다.

이러한 능력을 지닌 작업자들은 팀으로 구성되는데, 역동적인 팀작업을 효과적으로 구축해내기 위하여 다기능공이 준비되어 있어야 한다. 아무리 유연한 생산설비를 갖추고 있어도 작업조직이 이에 상응하지 못한다면 생산시스템의 유연성은 한계가 있다.

최근 4차 산업혁명의 영향으로 자동화를 통하여 생산성 향상을 이루는 것이 대세이지만, 자동화에 따른 부가적인 작업 또는 기술의 확보가 요구되고 있기 때문에 작업자의 능력 확보는 간접인력을 대체하는 등 더더욱 중요해지고 있으며 생산성 향상의 토대를 이루고 있음은 명확하다.

다기능 훈련을 통한 다공정 담당에 의한 효과는

- 생산량 증감에 따른 유연한 인력배치가 가능하고, 순환작업 수행으로 작업자의 정신적·육체적 피로의 감소
- 인간존중의 작업자 간의 상부상조 정신의 함양 및 원만한 인간관계 조성
- 다기능공 육성 프로그램은 기술과 노하우의 신속한 전파 용이
- 다양한 공정능력은 개선제안 활동의 활성화 기반이 됨

직무 주특기에 대한 직무등급인증기준을 [표 2-23]과 같이 5단계로 구분하여 평가하고 개인별 목표설정을 하고 개인별·단계별 목표관리를 실시한다. 기업의 환경에 따라서 수준별 인센티브관리를 하여 효과를 배가시킬 수 있다.

▌표 2-23▐ 직무등급 인증 기준표

구분 \ 등급		A급	B급	C급	D급	E급
단계 표시		4 1 / 3 2	4 1 / 3 2	4 1 / 3 2	4 1 / 3 2	4 1 / 3 2
점수		91~100	75~90	60~74	40~59	40점 미만
수준	정의	고숙련자 (타인지도가능)	숙련자 (높은 역량 발휘)	보통 (독자수행가능)	초보 (보조)	역량 없음
	세부수준	• 독자적 높은 역량 수행 및 타인지도 가능	• 타인지도는 어려우나 독자적인 높은 역량 수행 • 해당 단위직무의 완벽한 수행	• 타인의 지도를 받지 않고 단순작업독자수행 가능 • 높은 수준 작업은 독자수행 곤란	• 타인의 지도를 받아 단순작업 수행 가능 • 높은 숙련능력자와 연합작업시 보조역할 수행	• 업무수행 불가 • 경력이 없는 신입사원

1) 소인화와 성인화

공정은 낭비를 최소화하기 위하여 1인공을 추구한다. 1인공의 추구란 공정작업을 요소작업으로 나누었을 때 한 사람 작업분량을 채워서 운영하는 방식으로 이를 소인화라고 말한다. 한 명의 작업자가 할 수 있는 일들을 모아서 한 명의 작업자가 이 모든 일을 다 소화할 수 있도록 작업을 개선하고 설비를 개선한다. 다능공화는 소인화를 가능하게 한다.

소인화는 생산량의 증감에 맞추어 10명이 작업하던 것을 8명이 할 수도 있도록 하는 것으로 정원을 규정하지 않는 것으로 이러한 방식이 운영되려면 다기능공의 육성이 전제되어야 한다. 한편, 성인화란 철저하게 낭비를 제거하여 현재보다 적은 인원으로 작업을 가능하게 하는 것으로 물량의 증감과 관계없이 10명이 작업하던 것을 8명이 하게 하고 인원을 2명 줄이는 것이다.

3.3.9 차쿠차쿠 라인(Chaku Chaku Line)

차쿠차쿠 기법은 사람과 기계가 협업하는 반자동 제조 라인을 운영하는 방법이다. 라인 프로세스는 자동화 설비가 자동으로 작업을 하는 동안 다음 공정에 부품을 장착하여 설비가 자동으로 작업을 할 수 있도록 도움을 주는 방식으로 진행한다. 차쿠차쿠는 'Load, Load'(着々)를 의미하기도 하고, 기계가 작업하는 동안 내는 소리의 의미로 해석하기도 한다. 라인은 표준작업 기준에 따라 부품 조립작업을 하는 설비에 작업자가 부품을 장착하고 탈착하는 작업을 수행한다.

부품을 장착한 후 작업자는 기계를 작동시키고 다음 프로세스로 이동한다. 차쿠차쿠는 반자동 라인이며 부품이 장착되면 기계가 자체적으로 작동할 수 있다. 작업이 끝나면 작업자는 처음부터 다시 처음 포지션에서 시작한다. 따라서 자동화(처리 및 방출)와 수동 작업(로드 및 시작 프로세스)으로 이루어지는 공정에 적합한 방법이다. 단일공정에 대하여 진행할 수도 있고, 여러개의 공정을 묶어서 한 사람이 설비에 부품을 공급하는 역할을 수행하기도 하며 아래 그림과 같이 운영할 수 있다.

차쿠차쿠 라인의 특징은 다음과 같이 설명할 수 있다.

- 다수의 설비 운영(한 명의 작업자가 프로세스의 모든 기계 작동)
- 짧은 이동거리(기계는 U자 모양으로 배열됨)
- One Touch(작업자는 기계만 조립)
- 클램핑, 가공, 배출 및 이송이 자동화됨
- 작업자와 기계의 분리
- 개별흐름생산(프로세스 안에 대기장소가 없는 것이 특징이다)

▌그림 2-43 ▌차쿠차쿠 라인 운영

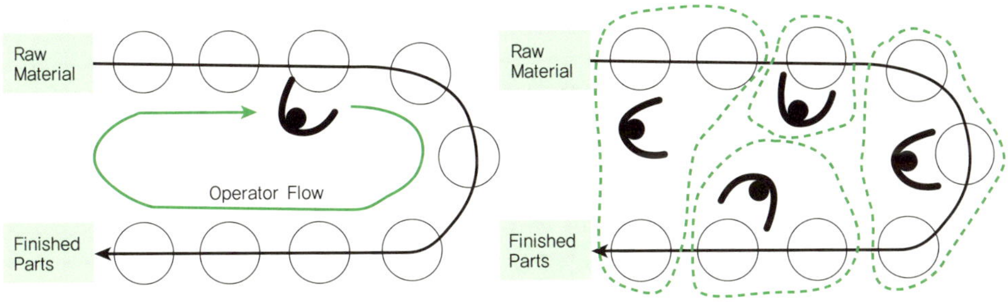

출처 : https://www.linkedin.com/pulse/chaku-chaku-one-piece-flow-jeff-tapparo/

이러한 차쿠차쿠 방식은 가공 및 조립공정의 생산성을 증가시킬 수 있다. 작업자가 약간 걷기 동작이 필요하므로 U자형 셀 배치로 작업동선을 최소하하는 것이 바람직하다. 차쿠차쿠 라인의 최대 장점은 프로세스 간에 재고가 거의 필요하지 않으며 개별흐름이 가능하기 때문에 재고를 줄이고 리드타임을 향상시킬 수 있다. 단, 여러 공정 작업을 한 작업자가 수행하므로 작업자는 차쿠차쿠 라인에서 작업하는 모든 과정을 알고 있어야 한다. 이러한 작업은 일반적으로 어려운 일은 아니지만 조금 더 어려워질 수 있으므로 다기능공 육성의 절차가 필요하며, 작업자가 단조롭고 지루하다고 느낄 수 있으므로 현장관리자는 순환근무 등의 배려가 필요하다.

모든 작업이 그렇듯이 작업은 리듬이 있는 동작으로 구성하여야 한다. 작업은 라인의 흐름과 같이 리드미컬한 움직임을 갖게 하는 것은 작업자의 작업능률 향상에 도움을 줌과 동시에 반복작업에 따르는 실수를 방지해주는 효과를 가져다 줄 수 있다.

3.4 풀(Pull) 시스템 구축(효율적 재고관리 및 조달 동기화)

이 단계에서는 생산운영 전반에 걸쳐 사전에 시뮬레이터처럼 준비된 시스템, 원래 계획대로 실제 가동하는 단계이다. 고객 주문에 대하여 자재준비 및 생산계획과 연결하여 고객 오더별로 생산라인을 연결하고 다양한 흐름작업을 효율적으로 운영하는 것이다. 이것은 수요 중심으로 변한 시장상황에 고객이 제품 또는 서비스에 대하여 당겨가는(Pull) 것을 의미하며, 전체 생산시스템 내의 모든 준비된 요소 시스템을 고객 주문 기준으로 끌어오는(Pull) 작업을 실현한다.

이것을 확대한다면 내부적인 흐름은 물론 공급업체 내의 개별 생산라인을 자사의 생산라인에 풀(Pull) 방식으로 연결하는 것도 포함된다. 만약 이 단계를 성공적으로 실현한다면 공급업체에서 시작하여 최종 고객으로까지 연결되는 SCM 라인이 풀 방식으로 실현되는 것이다.

풀(Pull)의 원리를 적용하기 위해서는 기존에 유지하고 있는 MRP에 의한 계획생산 체계를 중단하고, 모든 운영방식을 변경하여야 한다. 또한, 간판을 적용하여 공정 간 또는 공장 간에 순환시킴으로써 후공정의 요구에 의해 제품을 생산하게 되어, 과잉 생산을 방지할 수 있으며, 소량의 재고만 유지하는 성과를 기대할 수 있다. 도요타자동차에서는 이것을 JIT 시스템이라고 한다.

그림 2-44 | 푸시(Push) 시스템과 풀(Pull) 시스템

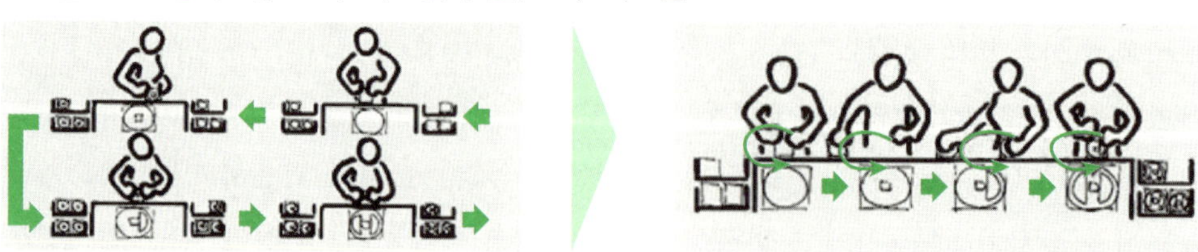

풀의 원리(Pull Principle)를 현장에 완전히 적용하기 위해서는 흐름을 위한 설비 배치, 작업자의 다기능, 가동준비시간 절감, 리드타임 절감, 개별흐름 생산을 달성하는

활동들이 선행되어야 하다.

3.4.1 적합한 생산시스템 통제 메커니즘 결정

자재흐름은 부품 공급업체로부터 최종 조립공정을 거쳐 고객에게로 이어진다. 많은 기업들은 이 흐름을 관리하기 위하여 밀어내기 생산(Push) 방식을 적용하는데, 이는 고객이 주문하기 이전에 미리 생산을 시작하는 것이다. 관리자가 모든 원자재에 대한 입고 계획을 수립하고 생산을 지시하면, 구매부서에서는 공급업자에게 미리 생산계획에 따라 부품구매 요청서를 발부한다. 또한 생산부서에서는 고객의 주문이 오기 이전임에도 부품을 조립하기 시작해서 최종 조립라인으로 제품을 밀어낸다. 최종 조립라인에서는 놀고만 있을 수 없으니 최종 조립을 완료하고 완성품을 창고로 입고시킨다. 그리고 출고부서에서는 판매부서에서 고객의 오더가 올 때까지 완성품은 계속 적재한다.

한편, 공급업자와 생산부서 그리고 고객 간의 흐름을 관리하는 풀(Pull) 방식에서는 고객이 상품을 구입하면, 최종 조립공정에서 제품의 재고량을 점검하여 거의 떨어질 때 필요한 수량만큼 더 발주한다. 최종 라인에서는 이를 출고 창고의 보관대에 보낸다. 생산부서에서는 발주된 수량만큼 생산해서 최종 조립라인으로 이송한다. 이처럼 반복적인 공정이며 가동준비시간(Setup Time 또는 SMED)과 처리시간(Lead Time)이 짧고 자재의 흐름(Flow)이 잘 정의되어 있다면 제품을 미리 생산해 둘 필요는 없다.

풀(Pull) 생산방식은 기존의 공급자 중심의 생산방식에서 고객가치를 기반으로 한 수요 중심으로 변화한 시장상황에 가장 적합한 생산방식이다. 또한 고객가치를 명확히 규정하여 낭비를 제거하고 유연한 흐름생산 체계의 구축과 더불어 인적자원의 유연성과 존중을 강조하고 지속적인 개선활동을 통해 효과적이고 효율적인 기업활동과 성과를 이끈다.

JIT를 효과적으로 운영하기 위한 두 가지 핵심 시스템은 풀(Pull) 방식과 간판 방식이다. 일반적인 공장은 선공정에서 후공정으로 밀어내는 푸시(Push) 방식이지만 도요타의 풀(Pull) 방식은 후공정의 요구에 의한 선공정이 조치하는 방식으로 운영된다. 이렇게 하면 공정 간의 불필요한 재고를 보유할 필요가 없어지고 흐름 생산화가 되는 것이다. 이로 인하여 과잉생산의 낭비, 재고의 낭비 등을 방지할 수 있다.

| 표 2-24 | Push와 Pull 방식 비교

구분	푸시(Push) 방식	풀(Pull) 방식
전략	수요변화를 재고로 흡수하여 생산라인의 안정화 추구	수요변화에 따라 생산량을 맞추는 유연성 추구
적용 시스템	MRP 시스템	간판(간판)시스템
부품 납기	필요한 부품 납기를 인정한다.	자재 공급자를 인접화시켜 부품 납기를 짧게 유지한다.
부품의 대기	부품의 대기는 필요한 투자이며, 앞공정에서 문제가 발생하였을 때 후속공정이 지장을 받지 않고 작업을 할 수 있다.	부품의 대기행렬을 제거한다. 부품의 대기는 재고의 낭비로 취급한다.
공급자 관계	다수의 공급자 관계를 유지하여 경쟁을 시킴으로써 자재공급의 비용을 낮춘다.	공급자와의 협력관계를 유지하고 공급자를 생산시스템의 일부로 간주한다. 공급자는 소량의 부품을 수시로 납품한다. 완벽한 품질을 유지하지 못하면 생산에 지장을 초래한다. 품질문제는 근본원인을 찾아서 개선한다.
품질	불량에 관계없이 일정하게 생산, 불량 발생시 재작업	불량 발생시 라인을 멈추고 현장에서 즉시 개선
생산	• 계획 수립대로 생산 • 생산계획부서(팀)에서 생산 지시	• 고객의 주문에 따라 생산 • 고객수요가 최종공정의 생산 지시
재고	예측오차, 미래의 불확실성에 대비하여 안전재고를 유지한다.	재고를 줄이기 위해 가능한 모든 노력을 한다. 그러나 최소의 완충재고는 필요하다.
물류	한 공정에서 가공된 부품은 후공정으로 보내진다.	후공정이 앞공정에서 부품을 당겨서 생산이 진행된다.
대응성	생산계획 변경시 유연하게 대응 안됨	생산계획 변경시 유연하게 대응 가능
의존성	공정 간 독립된 생산 진행	후공정에 종속된 생산 진행
일치성	정보와 현품 간 불일치	정보와 현품 일치
장점	• 공급부족 현상 최소화 • 계획 및 통제가 가능 • 구매 및 생산의 규모의 경제 발생	• 생산리드타임 단축 • 재고 및 재고비용 절감 • 즉각적인 문제의 발견이 가능 • 품질 향상 • 변동성 감소 및 유연성 확보 • 고객서비스 증대
단점	• 안전재고 및 완성품 재고 발생 • 후공정으로 갈수록 변동성 확대 • 시장요구에 대한 느린 대응 속도	• 생산성 감소의 위험 • 수요 미충족의 위험 • 작업자의 유휴시간(Idle Time) 증가 • 셋업타임이 생산량에 큰 영향을 미침

3.4.2 간판(Kanban)

간판은 JIT의 하위 시스템이라고 할 수 있으며, 각 공정에서 다음 공정이 필요할 때만 앞공정에서 부품을 생산하도록 후공정인수 풀생산 방식을 실현해 주는 방법으로 공정 간 정보를 연결해주는 도구이다.

간판의 목적은 공정 간에 발생할 수 있는 불량 손실과 재고 누적으로 인한 비용을 줄이는 데 있다. 또한, 간판은 앞공정과 뒷공정 사이에서 제품의 흐름을 시각적으로 통제하고 관리가 가능하도록 하는 소통의 방법이다. 간판은 앞공정에서 뒷공정으로의 물류흐름과, 뒷공정에서 앞공정으로의 정보흐름이 동시에 이루어진다.

간판의 내용은 제품의 명칭, 부품번호, 생산수량, 생산자, 생산시기, 공정명칭, 운반방법, 용기내용 등으로 후공정에서 요구하는 수량만큼을 필요한 시간에 전달할 수 있도록 공정의 흐름에 따라서 제품과 함께 운반된다.

1) 간판의 종류

이러한 간판 방식은 크게 두 가지로 구분되는데 후공정의 필요한 정보(상품명, 수량 등)가 기록된 작업지시판(간판)을 '인수간판(Withdrawal or Conveyance 간판)'이라 하고, 공정 간에 필요한 수량을 생산하도록 지시하는 '생산지시간판(Production Ordering 간판)'으로 구분되어 각 공정 사이에서 생산을 관리하는 역할을 한다.

최근에는 전자간판을 사용하는데 이것은 부품의 로트번호나 납기일, 납입장소 등의 종이간판의 정보를 협력회사에 온라인으로 보내는 것을 말한다. 간판시스템이 안정되면서 각 공정에서 필요한 시간으로 공정이 진행되고 생산 리드타임이 획기적으로 단축되는 등 고객에게 보다 빠른 공급이 이루어졌다.

▌그림 2-45 ▌간판의 종류

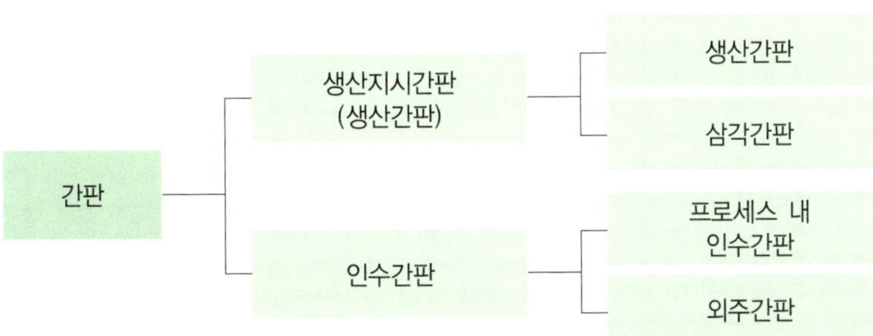

2) 간판운용 전제조건

간판 방식을 적용하기 위해서는 간판의 기본 사고방식 및 기능을 이해한 것만으로는 도입할 수 없다. 다음과 같은 조건이 전제되어야 추진할 수 있다.

① 흐름라인으로 만들 것

각 공정마다 재고가 쌓여 있으면 간판을 라인 내부에 많이 걸게 되어 자동적인 작업지시가 불가능해질 뿐만 아니라 눈으로 보는 관리도 불가능하게 되어 라인의 문제점이 어디에 있는지 좀처럼 파악할 수 없게 된다. 그러므로 라인에 흐름을 만들어야 한다. 질서 정연하고 거침없는 흐름, 표준작업을 수행할 수 있는 흐름, 리드미컬하게 작업할 수 있는 텍타임(Tact Time) 생산이 가능한 흐름을 만들어야 한다.

② 소로트화 생산이 가능할 것

로트 생산부품은 시간당 산출량이나 준비시간을 고려할 때 로트를 크게 할수록 능률이 향상된다고 생각하기 쉬우나 로트를 크게 하면 전 공정의 부하를 증대시켜 문제를 은폐시킬 뿐만 아니라 과다한 재공 재고낭비를 발생시킨다. 과잉생산의 낭비를 제거하는 주요 대책은 준비교체시간의 단축에 있다. 로트 생산에는 초과생산이 발생한다. 준비교체에 대한 선입관을 타파하고 개혁하기 전에는 1개 흐름은 실현되지 않는다.

③ 생산의 평준화를 실현할 것

생산수량의 산포를 없게 하여 재고를 최소화한다. 최종공정이 평준화가 특히 중요하다. 최종공정의 생산수량에 기복이 많으면 그 전공정에 부하가 증가되어 그 앞공정으로 갈수록 불힙(채찍)효과에 따라서 생산의 산포가 더 커지게 되어 선행 공정의 혼란은 가중되게 된다. 평준화 생산이 재고를 최소화하고, 비용을 가장 적게 하는 방법이다. 제품의 종류와 양의 산포를 없애고, 재공을 극소화하는 것이 공장 전체의 능률을 최고로 높여준다. 특히 최종공정의 평준화가 중요하다.

④ 운반사이클 단축 및 균일화

후공정의 인수를 효율적으로 필요 최소한의 시간에 확정 정보와 함께 부품 및 제품을 운반(인수)토록 한다. 바람직한 상태는 인수단위를 한 개씩으로 하고, 여러 모델을 한꺼번에 운반할 수 있도록 하는 것이다. 후공정의 인수가 곧 전공정에 대한 생산지시가 되므로 생산의 평준화를 위해서는 운반사이클을 단축시키고 간판 회전율을 늘릴

필요가 있다.

⑤ 생산의 계속성이 유지되도록 할 것

간판의 회전수가 생명이므로 어느 정도는 계속적으로 생산되는 것이 좋으나 단 1회로 한정 생산해야 할 경우도 있다. 간판은 자공정 내부 또는 후공정 간을 연속적인 사이클로 운용한다. 따라서 생산도 연속적인 것이 되어야만 한다. 매일 계속할 수 있는 것이 대상이 된다.

⑥ 로케이션의 설정이 필요

가정마다 주소가 있듯이 부품을 놓아 두는 장소에는 반드시 로케이션을 정하고 정량, 정위치한다. 누구나 알 수 있도록 일관성을 띠도록 하고, 적은 정보로 정확한 장소를 알 수 있어야 한다.

⑦ 포장형태 및 용기관리 표준화

물품을 둔다거나 또는 운반하려면 포장형태 및 용기가 필요하다. 1용기 1품번이어야 하며 품질을 확보하면서 취급하기 용이하고 수납수를 간단히 알 수 있는, 특히 소형의 용기를 사용하는 것이 포인트이다. 공정의 요구에 따라 포장형태 및 용기를 정하여야 한다. 그 크기에 따라 납입 단위 및 인수 단위가 제약을 받게 되는 일이 많다. 용기는 표준화가 필요하다.

3) 간판수 계산 원리

간판을 적용하는 부품은 각 공정별 고객의 요구 생산수량과 리드타임에 의하여 결정된다.

$$\text{간판수}(N) = \frac{\text{리드타임내 평균수요량} + \text{안전재고}}{\text{운반대차용량}} = \frac{dL + S}{C}$$

N : 간판 또는 컨테이너수
d : 리드타임내 평균수요량
L : 부품제조 리드타임
S : 안전재고
C : 운반대차 용량(컨테이너 크기)

예를 들어 작업장에서 부품 수요율(리드타임)은 1분당 6개라고 하고, 운반대차에는 한 대에 20개를 담을 수 있다고 하자, 대차 순환시간(모든 생산준비시간, 생산시간, 이동시간 및 대기시간 포함)은 30분이라고 하면 안전재고를 고려하지 않을 경우 필요한 간판의 수는 몇 대인가?

간판수(N)는 $N = \frac{6 \times 30}{20} = \frac{180}{20} = 9$개가 필요하게 되며, 여기에 안전재고를 더하여 간판을 준비한다.

이 식에서 보는 바와 같이 재고는 운반대차의 용량과 순환시간이 중요한 역할을 한다. 대차크기는 표준화 이슈가 있기 때문에 별개로 하더라도 순환시간의 구성요소인 생산준비시간, 이동시간, 대기시간을 분석하여 단축활동을 하는 것이 매우 중요하다.

최근 고객의 수요는 평균과 산포가 크게 변하는 모습을 나타내고 있다. 따라서 간판의 수는 수시로 변하는 고객의 수요에 능동적으로 대응할 수 있는 동적 간판시스템을 적용할 필요가 있다. 고객의 수요패턴을 모니터링하고, 수요패턴에 유사한 거리유사도 분석 등을 통하여 주기적으로 보상계수를 반영하여 주기마다 간판수와 생산량을 결정하여야 한다.

4) 간판의 기능과 운용 원칙

간판은 생산정보 제공, 생산지시, 재고통제 등 다양한 역할을 수행하며 이를 원활히 수행하기 위해서는 관련 운용 원칙이 준수되어야 한다.

표 2-25 간판의 기능과 운용 원칙

역할	운용 원칙
인수 또는 운송정보	제공 전공정의 간판에 표기된 제품을 후공정에서 인수하는 풀 생산방식을 적용한다.
생산정보 제공	간판에 의해 지시된 제품을 전공정에서 생산한다.
과잉생산 또는 초과운송 방지	간판의 지시 없이는 운송 및 생산을 중지하고, 간판은 규정된 최대 허용치를 넘지 않아야 한다.
작업지시	오직 허용된 작업장에만 원자재가 공급되고, 제품에 간판을 항시 부착한다.
불량공정 식별	자주/순차검사 등으로 완벽품질을 추구하고, 불량품을 후공정으로 보내지 않음으로써 무결점을 유지한다.
재고통제 및 문제점 가시화	민감하게 변화하는 간판의 발행수를 최소화하고, 점차 간판의 수를 줄여나간다.
흐름생산	선입선출방식(FIFO : First In First Out)을 준수한다.
정량, 정위치	모든 것은 제자리에 있어야 한다.

▌그림 2-46 ▌간판운용 흐름도

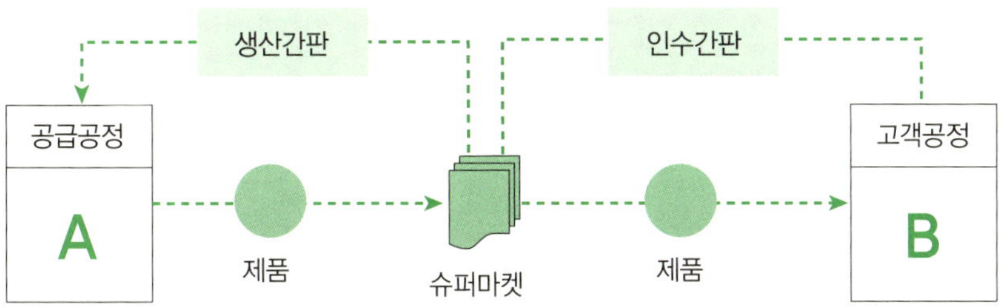

• 고객공정은 슈퍼마켓에 가서 필요한 때 필요한 부품을 인수한다.
• 공급공정은 인수된 양만큼 보충하기 위하여 생산한다.

3.4.3 한 개 흘리기(One Piece Flow)

고객은 한 개의 제품 또는 서비스를 받는다는 관점에서 생산시스템을 검토하여 보면 동시에 여러 대를 생산하는 것은 생산자의 편의 때문임을 알 수 있다. 린 사고의 기본인 풀 시스템을 달성하기 위해서는 부품, 반제품들을 한 개씩 흘려서 가공 또는 조립을 실시하여 재고의 낭비를 없앨 수 있다. 이때 고객이 지정한 생산수량비율(Product Mix)로 계획되고, 진행되어야 한다.

1개 흐름생산의 대상은 간판 1개, 작은 로트 1개, 또는 실제 단일 개수일 수도 있다. 1개씩 흘리기의 궁극적인 목표는 1개를 로트단위로 하고, 이를 위하여 모델교체시간이 없는 구조로 만드는 것이다. 이렇게 구현된 시스템은 고객에게 전달할 수 있는 생산리드타임이 줄어들게 되고, 다른 주문에 대한 대기의 낭비가 발생하지 않게 된다. 풀 생산시스템이 구현되기 위해서 갖추어져야 하는 모델교체시간의 개선은 가장 중요한 과제이므로 대부분의 기업들에서는 내준비를 외준비화하고, 모듈화를 통한 생산의 용이성을 도모하며, 모델 간 생산 사이클타임을 표준화하여 혼류생산이 가능하도록 하고 있다.

1개 흐름을 달성할 수 있다면 리드타임이 크게 감소되고, 결함은 공정 시작과 함께 초기에 인식되기 때문에 일반적으로 품질이 향상되며, 재공품 수준이 낮아 재고가 감소한다. 처음부터 한 개 흘리기는 어렵기 때문에 한 개 흘리기를 목표로 추진하되 가능한한 가장 작은 소로트 크기로 생산을 하되, 로트 크기를 극한적으로 계속 운영한다면 문제가 노출되고 이를 꾸준히 개선하는 활동으로 고도화된 생산시스템인 한 개 흘리기가 가능한 체제가 이루어질 수 있다. 더불어 다품종 모델을 동일 생산라인에서 평준화 생산할 수 있는 구조화 작업을 추진해야 한다.

다음 그림은 한 개씩 흘리기와 10개 로트 생산 비교 시뮬레이션 결과 10개 주문 생산 완료에 걸리는 시간이 29초와 1분으로 시뮬레이션된 사례 동영상을 캡처하였다.

▌그림 2-47 ▌한 개 흘리기와 로트생산 비교

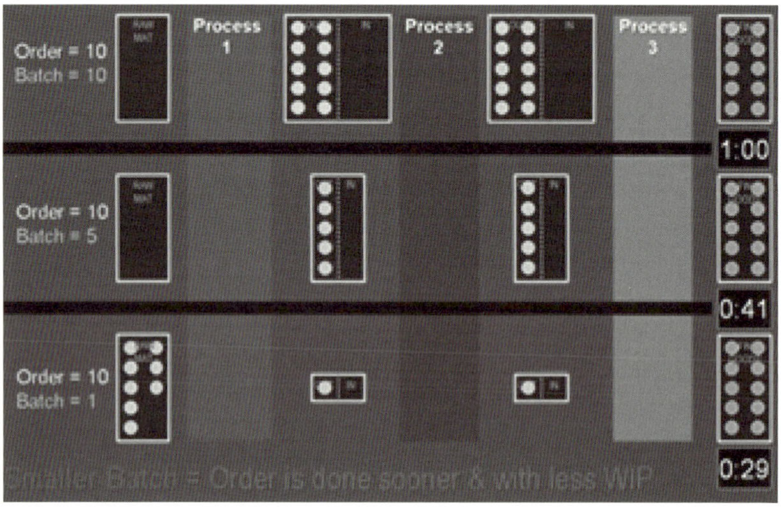

출처 : https://www.youtube.com/watch?v=JoLHKSE8sfU

3.4.4 POLCA

1) POLCA 개념

POLCA는 Paired-cell Overlapping Loops of Cards with Authorization의 약자로 POLCA는 작업현장을 통한 작업흐름을 관리하는 카드 기반 시각적 제어 시스템이다. 각 주요 작업에서 배송 목표를 충족하기 위해 다음에 작업해야 할 작업을 제어한다. 특히, 업스트림 작업은 다운스트림에 필요한 작업을 수행하여 생산가용 능력을 효과적으로 사용하는 동시에 병목현상이 예기치 않게 나타날 때 과도한 재공(WIP : Work In Process) 축적을 방지한다. POLCA는 예측할 수 없는 수요, 다양한 유형의 주문, 고객 요구사항의 동적 변화와 같은 외부 요인뿐만 아니라 장비 및 노동 상태 및 기타 요인의 변화와 같은 내부 요인으로 인해 변동이 발생하는 변동성이 높은 환경에서 특히 효과적으로 적용할 수 있다.

POLCA 운용에 필요한 용어로 셀은 작업장, 작업단위를 의미하고, 루프는 POLCA 카드를 공급과 작업의 주문과 실행의 과정을 돌리는 것이며, 카드는 이 과정에서 작업 지시에 사용되는 것이다.

▌그림 2-48 ▌Cell / Loops / Cards 개념

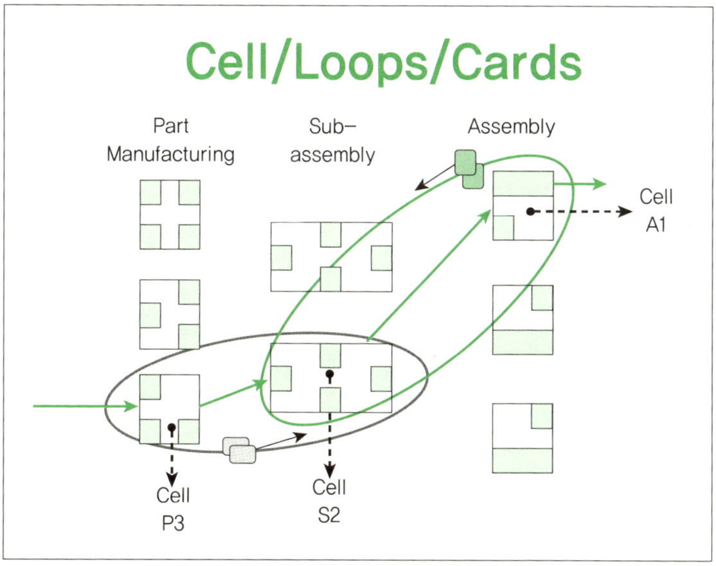

출처 : https://youtu.be/0craoHjTKo8

2) 주요 기능

한 쌍의 카드로 루프를 진행하는데 다음과 같은 주요 기능이 있다. 이 세 가지 기능은 권한이 있는 카드의 쌍으로 겹치는 루프와 직접적으로 관련되어 있다.

- POLCA는 순환 카드가 포함된 루프를 사용하여 셀 쌍(또는 작업 센터)을 연결하여 각 셀 쌍 사이에 용량 신호를 제공한다. 이러한 신호는 각 셀에서 다음에 어떤 작업을 수행해야 하는지 결정하는 데 도움을 준다.
- 루프의 작동 규칙은 의도적으로 여러 셀을 통과하는 작업에 대해 이 작업의 루프가 체인의 연동 링크와 같이 실제로 겹치도록 설계되었다.
- 카드 신호 외에도 다음 작업을 결정할 때 셀은 작업의 '승인 날짜'도 확인해야 한다. 이는 각 셀이 요구된 완료 날짜를 기준으로 다음 작업이 진행될 수 있도록 하기 위함이다.

3) 카드 계산 방법

POLCA 시스템 운영에서 루프를 돌리기 위하여 필요한 POLCA 카드 계산 방법은 다음과 같은 공식으로 카드수를 산출할 수 있다.

$$POLCA\ 카드수 = \frac{(LT_A + LT_B)(D_{A-B})}{Q}$$

$LT_A + LT_B$: 셀 A와 셀 B의 필요 리드타임 합계

D_{A-B} : 셀 A와 B를 정해진 Q시간 안에 필요한 기대되는 작업수(제조 주문수)

Q : $A-B$ 루프에서 필요한 카드수를 돌리는데 요구되는 시간

4) POLCA 운용 방법

POLCA에서는 작업이 셀 A에서 셀 B로 흐른다면 이 셀은 POLCA 루프로 연결되었다고 한다. 이 루프에 사용되는 카드는 A/B 카드라고 하며 이 두 셀에 이름을 부여한다. 그림과 같이 각 셀에 색상이 지정되고 카드가 색상으로 구분되어 시각적 관리가 가능하도록 구조화되어 있다. 이 카드를 활용하여 카드의 출발지와 목적지를 신속하게 연결할 수 있다.

| 그림 2-49 | 5개의 순환 POLCA 카드가 있는 셀 A에서 셀 B로의 POLCA 루프

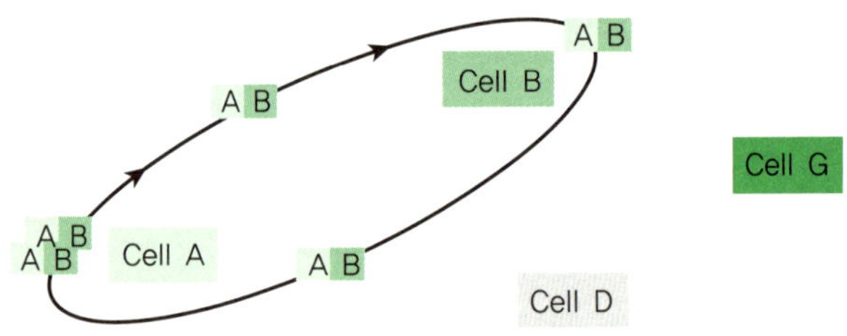

본질적으로 POLCA 카드는 대상 셀의 용량 가용성을 나타낸다. 이것이 카드가 작동하는 방식이다. 셀 A의 작업이 승인되고 이 작업이 다음에 셀 B로 향하는 경우 셀 A 팀은 해당 셀에서 작업을 시작하기 위해 사용 가능한 A/B 카드가 있어야 한다. 작업이 시작되면 A/B 카드가 이 작업 또는 해당 문서와 함께 보관되어 카드가 해당 작업과 연결되었음을 나타낸다. 셀 A가 작업을 완료하면 A/B 카드와 함께 셀 B로 작업을 보낸다.

▌그림 2-50 ▌A/B POLCA 카드

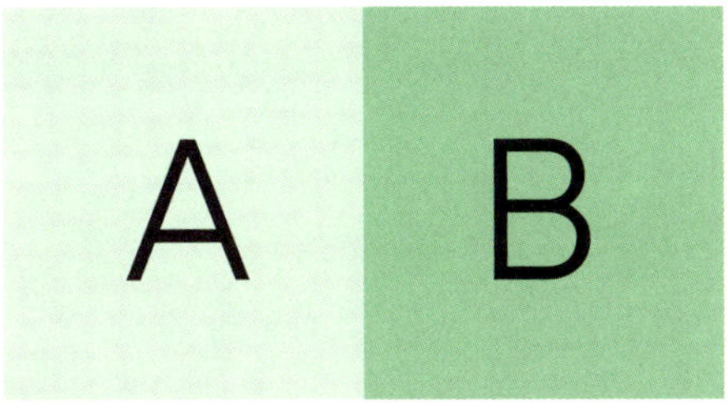

다음의 그림은 셀 A에서 셀 B로 작업을 하고, 다시 셀 B에서 셀 G로 작업이 진행되는 경우이다.

▌그림 2-51 ▌POLCA에서 중첩 루프의 그림

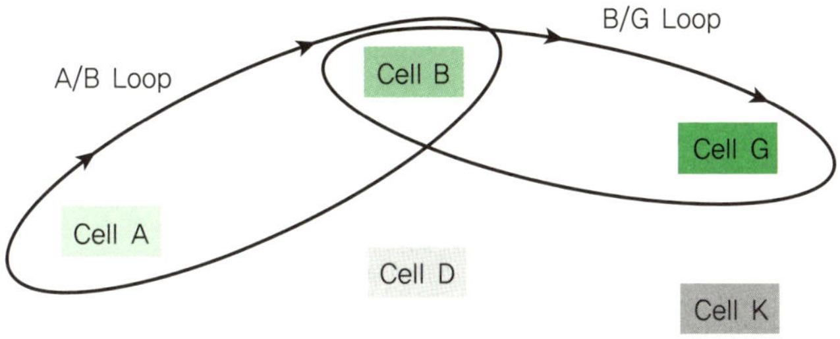

5) 간판과 POLCA의 차이점

간판에서는 셀 B가 작업할 다음 작업을 선택하면 첨부된 간판 카드는 즉시 셀 A로 반납한다. 그러나 POLCA에서는 셀 B가 작업을 완료하고 다음 작업으로 보낸 후에만 카드를 반납한다. POLCA와 간판의 주요 차이점은 간판은 재고 신호로 공급하는 것이다. 신호는 특정 수량의 부품이 소진되면 해당 수량의 부품을 공급하여 재고를 보충하도록 이전 작업에 지시하게 된다. 반면에 POLCA는 용량 신호이다. 신호는 작업이 완료될 때 이전 셀에 이 셀에 다른 작업을 보내도 좋다는 것을 알려주게 된다. 재고 신호와 용량 신호 간의 이러한 차이는 매우 중요하다. 이는 POLCA가 소량 및 맞춤형 부품에 작동하는 반면 간판은 이러한 환경에 적합하지 않다는 것이다. 실제로 POLCA에서는 다음과 같은 이유로 대상 셀이 실제로 작업을 완료한 경우에만 카드를 다시 보내는 것이기 때문에 HMLVC 환경에서 더욱 그 빛을 발휘할 수 있다.

6) POLCA 예시

다음 그림은 셀이 10개 있는데 파란색 2개, 녹색 3개, 빨간색 2개의 가공공정과 흰색 1개의 검사공정, 그리고 9, 10번셀은 포장공정으로 구성되어 있다. 예를 들어 2번 셀에서 4번셀로 작업이 이루어지는 경우 카드를 2/4 카드로 배치하여 작업되게 하고, 스프레드시트에서는 셀 2번과 4번이 교차하는 곳에 작업카드수(루프수)를 기록한다. 이러한 방법으로 주문작업만큼 시작셀과 작업셀에 해당 카드수를 배치하면 아래 그림과 같이 된다.

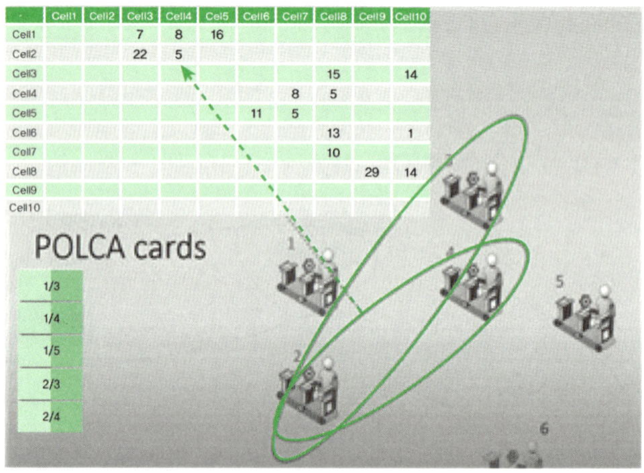

이와 같은 방법으로 생산계획을 주어진 시작작업으로부터 포장작업에 이르기까지 10개의 셀에 해당 POLCA를 할당하는 작업을 실시한다.

	Cell1	Cell2	Cell3	Cell4	Cel5	Cell6	Cell7	Cell8	Cell9	Cell10
Cell1			7	8	16					
Cell2			22	5						
Cell3								15		14
Cell4							8	5		
Cell5						11	5			
Cell6								13		1
Cell7								10		
Cell8									29	14
Cell9										
Cell10										

1/3	4/5
1/4	5/6
1/5	5/7
2/3	6/8
2/4	7/8
3/6	7/10
3/7	8/9
4/7	8/10

그 결과 할당된 루프는 아래 그림과 같이 표시된다.

▌그림 2-52▌루프 중첩 표시 예

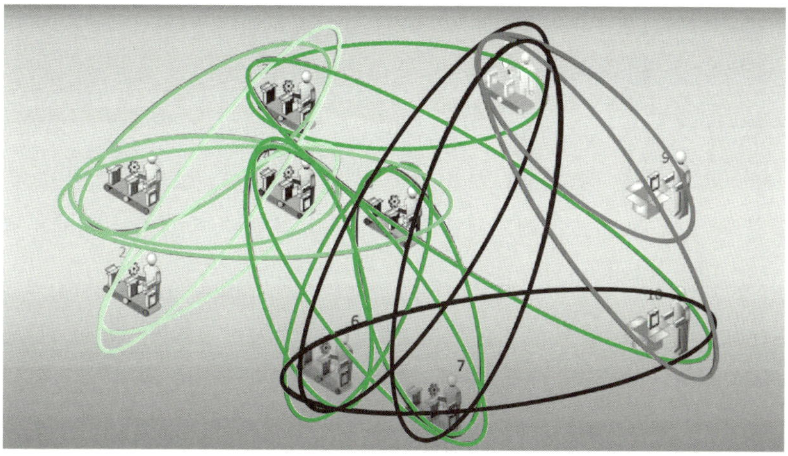

출처 : https://youtu.be/1SKGo1itFio

7) POLCA 시스템 설계 순서

고려해야 할 몇 가지 세부 사항과 가능한 특수 상황을 고려하여 다음의 순서로 POLCA 시스템을 설계한다.

- POLCA 시행팀 구성 및 POLCA 챔피언 지정
- 모든 POLCA 루프를 결정
- POLCA 체인 배치
- POLCA 카드 관련 세부 사항 결정
- 최종 세부 사항으로 마무리 작업 추가

8) POLCA가 갖고 있는 주요 특징

- POLCA는 HMLVC(High-Mix, Low-Volume and Custom) 생산 환경을 위해 설계되었다. 고객의 수요는 점점 더 작은 배치, 더 다양한 제품, 심지어 각 주문에 맞는 맞춤형 제품을 요구하고 있다. 따라서 다품종에 모델별 작업시간 산포가 큰 공정에 적용이 가능하다.
- POLCA는 간단하고 이해하기 쉽다. 각 셀에서 작업자 팀이 이 셀에서 다음에 실행할 작업을 결정하기 위해 세 가지 간단한 조건만 확인하면 된다.
- 시각화된 시스템이다. POLCA는 작업장에 부착되거나 게시판에 게시된 카드를 사용하여 작업현장 작업자와 경영진 모두가 이해할 수 있는 명확한 시각적 신호를 제공하고 모든 영역의 현재 상태에 대한 즉각적인 피드백 및 평가를 제공한다.

- 복잡한 소프트웨어 구현이 필요하지 않다. 정교한 스케줄링 소프트웨어 패키지가 많이 있지만 이러한 것은 지속적인 버전 업그레이드와 시스템 버그 해결을 위한 시간과 투자가 필요하지만 POLCA는 그럴 필요가 없다.
- POLCA는 ERP 시스템과 함께 또는 ERP 시스템 없이 작동한다. ERP(Enterprise Resource Planning) 시스템을 사용하고 있는 경우 또는 ERP 시스템이 없는 경우에도 각 작업에 대해 스프레드시트를 활용하여 간단한 계산을 수행하는 것만으로도 POLCA를 사용할 수 있다.
- POLCA는 시스템에서 인간의 능력을 기반으로 한다. 많은 소위 '최적' 스케줄링 시스템은 사람들에 의해 배포, 구매, 지원해야 하는 구조로 되어 있어서 휴먼에러의 가능성이 높다. POLCA를 사용하는 것은 이러한 오류를 줄여주는 시스템이다.
- 조직, 팀 및 소유권을 기반으로 한다. 작업현장팀별로 목표가 주어지고 달성 여부에 따라서 성과급이 달라질 수 있으므로 팀 간 조정과 협력이 될 수 있어야 하며, 그 결과 작업팀 간 고객과 공급자의 관계를 원활히 유지할 수 있다.
- 분산된 의사결정을 사용하여 민첩성과 응답성을 제공한다. 전체 운영을 최적화하려고 시도하는 중앙집중식 계획 시스템을 구현하는 대신 POLCA는 더 간단한 중앙 시스템을 사용하고 실시간 의사결정을 셀과 팀에 푸시한다. 이를 통해 실제 리드타임을 단축할 수 있다.
- POLCA는 적응형 시스템이다. POLCA에서 사용되는 카드 신호, 의사결정 규칙 및 분산 구조의 조합은 시스템이 우선순위 변경 또는 예상치 못한 병목 현상과 같은 예측할 수 없는 실제 이벤트에 지속적으로 적응하도록 설계되었다. 동시에 병목 현상이 예기치 않게 나타날 때 너무 많은 작업을 수행하는 것을 방지하고, 작업이 기한을 맞추기 위해 올바른 순서로 처리되고 있는지 확인하기 위해 모든 작업에서 작업 순서를 조정한다.

9) POLCA 운영 리스크

- 시스템에 있는 사람들의 능력을 기반으로 하기 때문에 각 단위 셀의 능력에 의존된다.
- 너무 많은 루프를 가질 위험이 있다.
- 카드 트래픽이 발생할 수 있다. 조금은 복잡하다.

3.4.5 평준화(헤이준카)와 밸런스 생산흐름

평준화 생산은 시장에서의 다양한 수요를 충족시키기 위하여 매일같이 다양한 제품의 생산이 동일한 생산라인에서 이루어져야 하는 것을 의미하는 것으로 대단히 복잡하고 어려운 일이다. 이러한 고차원의 생산을 실현하기 위해서는 생산준비시간 단축, 자동화, U자 라인화, 다능공작업자에 의한 소인화 등의 활동이 병행되어 추진이 되어야 한다.

생산 평준화를 위한 일간생산계획 수립방법은 다음과 같다.

- 각 제품의 1일 생산필요량을 산출한다.
  1일 생산필요량=월간 생산필요량÷월간 작업일수
- 각 제품의 사이클타임을 결정한다.
  사이클타임=1일 작업시간÷1일 생산필요량
- 각 제품의 사이클타임에 대한 역수를 취한다.
- 소요시간 대비 최소 생산수량의 비율을 산출한다.
  이것은 일련의 생산을 완료하는데 소요되는 총사이클타임인 총소요시간을 산출하기 위한 간단한 수학적 변환이다.
- 제품의 생산지시 순서계획을 결정한다.
  생산준비에 많은 시간이 소요되는 장비로 인한 로트의 제약이 없다는 조건하에서 같은 제품 2단위가 서로 다음에 위치하지 않도록 혼합하는 방법을 취한다.

그림 2-53 평준화 생산 개념

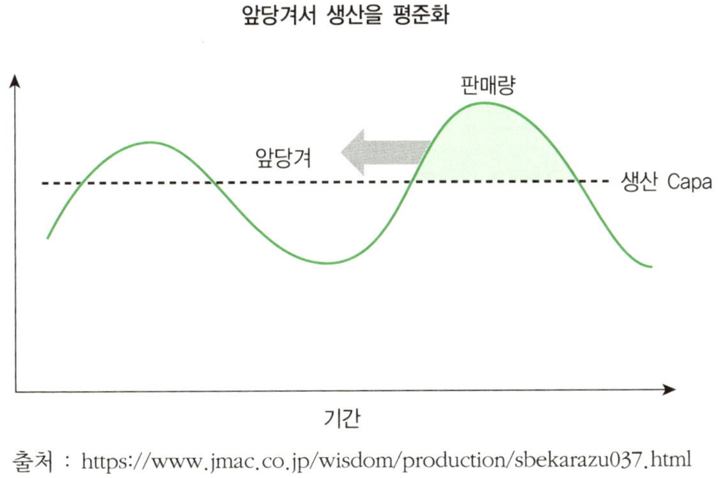

출처 : https://www.jmac.co.jp/wisdom/production/sbekarazu037.html

3.4.6 공급업체와의 연계체계 구성

생산시스템은 공급이 원활해야 생산프로세스 운영이 가능해진다. 따라서 공급자와의 관계는 정보의 동기화와 지속적인 활동이 이루어져야 한다. 생산시스템은 공급과 더불어 출력이 고객공정 또는 고객에게 전달되는 과정으로 완성되기 때문에 고객을 위한 고객과 연계되는 시스템을 개발하고 지속적인 개선활동이 이루어져야 한다.

고객 관점의 요구시간인 텍타임을 맞추기 위하여 공급자와의 부품개발, 부품생산 및 부품공급방식 등이 사전에 협의되고 정상상태로 운용될 수 있도록 모니터링되는 구조로 운영하여야 한다. 납입조건은 타이밍만이 유일한 고려사항은 아니며, 단위수량, 포장조건, 하역방식, 포장조건 등 모든 것이 고려사항이다. 이러한 연결은 부품/조립품/제품 구성 및 관련 기준정보를 포함해야 한다.

공급자와 고객 사이의 생산시스템을 동기화하여 각 공급자가 다음 작업을 수행하도록 해야 한다. 이런 연계에는 생산의 장기적 요구사항, 생산 요구사항 변경 및 단기 생산일정 계획에 대한 정보를 정확히 공유하는 방법의 표준화가 필요하다. 이상 발생 시 즉각적인 조치로 발생할 수 있는 손실을 최소화하고, 정보를 공유함으로써 이후 전개에 대응이 가능해진다. 공급자와는 항상 물건과 정보의 전달이 동기화되는 구조가 되도록 시스템을 구축하고 항시 통제가 가능한 상태를 유지하여야 한다.

3.4.7 재고 줄이기와 리스크 관리

린 경영을 가속화하는 것은 재고를 제로화하는 것을 목표로 경영활동을 하는 것을 의미한다. 따라서 최근에 발생한 반도체 공급 대란과 같은 핵심부품의 공급이 문제가 발생하는 경우 기업으로서는 경영손실을 막대하게 입을 수 있게 된다. JIT 생산방식 운영으로 기반을 다진 도요타자동차의 경우 1995년 한신 대지진으로 대부분의 공장이 한때 생산이 중단되는 사태를 겪었으며, 이후에도 2011년 동일본 대지진으로 로네사스일렉트로닉스 차량용 반도체 공급차질로 한달간 공장을 돌리지 못하는 상황을 겪었다. 이러한 영향으로 재고를 무조건 줄이는 활동이 아닌, 중요부품은 ABC 관리를 통하여 리스크를 관리하는 것으로 구매전략을 수정하였다.

▌그림 2-54▌도요타의 대지진에 따른 구매전략 수정

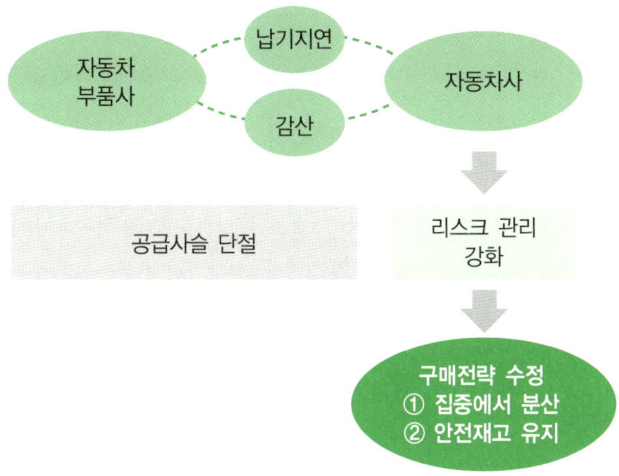

재고 줄이기는 린 경영의 화두로 궁극적으로는 무재고를 지향하여 최소한의 수준으로 관리하되, 중요자재는 리스크 관리를 통하여 지속생산 환경을 갖추는 투트랙 전략이 필요하다.

3.4.8 인력 재배치 자산 조정

1) 인력 재배치

린 경영의 프로젝트 성과는 훈련되고 해당 직무에 경험이 풍부한 인원으로 달성할 수 있다. 이는 특정 프로젝트의 성공으로 그치는 것이 아니라, 성과를 확대 재생산할 수 있는 체제로 만드는 것이 중요하다. 조직은 사람에 의해 운영되고 시스템이 돌아가도록 구조화되어 있기 때문에 인력을 올바르게 육성하고 배치하는 것이 가장 중요한 경영 요소이다. '인사가 만사'라는 말과 같이 적재적소에 적절한 인력을 배치하는 것은 HRD의 소명이기도 하지만, 각 조직의 리더들의 역할이 더욱 크다. 리더는 각 구성원들의 역량을 파악하고, 성공체험한 린 경영을 조직원에게 전파함으로써 조직 전체가 린 경영 철학으로 무장할 수 있는 바탕을 만들어야 한다. 린 경영의 성공은 성공체험을 바탕으로 조직문화가 린 철학에 동화되는 활동이 필요하다.

2) 자산 조정

HRD와 연계한 인력의 배치와 더불어 자산의 재배치도 실시한다. 린 경영은 불필요한 것을 과감하게 제거하여 낭비를 없애는 것이다. 자산도 이러한 관점에서 과감한 정리와 정돈작업을 실시하여 적재적소에 필요한 만큼만의 자산이 운용되도록 해야 한다.

린 활동을 해마다 꾸준히 실시하여 필요한 자산만 보유하는 자산전환이 이루어져야 한다. 따라서 모든 초과자산은 활동 정도에 따라 재배치하거나 처분되어야 한다. 만약 이러한 활동이 잘 진행되면 추가로 바닥 공간을 창출하여 새로운 비즈니스 기회를 얻을 경우 사용하는 경우가 많이 발생한다. 이런 단계를 통하여 고객의 핵심가치를 이해하고 고객만족을 실현하는 가장 빠른 길이 된다.

아래 그림은 H단지의 개선 사례로 린 개선 프로젝트를 통하여 장기/폐기금형 매각, 불용자재 매각 등을 통하여 자산잉여금 확보 및 신사업 투자를 위한 공간을 확보함으로써 일석이조의 효과를 창출하였다.

| 그림 2-55 | H단자 자산 매각 등으로 신사업 공간확보 사례

개선 전 / 개선 후

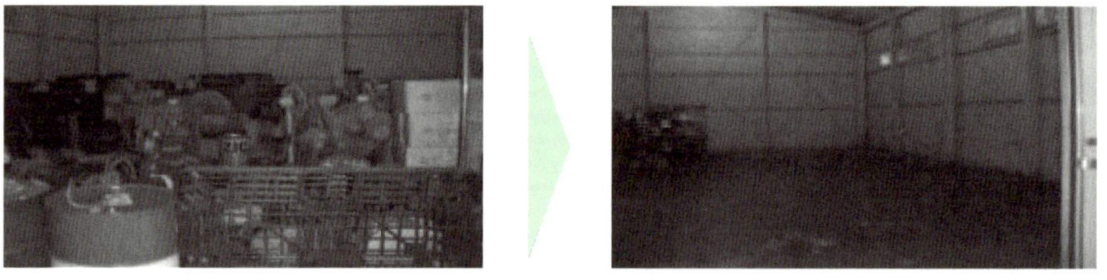

3.5 완벽함 추구(Perfection & Sustaining)

이 단계는 기업문화의 린 사고(Lean Thinking)와 프로세스 개선을 만드는 것 중 가장 중요한 단계이다. 이 단계에서는 린 시스템 구축을 통해 얻은 교훈을 지속적으로 개선하고 피드백하여 타 조직과 부문에 확산하여 수평전개되도록 한다. 이전에 추진하였던 다양한 린 프로그램은 다음 단계로 개선되면서 반복되고 점점 성숙도가 향상된다. 린 구축 프로세스를 거쳐 나온 결과물들은 생산운영 역량과 기업의 경쟁력을 향상시키게 되고 다른 경영활동에도 영향을 미치게 되어 그 기업의 조직문화가 만들어져 가게 됨을 느낄 수 있다. 이와 같은 린 프로세스를 지속적 개선의 PDCA 사이클을 돌리듯이 여러 차례 반복하여 린 경영을 완성해가는 것이다.

완전무결한 시스템의 구축을 위해서는 지속적인 개선과 이를 통한 개혁이 이루어질 수 있도록, 최고경영자가 인력과 자원을 적절히 배치해주어야 한다. 한편 변화 촉진자

(Change Agency)의 역할을 위하여 도입 초기에는 외부 전문가의 지도가 필요하다. 가치규명, 가치흐름 분석, 흐름방식 구축 그리고 풀 방식을 적용했다고 해서 100% 완벽한 시스템을 구축했다고 할 수는 없다. 다시 말해, 역설적이게도 완전무결의 어떠한 모습도 완전해질 수는 없는 것이다. 왜냐하면 고객의 욕구는 기술의 발전과 함께 끊임없이 높아지고 있기 때문이다.

과거에 고객들은 연비를 절감하는 자동차를 원하였지만 이제는 대체에너지를 이용하는 전기자동차를 구매하고, 더 나아가 무인자동차를 원하고 있다. 한편에서는 드론을 이용한 하늘을 나는 자동차가 개발이 되어가고 있고, 인간의 기술은 꾸준히 발전하고 있으며, 고객은 더 완벽한 제품과 서비스를 요구하고 있다.

완전무결한 제품과 서비스를 고객에게 제공한다는 것이 불가능할 수도 있다. 그러나 그것을 이루려는 노력이야말로 완벽함을 추구하는데 필요한 핵심적인 방향이다. GE의 잭 웰치(Jack Welch)가 말한 것처럼, "우리는 거의 성취할 수 없을 것 같은 목표를 달성하려고 함으로써 종종 실제로 불가능한 일을 해낸다"는 것을 알고 있다. 끊임없는 고객의 욕구를 만족시키기 위해서 완벽(Perfect)한 시스템을 추구한다는 것이 린 사고(Lean Thinking)의 원리이며, 이를 달성하기 위하여 지속적인 개선의 조직문화가 필요하다.

린 경영의 핵심 아이디어는 낭비를 최소화하면서 더 많은 고객가치를 창출하는 것이다. 린 조직의 궁극적인 목표는 전체 가치흐름을 낭비가 없는 완벽한 가치창출 프로세스로 구축하고 고객이 요구하는 제품 및 서비스에 대하여 완벽한 가치를 제공하는 것이다.

3.5.1 팀 빌딩

린 경영시스템의 구축은 팀을 구축하고 팀 활동을 통하여 조직문화를 정착시켜가는 것이 중요하다. 조직의 모든 업무는 고객지향적 사고를 바탕으로 고객의 요구에 맞는 명확한 업무가 수행될 때 기업의 가치도 같이 상승하게 되어 있다. 개개인이 이기적이고 개별적인 활동이 아니라 팀 활동으로 추진될 때 활동 성과가 시너지를 나타내고 있는 사례를 곳곳에서 찾을 수 있으며, 이러한 내용에 대한 연구 또한 활발히 진행되어 결과로 증명하고 있다. 팀 역량을 강화하기 위하여 리더 및 감독자에 대해서는 코칭기술이나 혁신촉진 역량을 중점적으로 하고, 팀원에 대하여는 교육훈련, 워크숍, OJT 등과 같은 방법을 적용한다. 팀 역량이 한두 번의 실행으로 완성되는 것이 아니라 지속적인 다지기 활동으로 완성해가는 것이다.

'팀 빌딩'의 활동은 다음과 같은 경우에 효과적으로 적용된다.

- 신제품 개발이나 밸류체인을 연계한 표준 프로세스 개발
- 변화 관련 프로젝트 개발 및 인력지원 조직 개발
- 린 활동에 필요한 도구 및 프로세스 개발

3.5.2 린 시스템의 구축 및 안정화

린 경영시스템 구축과 안정화를 위해서는 기본적으로 다음의 품질, 5S, TPM과 같은 활동에서 꾸준함이 있어야 한다. 즉, 조직문화로 정착시키는 활동이 최고경영자의 의지로부터 중간관리자, 현장작업자에 이르기까지 전 부문, 전 영역에서 습관화하는 환경이 만들어져야 한다.

1) 품질

품질목표는 불량제로이다. 이를 통하여 고객만족을 달성하고 기업경쟁력 제고를 통하여 지속가능한 기업으로 만들어가게 된다. 품질은 고객만족도, 시장점유율, 매출 등 경영에 직접적인 영향을 주게 된다. 품질불량이 발생하면 이는 단순히 하나의 제품불량으로 머무는 것이 아니라, 빙산과 같이 그 파급력은 상상 이상의 영향을 미치게 되어 있다. 예를 들어, 도요타는 운전석에 깔려 있는 매트의 결함이 요인으로 발생한 급발진 사고로 피해자에게 손해배상금 지급과 미국 법무부에 12억달러의 벌금을 납부하게 되었으며, 1,000만 대 이상 리콜에 따른 비용 등 52억달러의 손실을 가져왔다. 작은 구멍이 큰 제방을 무너뜨릴 수 있듯이 품질은 사소한 것 하나라도 허투루 다룰 것은 아니라는 큰 교훈을 얻은 것이다.

식스시그마 방법론을 처음 제시한 모토로라는 누적직행률에서 기본 철학을 제시하였다. 시장에서 고객이 불량으로 클레임을 요구한 제품을 추적분석한 결과 이미 제조과정에서 한 번 이상의 불량 수리 이력이 있었다는 사실을 발견하고, 처음부터 제대로 된 제품이 만들어지지 않을 경우 그 제품은 고객불만의 원인이 된다는 것이다.

따라서, '품질은 내가 책임진다. 불량은 받지도 않고, 만들지도 않으며, 보내지도 않는다'는 신념으로 임하며 공정관리는 ppm, Cp, Cpk 등과 같이 산포관리를 하며, 신뢰성있는 제품이 만들어지도록 하는 활동이 개발단계부터 조달 및 생산과 판매 등 비즈니스 전 과정에 걸쳐서 이루어져야 한다.

2) 5S

5S는 기업경영의 기본이며, 개선의 기초가 된다. 5S는 낭비를 제거하기 위한 첫걸음으로써 현장의 문제를 드러내기 위한 가장 좋은 방법이다. 3현주의에 입각하여 3불을 검토하고 낭비요소를 찾아내는 프로세스를 PDCA로 돌려서 지속적으로 개선하는 것이 중요하다. 1회성 개선은 더 이상의 진전이 없는 것으로 기업의 영속적 운영에 걸림돌이 될 것이다. 일반적으로 큰 문제 개선은 일반적으로 프로젝트팀을 구성하여 상근타스크(Full Time Task) 활동으로 추진한다.

인간은 물속에서 얼마나 참을 수 있을까? 의학적으로 6분 이상이 경과하면 뇌사상태에 빠질 수 있다고 한다. 그러나 미국의 마술사 데이비드 블레인(David Blaine)은 그 한계를 훨씬 뛰어넘어 17분4초 동안 숨을 참아내는 마술로 세계를 놀라게 하였다. 마술의 비밀은 1초의 힘이었다. 최고를 위해서 고통을 헤치고 연습하고 훈련한 것이었다.

카이젠은 작은 문제 하나하나에 관심을 갖고, 단계적으로 개선해 나감으로써 큰 문제를 해결하는 디딤돌이 된다. 낙수물이 큰 바위 구멍을 뚫듯이 차근차근 해결해 나가는 활동이다. 5S는 이러한 개선의 밑거름을 제공해준다. 즉, 5S를 통하여 정리 · 정돈이 습관화된다면 사소하건 큰 문제건 문제점이 하나씩 드러나게 되고 이것이 개선활동으로 연결되어 결국에는 기업 전체의 개선 파급효가가 나타나는 큰 개선으로 이어진다.

3) TPM

생산시스템이 운영되는 4M1E(사람, 자재, 방법, 설비, 환경) 요소 중 설비는 자동화 환경의 가속화에 따라서 더욱 그 중요성이 커지고 있다. 설비의 고장은 생산중단이라는 리스크를 만들게 되므로 항시 생산가능한 상태로 만드는 것이 매우 중요하다. 또한 모델교체시간을 최소화하기 위한 활동과도 연계되어 있기 때문에 다품종 소량 고객맞춤형 생산에 대응할 수 있는 린 생산시스템의 핵심 요소이다. 단계별 TPM 활동 등 체계적인 시스템 구축이 필요하다.

4) 린 운영위원회

린 경영이 효과적으로 운영되기 위해서는 린 운영위원회와 같은 린 지원부서가 있어야 한다. 회사의 리더십이 린 운영위원회의 주도적인 역할을 하여야 하며, 공장관리자, 린 촉진자, 인사관리자 등으로 팀을 구성하여 조직변화를 이끌어가는 강력한 팀이 구축되어야 한다. 초기에 린 경영은 많은 영역과 부문에서 한계에 봉착할 수 있기 때문에 장애물을 제거하고, 올바른 프로세스를 제시하여 조직원들이 어렵지 않게 린 경영 사상을 체득하고, 업무 프로세스에 녹이는 활동을 할 수 있도록 하여야 한다. 린 경영은 사람이 주도하고 참여하는 기업전략이다. 구성원이 개선활동을 하는데 어려움에 부딪쳤을 때나 구조적인 문제에 부딪친 경우 등 문제를 같이 풀어가고 조언해주는 역할의 린 운영위원회가 구성되는 것이 효율적인 린 시스템 구축의 지름길이 된다.

린 운영위원회의 역할은 다음과 같이 정리할 수 있다.

- 린 추진전략 및 실행계획 수립
- 측정 KPI 결정
- 개선 현황/검토 프로세스 개발
- 인적자원 지원 및 아이디어 공유
- 개선 지원 : 장애물 제거, 리소스 제공 등
- 린을 통한 시스템 및 비즈니스 연계 보장

  예) 채용/승진, 인사성과평가, 회계, IT 지원, 조직구조, 보상, 구매 등

3.5.3 린 시스템 구현의 장벽 제거

가치흐름을 최적화하려면 가치흐름의 가치를 추가하는 단계를 직접 연결하기 위해서는 기존 조직이 갖고 있는 미션과 실행의 기능 영역의 사일로 효과를 제거하는 것이 필요하다. 조직 간의 사일로 효과를 허물 경우에 우리는 다음 린 경영원칙인 연속흐름의 이상에 더 가까이 다가갈 수 있다. 가치흐름에 초점을 맞추면 특히 일선 리더십 수준에서 리더십 역할과 책임이 바뀌게 되며, 더 많은 개선의 기회가 생길 수 있다.

데밍(W. Deming) 박사는 경영철학 '14가지 원칙' 중 "부서 간 장벽을 허물어라. 연구, 디자인, 영업 및 생산 분야의 사람들은 제품이나 서비스에서 발생할 수 있는 생산 및 사용상의 문제를 예측하기 위해 하나의 팀으로 일해야 한다"고 제시하였다. 이는 가치흐름과 시스템 통합의 밑그림을 제시하는 것이다.

문제를 해결하기 위한 가치흐름을 효과적으로 최적화하지 못하는 이유는 사일로 사고방식에 있다. 조직은 전통적으로 기능적이고 사일로적인 사고방식에 따라 업무의 흐름이 막히는 주요 원인이 된다. 따라서 고객이 중요시하는 가치의 흐름 관점에서 문제를 바라보고 개선의 방안을 찾아야 한다.

3.5.4 KPI 성과 및 성숙도 평가

어떤 KPI를 설정하는가는 린 경영이 효과적으로 정착될 수 있을지를 결정하는 중요한 요소이다. 부적절한 KPI는 조직구성원들에게 잘못된 신호를 주게 되어 엉뚱한 방향으로 활동을 하게 되어 경영자와 실무자 간의 신뢰가 무너지게 된다. 신뢰가 무너진다는 것은 조직의 활동이 스칼라량은 많은데 벡터량이 줄어드는 혼란에 빠질 수 있다.

KPI가 없다는 것은 자동차에서 대시보드가 없는 것과 같다. 대시보드 항목이 이상한 내용으로 채워져 있다면 모순이 가득찬 조직이 될 것이다. 사람들은 무엇으로 평가받느냐에 관심이 매우 크다. 따라서 린 전략과 상충되는 KPI는 성공의 갈림길이 된다.

좋은 KPI는 목표를 명확히 하는 것이다. 즉, 실행 가능한 것이어야 하고, 측정되어 개선의 정도를 파악할 수 있어야 한다. KPI 대시보드는 다양한 숫자, 차트, 그래프 등으로 나타낼 수 있어야 전 조직원이 같은 방향을 바라보고 활동을 할 수 있기 때문이다. 또한 시스템으로 구현되어 정보가 활용될 수 있어야 한다. 목표는 회사의 비전, 사명 및 가치와 정렬되어 설정되어야 한다.

린 프로젝트 성과평가는 PDCA 사이클을 통하여 반복적이고 지속적인 평가를 함으로써 프로젝트의 정착을 용이하게 할 수 있다.

그림 2-56 KPI 성과평가 PDCA 사이클

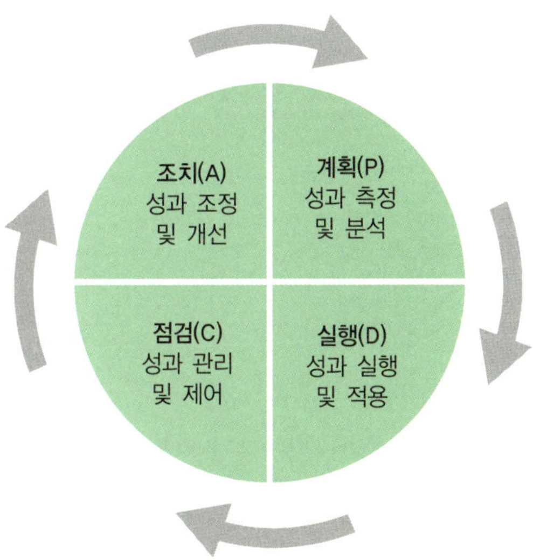

KPI는 린 로드맵에 따라 정기적으로 평가되어 린 성숙도 정도에 대한 벤치마킹, 표준 수행 등을 통하여 조직의 린 경영 성숙도가 꾸준히 향상되도록 할 필요가 있다.

7대 낭비 관점에서 KPI는 다음과 같은 항목이 설정될 수 있다.

표 2-26 | 7대 낭비 KPI

7대 낭비	KPI 예시
과잉생산의 낭비	제품의 수, 과잉생산된 제품 금액, 관련 직원
재고의 낭비	돈, 수량
대기의 낭비	대기시간, 대기자수, 대기장소
운반의 낭비	운반거리, 시간
가공의 낭비	가공시간
동작의 낭비	추가적인 작업인원수
불량의 낭비	불량건수, 금액(손실비용)

3.5.5 린 성공 및 장애 요소

린 생산시스템(LPS)은 기업 프로세스의 포괄적이고 지속적인 설계를 위한 기업의 체계적인 규칙 시스템으로서 생산 환경에서 운영 효율성과 생산성을 향상시키는 방법론임이 많은 기업에 적용됨으로써 그 효과가 입증되었다. LPS의 성공적인 구현은 리드타임 단축, 재작업 감소, 비용 절감 및 재고 감소로 이어질 수 있으며, 이는 결과적으로 린 구현 기업이 역동적인 시장에서 보다 대응적이고 유연하게 만든다.

린 성공의 가장 중요한 요소는 기업의 비전과 연계된 가치관을 바탕으로 정립된 프로세스와 그 프로세스를 운영하는 사람들 그리고 지속적 개선으로 변화환경에 능동적으로 대처하는 문제해결 능력의 조화를 이루는 것이며 인적요소로는 리더십과 전사원의 참여로 볼 수 있다. 린 방식과 도구를 사용하면 종종 작업환경에 큰 변화가 필요하기 때문에 종업원들의 초기 저항이 예상되므로 이를 해결하기 위해 경영진은 린 시스템 구현시의 성과를 신뢰할 수 있도록 꾸준히 노력하며, 좋은 사례를 지속적으로 종업원들에게 제시하여야 한다. 또한 종업원들은 린 방법과 도구를 적절히 활용하기 위해서는 교육훈련 등을 통하여 적절한 자격을 갖추어야 한다.

린 구현 실패의 가장 중요한 이유는 효과적인 구현 방법 및 철저한 계획이 부족하기 때문이다.

표 2-27 린 성공 및 장애요소

린 성공요소	린 장애요소
• 경영자의 헌신 • 린 지식 이해 • 변화의 동기부여 • 커뮤니케이션 시스템 • 조직적 협력 • 훈련 • 유연성 • 고객과의 연결 • 프로젝트 선택 • 공급자와의 연결 • 비즈니스 전략과의 연결 • 평가시스템 • 실행 계획 • 품질 수준 • 시간관리 • 혁신적 사고 • 자금 지원	• 경영자 헌신의 부족 • 린 지식 이해 부족 • 린 변화로의 저항 • 훈련의 부족 • 도구의 잘못된 사용 • 불충분한 자원 • 계획의 부족 • 자금의 부족 • 협력의 부족 • 변화관리의 부족 • 의식의 부족 • 공급자 성과 부족 • 표준화의 저조 • 낮은 커뮤니케이션 시스템 • 보이지 않는 가시적인 결과 • 비즈니스 전략과의 연결 실패 • 잘못된 프로젝트 선택

3.5.6 린 성과

LPS는 전통적인 성과측정치가 아니라 기업의 장기적인 목표를 지향한다. LPS를 도입한 기업은 수익성, 원가와 같은 재무적인 측정치보다 품질향상, 납기준수율, 생산성 향상, 고객만족 등과 같은 비재무적 측정치에 더욱 중점을 둔다는 것을 의미한다. 즉, 품질, 납기, 재고, 생산성, 유연성, 고객만족 등이 성과측정치로서 고려되어야 한다는 것이며 결과적으로 재무적 지표의 향상을 가져온다.

무엇보다도 가장 큰 성과는 종업원의 의사결정 참여, 낭비발견 및 문제해결에 대한 의식의 변화와 같은 기업 조직문화에 영향을 미친다는 것이다.

1) 품질향상

품질의 향상은 고객의 기대를 충족시켜 고객의 충성도를 높이고 재구매를 유도하게 하는 중요한 요소이다. 품질향상은 공급업체의 품질향상, 지속적인 품질개선, 불량률 감소, 품질지수 향상, 직원의 품질개선능력 향상 등의 지수로 관찰할 수 있다.

2) 낭비제거

린의 가장 대표적인 개선 목표는 낭비의 제거이다. 린 경영의 바탕은 업무 가운데 존재하는 낭비를 제거함으로써 원가를 줄일 수 있다는 인식을 가지고 낭비를 제거하거나 배제하는 활동에 집중하는 것이다. 낭비를 제거함으로써 직접적으로 얻을 수 있는 효과로는 재고 낭비를 통하여 필요 공간의 최소화이다. 재고는 생산과정에서 가장 중요한 낭비요소이며 재고가 다른 낭비들을 은폐시키는 역할을 하기 때문이다.

과잉재고를 양산하는 과잉생산은 모든 낭비의 근원이며, 필요 이상의 생산에 투입되는 과잉인원, 여분의 창고, 운반 인원, 운반설비, 재고관리 인원, 품질관리 인원 등의 불필요를 내포하기 때문이다.

3) 고객만족

주주 관점에서는 배당금 증가, 투자위험 감소, 시장지위 향상, 성장잠재력, 주주들의 만족 등이 있으며, 기업 관점에서는 경쟁력 강화, 리드타임 감소, 제품원가 절감 등을 통한 판매향상, 고객유지율 및 새구매율 향상, 고객요구대응 향상, 고객만족 등의 성과를 얻을 수 있다.

4) 재무성과

재무성과로 매출액 증가를 통한 성장성, 가격경쟁력 및 생산원가절감을 통한 수익성, 낭비제거로 재고량 감소 및 생산성 등의 향상을 기대할 수 있다. 궁극적으로 기업가치 향상이 되므로 지속가능경영의 발판이 마련될 수 있다.

Sohal & Egglestone(1994)은 일반적으로 린 생산시스템이 구현된 조직은 위와 같은 4가지 영역에서의 성과와 더불어 조직문화 및 정성적 역량 측면에서 다음과 같은 특성을 가지고 있다고 정리하였다.

- 유연하고 다양한 기술을 갖춘 운영자가 수행하는 팀워크 조직은 자신의 영역에서 작업에 대한 책임감이 높음
- 활발한 작업현장 문제해결 구조
- 지속적인 개선활동의 중심
- 적은 재고, 품질관리, 결함의 발견 및 수정이 아닌 예방
- 적은 수의 직접 작업자 및 소규모 배치로 문제가 노출되고 수정되는 제조작업
- 조직 내 공동 운명을 강조하는 인적자원 정책에 대한 높은 몰입
- 공급업체와의 긴밀한 관계
- 교차기능 개발팀
- 고객과의 긴밀한 연결

4. 산업 분야별 린 경영 적용

4.1 ESG와 린 경영

기업의 사회적인 책임을 강조하는 CSR(Corporate Social Responsibility)로부터 최근에는 ESG 영역으로 그 책임 범위가 강화되고 있다. 이러한 사회적 요구에 부응하고 이를 기업의 지속가능경영의 구체적인 수단으로 활용하기 위한 기업의 노력은 급속히 확산되는 추세이다. ESG는 환경(Environmental), 사회(Social), 지배구조(Governance)의 앞글자를 딴 약자로 기업의 비(非)재무적 성과를 판단하는 기준을 의미한다.

기업의 전통적 경영방식은 재무적 성과에 초점이 맞춰져 있었다. 하지만 기업규모가 커질수록 이해관계자들로부터 요구되는 기대수준과 지배구조, 근로자, 협력사, 환경 등 비재무적인 요소가 기업의 가치 및 성장에 미치는 영향 또한 꾸준히 증가하고 있기 때문에 기업의 지속가능성(Sustainability)을 위한 전략적 가치로 ESG가 뜨거운 화두로 부상하고 있다. ESG를 추구함으로써 사회적 책임과 이익추구를 모두 놓치지 않는 것은 이제 더 이상 유토피아적인 이념이 아니며, 장기적인 관점에서 지속가능한 기업을 만든다는 것이다.

기업은 재무적 위험뿐만 아니라 비재무적 위험을 관리함으로써 지속가능경영을 실천하고 성장하는 경영전략으로 책임투자 시장을 통해 자본의 접근성을 높이고자 최근 대기업을 중심으로 이를 실천하고 객관적인 평가를 통하여 마케팅 수단으로도 활용되고 있다.

린 경영은 주로 운영 프로세스 및 효율성 개선에 중점을 두어 낭비를 줄임으로써 투입비용을 줄이는 것이다. 최근의 경영은 지속가능성에 대한 관심이 증가되어 린 경영을 통한 ESG를 구현하고 사회적인 동의와 부정적인 영향을 최소화하기 위한 전략을 전개하고 있다.

마이크로소프트(Microsoft)사의 경우 환경 및 사회적 책임을 포괄하는 이니셔티브 전반에 걸쳐 운영, 투자, 파트너십 및 옹호를 통해 업무를 확장해 나가고 있다. 글로벌 기후 변화와 같은 거시적 과제 관련한 저탄소화 문제에 대하여 2012년부터 매년 내부 탄소세에 따라 전 세계 사업장에서 탄소 중립을 위한 활동을 계속 추진하고 있다. 파리협정 기준보다 20년 앞서 2030년까지 운영상의 배출량을 75% 줄이는 목표를 설정하였고, 2030년까지는 전 세계 공급망에서 탄소 배출량을 30% 줄이는 탄소 감축 활동을 진행 중에 있다.

환경오염을 줄이기 위하여 고객 및 파트너와 협력하여 기술을 개발하고 솔루션을 만들 수 있도록 돕고 있다. 예를 들어 2022년까지 전 세계 4천만 명의 소외계층에게 인터넷 액세스가 가능하도록 지원하는 에어밴드 계획(Airband Initiative)을 추진하고 있다.

4.2 서비스산업의 린 경영

서비스산업은 물리적인 실체가 있는 제조업과 달리 형체가 없고, 보관관리를 할 수 없는 등의 특성을 가지고 있으므로, 낭비적 요소를 발견하고, 개선하는 것이 매우 어렵다.

그림 2-57 서비스 특성

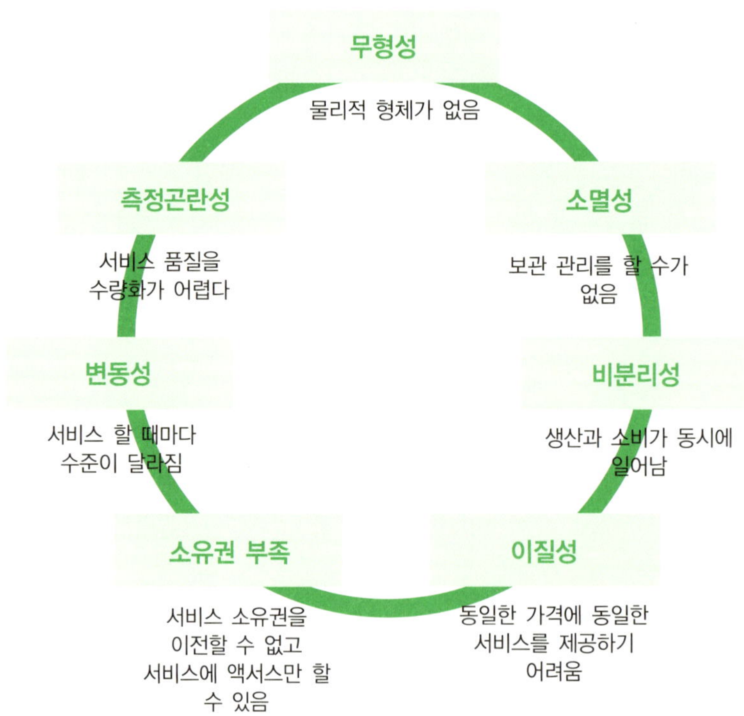

반면 서비스부문의 회사는 고객에게 우수한 고객서비스, 더 빠른 응답시간, 가치 있는 지원을 제공해야 한다는 압박을 지속적으로 받고 있기 때문에 잘 드러나지 않는 낭

비를 찾아내고, 완전히 제거하거나 지속적인 개선활동을 통하여 보다 효과적인 상태로 전환함으로써 모든 서비스 제공 프로세스를 최적화하는 데 도움이 될 수 있다.

예를 들어 IT 회사는 제조 회사와 달리 제거하거나 줄일 수 있는 많은 낭비적인 프로세스가 있다. 린 개선 프로세스와 방법론 적용을 통하여 통화 전송 횟수 및 불필요한 IT 프로세스와 같은 불필요한 활동을 줄임으로써 고객 경험을 개선하는 동시에 오류를 줄이고 직원 권한을 최대화하고 비용 효율성을 높이는 솔루션을 제공할 수 있다.

금융 회사는 치열한 경쟁, 최근 금융위기의 영향, 경기침체에 대한 취약성으로 인해 낭비할 여유가 없는 서비스부문의 대표적인 예이다. 그러나 금융부문의 비용 중 최소 40%는 고객에게 부가가치가 없는 낭비적인 활동에 사용된다고 주장을 하고 있다. 변동하는 경제를 통제할 수는 없지만 금융 회사는 보다 효과적이고 고객 중심적인 운영을 보장하기 위해 자체 운영 프로세스를 재정의하고 개선하는데 투자할 수 있다. 린 사고방식은 은행, 보험 및 투자 회사와 같은 기업에 보다 생산적이고 비용 효율적인 솔루션을 제공하여 경기 침체시 위험을 줄일 수 있다. 린은 직원만족도를 개선하고 고객가치를 높이며 지원활동이 가치제공에 집중하도록 하는 데 도움이 될 것이다.

마케팅 회사는 비즈니스 프로세스가 너무 다양하여 효과적인 조정 없이는 실수가 쉽게 발생할 수 있다. 모든 작업에는 고객을 위해 충분히 높은 품질 표준을 생성하기 위해 계획, 작성, 디자인 및 교정의 철저한 프로세스가 포함되어야 한다. 이러한 진행 중인 프로세스는 시간이 많이 소요될 뿐만 아니라 다른 부서에 다른 작업이 할당되어 프로젝트 효율성도 저하될 수도 있다. 린 구현은 마케팅 회사가 불필요한 작업을 제거하고 훨씬 더 효율적인 접근방식을 구현하여 프로세스를 간소화하는 데 도움이 될 수 있다. 그렇게 함으로써 작업 품질에 직접적인 개선을 제공하고 따라서 고객에게 부가가치를 제공한다. 이를 통해 린 마케팅 회사는 경쟁업체보다 우위를 점할 수 있다.

☰ 사례 : 맥도날드의 린 키친 공간

맥도날드는 1948년 감자칩, 오렌지주스를 판매하는 워크업 햄버거 스탠드로 문을 열었고 '패스트푸드' 개념을 처음으로 만든 기업이다. 아마도 식품부문에서 최초의 린 서비스 구현일 것이다. 맥도날드는 서비스 수준을 개선하기 위해 정기적인 워크숍 등을 통하여 개선활동을 지속하고 있다. 조직은 일반적으로 약 90%의 프로세스가 낭비이고 부가가치 있는 활동은 10%뿐이다라는 생각으로 끊임없는 낭비제거 활동을 진행하고 있다.

맥도날드는 주방 공간을 직접 디자인하는 전문가를 통하여 조직이 갖고 있는 주방 운영 관련 노하우를 효율적으로 활용하여 작업 동선을 최소화하도록 주방을 설계하였다. 조리도 고도로 자동화하고 통제된 조건하에서 조리될 수 있도록 시스템을 구축하였으며, 제조방식의 사고를 서비스 상황에 적용하여 작업을 표준화하고, 분화하였다. 자동화 설비와 조리사가 협업하는 구조로 조리시간을 최적화하여 고객이 대기하는 시간을 90초 미만으로 줄이는 성과를 나타냈다. 더 이상의 보온 트레이가 필요없는 구조로 변경시킨 것이다. 최근에는 키오스크를 활용하여 주문을 터치스크린으로 디지털화하고, 고객은 디지털 로케이션 번호를 받고, 종업원은 고객이 앉아 있는 곳에 음식을 배달하는 시스템으로 발전시키고 있다.

회사는 조립흐름 원칙을 사용하여 프로세스를 표준화하고, 단순화된 메뉴와 음식 준비를 사용한다. 이를 통해 회사는 주문형 및 고객 주문에 따라 햄버거를 생산할 수 있으며, 주문형 시스템은 요청된 모든 품목이 각 고객에 대해 개별적으로 생산되는 풀 시스템이 된다. 제한된 메뉴는 회사가 업스트림 비즈니스에서도 규모의 경제를 달성하는데 도움이 되어 결과적으로 프로세스 및 조달 비용을 매우 낮출 수 있게 되었다.

| 그림 2-58 | 맥도날드 주방 자동화 설비와 협업하는 모습 및 키오스크 자동주문 예시

4.3 의료산업의 린 경영

의료서비스는 일종의 프로젝트 개념으로 시스템이 운영된다. 예를 들어 환자 진료를 위한 각종 설비 및 운영체계를 시스템화하는 것이 필요하다. 또한 진료과정을 보면 환자가 병원에 방문하면 초기 진단을 위한 각종 검사활동과 이를 뒷받침하기 위한 지원시스템이 가동되게 된다. 진료는 이러한 사전 검진과정을 거쳐서 의사의 올바른 진찰이 가능하게 되어 정확한 판단과 후속조치, 예를 들면 투약, 수술, 재활치료 등이 있을 것이다. 진료과정 이후 후유증이 재발하는지 아니면 지속적인 의료행위가 따라야 하는지에 따라서 사후관리 체제가 운영될 것이다. 어떻게 보면 제조과정의 PDCA 사이클을 운영하는 것이나 VSM을 통한 프로세스 최적화 과정을 거치는 것으로 비교될 수 있다. 광범위한 운영체계상에서 곳곳에서 나타날 수 있는 프로세스 운영의 낭비가 발생하고 이를 최소화하기 위한 방법으로 린 경영이 도입되고 있다. 린 경영을 통하여 낭비제거 및 고객만족도를 높임으로써 병원의 이윤체계를 개선할 수 있다.

구체적으로 의료분야의 낭비는 환자의 과도한 운반, 치료를 위한 대기시간, 과다한 투약, 병원의 장비 및 기계 활용도가 낮은 것, 그리고 간호사의 중복 및 비효율성 등이 낭비적 요소이다.

의료기관은 린 접근방식을 사용하여 비용을 절감하고 품질과 환자만족도를 동시에 향상시키는 활동에 집중하였으며, 고객에게 가치를 추가하지 않는 모든 것은 낭비라는 정의하에 낭비 프로세스를 제거하는 활동을 하였다.

의료분야의 낭비 예시를 [표 2-28]에 정리하였다.

표 2-28 의료산업에서의 낭비

낭비의 종류	의료산업에서의 낭비 유형
운반의 낭비	환자의 방 이동, 약국 제조 이동, 물품창고에서 이동, 서류찾기 위해 병동 간 이동
재고의 낭비	보관기간 만료 임박한 약품, 과잉재고 소모품, 침대 부속품 과잉
동작의 낭비	병원 레이아웃과 워크플로우 불일치, 필요한 곳에 소모품이 없음, 장비 위치가 조작 불편, 모든 검사실에 기본장비 배치하지 않음
대기의 낭비	대기실 환자, 직원의 업무량, 입원 및 퇴원 수속 대기 환자
과잉생산의 낭비	불필요한 진단 테스트, 먹지 않은 식사, 과다한 처방, 사용량이 많지 않은 시간에 직원 근무
과잉진료 (가공 그 자체의 낭비)	전문의의 불필요한 치료, 불필요한 서류 작업, 정보의 중복, 환자의 상태 여러 번 물어보기, 동등하게 효과적인 의학적 대안 대신 외과적 개입
결함(불량)의 낭비	오진, 학대, 잘못된 약물 투여, 잘못된 IDC 코드, 퇴원 절차없이 재입원하기, 부정확한 검사정보 제공으로 재검사

4.4 교육산업의 린 경영

린 경영을 교육부문에 적용시 린 경영의 목표는 대학, 대학 또는 학교에서 조립라인에서 무언가를 만드는 것이라고 가정하였기 때문에 교사와 직원들의 저항이 매우 컸다. 교육부문에 린을 적용하자는 아이디어를 처음 제기한 리더들은 예상치 못한 반발에 직면하였다. 다행히 린 경영은 조립라인이나 생산 중심의 TPS와는 다르다.

린 경영은 낭비를 제거하고 지속적인 개선활동과 프로세스의 완성에 초점을 두었다. 이는 등록, 입학, 교육 또는 졸업의 모든 1차 및 2차 활동을 낭비 및 부가가치 활동 측면에서 분석해야 함을 의미한다. 이 평가를 기반으로 프로세스를 수정하고 간소화하여 린 경영을 할 수 있다. 대학 또는 학교의 조직 및 보고 구조에도 동일하게 적용할 수 있다.

교육기관은 공장과 같은 유형의 제품을 생산하지 않기 때문에 모든 서비스를 유형의 증거와 결합하는 것이 중요하다. 예를 들어 대학은 모든 합격자에게 졸업을 할 수 있도록 코스관리를 하고 관련한 논문 및 성과에 대한 평가를 한다. 대학은 학생들이 학교 과정시간을 소화하는 중에 학업 성취도와 만족도 등을 측정가능한 수단으로 평가를 실시한다. 이러한 방법론은 교수 운영에도 적용할 수 있다.

대학에서 적용할 수 있는 기능은 마케팅, 국제 문제, 회계, 비상사태 대비, 인적자원, 시설 유지보수, 예산 책정, 전문성 개발, 모금, 평가, 학부모 및 지역사회와의 관계 등과 같은 부문이 있으므로 이러한 영역에 모두 린 방법을 적용할 수 있다.

대학에서는 품질 평가요소를 학과품질(교수품질, 교수운영품질), 학생품질(학생역량), 행정품질(지원품질, 관리품질)로 나누고 각각의 품질에 대하여 가치를 정의하고, 평가하여 낭비를 제거하는 활동을 할 수 있다.

최근 저출산에 따른 대학 진학 대상인원이 급격히 감소하여 수학능력시험 응시자보다 대학 정원이 많은 기현상이 나타나고 있다. 김영삼 정부에서 1996년에 단행한 '대학설립준칙주의'에 따라서 대학설립요건을 완화하여 설립과 퇴출을 쉽게 하자는 취지로 출발하였으나, 퇴출 원칙은 흐지부지되어 대학이 난립하는 상황에까지 오게 되었고, 이러한 결과 일부 지방 국립대학까지도 입학정원이 미달되어 대학의 존립 자체가 위협을 받고 있다. 최근 대학마다 4차 산업혁명에 맞춰 교육 방법 · 내용을 바꾸려는 시도와 대학 운영 시스템을 혁신하려는 노력을 보여주고 있으나, 아직도 구조적 개선에는 이슈가 많이 존재하고 있다. 이러한 환경에 린 경영을 도입하여 대학의 낭비적 요소를 획기적으로 줄이고, 수업의 품질을 높여 생존의 가능성을 높여야 할 상황이다.

따라서 그 어떤 분야보다도 교육산업부문의 경영혁신이 절실하다 하겠다.

4.5 건설부문의 린 경영

린 경영은 기업의 군살을 제거하여 생산성을 높이고 가치를 창출하는 것이다. 1992년 핀란드의 Koskela, 버클리 대학의 Tommelein, Ballard 등은 건설산업에 린 경영의 주요 요소인 변환생산, 흐름생산, 고객만족을 접목하였다.

흐름생산 개념은 단위공정의 생산성 향상보다는 넥(애로)공정 개선 등 공사 전체의 흐름을 원활하게 하여 생산시스템 전체의 효율을 높이는 데 초점을 두었다. 이는 건설 생산구조가 단순한 하나의 인과관계가 아니라 유기적인 상호관계로 연결되어 있기 때문에 단위공정의 생산성 향상은 의미가 미미하다. 린 건설은 낭비를 없애는 활동을 통하여 최소비용과 최소의 기간으로 건설하여 고객만족을 달성하는 것이다. 전통적인 건설 방식에서 린 건설기법을 적극적으로 활용하여 프로젝트 협력, 공사기간, 비용, 설계 완성도 부분에서 성과가 높게 나타날 수 있음을 알 수 있다.

린 건설은 가치흐름 분석을 통하여 프로세스상에 내재되어 있는 비가치 작업을 최소화하고, 흐름생산과 풀 생산시스템 구축을 통하여 완벽함을 추구하는 방식으로 린 경영원리 5가지를 건설에 접목하면 다음과 같이 표현할 수 있다.

표 2-29 린 건설의 다섯 가지 원리

원리	내용
준비 및 가치의 정의	• 고객 및 대상공정 정의, 분석기준 및 방향 설정 • 작업별 업무낭비 제거 방법 및 구체적인 방안 결정
가치흐름 분석	• 현재가치 분석 : 작업흐름상 자재 및 정보의 흐름을 분석 • 미래가치 분석 : 실현가능한 낭비 최소화(제거)로 개선된 미래상태 분석
흐름(Flow) 생산	• 전 공정 관점에서 낭비요소 제거 • 각 공정의 생산표준화로 사이클타임 감소
풀(Pull) 생산	• 자재의 적시공급 및 적시생산시스템 구축
완벽함 추구	• 지속적인 개선, 고객만족

건설현장에서 발생할 수 있는 낭비요소는 과잉생산, 대체, 재작업, 지연, 대기, 지나친 자재 사용, 불필요한 운반/수송, 불필요한 인력 이동, 재고, 하자(불량), 추가 작업, 사고, 날씨 등으로 구분할 수 있다. 관리 운영상에서 발생할 수 있는 낭비요소는 빈약한 정보에 의한 낭비, 방법의 오류, 계획 부족, 설계 실수, 변경관리 오류의 낭비, 미흡

한 품질관리, 의사결정의 오류, 비효율적 감독 및 통제의 낭비 등이 있을 수 있다.

건설에서 가장 중요한 것은 건설 납기이므로 납기관리를 주요 KPI로 하여 관련한 리소스 운영에 대한 낭비적 요소를 제거하는 활동이 필요하다.

4.6 제조기업의 린 경영

4.6.1 포르쉐(Porsche)의 SCM 공급업체 관리 린 경영 사례 연구

포르쉐는 TPS 도입으로 차량당 오류 및 결함(품질), 연속완료시간(비용 및 생산성), 재고(물류 및 배송) 측면에서 근본적인 개선이 이루어졌다. 연구에 따르면 차량당 결함 감소가 63% 감소하였다. 처리시간은 53% 이상 향상되어 재고가 50% 감소하였다. 낭비제거와 JIT 사고방식으로 올바른 부품을 올바른 양과 올바른 품질로 올바른 시간과 올바른 장소에 배송하는 것이다. 이 원칙은 고객의 입장에서는 적절한 품질과 적절한 시기에 적절한 부품을 얻게 되는 것이다.

포르쉐는 작은 개선활동이 모여서 큰 개선으로 이루어지는 성공체험을 하였다. 기존에는 부품의 약 20%가 3일 이상 늦게 배송되었기에 도요타, 닛산, 혼다와 같은 일본 자동차 회사를 방문했을 때 적시공급시스템을 보고 웬델린 비데킹(Wendelin Wiedeking) 전 포르쉐 사장은 급진적인 '린 제조' 치료법만이 회사를 살릴 수 있다고 판단하였다. TPS 전문 컨설턴트와 함께 린 추진 팀을 조직하고, 관행적으로 진행하였던 일들을 하나씩 제거해가면서 '위로부터 아래로의 혁명'을 도모해 갔다. 비데킹은 생산라인 위로 우뚝 솟아 있는 지붕 높이의 예비 부품 랙을 자르는 데 사용한 원형 톱을 조립라인에 전시하여 조직원들에게 경각심을 일깨웠다.

자체 생산구조를 린 생산시스템으로 개조하였으며, 2006년에는 공급업체 개발부서(FEL, Finance-Purchasing, Supply Management)를 설립하고 공급업체까지 린 시스템 적용을 확장 적용하였다. 이 부서는 린 원칙을 공급 네트워크로 확장하고 생산시스템을 동기화하는 역할을 하고 있다.

▌그림 2-59▐ 포르쉐 일체형 흐름생산 조립라인

4.6.2 Mercedes-Benz의 MPS 구축 린 경영 사례

'최고 아니면 전무'라고 주장한 다임러 창업자 고틀리프 다임러(GottliebDaimler)의 철학에 따라 발전한 회사는 Mercedes-Benz 브랜드의 특징이며 따라가기 쉽지 않았다. 이러한 철학을 기조로 운영하던 틀에서 벗어나 더욱 실용적인 시스템 구축이 필요해졌다. 다임러는 글로벌 조직으로 명확한 비전, 경험 있고 유능한 관리자 및 직원, 안정적인 프로세스, 강력한 기업문화가 필요하였다. 자동차 회사의 성패는 개개인의 노력에 달려 있으며, 이를 위한 중요한 성공요인 중 하나는 광범위한 생산시스템을 구축하는 것이다.

Mercedes-Benz Cars(MBC)가 사용하는 생산시스템도 오랜 전통을 가지고 있으며 기술, 혁신, 품질, 안전 및 지속가능성에 중점을 둔 프리미엄 Mercedes Benz 브랜드의 성공을 이끄는 원동력 중 하나가 되었다. 2000년에 이 시스템은 TPS 모델을 벤치마킹하고, 회사의 다양한 개발을 활용하여 처음으로 MPS(Mercedes-Benz Production System)라는 자체 생산시스템을 개발하였다. 이것은 생산 및 관리에서 린 관리 원칙의 토대를 마련하였으나, 린 경영활동을 통하여 낭비제거 활동결과 발생한 잉여인력 활용의 문제에 봉착하게 되었다. 예를 들어 개별 사업부의 개선은 다른 사업부를 희생시키면서 이루어질 수 없다(예 : 물류부서의 낭비제거 활동이 조립라인 운영에 갈등요인으로 작용되거나 반대로 조립라인의 개선활동이 물류부서에 업무가 가중되는 식의 활동은 곤란하다). 이러한 과제를 해결하고 MPS의 구현을 용이하게 하기 위해 2008년 모든 리소스가 MBC에 통합되었다.

린 경영 추진을 위하여 조직이 재구성되고 전략 및 전술적 목표 정의, 방법 및 도구, 자격, Mercedes-Benz 문화 등 4가지 영역에서 검토되었으며, 그 결과 중앙집중식 MPS가 정착하게 되었다. 이 프레임워크는 Mercedes-Benz Cars의 분산형 린 지원 조직을 위한 표준화된 기반을 모든 직원에게 제공하고 "Strategische Planung und Mercedes-Benz Produktions System"(Strategic Planning and Mercedes, 벤츠프로덕션시스템) 센터는 Mercedes-Benz 자동차 전체에 MPS를 구현하는 사업부를 지원하는 역할로 정립되었으며, 생산 영역에서 시작된 활동은 이후 인적자원 및 IT와 같은 사무부문까지 확대 적용하고 있다.

Chapter 03

빅 시그마 (Big Sigma)

린(Lean) 경영과
빅 시그마(Big Sigma)를 활용한 스마트혁신

1. 식스시그마 기초
2. 정의(Define)
3. R을 활용한 기초 통계
4. 측정(Measure)
5. 분석(Analysis)
6. 개선(Improve)
7. 관리(Control)
8. 린 식스시그마

Chapter

3 빅 시그마(Big Sigma)

◆ 교육의 위대한 목표는 앎이 아니라 행동이다.

– 허버트 스펜서 –

1. 식스시그마 기초

최근 수십년 동안 많은 기업에서 식스시그마를 도입하여 실행하고 있으며, 이에 관련한 책도 많이 출판되었다. 그 이유는 많은 회사에서 체계적인 식스시그마 활동을 통해서 비용(약 10~30%)의 절감과 더불어 기업 경쟁력을 향상한 경험이 있기 때문일 것이다. 모토로라 및 GE를 대표로 하는 대기업에서의 성공 체험을 바탕으로 식스시그마 방법론이 구체화 및 체계화되었고, 다양한 분야에 전파되었다. 또한 다양한 분야에 맞는 방법론을 발전시킴과 동시에 또 다른 성공 스토리를 만들었다.

이 책에서는 이러한 식스시그마의 기초적인 내용 및 방법론과 함께 구체적인 Tool의 활용 방법을 전달하고자 한다. 또한, 제조현장의 빅데이터를 활용하는 방법과 Tool도 전달할 것이다. 식스시그마 활동을 위해 필수적인 분석 프로그램은 개방형 플랫폼 중의 하나인 R을 이용하여 설명함으로써 실제 현장에서 방법론이 '실행'으로 이어질 수 있도록 도움을 주고자 한다.

1.1 시그마(σ)의 정의

시그마(σ)는 그리스 문자로서 통계학에서 말하는 '표준편차'를 의미한다. 평균에서 떨어진 평균거리라는 통계적 정의를 떠나서 '표준편차'의 크기는 업무의 품질 수준을 나타낸다. 표준편차의 크기가 크다면 업무의 결과를 예측할 수 없어 위험(Risk)이 크다는 뜻이며, 작다면 결과에 대한 위험(Risk)이 작다는 뜻이다. 즉, 결과물의 표준편차가 작다는 것은 프로세스의 운영 능력 및 품질 수준이 탁월하다라고 말할 수 있다.

표준편차의 크고 작음은 절대적인 것이 아니라 '고객의 요구 수준'에 따라서 달라질 수 있는 상대적인 크기이다. 따라서 실질적인 품질 수준은 표준편차와 고객의 요구 수준을 비교해서 나타낸다. 이를 시그마 수준(σ Level)이라고 하고, 식스시그마는 정확하게 식스시그마 수준을 말한다.

고객의 요구 수준안에 최소한 표준편차 개수가 6개가 들어갈 수 있도록 표준편차를 작게 하겠다는 뜻이다. 이를 달성하면 고객입장에서 결과물에 대한 위험(Risk)이 줄어들고, 프로세스가 안정적으로 운영되고 있으며, 비용이 줄어들어서 회사의 이익은 증대하게 된다.

1.2 시그마 수준(σ Level)과 품질과의 관계

앞에서 설명한 바와 같이 시그마 수준은 프로세스의 품질 수준(또는 프로세스의 능력)을 나타내는 통계적 측정 단위이다. 높은 시그마 수준을 갖는 프로세스는 결함(또는 불량)을 적게 만드는 능력을 가지고 있으며, 시그마 수준이 올라갈수록 결함(불량)을 줄어들고, 업무의 사이클타임(Cycle Time)은 짧아지고, 비용(Cost)은 줄어들며, 고객만족도와 회사의 이익은 증가한다.

| 표 3-1 | 시그마 수준과 품질과의 관계

σ Level	%	PPM
6	99.99966	3.4
5	99.9767	233
4	99.379	6,210
3	93.3193	66,807
2	69.1463	308,537
	양품률	불량률

특히, 전사적 관점에서 보면 최종 고객에게 제품(서비스)을 전달할 때까지는 많은 프로세스를 거쳐야 한다. 이럴 경우 최종 고객에게 전달되는 최종 불량률(이를 누적직행률이라고 함)이 중요하다. 아무리 단위 프로세스의 품질 수준이 높다하더라도, 중요한 것은 최종 고객이 느끼는 품질이다. 고객에게 전달될 때의 고객이 느끼는 품질이 바로 고객만족도와 직접적으로 연관되어 있다. 회사가 각 프로세스의 품질 수준을 식스시그마 수준으로 해야 하는지는 다음의 그림을 보면 이해할 수 있다(설계에서부터

고객까지 최종 10단계의 프로세스가 있다고 가정할 경우).

| 그림 3-1 | 4시그마 수준과 6시그마 수준의 비교

10단계			4σ	6σ
	설계	Step 1	0.99379	0.9999966
		Step 2	0.98762	0.9999932
		Step 3	0.98149	0.999989
	제조	Step 4	0.97539	0.999986
		Step 5	0.96933	0.999983
		Step 6	0.96331	0.999979
		Step 7	0.95733	0.999976
	판매	Step 8	0.95139	0.999972
		Step 9	0.94548	0.999969
		Step 10	0.93961	0.999966

하나의 프로세스가 모두 식스시그마 수준일 경우 10단계의 프로세스를 거친 후에 최종 고객에게 전달되는 양품률은 99.9966%가 된다. 하지만 4시그마 수준(99.73%)인 경우 최종 고객에게 전달되는 양품률은 93.96%로 차이가 발생한다. 이는 전체 시스템의 복잡도가 증가할수록 최종 제품의 품질 차이는 크게 발생함을 알려주고 있다.

따라서, 고객에게 전달되는 프로세스의 복잡도가 증가하더라도 고객이 99% 이상 만족한 품질 수준을 제공하기 위해서는 각 프로세스의 품질 수준은 식스시그마 수준이 되어야 한다.

| 표 3-2 | 프로세스 수와 누적 직행률

최종 고객까지 프로세스 단계(수)	누적 직행률
10	99.997%
50	99.983%
100	99.966%
150	99.949%
200	99.932%
250	99.915%
300	99.898%
350	99.881%
400	99.864%

1.3 식스시그마 개선활동

식스시그마 개선활동은 공급자(회사)와 고객의 접점(Interaction)에서 고민해야 할 핵심적인 요구사항(CTQ : Critical To Quality)을 정의(선정)하고, 이를 과제화한 다음 DMAIC라는 활동 방법을 적용하여 CTQ를 식스시그마 수준으로 개선하는 것을 말한다.

그림 3-2 공급자와 고객의 접점

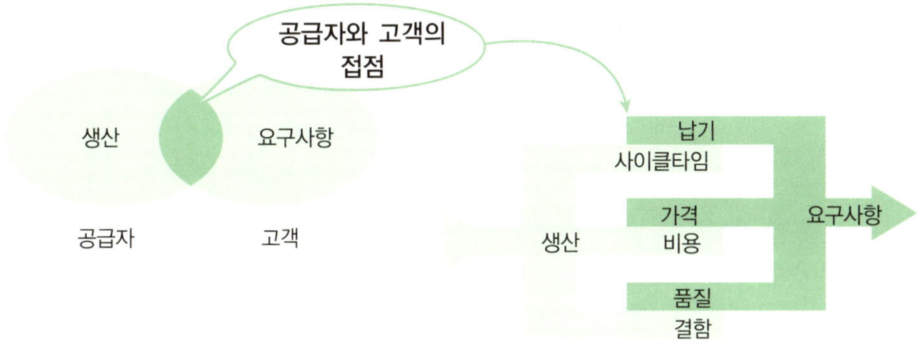

공급자 입장에서는 관리대상이 결함(Defect), 비용(Cost), 사이클타임(Cycle Time)이지만, 고객의 입장에서는 품질(Quality), 가격(Price), 납기(Delivery)가 요구사항이 된다. 이 두 영역의 접점에서 CTQ를 정의할 수 있다.

1.4 식스시그마 활동의 장점

기업 입장에서 식스시그마 활동을 도입할 경우 장점으로서는 다음과 같은 것들이 있다.

- 시그마 수준을 공통언어로 활용하여 달성해야 할 목표와 달성 방법이 명확하다.
- 결과가 아닌 프로세스를 대상으로 개선하여 원류(또는 원인) 단계에서 근본적인 문제해결 활동을 진행할 수 있다.
- 데이터를 적극 활용함으로써 객관적이고 합리적이며 빠른 의사결정을 할 수 있다.
- 조직문화가 논리적이고 개선력이 강한 실행 중심으로 변화할 수 있다.

1.5 통계적인 사고(Statistical Thinking)의 이해

식스시그마 개선활동을 수행할 때 기본적인 사고의 틀(Thinking Frame)이 바로 통계적인 사고이다. 단순히 데이터를 수집하여 분석한 다음 그 결과를 현업에 활용하는 것이 아니라 다음의 세 가지를 이해하고 이를 바탕으로 식스시그마 개선활동을 수행해 나가야 한다.

1.5.1 통계적 사고 1 : 기업활동은 프로세스의 연속이다 (All work occurs in a system of interconnected processes)

외부의 최종 고객에게 제품(서비스)을 전달하기 위해서는 공급자에서부터 고객까지 이르는 여러 단계의 프로세스가 서로 연결되어 있다는 점을 늘 상기해야 한다.

데밍 박사는 "고객의 기대를 충족시켜 주지 못하는 이유의 85%는 종업원의 잘못이 아닌 프로세스의 잘못이다. 따라서, 경영자의 역할은 종업원에 대한 질타가 아닌 프로세스의 개선이다"라고 프로세스의 중요성을 강조하였다. 즉, 고객에게 불만족(또는 Defect)이 전달되는 것은 바로 프로세스 속에서 발생하고 있음을 명심하고, 프로세스에 관심을 두고 개선을 해야 한다는 점을 강조한 것이다.

그림 3-3 | 서로 연결된 프로세스

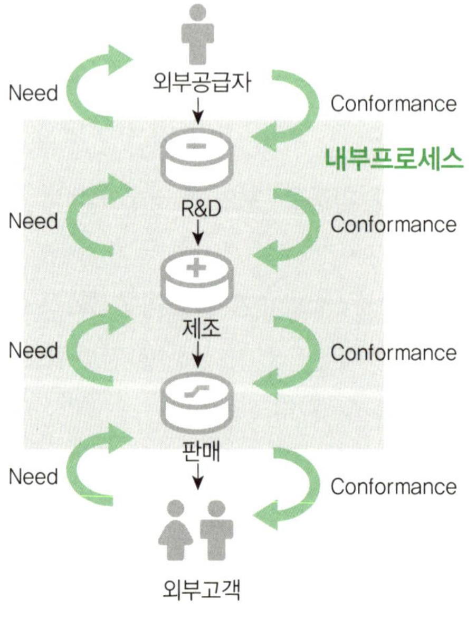

이를 식스시그마 활동과 함께 정리하면,

- 경영활동은 프로세스를 관리하는 활동이고,
- 경영품질 활동은 프로세스의 수준을 향상시키는 활동이며
- 식스시그마 활동은 프로세스의 수준을 식스시그마 수준으로 향상시키는 활동이라고 할 수 있다.

1.5.2 통계적 사고 2 : 모든 프로세스는 항상 산포가 존재한다 (Variation exists in all processes)

프로세스는 투입(Input), 변환과정(Process), 결과물(Output)의 세 가지 요소로 구분할 수 있다. 이 세 가지 요소는 항상 일정하지 않고, 크든 작든 변화(산포)가 존재한다는 사실을 잊지 말아야 한다는 것이 두 번째 사고이다. 고객에게 전달되는 결과물의 산포를 줄여서 식스시그마 수준까지 끌어올리겠다는 것이 식스시그마 활동의 목표이고, 이를 위해서는 투입, 변환 과정에서 발생하는 변화(산포)에 집중해서 결과가 아닌 결과물의 원류 단계에 집중해야 한다.

▌그림 3-4 ▌프로세스에 존재하는 산포

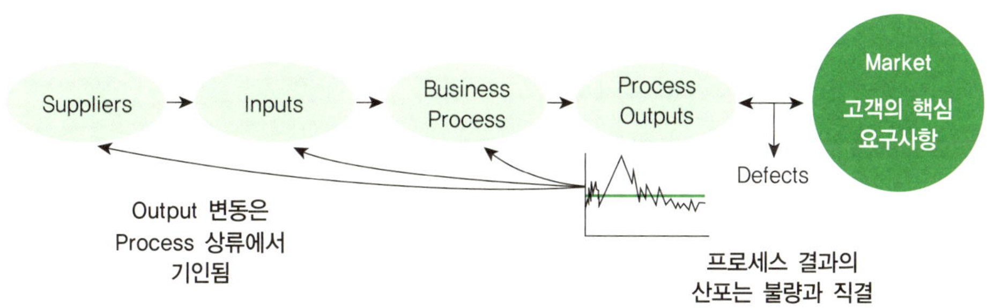

또한 결과물에서 발생하는 산포의 원인은 크게 5M1E로 구분할 수 있으며, 이 영역에서 발생하는 산포를 줄여나가는 것이 제조현장의 식스시그마 개선활동이다.

▌그림 3-5 ▌5M1E

Man — 사람의 스타일, 능력의 차이 등 사람과 관련된 원인

Machine — 기계성능의 차이, 장비의 노화 등 장비(기계)와 관련된 원인

Materials — 투입되는 재료와 관련된 원인

Methods — 업무를 수행하는 방법과 관련된 원인

Measurement — 측정 장비의 정밀성과 정확성 등 계측 장비와 관련된 원인

Environments — 업무환경, 법률 등 프로세스 환경과 관련된 원인

1.5.3 통계적 사고 3 : 산포를 이해하고 줄이는 것이 기업 성공의 핵심이다 (Understanding & Reducing variation are keys to success)

프로세스에서 발생하는 산포를 이해하기 위해서는 이를 눈으로 볼 수 있어야 한다. 산포를 눈으로 볼 수 있으려면 데이터를 측정 및 수집하여 표준편차를 계산하면 된다. 또한 데이터를 분석한다면 산포의 원인이 어디에서 기인하는지를 객관적으로 확인할 수 있으며 산포를 합리적 · 과학적으로 줄여나갈 수 있다.

이렇듯 데이터는 프로세스 수준을 끌어올리기 위해서 핵심적인 요소이다. 따라서, 업무 수행시 데이터를 수집 및 활용하는 것을 늘 염두에 두어야 한다. 또한, 데이터 분석 결과에 근거하여 의사결정을 하고, 그 결과에 따라서 개선활동을 진행해야 한다.

▌그림 3-6 ▌식스시그마 활동과 데이터의 중요성

데이터의 수집	→	데이터의 분석	→	데이터의 관리
• 투명하고 객관적인 데이터 • 측정시스템 분석		• 데이터의 통계적 분석 • 데이터를 정보로 전환 • 원인분석과 문제해결		• 데이터에 기초한 관리/의사결정 • 정직한 기업문화

1.6 DMAIC 프로세스

식스시그마 활동은 위에서 설명한 통계적 사고를 바탕으로 여러 가지 통계적인 Tool을 활용하여 프로세스의 산포를 개선해 나가는 활동이다. 회사 업무 프로세스에 항상 산포가 있음을 인지하고 이를 확인하기 위하여 데이터를 수집하여 확인한 다음, 산포의 원인을 찾아내어 이를 지속적으로 줄이는 체계적인 개선활동인 것이다.

▌그림 3-7 ▌통계적 사고와 통계적 Tool

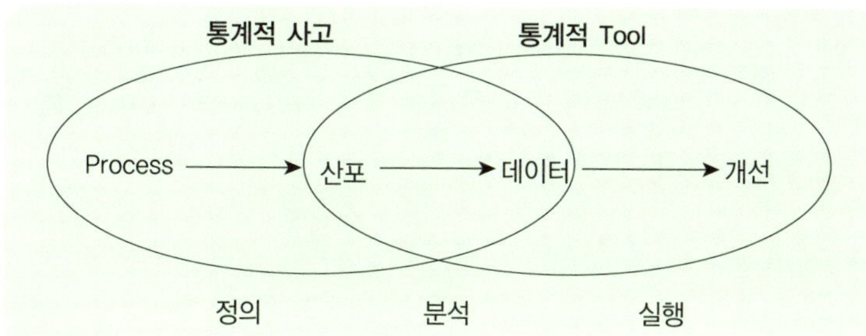

이 활동을 고객 관점에서 설명하면, 고객 관점의 핵심요구사항(CTQ)을 정의하고, CTQ의 산포를 측정하며, CTQ 산포의 핵심 원인을 분석한 다음, 최적화하는 절차를 따른다. 이를 DMAIC 프로세스라고 한다.

▌그림 3-8 ▌DMAIC 프로세스

	Methodology	Role	주요 Tool
Define	Step 1. 고객요구사항 분석 2. CTQ(Y)의 정의	• Business Issue 명확화	• 설문조사 • 프로세스 맵 • 파레토 차트
Measure	3. 측정시스템 확인(Y) 4. 현재 공정능력 확인(Y) 5. 목표 설정	• Baseline 구축	• Gage R&R • 공정능력지수
Analyze	6. 원인인자 추출 7. 치명인자 도출	• Root Cause 도출	• 브레인스토밍 • 가설검정 • 빅데이터 분석
Improve	8. 최적조건 설정 9. 최적조건 실행	• Implement	• 실험계획법
능력 OK? (N → Measure, Y → Control) Control	10. 표준화 11. 관리시스템 구축 12. 성과 공유	• Make it Stick	• Control Method

1.7 식스시그마의 다양한 정의

다양한 영역과 회사에서 식스시그마 활동을 도입하면서, 식스시그마에 대해서도 다양한 정의를 내리고 있다.

먼저, 식스시그마를 탄생시킨 마이클 해리(M. Harry)는 다음과 같이 정의하였다.

> It is a business process that allows companies to dramatically improve their bottom line results by designing and monitoring everyday business activities in way that minimize waste and resources while increasing customer satisfaction.
> 회사의 일상 업무의 모니터링, 디자인을 통해 이익을 혁신적으로 증대시키는 비즈니스 프로세스가 식스시그마이다. 이를 통하여 회사의 자원 낭비는 최소화하고 고객만족은 증가한다.

식스시그마 활동의 전파에 큰 자극이 되었던 GE는 다음과 같이 정의하였다.

> It is highly disciplined process that helps us focus on developing and delivering near-perfect products and services.
> 거의 완벽에 가까운 제품과 서비스를 개발/제공할 수 있게 해주는 잘 정제된 프로세스이다.

이 외에 많은 기업과 회사에서 정의한 내용의 핵심 단어를 요약하면 다음과 같을 것이다.

> Working Smarter! Not working Harder!
> 열심히 일하기보다는, 스마트(Smart)하게 일하자!
>
> Do it Right for the first Time!
> 일을 스마트하게 하는 것은 처음부터 일을 제대로 하는 것이다!

결국 식스시그마 활동은 단순히 제품 또는 서비스의 품질만을 높이는 것이 아니라, 프로세스의 경쟁력을 향상시켜서 궁극적으로 경영 성과에 기여하는 활동이다.

▌그림 3-9▐ 식스시그마 정의

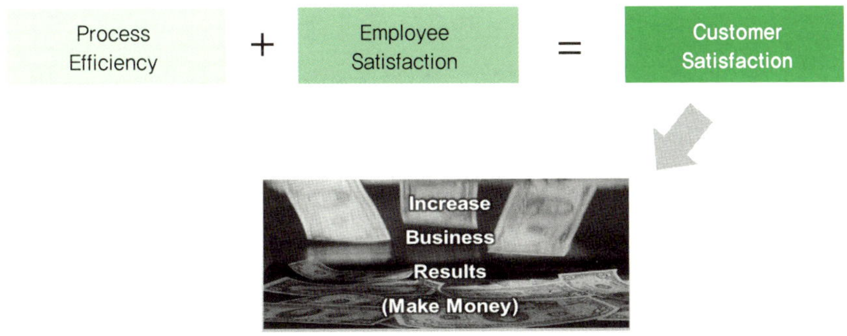

1.8 식스시그마의 몇 가지 일반적인 오해

식스시그마가 무엇에 관한 것인가에 대한 혼란과 오해가 만연해 있다. 여기 몇 가지 오해와 진실에 대해 논의해보자.

1.8.1 식스시그마는 또 다른 경영 유행이다

물론, 조직의 리더들이 식스시그마를 한때 지나가는 유행, 즉 현재 전반적으로 퍼져 있고 다른 사람들이 그것을 하기 때문에 따라 하는 것으로 취급한다면, 식스시그마는 조직에서 유행이 될 수 있다. 그러나 식스시그마는 대부분의 조직에서 유행이 아니다. 확실한 추진 프로세스를 가지고 프로세스 관점에서 일을 하는 조직에서는 유행이 아니다. 식스시그마는 프로세스를 따르면서 작동한다. 만약 작동하지 않는 경우 프로세스를 따라서 수행하지 않았기 때문이다. 일부 세계적인 기업에서 30년 가까이 지속되어 온 경영 열풍으로서의 식스시그마는 유행으로 볼 수 없다.

식스시그마는 식스시그마를 적극적이고 체계적으로 구현한 조직에 상당한 순익 가치를 제공했다. 반대로, 많은 조직들은 식스시스마를 적용하기 위해 필요한 인적, 물적 그리고 목표 수준을 신중하게 고려하지 않고 맹목적으로 식스시그마 시류에 편승했다는 것을 인정해야 한다. 그러한 회사들은 실패했거나 작은 성과로 만족할 수밖에 없다. 이 회사들에게 식스시그마는 그저 한때의 유행에 지나지 않았다.

1.8.2 식스시그마는 모두 통계에 관한 것이다

식스시그마는 다양한 통계 도구와 기술에 대한 교육에만 집중하고 인적요인(지속적인 개선을 위한 모두의 참여와 헌신에 의한 회사 문화의 구축)을 거의 무시한다는 또 다른 공통된 인식이 퍼져 있다. 통계 용어 'sigma'는 식스시그마가 통계 및 측정 프로그램이라는 인상을 준다. 식스시그마는 단지 통계에 관한 것만이 아니다. 결함 감소, 프로세스 개선 및 고객만족을 위한 식스시그마의 기본 원칙은 '통계적 사고' 패러다임을 기반으로 한다. '통계적 사고' 패러다임은 프로세스, 변화 및 데이터에 기반한 행동 및 학습 철학이다. 식스시그마는 고객에게 서비스를 제공하는 데 사용되는 프로세스와 변동 감소 및 개선 목표를 통한 결함 감소에 초점을 맞춘 행동지향적이기 때문에 통계적 사고는 방법론의 기본인 것이다.

1.8.3 식스시그마는 제조환경에서만 작동한다

식스시그마의 관련성은 제조를 넘어 서비스, 정부 및 공공부문, 의료 및 비영리 조직까지 확대되어 있다. 모토로라는 식스시그마를 개발하여 제조에서 가장 먼저 구현하였기 때문에 제조환경에서만 작동한다는 오해를 가질 수 있다. 1990년부터 모토로라는 회사의 비제조 분야에까지 확대 적용하기 시작했다. 모토로라는 1990년부터 1995년까지 비제조 공정에서 54억 달러를 절약했다고 베를린의 유럽품질포럼에서 보고되었다.

식스시그마는 서비스 효율성(예 : 서비스의 바람직한 속성 충족)과 또 다른 서비스 효율성(예 : 시간과 비용)을 개선하기 위한 규칙이 있는 접근방식을 제공한다. 서비스 프로세스에서 식스시그마 전략의 목적은 결함이 어떻게 발생하는지 파악한 후 이러한 결함 발생을 줄이기 위한 프로세스 개선을 고안하여 전반적인 고객 경험을 개선하고 고객만족도를 높이는 것이다. 전문가들은 서비스지향 조직이 식스시그마를 제조 솔루션으로 보기 때문에 멀리하게 되는 가장 일반적인 이유라고 입을 모으고 있다. 서비스지향 조직이 극복해야 할 주요 장애물 중 하나는 회사가 인간 중심이기 때문에 측정할 결함이 없다고 생각하는 것을 극복하는 것이다.

1.8.4 식스시그마는 대규모 조직에서만 작동한다

식스시그마는 문제해결에 관한 것이다. 문제는 어디에나 있다. 이 문제해결 방법론이 적용되는 사업 유형이나 규모는 중요하지 않다. 도매업자, 소매업자, 제조업체 또는 서비스 기관일 수 있다. 300명의 직원이 있는 회사든 10명의 직원이 있는 가족 사업장이든 상관없이 식스시그마는 프로세스를 효과적으로 적용만 하면 작동한다.

지금까지 소규모 기업에서 구현에 있어 가장 큰 장벽은 주요 식스시그마 교육 제공업체나 컨설턴트가 대기업 중심으로 프로그램을 운영하였기 때문이다. 식스시그마는 오늘날 많은 조직에서 비즈니스 전략으로 발전해 왔으며, 공급망 문제의 중요성이 커짐에 따라 중소기업에서 식스시그마의 중요성은 점차 증가할 것이다.

1.8.5 식스시그마는 Total Quality Management와 동일하다

식스시그마 전략에는 TQM에서 강조되지 않는 세 가지 측면이 있다. 우선, 식스시그마는 결과지향적이므로 비용 절감을 통한 순익 비즈니스 영향에 초점을 맞추고 있다. 팀이 식스시그마 프로젝트 완료시 개선 성과가 비용으로 산출되어 제시하여야 프로젝트 완료 승인이 된다. 둘째, 식스시그마 방법론은 측정, 분석, 개선, 관리(DMAIC)를 정의하여 도구와 기법을 순차적으로 연결한다. 마지막으로 식스시그마는 챔피언, 마스터 블랙 벨트, 블랙 벨트, 그린 벨트 및 화이트 벨트의 강력한 인프라를 훈련을 통하여 구축한다.

1.9 빅 시그마 프로세스

1.9.1 빅데이터 분석 절차

빅데이터를 활용하기 위해서는 제일 먼저 빅데이터 분석을 통해서 얻고자 하는 결과를 명확히 해야 한다. 빅데이터 분석은 크게 예측과 요약으로 구분할 수 있다. 정확한 예측을 바탕으로 한 변화관리 및 개선활동을 전개하는 것과 탐색과 요약을 통해 현장 상황에 대한 통찰력을 증대시켜 위험 발생시 빠르고 효과적으로 대처할 역량을 향상시킬 수 있다.

빅데이터 수집은 다양한 방법을 통해서 이루어진다. ERP, MES 등 기존 시스템에서 필요한 데이터를 연결하기도 하고, 설비에 부착되어 있는 PLC와 연결하여 데이터를 수집하기도 하며, 필요할 경우 IoT와 게이트웨이를 활용하여 직접 데이터를 수집하기도 한다. 필요하다면 회사 외부의 데이터도 연결하여 수집한다.

수집한 데이터를 결합(Merge)하여 대용량의 데이터베이스에 저장한 다음 분석에 필요한 데이터로 정제(변환과 선별)하여 분석을 진행한다.

| 그림 3-10 | 빅데이터 분석 절차

문제/목적 정의 → 데이터 수집 → 데이터 전처리 → 데이터 분석 → 정보/지식화

목적에 맞는 데이터 수집 및 분석을 위해서는 ICT 기술과 관련된 지식과 더불어 현장 지식 그리고 문제해결 프로세스 관련 지식이 필요하다. 원시(Raw) 데이터 집합인 데이터 수집에서 의미있는 정보과 지식을 얻기 위해서는 데이터 전처리 과정이 필요하다. 원시 데이터 수집시 필요한 데이터 원천의 표준 차이로 인한 오탈자, 대소문자의 처리, 데이터 유형의 차이를 먼저 정리해야 한다.

그런 다음 목적에 맞는 분석을 위해서 데이터 변환, 이상치 정리 등을 통해서 데이터 정제 작업을 실시한다. 데이터 수집과 전처리 과정에 많은 시간과 비용이 투입된다. 정제된 데이터의 분석과 현장 지식이 더해져서 변화에 민감한 조치를 취할 수 있다.

분석에서는 기존의 고전적인 통계적 분석 방법과 더불어 데이터마이닝 기법, 머신러닝 기법 등 다양한 분석 방법을 활용한다.

1) 데이터마이닝(Data Mining)

마이닝(Mining)이란 채광이란 말 뜻 그대로 빅데이터 안에 있는 규칙이나 패턴을 찾아내는 것을 말한다. 마이닝 분석 방법은 목적에 따라서 다양하다. 분류(Classification), 연관성(Association), 예측(Prediction), 군집화(Clustering), 집단화(Grouping) 등의 목적에 맞는 분석 방법을 선택하여 활용한다.

- 분류 : 일정한 집단에 대한 특정 정의를 통해 분류 및 구분을 추론한다. (의사결정나무, KNN, SVM 분석 등)
- 군집화 : 구체적인 특성을 공유하는 군집을 찾는다. 분류는 특정 집단에 대한 정보를 가지고 있지만, 군집화는 그렇지 않다.
- 연관성 : 동시에 발생한 사건 간에 관계를 정의한다(예 : 슈퍼마켓의 계산서 안에 동시에 들어가 있는 상품들 간의 관계 규명).
- 예측 : 빅데이터 내의 패턴을 바탕으로 미래를 예측한다.

2) 머신러닝

머신러닝은 빅데이터를 활용하여 머신을 학습시키는 방법론이다. 빅데이터를 활용하여 모델을 찾은 다음 이 모델을 머신이 학습하게 하여 새로운 데이터가 발생했을 때에 머신이 스스로 판단, 예측하게 하는 것이다. 머신러닝에서 모델을 찾기 위해서는 회귀분석 등 고전적인 통계적인 방법, 데이터마이닝 방법, 머신러닝을 위한 수학적 알고리즘 등을 활용한다.

머신러닝은 데이터에 반응변수(Y)가 있느냐 없느냐에 따라서 지도학습(Supervised Learning)과 비지도학습(Unsupervised Learning)으로 구분한다. 여기에 보상시스템을 추가한 강화학습(Reinforcement Learning)도 있다.

지도학습의 기본적인 목적은 분류와 예측이고, 비지도학습의 목적은 군집화이다.

3) 인공지능(Artificial Intelligence), 머신러닝, 딥러닝의 관계

세 가지 모두 빅데이터를 기반으로 분석을 하고, 분석한 데이터를 기반으로 학습을 진행한 다음, 학습 내용을 바탕으로 판단, 결과의 예측 그리고 복잡한 문제의 답을 찾는 기술을 말한다. 위에서 설명한 바와 같이 다량의 데이터를 기반으로 하는 학습을 머신러닝이라고 하고, 이보다 더 복잡한 데이터를 이용하여 뇌의 구조와 비슷한 인공 신경망에서 이루어지는 머신러닝을 딥러닝(Deep Learning)이라고 한다.

인공지능은 컴퓨터가 인간의 학습능력, 언어이해능력, 지각능력, 추론능력을 갖게 하는 기술을 말한다. 그동안 사람만이 할 수 있었던 인식, 가치판단, 심리상태 예측, 학습 등을 기계가 가능하도록 하는 것을 목적으로 한다.

세 가지는 서로 독립적인 관계가 아니라 포함 관계이다.

그림 3-11 AI, ML, DL의 관계

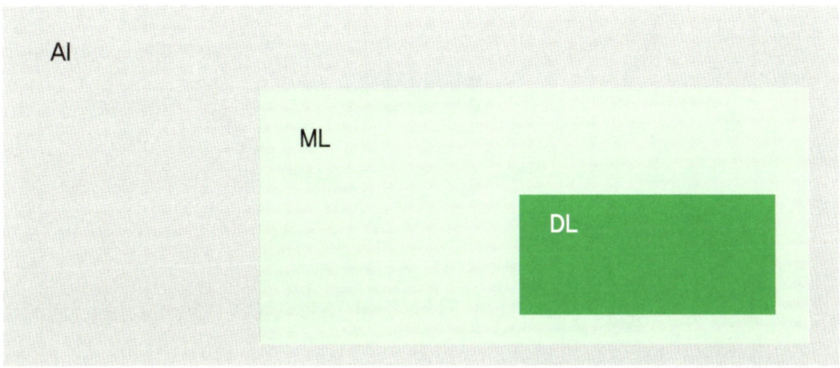

1.9.2 DSMART 프로세스

제조 빅데이터를 활용해서 식스시그마 활동을 전개하기 위해서는 기존의 DMAIC와는 약간 상이한 프로세스를 이용하여 문제(과제)해결을 진행한다.

CTQ를 선정하는 정의(Define) 단계는 동일하지만, 목적에 맞는 데이터 수집 계획과 데이터의 정제 활동인 센싱(Sense) 단계가 필수적이다. 여기서 말하는 센싱은 현장에 IoT를 설치하여 직접 데이터를 수집하는 것만이 아니라, 목적 달성을 위해 필요한 데이터를 하나의 데이터베이스에 체계적으로 수집하는 것을 말한다.

수집한 데이터는 위에서 언급한 다양한 분석 방법을 활용하여 분석, 모델링, 머신러닝 등을 진행한다.

기존의 식스시그마 활동보다 더 다양해진 데이터의 종류(비정형 데이터 포함), 더 많아진 데이터량, ICT 기술 발전, 오픈소스의 제공 등은 식스시그마 활동의 성과의 깊이(Depth)를 더해주고 적용 범위(Span)를 확장시켜 줄 것으로 기대된다.

▌그림 3-12 ▌DSMART 프로세스

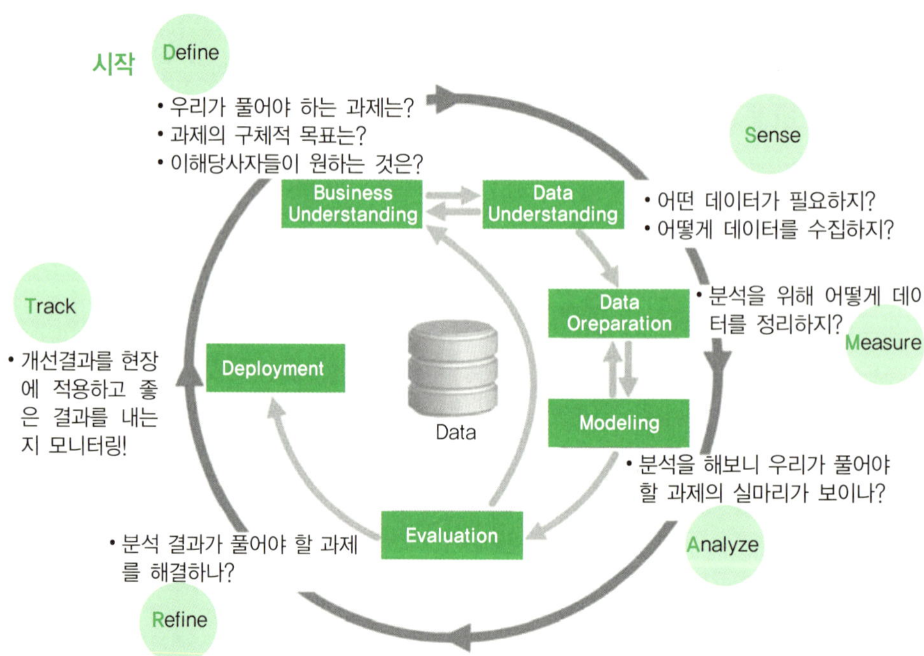

이후 상세 절차 전개는 식스시그마 기본 절차인 DMAIC 프로세스로 정리하였다. 여기서 정의한 빅 시그마 프로세스인 DSMART는 DMAIC의 관점으로 볼 때 다음의 표와

같이 매칭할 수 있다.

표 3-3 DMAIC와 DSMART 프로세스 비교

식스시그마 프로세스	빅 시그마 프로세스
Define	Define
Measure	Sense & Measure
Analysis	Analysis
Improve	Refine
Control	Track

2. 정의(Define)

◆ 당신의 가장 불행한 고객은 가장 큰 배움의 원천이다.
– 빌 게이츠 –

2.1 고객 중심(Customer Oriented)

식스시그마 활동은 철저하게 고객 중심의 사고에서 시작한다. 회사 내부에서 일하는 사람들이 자신의 업무에서 고객을 바라보는 'Inside Out'의 접근이 아니라 밖에서 우리 제품과 서비스(결과물)를 사용하는 고객의 입장에서 회사 내부의 업무를 바라보는 'Outside In'의 접근이다.

> If you take care of the customer better than your competition, the business will take care of itself.
> 고객에 대해서 경쟁사보다 더 관심을 기울인다면 사업은 저절로 되어질 것이다.

고객 중심의 사고는 말처럼 쉬운 것은 아니다. 현업에서 일이 바쁘다 보면 고객의 중요성을 망각하고, 일에 집중해서 고객의 상황은 고려하지 않고, 일하는 사람의 입장에서 업무를 처리하는 경우가 많이 발생하고 있다. 이런 업무 처리는 결국 고객 불만족으로 이어져 회사 이익에 치명적인 영향을 준다.

▌그림 3-13 ▌고객 중심의 사고 사례

따라서 철저한 고객 중심의 사고가 성공적인 식스시그마 활동의 중요한 포인트 중의 하나이다.

2.2 CTQ(Critical To Quality)

식스시그마 프로세스의 첫 단계인 정의(Define) 단계에서는 고객의 관점에서 파악한 여러 가지 요구사항 중에서 치명적인 요구사항 또는 특성치를 선정한다. 이를 CTQ라고 하며, 고객의 입장에서 서비스 또는 프로세스의 핵심적인, 치명적인 특성치라고 정의할 수 있다.

고객만족에 영향을 줄 수 있는 어떤 것이라도 CTQ로 선정될 수 있으며, 이 CTQ를 식스시그마 수준으로 관리하고자 하는 것이 식스시그마 활동의 목적인 것이다.

소위 2:8의 법칙이 있다(이를 파레토 법칙이라고도 함). 소수의 20%가 전체의 80%를 차지한다는 이 법칙은 업무를 하는 데에도 적용할 수 있다. 고객의 관점에서 모든 것이 중요하지만, 정말 핵심적인 요구사항은 20% 정도 차지할 것이지만, 이것이 고객만족에 80% 영향을 줄 수 있다. 따라서 업무를 수행하면서 선택과 집중을 통해 업무의 효율과 효과를 높이는데 이러한 접근은 큰 도움이 된다. 따라서 고객 관점의 CTQ를 정의하는 것이 식스시그마 활동의 가장 중요한 단계라고 할 수 있다.

이렇게 접근하는 것이 일을 열심히 하는 것이 아니라 중요한 일을 현명하게 할 수 있는 방법인 것이다.

CTQ의 사례) 특정 부품의 SPEC
회사 이익을 향상시키기 위한 프로젝트의 목표
서비스 소요시간
고객 대응도

2.3 Top Down 문제 정의(CTQ) 방법 : Big Y – Little y

Big Y는 회사의 경영 방침, 혁신의 방향 및 목표, 핵심역량 등 비즈니스 목표를 달성하기 위한 중요한 이슈를 말한다. 회사는 일반적으로 단기, 중기적인 관점에서 달성해야 할 목표를 수립한다. 하지만 목표를 달성하는 것은 별도의 문제다. 목표와 실행과는 항상 갭이 존재하며, 이 갭을 극복하는 것이 회사 운영에 있어서 정말 중요한 일

중의 하나이다. 이런 갭을 극복하기 위한 방법론이 바로 Big Y – Little y 전개 방식이다. 위로부터 회사의 경영 목표를 달성하기 위한 중요한 CTQ를 Big Y라고 하고, Big Y의 세부화 된 과제를 Little y라고 한다.

2.3.1 Big Y 전개를 위한 경영목표의 설정

경영목표의 설정은 회사 운영에 있어서 목표를 설정하는 것이다. 이익을 중심으로 목표를 달성하는 방법 중의 하나가 LG전자에서 활용하는 V Chart이다. 기준년도의 손익을 확인하고, 차기년도의 악화요인을 분석하여 Baseline으로 삼고, 차기년도의 목표 이익을 설정한 다음 추가적인 목표를 더하여 도전목표(Strech Goal)를 설정하는 방법이다. 이를 바탕으로 전사적으로 달성해야 할 세부적인 하부 목표를 수립하여 진행한다. 즉, 전사가 하나의 방향을 가지고 진행함으로써 식스시그마 활동 자체가 바로 경영 성과에 기여하는 것이다.

▌그림 3-14 ▌V Chart

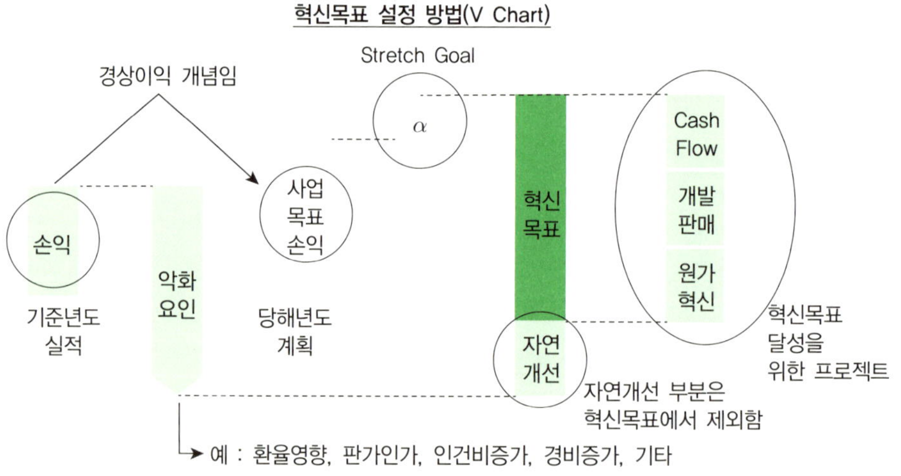

▌그림 3-15 ▌Big Y 사례

회사 전략 과제		Big Y=KPI	현재수준	연도별 목표설정		
			2021년	2022년	2023년	2024년
사업구조혁신	제품 생산지 이전					
	프리미엄 모델 매출증대	프리미엄 모델의 매출액 비율	00%	00%	00%	
제품력강화	현지공장 R&D 역량 강화	현지개발 모델수				
	신제품 개발로 제품 차별화	신제품 개발				
원가혁신	사무간접비용 감소를 통한 원가절감	제조원가율	00%	00%	00%	00%

Big Y는 경영목표를 설정한 다음 이를 달성하기 위한 중요한 CTQ이자 지표이며 다음과 같은 특성을 가지고 있다.

- Big Y는 회사의 식스시그마 활동을 통해서 World Best가 되기 위해 달성해야 할 관리가능한 지표임.
- Big Y는 경영과제 또는 경영전략에서 도출된 지표임.
- Big Y는 전체 최적화 관점에서 체계적으로 추진하여 성과 및 목표를 명확히 하기 위해 꼭 필요함.

회사의 경영성과를 향상시키기 위해서는 전사의 방향을 하나로 일치시키는 것이 중요하다. Big Y는 이런 역할을 한다.

"Big Y는 경영과제 또는 경영전략과 연계되어 있어서 경영에 큰 영향을 주는 측정가능한 지표이다."

2.3.2 Big Y의 하부 전개 : Little y의 선정

경영에 큰 영향을 주는 Big Y를 설정한 다음 이를 달성하기 위한 구체적인 계획을 수립한다. 이를 Little y 전개라고 한다. Little y는 팀, 개인이 진행해야 할 구체적인 프로젝트이다. 이는 각 부서별로 진행하여 부서장의 책임하에 이루어진다.

❚ 그림 3-16 ❚ Little y의 전개

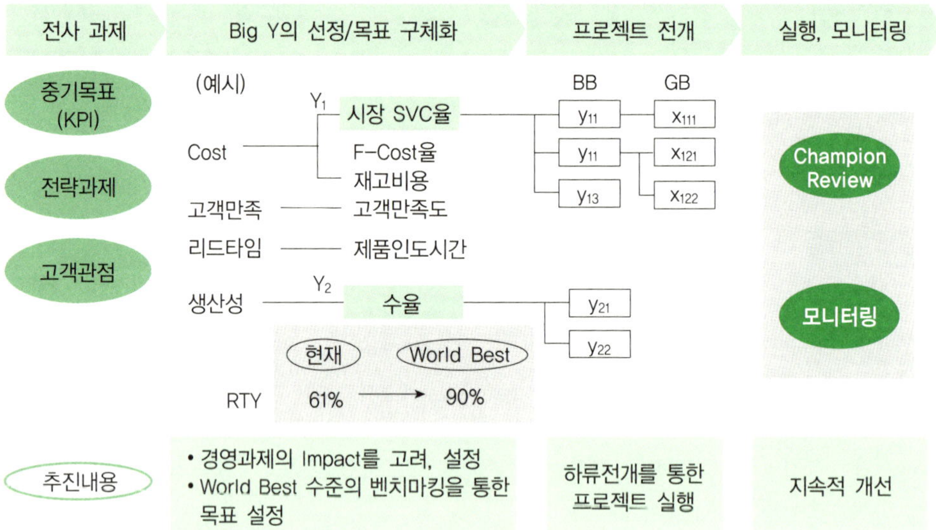

2.4 Bottom Up 문제 정의(CTQ) 방법

2.4.1 브레인스토밍(Brain Storming)이란

고객 관점의 CTQ를 비교적 용이하게 정의할 수 있는 방법 중의 하나가 바로 브레인스토밍이다. 업무와 연관된 고객 및 고객부서로부터 어떠한 피드백과 불편함을 느끼고 있는지 여부를 팀원들이 브레인스토밍을 통해서 도출한 다음 우선순위를 결정하는 방법이다. 또한 Big Y에 대한 세부 과제인 Little y를 전개할 때도 활용할 수 있다.

브레인스토밍은 창의적인 아이디어를 찾기 위한 회의 또는 학습방법이라고 할 수 다. 오스본(A. Osborn)이 개발한 기법으로 참가자들이 사고의 제한없이 자유롭게 의견을 주고받는 것이다. 생각이나 의견의 질적인 측면보다는 많은 양을 추구하는 것이 특징이다. 주제의 제한이 없고 실행하기가 용이하기 때문에 실무에서 어려움 없이 활용할 수 있다. 다만, 참가자 중에서 동기가 떨어지는 사람이 있을 경우 효율성이 떨어지고, 무임 승차자가 발생할 수 있는 단점도 있다.

이러한 단점을 극복하기 위해서는 너무 많은 인원이 참여하지 않고(10명 내외), 리더와 기록자를 지정하여 회의를 잘 리딩하며, 사전에 논의 주제를 알려서 고민을 할 수 있는 시간을 마련해주는 것이 좋다.

브레인스토밍의 효과를 올리기 위해서는 다음의 4가지 원칙을 많이 활용한다.

- 자유로운 분위기 : 강압적인 분위기를 만들지 않도록 한다. 어떠한 의견이든 묵살하거나 특정인의 의견이 너무 강하게 반영되지 않도록 해야 한다.
- 양의 추구 : 많은 양 속에는 좋은 의견/아이디어가 있다. 따라서 질보다는 양을 추구하며 많은 의견이 나올 수 있도록 격려한다.
- 비판 금지 : 자유로운 분위기에서 많은 양의 의견을 모으기 위해서는 당연히 비판을 해서는 안 된다. 비판하는 참여자가 있을 경우 리더가 적절하게 관리를 하여 분위기가 경직되지 않도록 유도한다.
- 결합개선 추구 : 다른 사람의 의견을 경청하다보면 새로운 아이디어 또는 의견을 만들어낼 수 있다. 1차적인 의견도 중요하지만 내 아이디어 또는 다른 사람의 의견과 결합해서 더 좋은 의견과 아이디어를 만들어낼 수 있다. 이를 위해서는 다른 사람 의견을 경청하는 것이 중요하다.

2.4.2 브레인스토밍 결과 정리

브레인스토밍을 활용하여 다양한 의견이 나왔을 경우에 유사한 것을 묶어서 그룹으로 만든다. 그룹으로 만든 다음에 각 그룹을 대표하는 이름을 부여한다. 이런 방법을 친화도법(Affinity Diagram)이라고 한다.

그림 3-17 ▌친화도법 이미지

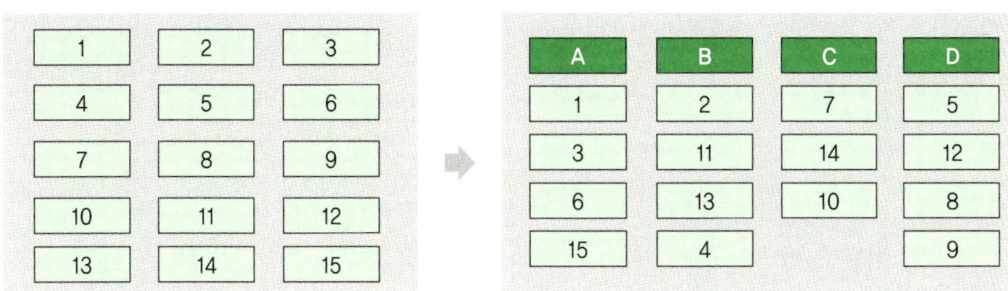

2.4.3 문제의 정의

친화도법을 활용해서 정리한 항목에 대하여 투표를 통하여 우선순위를 결정한다. 우선순위를 결정할 때는 의사결정 기준 및 가중치를 먼저 논의하여 결정한다. 예를 들어, 시급성, 효과성, 자원투입도, 난이도 등을 사용할 수 있으며, 개별 의사결정의 가중치를 동일하게 할 수도 있고, 차이를 둘 수도 있다.

투표를 통해서 높은 점수가 나온 항목을 식스시그마 활동의 과제로 결정한다. 이 때에 점수 종합은 각각의 항목을 더하는 것이 아니라 곱하기를 하여 과제별 중요도 가치의 차이를 분명하게 하는 것이 좋다.

표 3-4 | 의사결정 양식

실행과제		시급성	효과성	난이도	자원투입	종합	순위
	Weight	0.3	0.3	0.2	0.2		

2.4.4 문제 선정을 위한 품질도구 활용

품질 문제를 해결하기 위한 다양한 도구들이 있다(QC 7가지 도구 등). 이 중에서 파레토 분석을 활용하여 문제를 정의할 수 있다.

파레토 분석의 기본은 파레토 법칙을 이해하고 이를 활용하는 것이다. 파레토 법칙(Pareto Principle, Laws of the vital few)은 소수의 원인이 전체에 영향을 80%를 차지하는 현상을 말한다. 업무를 하면서 고객의 소리, 또는 고객의 니즈와 관련된 사항(불량의 종목, 결함 등)에 대해서 데이터를 수집한 다음 파레토 차트를 활용하여 CTQ 또는 문제를 정의할 수 있다.

☰ 사례

공장에서 발생하는 불량의 항목과 한 달 동안 발생한 불량 항목별 발생 건수를 수집하였다. 파레토 차트를 활용하여 CTQ를 선정하고자 한다.

불량 항목	건수
스크래치	35
찍힘	5
벗겨짐	49
기포	6
미성형	4

〈R을 활용하여 파레토 차트 그리기〉

Package : qcc　　Function : pareto.chart

먼저 qcc package를 Install한다.

install.packages('qcc')

--〉 package 'qcc' successfully unpacked and MD5 sums checked

qcc library를 호출한다.

library(qcc)

--〉

```
  __ _  ___ ___
 / _ |/ __/ __|  Quality Control Charts and
| (_| | (_| (__   Statistical Process Control
 \__  |\___\___|
    |_|           version 2.7
Type 'citation("qcc")' for citing this R package in publications.
```

소스창 입력 및 실행

```
X2 <- c(35,5,49,6,4)
names(X2)=c('스크래치','찍힘','벗겨짐','기포','미성형')
pareto.chart(X2)
```

R 실행 결과 확인

Pareto chart analysis for X2

	Frequency	Cum.Freq.	Percentage	Cum.Percent.
벗겨짐	49.000000	49.000000	49.494949	49.494949
스크래치	35.000000	84.000000	35.353535	84.848485
기포	6.000000	90.000000	6.060606	90.909091
찍힘	5.000000	95.000000	5.050505	95.959596
미성형	4.000000	99.000000	4.040404	100.000000

-〉 Frequency : 각 항목별 빈도

-〉 Cum Freq. : 누적 빈도

-〉 Percentage : 각 항목별 퍼센트

-〉 Cum Percent : 누적 퍼센트

| 그림 3-18 | 파레토 차트

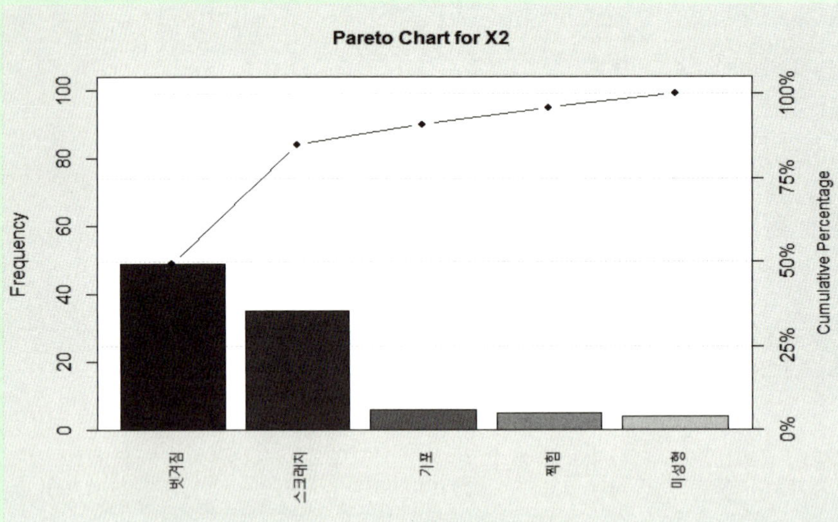

파레토 차트 결과 해석

→ 벗겨짐과 스크래치 불량이 전체 84.8%를 차지하고 있음.
먼저 두 불량 항목을 CTQ로 선정하여 식스시그마 프로젝트를 진행함.

2.5 잘 선정된 프로젝트의 기준

성공적인 식스시그마 활동을 위해서 정의(Define) 단계에서 프로젝트를 잘 선정하는 것이 중요하다. 잘 선정된 프로젝트는 다음과 같은 특징이 있다.

- 문제의 범위가 명확함 : 고객 관점의 CTQ 및 회사의 경영 이슈와 직결되어 있음.
- 팀 및 팀원의 목표와 연계 : 해결하고자 하는 프로젝트는 팀 및 팀원의 직무와 목표에 직접적으로 연계되어야 함.
- 성과를 확인할 수 있도록 측정이 가능해야 함.

이런 특징을 간략하게 말하면 SMART로 요약할 수 있다.

❙ 그림 3-19 ❙ SMART 의미

Specific	문제의 범위가 명확
Measurable	성과가 측정가능
Attainable	팀이 해결할 수 있는 것
Relevant	사업의 목표와 밀접한 관계
Time	4개월 내에 해결가능

2.6 과제(Theme) 성격 구분

식스시그마 프로젝트로 선정한 과제의 성격을 살펴보면 크게 세 가지로 나눌 수 있다.

❙ 그림 3-20 ❙ 과제 성격의 분류

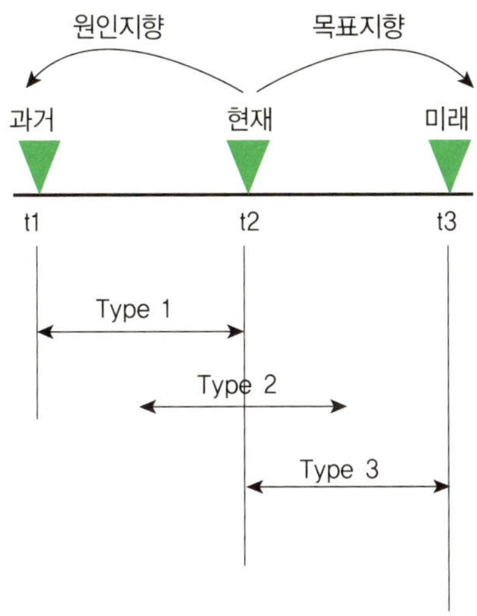

• Type 1 : 이미 발생했고 나타난 과제

과거에 이미 문제가 발생했고, 인식하고 있지만 아직까지 해결하지 않은 과제를 말한다. 주로 '기준(표준)의 이탈', '목표 미달성' 문제가 이 범주에 속한다.

• Type 2 : 찾아야 하는 과제

지금까지는 문제가 되지 않았지만 기업을 둘러싼 환경(고객, 경쟁사, 법규정 등)의 변화로 기존의 해결책으로는 대책이 되지 않는 문제가 이 범주에 속한다.

예) 환경 법규 강화 → 제품 설계의 변경, 생산공정의 변경 등

• Type 3 : 미래를 준비하는 과제

향후 기업환경의 미래 변화를 예측하여 미래를 대비하여 실행하는 과제가 이 범주에 속한다.

예) 신시장 개척, 신제품 개발 등

표 3-5 ▌ 정의(Define) 단계 체크리스트

Define 단계 체크리스트

	Process	Champion

과제명				A : 매우 잘함 B : 잘함 C : 보통 D : 미흡 E : 매우 미흡 N/A : 적용 안함 (Not Applicable)
소속		챔피언		
과제 리더		프로세스 오너		
과제 팀원		MBB		
단계 수행기간		적용 방법론	DMAIC	

항목	구분	A	B	C	D	E	N/A
1	과제 선정 배경과 당위성이 명확히 정의되었는가?						
2	개선하고자 하는 문제와 현상이 명확히 정의되었는가?						
3	고객의 VOC에 대해 구체적으로 파악하였는가?						
4	과제의 활동범위가 제품 또는 서비스 및 프로세스적인 측면에서 적절히 정의되었는가?						
5	예상 재무성과가 합리적으로 산정되었는가?						
6	팀 구성이 적절하며, 팀원 간의 역할과 책임이 명확히 정의되고, 운영방안이 합리적인가?						

평가자 의견	

3. R을 활용한 기초 통계

◆ 미래의 시민에겐 통계적 사고가 읽고 쓰는 능력 만큼이나 중요하게 될 것이다.
– 사무엘 윌크스 –

3.1 통계와 통계학

"개인 또는 회사는 매 순간 의사결정의 상황에 놓여 있다"라고 할 수 있다. 어떤 의사결정을 하느냐에 따라서 손익이 좌우되는 것이 현실이고 잘못된 의사결정을 내릴 수 있는 위험(Risk)을 늘 염려하고 있다. 이를 해결하기 위해서 과학적이고 합리적이며, 객관적인 의사결정을 할 수 있도록 도움을 주는 도구에 대한 중요성이 날로 커지고 있다. 통계학은 바로 이러한 의사결정에 도움을 주기 위해서, 확인하고 싶은 미지의 사실에 대해 체계적이고 합리적으로 의사결정을 내리는 일련의 과정이라고 할 수 있다. 또한 의사결정의 효율과 효과성에 대해서 고민하고 균형적인 시각을 제시하고 있다.

"소고기 맛을 알기 위해서 소 한 마리를 다 먹어볼 필요는 없다"라는 말이 있다. 물론 많이 먹을수록 소고기 원래의 맛을 잘 알 수 있을 것이다. 하지만, 그만큼 더 많은 시간과 비용이 소요되는 단점이 있다. 업무를 할 때도 마찬가지다. 정확한 판단을 위해서는 필요한 모든 정보를 다 확인해야 겠지만 이는 그렇게 효율적이지는 못한 방법이다. 왜냐하면 시의적절한 의사결정이 필요할 때 의사결정을 지연시키는 요인이 되기 때문이다. 이럴 때 우리는 전체 중의 일부를 활용해서 미지의 정보를 확인하는 접근방법을 활용할 수 있다. 이 방법은 정확성을 떨어뜨릴 수는 있지만 업무의 효율성을 증대시킬 수 있다.

결국 의사결정을 위해서는 아직 알지 못하는 정보의 확인은 필수적이며, 이를 효율적으로 확인할 수 있도록 효과적으로 데이터를 수집하는 방법, 수집한 데이터의 유형에 따라 합리적으로 분석한 다음 확인해야 할 정보에 대해서 추측하는 일련의 방법론을 제공하는 것이 통계학이라고 할 수 있다.

통계와 통계학은 다음과 같이 구분하여 설명할 수 있다.

3.1.1 통계(Statistic)

관심 있는 집단을 대상으로 확인하고 싶은 특성치를 조사 또는 실험 등의 방법으로 수집한 데이터를 요약된 형태로 표현한 것을 말한다.

3.1.2 통계학(Statistics)

목적에 맞게 데이터를 수집, 이를 분석한 다음, 분석한 내용을 바탕으로 통계적인 절차를 적용하여 과학적, 합리적, 객관적인 추론을 전개하고 의사결정에 도움을 주고 미래를 예측하는 학문을 말한다.

3.2 통계학의 목적과 분류

초 네트워크로 연결된 현대사회는 말 그대로 정보와 자료의 홍수 시대라고 표현할 수 있다. 그만큼 다양하고 많은 정보들을 여러 매체(특히 인터넷)를 통해서 개인에게 매일 제공하고 다양한 정보를 소비하여 살아가고 있기 때문에 통계(Statistic)라는 단어는 결코 낯선 용어는 아닐 것이다.

통계의 영어 단어인 Statistic의 어원은 라틴어 'Statisticum(국가)'에서 왔다. 18세기 독일에서는 국가에 다양한 자료를 분석하는 의미를 사용했다. 즉, 국가 또는 기업과 같은 큰 집단(조직)을 운영할 때 많은 양의 데이터를 취합하여 사실에 근거한 현상을 분석하고 이를 바탕으로 미래를 위한 가장 최선의 방법이 무엇인가에 대한 의사결정에 활용했던 것이다. 이것이 바로 통계 또는 통계학의 가장 큰 목적이라고 할 수 있다.

> **통계학의 목적**
> 수집한 데이터를 요약하여 사실에 근거한 현상을 파악하고, 이를 근거로 하여 미지의 사실에 대한 추론을 전개하여 과학적, 합리적, 객관적 의사 결정을 내릴 수 있도록 개인 또는 조직에 도움을 주는 것.

통계학도 다른 분야와 마찬가지로 기준에 따라서 다양하게 분류할 수 있다.

3.2.1 분석 내용에 따른 통계학의 분류

분석의 내용에 따라서 통계학은 기술통계학(Descriptive Statistics)와 추측통계학

(Inferential Statistics)으로 구분한다. 기술통계학은 수집한 데이터를 요약(평균, 표준편차 등) 및 정리하고 그래프를 활용하여 데이터 전체의 특성을 쉽게 파악하는데 도움을 준다.

추측통계학은 기술통계학의 요약치(이를 대표값이라고 한다)에 근거하여 관심 대상이 전체 집단(이를 Population이라고 한다)에 대한 의사결정을 하기 위하여 통계적인 추론을 전개하는 것을 의미한다.

1) 기술통계학

수집한 데이터를 하나의 숫자 또는 그래프로 정리 및 요약하여 데이터 전체의 특징을 쉽게 파악하는 분야이다.

2) 추측통계학

기술통계학에 정리한 정보(대표값)를 이용하여 관심 대상(Population)의 특성을 추측하는 분야이다.

3.2.2 다른 기준에 따른 통계학의 분류

1) Parametic 통계학과 Non-Parametic 통계학

관심 대상의 전체 집단의 분포 특성치(Parameter)의 활용 유무에 따라서 Paramentic 통계학과 Non-Parametic 통계학으로 분류한다. 기본적으로는 Parametic 통계학 접근방법을 많이 활용하고 있으며, 최근에 제조현장에 빅데이터가 만들어짐에 따라서 Non-Parmetic 통계학 방법의 활용도도 증가하고 있다.

2) 프리컨티스트 통계학과 베이지안 통계학

전통적으로 샘플을 활용한 빈도를 대상으로 접근하는 방법을 고전적 통계학이라고 하며 최근에는 프리컨티스트 통계학이라고 한다.

빈도만이 아니라 사전 지식, 주관적 의견 또는 신념과 같은 정보까지 포함하여 접근하는 방법론을 베이지안 통계학이라고 한다. 컴퓨팅 기술과 데이터의 수량이 증가함에 따라서 베이지안 통계학 접근방법의 활용도 또한 증가하고 있다.

우리가 통계학이라고 하면 기본적으로는 Parametic & 프리컨티스트 통계학 접근방법을 말한다.

3.3 빅데이터의 분석 방법

빅데이터의 분석은 앞에서 살펴본 빅데이터의 종류에 따라서 다양한 방법이 있다. 정형 데이터는 통계 기초에서 설명한 기술통계 및 추론통계 방법론과 더불어서 데이터마이닝 방법을 활용한다. 데이터마이닝은 '많은 양의 데이터를 활용하여 기존에 알려지지 않은 정보를 추출하여 지식화하는 과정'을 말한다. 구체적으로는 분류분석, 군집분석, 연관분석, 예측분석 등이 있으며 인공신경망, 의사결정나무와 방법론과 함께 기계학습(Machine Learning) 알고리즘으로 많이 활용하고 있다.

3.3.1 정형 데이터 분석

- 기술통계 분석
- 추론통계 분석
- 데이터마이닝 : 대규모 데이터에 숨어 있는 패턴 및 규칙의 발견
  → 기계학습 알고리즘으로 활용

비정형 데이터는 크게 텍스트마이닝, 소셜네트워크분석, 오피니언마이닝분석 등이 있다.

3.3.2 비정형 데이터 분석

- 텍스트마이닝 : 대규모 텍스트에서 유용한 정보를 추출함
  주제어, 토픽, 연관어 분석 등
- 오피니언마이닝 : 의견, 평가, 태도 등 감정들을 판별함
  의견추출, 리뷰 및 감정 마이닝을 활용한 정서 분석 등
- 소셜네트워크 분석 : 소셜네트워크의 연결 구조와 강도를 시각적으로 분석함
  최근에는 마케팅에서 많이 활용함
- 이미지/동영상/사운드 분석 : 패턴 등을 분석하여 위험 예지, 양불량 검출 등에 활용함

최근에는 이미지/동영상 데이터를 손쉽게 활용할 수 있는 다양한 알고리즘들이 오픈소스로 제공되고 있어 손쉽게 업무에 활용할 수 있다. 특히 구글에서는 이미지/동영상/사운드 데이터를 머신러닝 알고리즘으로 변환해주는 서비스를 제공하고 있다.

• 구글 Teachablemachin Homepage : https://teachablemachine.withgoogle.com/

▌그림 3-21 ▌Teachable Machine 홈페이지

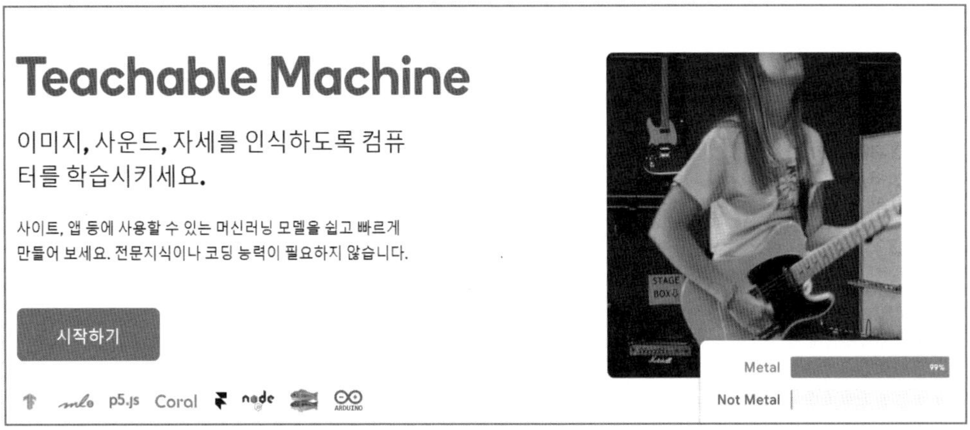

또한 직관적인 의사결정에 도움을 주기 위해서 빅데이터 분석 결과를 시각화하는 노력을 많이 하고 있다. 이는 또다른 빅데이터 분석 방법이라고 할 수 있으며, 빅데이터 활용도를 높이는데 도움이 되고 있다.

▌그림 3-22 ▌시각화 사례

출처 : Tablue 홈페이지

3.4 R을 활용한 데이터의 요약

R에서 기본으로 제공하는 데이터를 활용하여 기초적인 통계분석 방법은 다음과 같다.

① 사용하는 데이터 : iris

② 데이터 불러오기 및 확인

- 소스창 입력 및 실행 :

```
iris
```

- 결과 확인 : 소스창에서 iris를 입력 후 실행하면 콘솔창에서 데이터를 확인할 수 있다.

```
> iris
   Sepal.Length Sepal.Width Petal.Length Petal.Width    Species
1           5.1         3.5          1.4         0.2     setosa
2           4.9         3.0          1.4         0.2     setosa
3           4.7         3.2          1.3         0.2     setosa
4           4.6         3.1          1.5         0.2     setosa
5           5.0         3.6          1.4         0.2     setosa
6           5.4         3.9          1.7         0.4     setosa
7           4.6         3.4          1.4         0.3     setosa
8           5.0         3.4          1.5         0.2     setosa
9           4.4         2.9          1.4         0.2     setosa
10          4.9         3.1          1.5         0.1     setosa
11          5.4         3.7          1.5         0.2     setosa
12          4.8         3.4          1.6         0.2     setosa
13          4.8         3.0          1.4         0.1     setosa
14          4.3         3.0          1.1         0.1     setosa
15          5.8         4.0          1.2         0.2     setosa
```

③ 데이터 전체 요약

- 소스창 입력 및 실행 :

```
nrow(iris)
str(iris)
```

- 결과 확인 : 5개의 변수와 150개의 Record로 구성되어 있다.

```
> nrow(iris)
[1] 150
> str(iris)
'data.frame':   150 obs. of  5 variables:
 $ Sepal.Length: num  5.1 4.9 4.7 4.6 5 5.4 4.6 5 4.4 4.9 ...
 $ Sepal.Width : num  3.5 3 3.2 3.1 3.6 3.9 3.4 3.4 2.9 3.1 ...
 $ Petal.Length: num  1.4 1.4 1.3 1.5 1.4 1.7 1.4 1.5 1.4 1.5 ...
 $ Petal.Width : num  0.2 0.2 0.2 0.2 0.2 0.4 0.3 0.2 0.2 0.1 ...
 $ Species     : Factor w/ 3 levels "setosa","versicolor",..: 1 1 1 1 1 1 1 1 1 1 ...
```

3.4.1 평균 구하기

Mass Package를 활용해서 계산한다.

① library('MASS')

② Sepal_Length의 평균 구하기

■ 소스창 입력 및 실행

```
mean(iris$Sepal.Length)
```

. **mean** : 평균을 구하는 함수
. $변수명 : 평균을 구하고자 하는 변수 지정하는 방법

■ 결과 확인 : Sepal.Length의 평균 길이는 5.843이다.

```
> mean(iris$Sepal.Length)
[1] 5.843333
```

③ 변수 전체에 대한 평균 구하기

■ 전처리 : 계산이 가능한 숫자형 변수만 선택하여 별도 변수로 지정한다.
아래 두 가지 방법 중 한 가지를 사용한다.

```
sub <- subset(iris, select = c(Sepal.Length,Sepal.Width,Petal.Length,Petal.Width))
```

. **subset** : 특정열을 선택할 때 사용하는 함수
. **select** : 특정열의 변수 이름을 입력함.

```
sub <- iris[,-5]
```

. **[,- 5]** : 5번째 열을 삭제함.

■ 전처리한 데이터의 확인 : 소스창에 head(sub) 입력 후 실행한다.

```
> head(sub)
  Sepal.Length Sepal.Width Petal.Length Petal.Width
1          5.1         3.5          1.4         0.2
2          4.9         3.0          1.4         0.2
3          4.7         3.2          1.3         0.2
4          4.6         3.1          1.5         0.2
5          5.0         3.6          1.4         0.2
6          5.4         3.9          1.7         0.4
```

■ 소스창 입력 및 실행 : colMeans(sub) 또는 apply(sub,2,mean)

■ 결과 확인 : 각 변수의 평균을 확인할 수 있다.

```
> colMeans(sub)
Sepal.Length  Sepal.Width Petal.Length  Petal.Width
    5.843333     3.057333     3.758000     1.199333
```

```
> apply(sub,2,mean)
Sepal.Length  Sepal.Width Petal.Length  Petal.Width
    5.843333     3.057333     3.758000     1.199333
```

apply 함수에서 중간에 숫자는 방향을 의미한다(1은 행, 2는 열 방향임).

3.4.2 분산/표준편차 구하기

① Sepal.Lengh의 분산/표준편차

- 소스창 입력 및 실행

```
var(iris$Sepal.Length)
sd(iris$Sepal.Length)
```

. var = 분산, sd = 표준편차를 구하는 함수

- 결과 확인

```
> var(iris$Sepal.Length)
[1] 0.6856935
> sd(iris$Sepal.Length)
[1] 0.8280661
```

② 변수별 분산/표준편차

- 소스창 입력 및 실행

```
apply(sub,2,var)
apply(sub,2,sd)
```

- 결과 확인

```
> apply(sub,2,var)
Sepal.Length  Sepal.Width Petal.Length  Petal.Width
   0.6856935    0.1899794    3.1162779    0.5810063
> apply(sub,2,sd)
Sepal.Length  Sepal.Width Petal.Length  Petal.Width
   0.8280661    0.4358663    1.7652982    0.7622377
```

3.4.3 summary 함수 사용하기

■ 소스창 입력 및 실행

```
summary(sub)
```

■ 결과 확인

```
> summary(sub)
 Sepal.Length    Sepal.Width     Petal.Length    Petal.Width
Min.   :4.300   Min.   :2.000   Min.   :1.000   Min.   :0.100     ──→ 최소값
1st Qu.:5.100   1st Qu.:2.800   1st Qu.:1.600   1st Qu.:0.300     ──→ 1/4분위값
Median :5.800   Median :3.000   Median :4.350   Median :1.300     ──→ 중앙값
Mean   :5.843   Mean   :3.057   Mean   :3.758   Mean   :1.199     ──→ 평균
3rd Qu.:6.400   3rd Qu.:3.300   3rd Qu.:5.100   3rd Qu.:1.800     ──→ 3/4분위값
Max.   :7.900   Max.   :4.400   Max.   :6.900   Max.   :2.500     ──→ 최대값
```

3.4.4 describe 함수 사용하기

■ 소스창 입력 및 실행

```
describe(sub)
```

■ 결과 확인 : 평균, 중앙값, 분산, 표준편차, 데이터 수를 같이 분석한다.

```
> describe(sub)
Description of sub

 Numeric

             mean median  var   sd valid.n
Sepal.Length 5.84   5.80 0.69 0.83     150
Sepal.Width  3.06   3.00 0.19 0.44     150
Petal.Length 3.76   4.35 3.12 1.77     150
Petal.Width  1.20   1.30 0.58 0.76     150
```

3.4.5 상관계수 구하기

① Sepal.Length와 Sepal.Lengh의 상관계수 확인

■ 소스창 입력 및 실행

```
> cor(iris[,c(1:2)], use = "all.obs", method='pearson')
  또는
> cor(iris[,c(1:2)])  --> default : 모든 데이터와 Pearson 상관 계수
```

■ 결과 확인

```
> cor(iris[,c(1:2)], use="all.obs", method='pearson')
             Sepal.Length Sepal.Width
Sepal.Length   1.0000000  -0.1175698
Sepal.Width   -0.1175698   1.0000000
> cor(iris[,c(1:2)])
             Sepal.Length Sepal.Width
Sepal.Length   1.0000000  -0.1175698
Sepal.Width   -0.1175698   1.0000000
```

■ 결과 분석

색으로 표시된 숫자가 두 변수의 관계를 나타내는 상관관계계수(r)이다. r값을 활용하여 두 변수의 관계를 분석한다.

첫 번째 방향이다. +일 경우, 두 변수가 같은 방향, −일 경우 두 변수가 서로 다른 방향으로 움직인다는 뜻이다.

두 번째는 관계의 정도다. 이는 절대값으로 판단한다. 절대값이 0에 가까운 관계의 정도가 없다고 판단하고, 1에 가까울수록 관계의 정도가 강하다고 판단한다.

일반적으로 절대값 기준으로 0.8이 넘어갈 때 두 변수의 관계가 강하다는 판단을 한다.

② 모든 변수의 상관계수(상관계수 행렬) 구하기

■ 소스창 입력 및 실행

```
cor(sub)
```

■ 결과 확인

```
> cor(sub)
             Sepal.Length Sepal.Width Petal.Length Petal.Width
Sepal.Length   1.0000000  -0.1175698   0.8717538   0.8179411
Sepal.Width   -0.1175698   1.0000000  -0.4284401  -0.3661259
Petal.Length   0.8717538  -0.4284401   1.0000000   0.9628654
Petal.Width    0.8179411  -0.3661259   0.9628654   1.0000000
```

■ 결과 해석

Sepal.Length VS Sepal.Width : −0.117 → 상관관계가 거의 없음.

Sepal.Length VS Petal.Length : 0.871 → 강한 양의 상관관계가 있음.

Sepal.Length가 크면 Petal.Length도 큼.

Sepal.Length VS Petal.Width : 0.817 → 강한 양의 상관관계가 있음.

Sepal.Width VS Petal.Length : −0.428 → 약한 음의 상관관계가 있음.

Sepal.Width VS Petal.Width : −0.366 → 약한 음의 상관관계가 있음.

Petal.Length VS Petal.Width : 0.962 → 강한 양의 상관관계가 있음.

3.4.6 이산형 데이터 정리하기

숫자가 아닌 이산형 데이터는 개수, 비율로 정리하여 분석한다.

① 분석 데이터 : Cars93

② 데이터 변수 확인 : str(Cars93) 입력 후 실행

```
> str(Cars93)
'data.frame': 93 obs. of 27 variables:
 $ Manufacturer      : Factor w/ 32 levels "Acura","Audi",..: 1 1 2 2 3 4 4 4 4 5 ...
 $ Model             : Factor w/ 93 levels "100","190E","240",..: 49 56 9 1 6 24 54 74 73 35 ...
 $ Type              : Factor w/ 6 levels "Compact","Large",..: 4 3 1 3 3 3 2 2 3 2 ...
 $ Min.Price         : num  12.9 29.2 25.9 30.8 23.7 14.2 19.9 22.6 26.3 33 ...
 $ Price             : num  15.9 33.9 29.1 37.7 30 15.7 20.8 23.7 26.3 34.7 ...
 $ Max.Price         : num  18.8 38.7 32.3 44.6 36.2 17.3 21.7 24.9 26.3 36.3 ...
 $ MPG.city          : int  25 18 20 19 22 22 19 16 19 16 ...
 $ MPG.highway       : int  31 25 26 26 30 31 28 25 27 25 ...
 $ AirBags           : Factor w/ 3 levels "Driver & Passenger",..: 3 1 2 1 2 2 2 2 2 2 ...
 $ DriveTrain        : Factor w/ 3 levels "4WD","Front",..: 2 2 2 2 3 2 2 3 2 2 ...
 $ Cylinders         : Factor w/ 6 levels "3","4","5","6",..: 2 4 4 4 2 2 4 4 4 5 ...
 $ EngineSize        : num  1.8 3.2 2.8 2.8 3.5 2.2 3.8 5.7 3.8 4.9 ...
 $ Horsepower        : int  140 200 172 172 208 110 170 180 170 200 ...
 $ RPM               : int  6300 5500 5500 5500 5700 5200 4800 4000 4800 4100 ...
 $ Rev.per.mile      : int  2890 2335 2280 2535 2545 2565 1570 1320 1690 1510 ...
 $ Man.trans.avail   : Factor w/ 2 levels "No","Yes": 2 2 2 2 2 1 1 1 1 1 ...
 $ Fuel.tank.capacity: num  13.2 18 16.9 21.1 21.1 16.4 18 23 18.8 18 ...
 $ Passengers        : int  5 5 5 6 4 6 6 6 5 6 ...
 $ Length            : int  177 195 180 193 186 189 200 216 198 206 ...
 $ Wheelbase         : int  102 115 102 106 109 105 111 116 108 114 ...
 $ Width             : int  68 71 67 70 69 69 74 78 73 73 ...
 $ Turn.circle       : int  37 38 37 37 39 41 42 45 41 43 ...
 $ Rear.seat.room    : num  26.5 30 28 31 27 28 30.5 30.5 26.5 35 ...
 $ Luggage.room      : int  11 15 14 17 13 16 17 21 14 18 ...
 $ Weight            : int  2705 3560 3375 3405 3640 2880 3470 4105 3495 3620 ...
 $ Origin            : Factor w/ 2 levels "USA","non-USA": 2 2 2 2 2 1 1 1 1 1 ...
 $ Make              : Factor w/ 93 levels "Acura Integra",..: 1 2 4 3 5 6 7 9 8 10 ...
```

총 27개 변수, 93개 Records(관측치)

③ 한 개 변수(Type)에 대한 빈도 분석

질적 자료에 대한 빈도 분석은 'descr' library를 사용한다.

먼저 R 설치 후 library를 호출한다.

■ 소스창 입력 및 실행

```
> freq(Cars93$Type)
```

■ 결과 확인

```
> freq(Cars93$Type)
Cars93$Type
        Frequency Percent
Compact       16  17.204
Large         11  11.828
Midsize       22  23.656
Small         21  22.581
Sporty        14  15.054
Van            9   9.677
Total         93 100.000
```

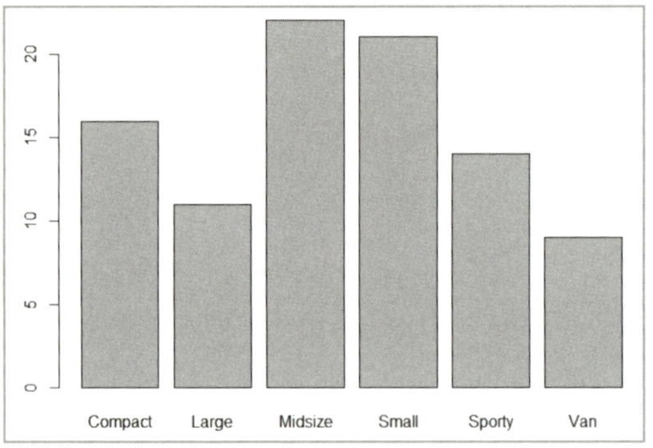

■ 결과 분석

차량 전체 중에서 Midsize가 23.7%(22개) 차지하고 있다.

Small이 22.6%(21개) 차지하고 있다.

④ 두 개 변수(Type, Cylinders)에 대한 교차표(Table) 분석

■ 소스창 입력

```
> with(Cars93, table(Type, Cylinders))
```

또는

```
> xtabs(~ Type + Cylinders, data = Cars93)
```

■ 결과 확인

```
> with(Cars93, table(Type, Cylinders))
         Cylinders
Type       3  4  5  6  8 rotary
  Compact  0 15  0  1  0      0
  Large    0  0  0  7  4      0
  Midsize  0  7  1 12  2      0
  Small    3 18  0  0  0      0
  Sporty   0  8  0  4  1      1
  Van      0  1  1  7  0      0
```

3.5 기본적인 그래프 분석

3.5.1 히스토그램(Histogram) : 데이터 전체 모습 확인

① iris 데이터의 Sepal.Length에 대한 히스토그램

- 소스창 입력 및 실행

```
> hist(iris$Sepal.Length)
```

- 결과 확인

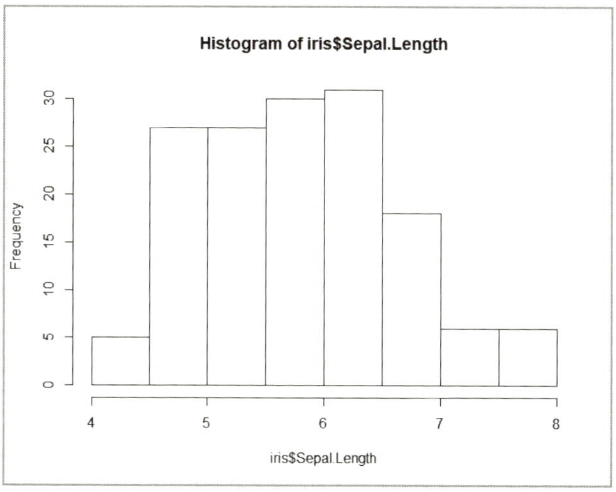

- 결과 분석

Sepal.Length는 5~7 사이에 가장 많이 분포되어 있다.

전체적으로 4~8 사이에 있다.

② 히스토그램 바차트 개수 조절(breaks)

- 소스창 입력 및 실행

```
hist(iris$Sepal.Length, breaks=15)
```

- 결과 확인 : 바차트 간격이 좁아지면서 좀 더 세밀하게 분석할 수 있다.

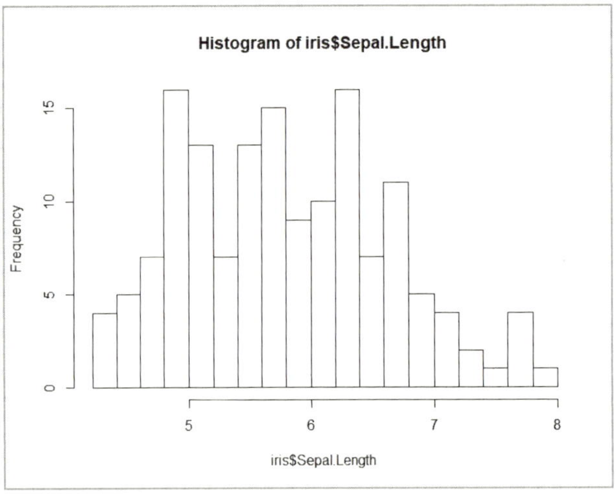

③ 히스토그램 바차트 색상 바꾸기

■ 소스창 입력 및 실행

```
> hist(iris$Sepal.Length, breaks=20, col='skyblue')
```

■ 결과 확인

바차트의 경계선을 변경하고 싶을 때는 아래와 같이 추가하면 된다.

hist(iris$Sepal.Length, breaks=20, col='skyblue', border="red")

③ 확률 히스토그램과 추세선 그리기

■ 소스창 입력 및 실행

```
> hist(iris$Sepal.Length, breaks=20, freq = F, col = 'grey')
> lines(density(iris$Sepal.Length))
```

■ 결과 확인

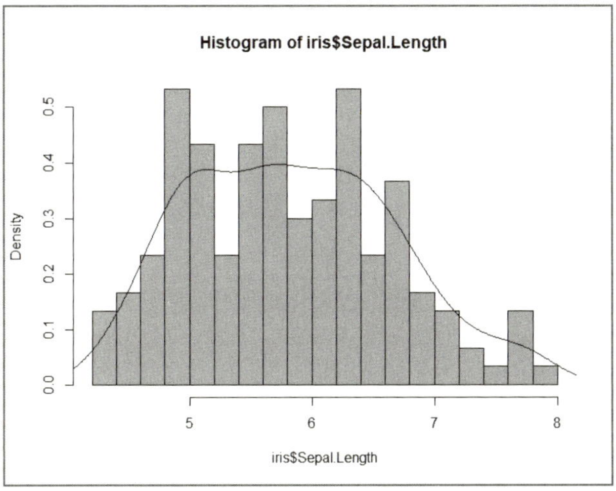

빈도수가 아니라 영역에 따른 확률을 확인할 수 있다.

3.5.2 상자 그림 : 집단 비교 및 이상치(Outlier) 확인

① Car95 데이터의 "Price"에 대한 상자 그림

■ 소스창 입력 및 실행

박스 색상을 변경하고 싶을 경우 히스토그램 사례 참조

```
> boxplot(Cars93$Price)
```

■ 결과 확인

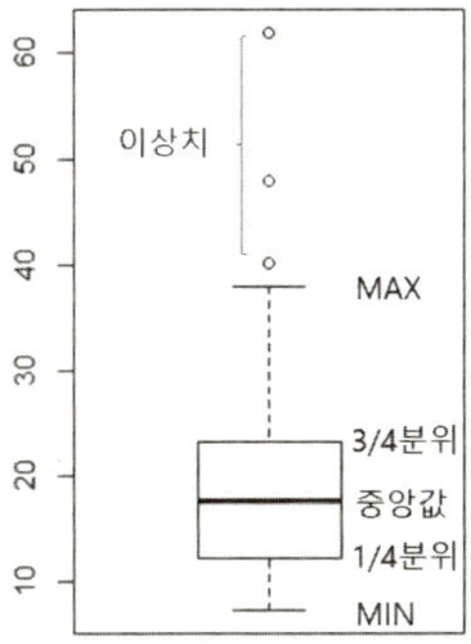

② 집단 간에 비교를 할 수 있는 상자 그림 그리기

③ Cars93 데이터의 Type별 Price 비교

■ 소스창 입력 및 실행

```
> boxplot(Cars93$Price ~ Cars93$Type, col='yellow')
```

■ 결과 확인

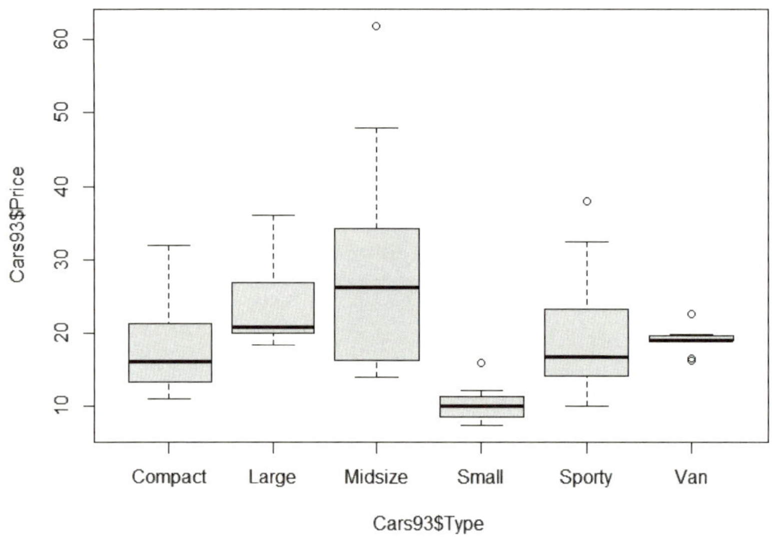

자동차의 유형별 가격의 차이를 눈으로 확인할 수 있다.

3.6 정상(정규)분포(Normal Distribution) 활용하기

정확한 미래는 예측할 수가 없다. 하지만, 이러한 미래를 예측하기 위해서 활용할 수 있는 것이 확률분포이다. 관심 있는 사건이 발생을 하는데 이 사건이 확률을 가지고 있다면 예측하는데 많은 도움을 얻을 수 있을 것이다. 통계학에는 다양한 확률분포를 활용하고 있지만 현업에서 가장 많이 활용하는 있는 것이 정상분포일 것이다.

정상분포를 알기 위해서는 두 개의 파라미터를 알고 있어야 한다. 평균과 표준편차가 바로 그것이다. 두 개의 파라미터를 이용하여 관심이 있는 일이 발생할 확률을 계산하여 의사결정에 활용할 수 있다.

3.6.1 정상분포 활용 기본

① 평균과 표준편차를 활용하여 정상분포 그래프 그리기

평균 100, 표준편차 5인 정상분포

■ 소스창 입력 및 실행

```
# x축의 범위 결정
x <- seq(70, 130, length=200)
# 정상 분포 그리기 : dnorm 함수 사용, type은 line을 의미하는 l로 선택
plot(x,dnorm(x, mean = 100, sd=5), type='l', main = '평균 100, 표준편차 5인 정상 분포')
```

■ 결과 확인

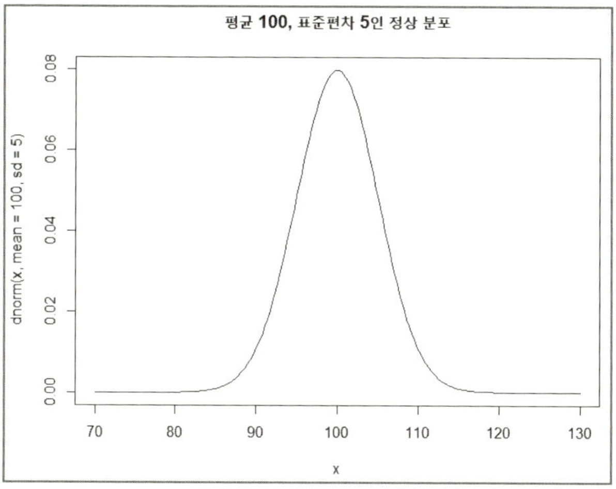

② 평균과 표준편차를 활용하여 누적 정상분포 그리기

평균 100, 표준편차 5인 누적 정상분포

■ 소스창 입력 및 실행

```
# x축의 범위 결정
x <- seq(70, 130, length=200)
# 정상 분포 그리기 : pnorm 함수 사용, type은 line을 의미하는 l로 선택
plot(x,pnorm(x, mean = 100, sd=5), type='l', main = '평균 100, 표준편차 5인 누적 정상 분포')
```

■ 결과 확인

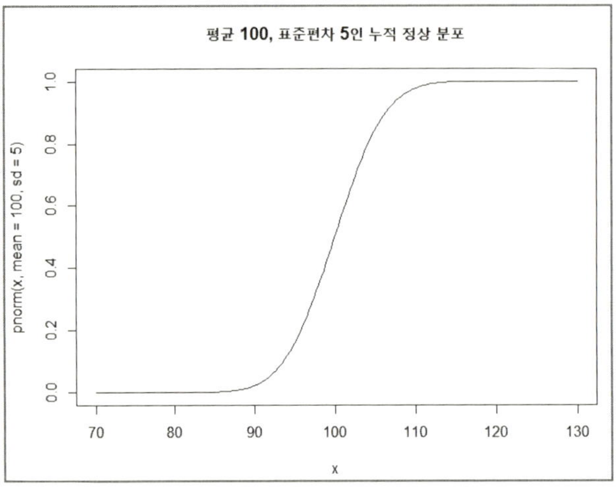

3.6.2 정상분포를 활용하여 확률 계산하기

① 누적확률 구하기

평균 100, 표준편차 5인 정상분포에서 94 이하일 확률

■ 소스창 입력 및 실행

〉 pnorm(94, 100, 5)

■ 결과 확인 : 94 이하일 확률은 11.5% 정도임

```
> pnorm(94,100,5)
[1] 0.1150697
```

■ 소스창 입력 및 실행 : 11.5%에 대한 눈으로 확인

```
x <- seq(70, 130, length=200)
plot(x,dnorm(x, mean = 100, sd=5), type='l', lwd='2', col = 'red')

u <- seq(70,94, length=200)
v <- dnorm(u, mean = 100, sd=5)
polygon(c(70,u,94), c(0,v,0), col='sky blue')
```

■ 결과 확인

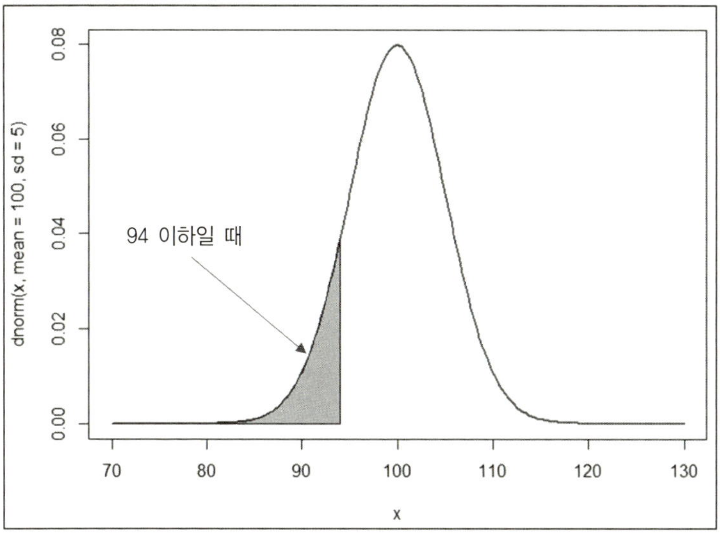

② 1-누적확률 구하기(관심값 이상 발생할 확률)

평균 100, 표준편차 5인 정상분포에서 110 이상일 확률

■ 소스창 입력 및 실행

〉 pnorm(110, 100, 5, lower.tail=FALSE)

■ 결과 확인 : 110 이상일 확률은 2.27%임

```
> pnorm(110,100,5, lower.tail = FALSE)
[1] 0.02275013
```

■ 소스창 입력 및 실행 : 2.27%에 대한 눈으로 확인

```
x <- seq(70, 130, length=200)
plot(x,dnorm(x, mean = 100, sd=5), type='l', lwd='2', col = 'red')

u <- seq(110,130, length=200)
v <- dnorm(u, mean = 100, sd=5)
polygon(c(110,u,130), c(0,v,0), col='sky blue')
```

- 결과 확인 : 회색 영역이 2.27%임

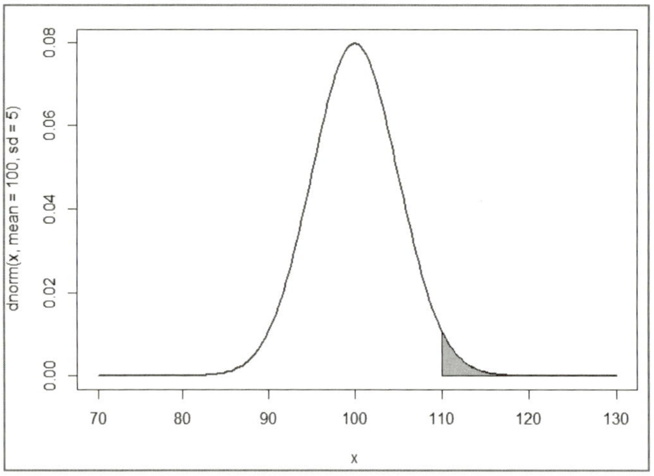

③ 확률을 알았을 때 관심값 확인하기

평균 100, 표준편차 5인 정상분포에서 작은 값부터 누적해서 85%가 되는 값 구하기

- 소스창 입력 및 실행

〉 qnorm(0.85, 100, 5)

- 결과 확인 : 누적해서 85%가 되는 값은 105.18 근처임.

```
> qnorm(0.85, 100, 5)
[1] 105.1822
```

- 소스창 입력 및 실행 : 105.18%에 대한 눈으로 확인

```
x <- seq(70, 130, length=200)
plot(x,dnorm(x, mean = 100, sd=5), type='l', lwd='2', col = 'red')

u <- seq(70,qnorm(0.85,100,5), length=200)
v <- dnorm(u, mean = 100, sd=5)
polygon(c(110,u,qnorm(0.85,100,5)), c(0,v,0), col='sky blue')
```

■ 결과 확인

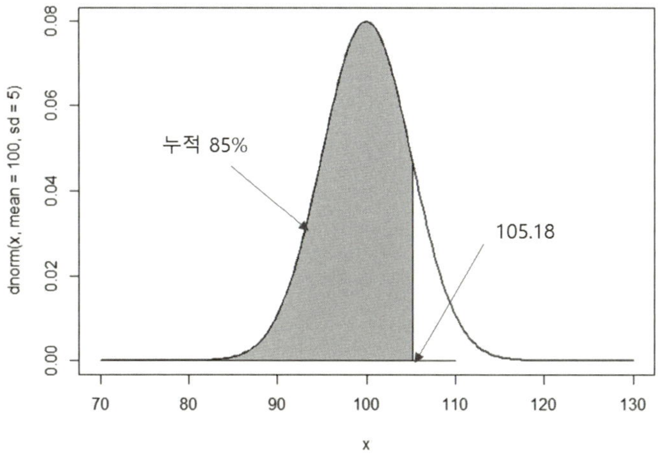

3.6.3 표준정상분포 활용

정상분포를 사용하기 위해서는 평균과 표준편차를 알고 있어야 한다. 실제 현장에서는 다양한 평균과 표준편차 그리고 단위가 존재하기 때문에 이를 손쉽게 활용할 수 있는 방법이 필요하다. 모든 정상분포를 표준이 되는 하나의 정상분포로 변환하여 사용할 수 있는데 이를 표준정상분포라고 한다. 표준정상분포의 평균은 0, 표준편차는 1이다.

▌그림 3-23 ▌표준정상분포의 필요성과 개념

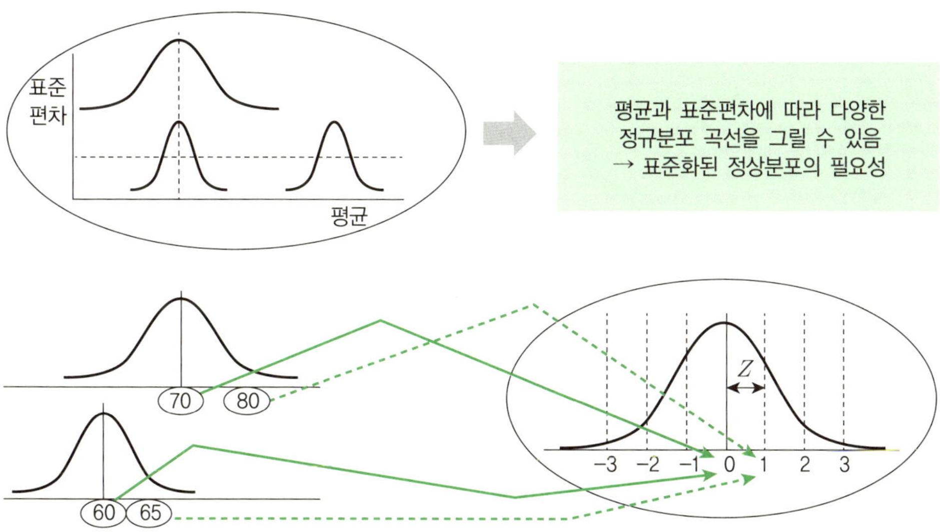

모든 정상분포를 표준정상분포로 변환할 수 있다. 원래 데이터를 표준정상분포로 변환했을 때 값을 Z값이라고 하면 변환하는 방법은 다음과 같다.

$$Z = \frac{(\text{관측값} - \text{평균})}{\text{표준편차}}$$

여기에서 관측값은 USL 또는 LSL, 평균을 Target이라고 한다면 Z값이 의미하는 것은 시그마 수준이다. 따라서, Z값은 프로세스의 현재 수준을 나타낸다.

3.6.4 정상성 검정(Nomality Test)

① QQPlot : iris 데이터의 Sepal.Length의 정상분포 여부 확인

■ 소스창 입력 및 실행

```
qqnorm(iris$Sepal.Length)
qqline(iris$Sepal.Length, col = 2)
```

■ 결과 확인

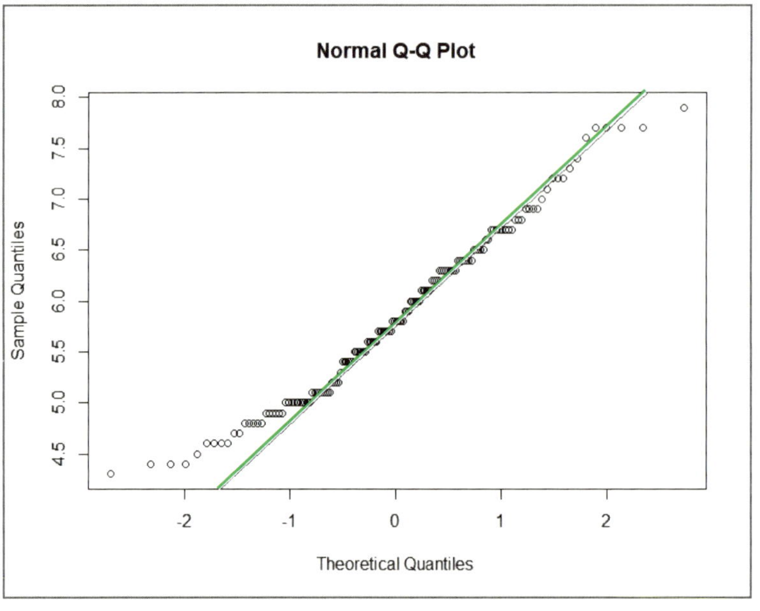

색선에 점들이 가까이 있을수록 정상분포에 가깝다.

② Anderson-Darling 정상성 검정

nortest 패키지를 사용한다.

■ 소스창 입력 및 실행

```
ad.test(iris$Sepal.Length)
```

■ 결과 확인

```
> ad.test(iris$Sepal.Length)

        Anderson-Darling normality test

data:  iris$Sepal.Length
A = 0.8892, p-value = 0.02251
```

p-value가 1에 가까울수록 정상분포라고 할 수 있다. 실무적으로 해석한다면 Sepal.Length 데이터는 정상분포일 확률이 2.25% 정도 밖에 되지 않는다.

이 확률의 크고 작음을 판단하기 위해서는 판단 기준이 필요한데, 가장 많이 사용하는 5%를 기준으로 보면 이 확률은 상당히 작다고 할 수 있다. 따라서 Sepal.Length 데이터는 정상분포라고 할 수 없다.

데이터가 정상분포를 따른다면 다음과 같은 결과가 나온다.

```
> ad.test(cars$speed)

        Anderson-Darling normality test

data:  cars$speed
A = 0.26143, p-value = 0.6927
```

p-Value가 69.2%로써 판단 기준인 5%보다 확률이 높다. 따라서 이 데이터는 정상분포라고 판단할 수 있다.

4. 측정(Measure)

◆ 측정할 수 없으면 관리할 수 없고, 관리할 수 없으면 개선할 수 없다.
– 피터 드러커 –

4.1 데이터 수집 계획 수립

측정 단계의 목적은 정의(Define) 단계에서 선정한 CTQ에 대하여 현재 수준을 확인하는 것이다. 현재 수준을 확인하기 위해서는 CTQ의 산포를 측정해야 한다. 이 산포를 측정하기 위해서 제일 먼저 데이터 수집 계획을 수립한다. CTQ에 대한 현재 수준 확인을 위해서 특정 조건 및 제조환경의 데이터를 수집하면 현재 수준을 정확하게 측정할 수가 없다. 이를 방지하기 위해서는 CTQ 측정 이전에 CTQ의 운영 정의를 명확히 하고, 합리적인 부분군 형태로 데이터를 수집해야 한다. 이렇게 체계적으로 수집한 데이터가 CTQ의 현재 수준을 대변할 수 있다.

CTQ의 수준을 평가할 수 있도록 측정가능한 지표로 바꿔야 하는데 이를 CTQ 운영 정의라고 한다. 운영 정의에는 측정 기준, 단위와 규격(Spec)을 포함하고 있다.

| 표 3-6 | 운영 정의 예

CTQ	측정 기준	단위	규격
틈새	이격 거리	mm	0.2 이하
작동 안정성	동작중 소음	데시벨	30 이하
예측 정확도	전월 판매 계획 대비 당월 판매량 비율	%	85% 이상
공용 부품 사용도	단위제품 총부품 대비 공용부품 적용 비율	%	70% 이상

4.2 합리적인 부분군(Rational Subgroup)

생산현장에서 거의 동일한 환경(4M 또는 5M1E), 동일한 시점에서 수집한 데이터 셋(Set)을 부분군(Subgroup)이라고 한다. 이렇게 생산 환경이 비슷한 상태에서 수집한 부분군을 여러 개 수집하여 CTQ의 현재 수준을 측정한다. 이렇게 함으로써 군내 변동과 군간 변동을 분리할 수 있으며, 향후 분석 과정에서 CTQ에 영향을 주는 원인을 파악하는 데 큰 도움이 된다.

부분군(Subgroup)의 간격은 생산현장의 상황과 앞에서 선정한 가인자의 종류와 특성에 영향을 받는다. 간격을 좁게 해서 부분군의 수를 많게 하면 현재 상태를 정확하게 판단하는 데 도움이 되지만 효율성은 떨어진다. 따라서, 부분군의 간격은 현장 지식을 최대한 활용해서 합리적으로 결정한다. 이렇게 합리적으로 선정한 부분군을 합리적인 부분군(Rational Subgroup)이라고 한다.

하나의 부분군, 즉 상대적으로 짧은 기간에 수집해야 할 데이터 수는 Subgroup Size라고 하며 이 또한 현장의 상태를 고려해서 결정한다. 통계적으로는 표본오차를 고려하여 5개 이상 수집할 것을 권장한다. 데이터 개수가 증가하면서 표본오차가 줄어드는데, 데이터 개수가 5개가 될 때까지 표본오차가 급격히 감소한다.

❙ 그림 3-24 ❙ 표준편차가 1일 경우 데이터 개수와 표본오차와의 관계

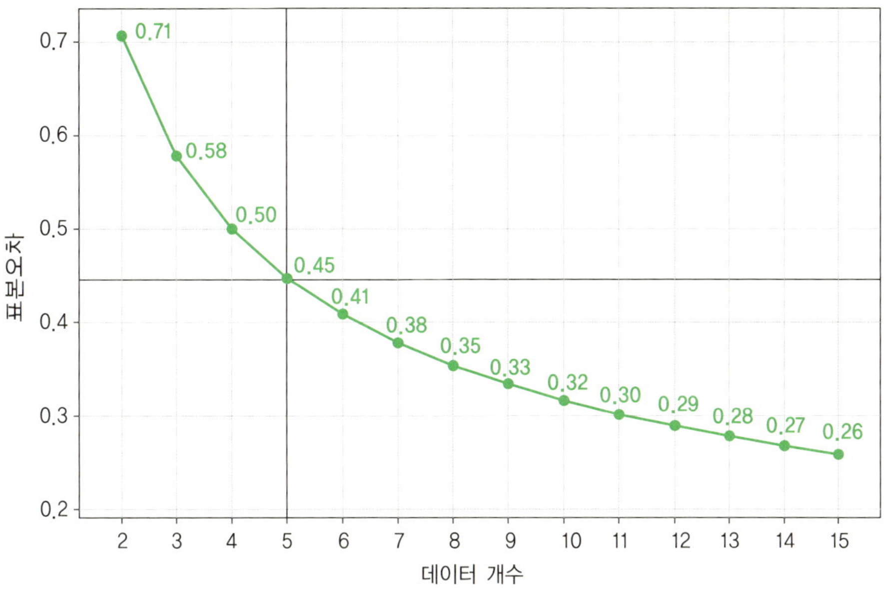

표준편차가 1이라고 가정할 경우, 표본오차는 데이터 개수가 늘어남에 따라서 표준오차는 $1/\sqrt{n(\text{데이터 개수})}$ 만큼씩 줄어든다.

$$\text{표준오차} = \frac{\text{표준편차}}{\sqrt{n}}$$

실제 현장에서 데이터를 10개 수집했을 경우 평균이 10이라고 가정하자. 다시 데이터 10개를 수집한다고 하면 평균이 정확하게 10일 수는 없다. 한 번 데이터를 수집해서 평균을 계산했을 경우 평균도 산포가 존재하고 있음을 알 수 있다. 이를 정확하게 계산하고 싶다면 샘플 10개씩 여러 번 반복해서 수집한 다음, 각각 평균을 구하고 평균들의 표준편차를 계산하면 된다. 하지만 실무적으로는 이런 접근방법은 거의 불가능에 가깝다. 이런 번거로움을 해결할 수 있는 방법을 통계에서 제시한 것이 바로 표준오차를 계산하는 방법이다.

아래의 그림을 보면 데이터 개수가 1개에서 2개로 늘어났을 경우 1개였을 때 표준오차 대비 2개였을 때 표준오차는 약 29% 감소했음을 알 수 있다.

▌그림 3-25▐ 데이터 개수와 오차 감소율

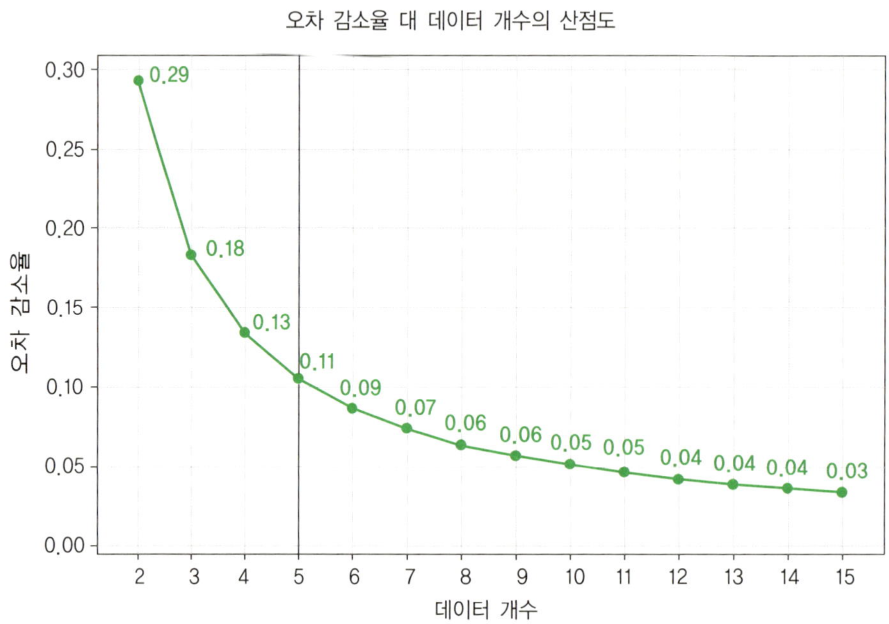

데이터 개수가 5개가 될 때까지 데이터 개수가 증가함에 따라서 표준오차는 최소 10%이상 감소함을 알 수 있다. 하지만 6개 이상이 되면서부터는 데이터 개수가 증가함에 따라서 표준오차 감소율이 수렴함을 확인할 수 있다.

결국 합리적인 부분군은 표준오차를 최소화하면서 전체 변화를 잘 감지할 수 있도록 수립한 데이터 수집 계획이다.

▌그림 3-26 ▌합리적인 부분군 개념도

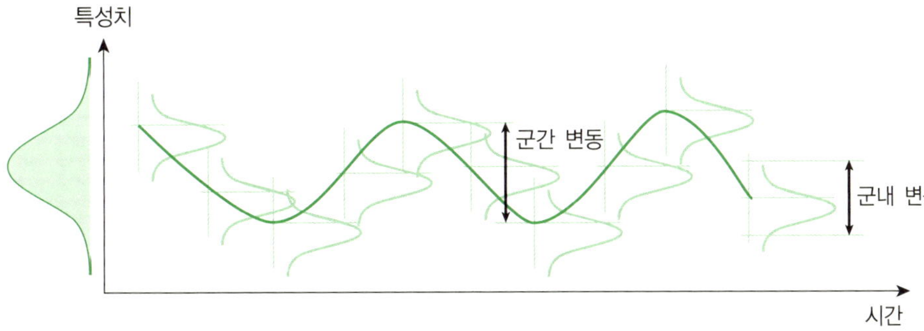

4.3 부분군(Subgroup)의 조건

첫째, 데이터가 계량형이어야 한다(연속형 데이터).
계량형(연속형) 데이터는 분수 또는 소수값을 포함하여 연속 척도를 따라 측정값의 범위를 포함하고 표시하는 숫자를 말한다. 일반적인 예로 온도, 무게, 길이 등이 있다.

둘째, 신뢰할 수 있는 공정능력 추정치를 얻기에 충분한 데이터셋이어야 한다.
장기적으로 충분한 양의 데이터를 수집하지 못했을 경우, 데이터가 공정 변동의 여러 원인을 정확하게 반영하지 못하고, 공정능력지수가 진정한 공정능력을 나타낼 수 없다(가능한 한 100개 이상 데이터를 추천함. 부분군 크기가 4일 경우 부분군 개수는 25개 이상).

셋째, 합리적인 부분군을 결정한다.
만약 합리적인 부분군을 설정하지 못한다면 공정에 내재된 본래 산포가 아닌 다른 특수한 원인을 반영할 수 있다.

넷째, 가능하면 모든 부분군의 크기(Subgroup Size)가 같아야 한다.

다섯째, 최소 부분군의 크기는 2 이상이어야 한다.

여섯째, 공정이 안정적이고 관리상태에 있어야 한다. 이는 측정 단계에서 계산하는 공정능력지수를 활용하기 위한 필요충분 조건이다.

일곱째, 수집한 데이터는 정상(Normal)분포를 따라야 한다.

최근 IoT 기술을 적용하여 현장에서 데이터를 수집하면 상당히 많은 데이터를 수집할 수 있다. 이를 제조현장의 빅데이터라고 할 수 있다. 실시간(예 : 초단위로 데이터 수집)으로 수집하는 모든 데이터를 활용하여 현재 공정(프로세스)의 능력을 분석하는 것 또한 모든 데이터를 활용하는 것과 더불어 프로그래밍을 통해서 부분군의 아이디어를 접목하는 것이 실제 공정능력을 파악하는 것이라 생각한다. 전체 데이터는 현재 수준 보다는 이상원인을 파악하는데 도움이 될 것이다. 물론 알고리즘을 잘 활용하면 현장의 이상원인을 쉽게 파악할 수 있을 것이다.

그림 3-27 생산현장의 빅데이터와 공정능력 분석의 위계

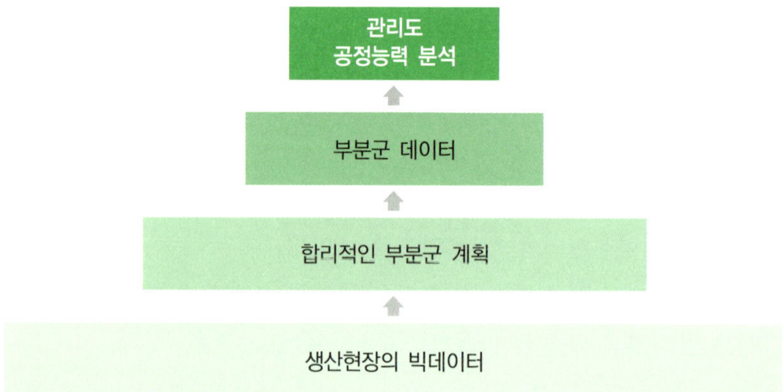

4.4 측정시스템 신뢰성 확인

측정시스템이란 관심 있는 대상을 데이터로 변환해주는 측정 도구와 더불어 측정을 위한 일련의 절차를 포함하는 포괄적인 개념이다.

측정시스템 = 계측기 + 측정 프로세스(절차 및 환경 등)

사실(Fact)을 데이터로 변환해주는 Media라고 할 수 있는 측정시스템이 신뢰성을 확보하지 못했다면 수집한 데이터를 활용할 수는 없다(Garbage in Garbage Out). 즉, 측정시스템이 가진 오차를 최소화하지 않으면 데이터는 실제 사실(Fact)에 대한 정보를 반영하지 못했기 때문에 현장에서 활용할 수 없게 된다. 따라서 데이터를 수집하기 전에 측정시스템의 신뢰성을 확보하는 것은 가장 기본적인 절차이다.

제조현장에 센서등을 활용하여 실시간으로 데이터를 수집하는 경우에는 센서의 검교정 주기의 준수, 센서의 교체 주기, 와이파이 등 네트워크 상태 등을 내부 기준을 마련해서 정기적으로 점검 개선하여야 한다. 제조현장에서 시간에 기반한 빅데이터인 경우에는 데이터의 정확성과 더불어서 데이터 손실가능성 확인 및 점검까지 측정시스템의 신뢰성에 포함해서 관리하여야 한다. 특히, 무선을 활용하는 경우 설치와 측정의 편안함은 있지만 데이터 손실이 발생할 수 있기 때문에 정상작동 유무 및 보안에 대해서 주기적인 점검과 확인이 필수적이다.

측정시스템의 신뢰성을 위하여 측정 단계에서 활용하는 R 패키지는 qcc, SixSigma, qualityTools 등이 있다.

4.4.1 측정시스템 오차의 종류

측정데이터는 다음과 같이 실제값과 오차로 구성된다.

측정데이터 = 실제값 오차

측정시스템의 오차는 크게 우연오차, 계통오차, 과실오차 세 가지로 구분할 수 있다.

- 우연오차 : 측정자가 주의해도 피하기 어려운 불규칙적인 우발적인 원인에 의해서 발생하는 오차를 말한다. 주로 측정 환경의 변화에 영향을 받아 발생한다.
  예) 설비의 먼지, 계측기 PM 상태, 자기장, 온도, 습도 등
- 계통오차 : 특정 원인에 의해서 측정값이 치우치는 오차를 말한다.
  측정기 차이, 측정자의 습관, 측정치의 물성 변화 등이 주요 원인이다.
- 과실오차 : 측정의 부주의로 발생하는 오차이다. 절차 미준수, 샘플 취급 부주의, 척도 오해 등으로 인해 발생한다.

4.4.2 측정시스템의 필수 요구사항

제조현장에서 활용하는 측정시스템은 다음과 같은 요구사항을 충족해야 한다.

- 측정시스템은 통계적으로 관리상태에 있어야 한다.
- 측정시스템을 활용해서 지속적으로 측정한 결과값이 안정적이어야 한다.
- 측정시스템의 변동은 프로세스 자체가 가지고 있는 변동 또는 규격범위보다 작아야 한다.
- 측정시스템이 변별력을 가지고 있어야 한다.
- 측정의 최소 단위(눈금, 분해능)는 공정 산포가 규격 한계 중 작은 단위보다 1/10 작아야 한다.

공정의 측정 단위가 1/10이라면 계측기의 분해능은 1/100이어야 한다.

4.4.3 용어의 정의

- 측정(Measurement) : 어떤 특성에 수치를 부여하는 것
- 측정과정 : 수치를 부여하는 절차
- 측정치(Measurement Value) : 측정 과정을 통해 부여한 수치
- 계측기(Gage) : 측정치를 얻기 위한 설비(장치)
- 측정시스템 : 계측기, 측정자, 절차, 작동법, 소프트웨어 등 측정치를 얻기 위해 사용하는 모든 것

4.5 측정시스템의 오차와 분석 종류

측정시스템에서 발생하는 오차는 정확성(Bias)과 정밀성(Precision)으로 나눌 수 있다. 정확성은 주어진 표준값과 측정값과의 차이(Gap)를 말하며, 정밀성은 동일한 샘플을 연속해서 측정했을 때 발생하는 변동(변화)을 말한다. 정확성은 편의, 안정성, 선형성으로 구분하고, 정밀성은 반복성과 재현성으로 구분한다.

그림 3-28 측정시스템 오차 및 분석 종류

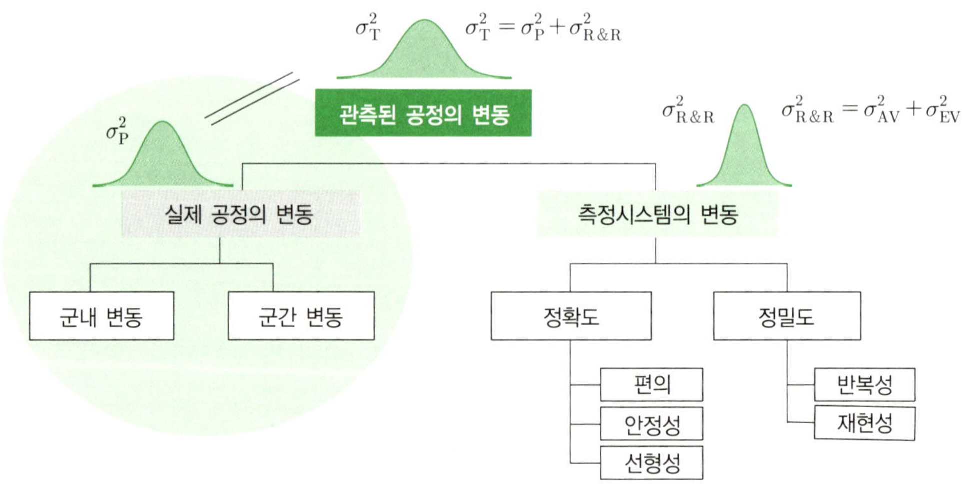

4.5.1 편의(Bias) : 검/교정의 대상(참값과 관측값 평균의 차이(Gap))

표준 샘플을 주어진 측정시스템을 활용하여 반복 측정한 다음 평균값과 참값의 차이를 확인한다. 차이가 작을수록 편의가 없고, 측정시스템이 정확하다고 할 수 있다.

- 주요 발생 원인 : 부정확한 검/교정, 계측 장비 마모, 표준(Master) 부품 마모, 측정 프로세스 Setup 부정합 등

그림 3-29 Bias 개념

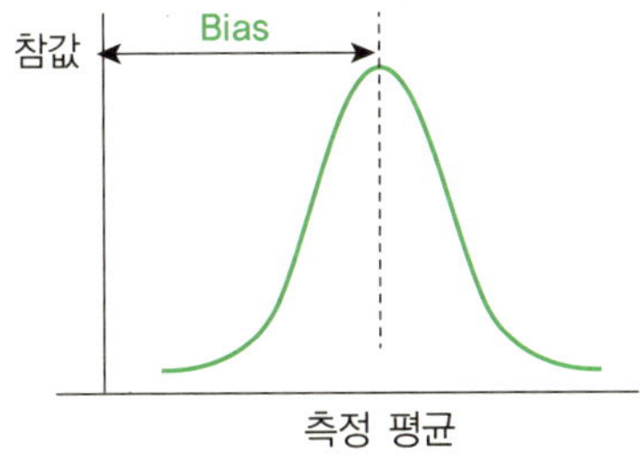

4.5.2 안정성(Stability)

동일한 샘플의 측정값이 시간의 흐름에 따라 발생하는 편의(Bias)의 변화를 의미한다. 시간 간격을 두고 측정한 결과값이 큰 차이가 없을 때 계측시스템의 정확성은 시간에 따라 안정하다고 할 수 있다.

- 주요 발생 원인 : 불규칙적인 계측기 사용(특히, 장기간 미사용, 준비(Warm Up) 상태, 사용시마다 차이나는 환경(전압, 공압 등)

그림 3-30 계측기 안정성 개념

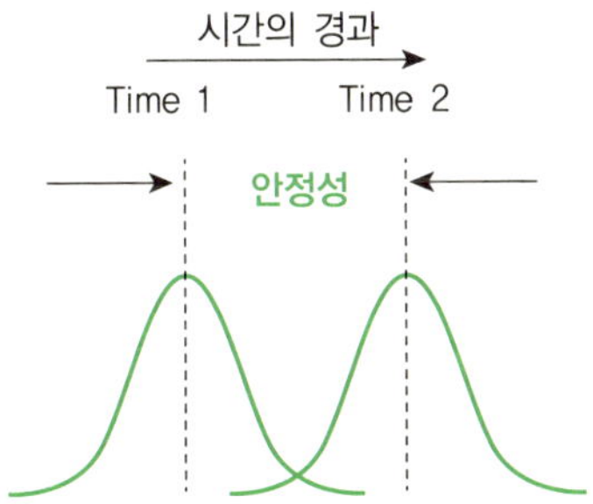

4.5.3 선형성(Linearity)

계측기 작동범위 또는 규격(Spec)범위 전체에 대한 편의(치우침, Bias)를 의미한다. 측정시스템이 일부 측정 범위만 사용했을 경우 범위별로 편의가 발생할 수 있는데, 이를 확인하는 방법이 선형성 분석이다. 아래 그림은 계측기 선형성에 문제가 있는 경우이다. LSL 근처의 Bias가 USL 근처의 Bias보다 크다.

- 주요 발생 원인 : 측정 구간만을 계속 사용하는 경우 눈금 읽는 방법, 불완전한 계측기 등

▌그림 3-31▐ 계측기 선형성 개념

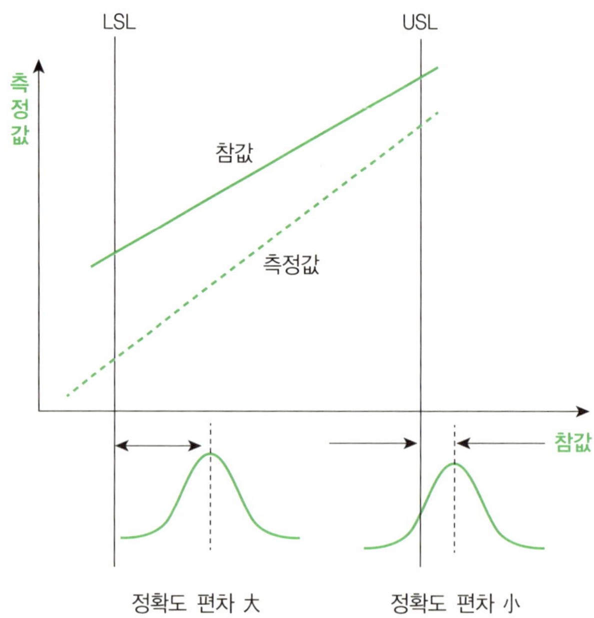

- 정확성 분석 정리

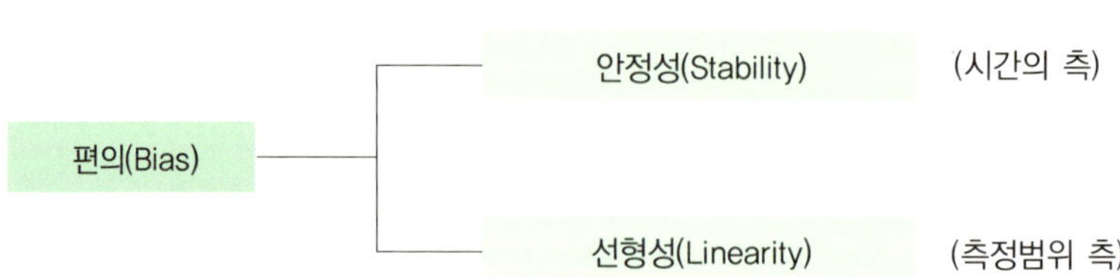

일반적으로 정확성은 공정 변동 대비 5% 미만으로 관리해야 하며, 10% 이상일 경우는 계측시스템을 개선해야 한다.

4.5.4 정밀성(Precision) : Gage R&R

계측시스템의 정밀성은 동일한 계측기를 활용해서 동일한 샘플에 측정했을 경우 동일한 측정치를 얻는 정도라고 할 수 있다. 정밀성은 반복성(Repeatability)과 재현성(Reproducibility) 두 가지가 있다.

① 반복성(Repeatability)

한 명의 측정자가 동일 부품의 동일 특성을 동일한 계측기를 사용하여 비교적 짧은 시간에 여러 번 측정하였을 때 발생하는 측정치의 변동을 말한다. 동일한 부품, 동일한 사람이 측정했을 때 발생한 경우이므로 이는 주로 계측 장비에 의해 발생했다고 판단한다.

그림 3-32 계측기 반복성 개념

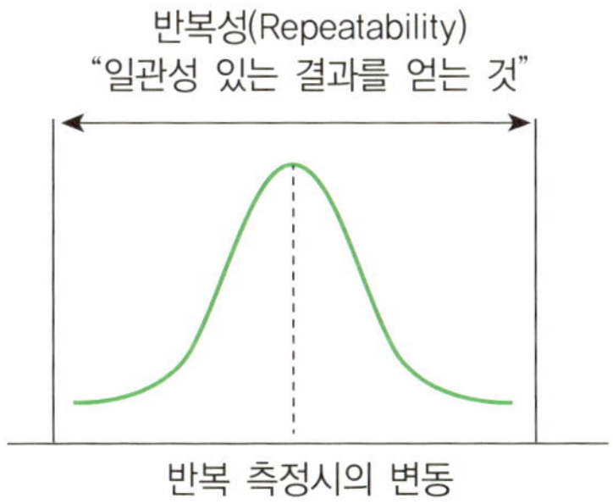

② 재현성(Reproducibility)

동일 부품의 동일 특성을 동일한 계측기를 사용하여 비교적 짧은 시간에 여러 명의 측정자가 측정하였을 때 측정자 간에 발생하는 평균치의 차이를 말한다. 부품, 계측기가 동일하지만 측정자의 변경이 있었기 때문에 측정자에 의해 발생했다고 판단한다.

| 그림 3-33 | 계측기 재현성 개념

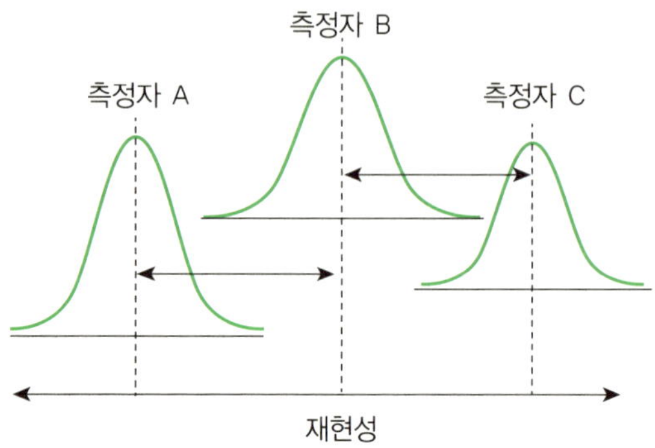

4.6 R을 활용한 계측기 정확성(Accuracy) 분석

4.6.1 편의(Bias)분석

이미 값을 알고 있는 표준(Master) 샘플과 계측기를 이용하여 반복측정하여 측정치를 수집한다.

예) 표준값=.8

Spec : ±0.35

측정치=0.75, 0.75, 0.75, 0.8, 0.7, 0.8, 0.75, 0.75, 0.75, 0.75

① %bias 계산

■ 소스창 입력 및 실행

```
# R을 활용하여 %bias 구하기
# Master 값 = 0.8
# Spec = ± 0.35

master <- 0.8
s1 <- 0.7

b1 <- c(0.75,0.75,0.75,0.8,0.7,0.8,0.75,0.75,0.75,0.75)
m1 <- mean(b1)
m1

# Bias % 구하기

bias <- (abs(master-m1)/s1)*100
bias
```

■ 결과 확인

```
> m1
[1] 0.755        → 10개 측정치의 평균

> Bias
[1] 6.428571     → Spec 대비 Bias %. Spec 대비 6.4%
```

■ 결과 분석

Spec 대비 Bias 6.43%이므로 Bias는 문제가 없다고 판단할 수 있다.

② Bias 검정

■ 소스창 입력 및 실행

```
# R을 활용하여 bias 검정하기
# Master 값 = 0.8

b1 <- c(0.75,0.75,0.75,0.8,0.7,0.8,0.75,0.75,0.75,0.75)
t.test(b1, mu=0.8)
```

■ 결과 확인

```
One Sample t-test

data:  b1
t = -5.0138, df = 9, p-value = 0.0007252
alternative hypothesis: true mean is not equal to 0.8
95 percent confidence interval:
 0.7346965 0.7753035
sample estimates:
mean of x  0.755
```

■ 결과 해석

p-value=0.000

측정한 10개의 데이터를 활용하여 분석한 결과, 측정값의 평균이 Master 값인 0.8일 확률은 거의 없다. 따라서 측정값의 평균의 0.8이라고 할 수 없다.

95 percetn confidence interval : 0.73~0.77

측정한 10개의 데이터에 근거하여 분석한 평균값은 0.93~0.97 사이에 있을 확률이 95%이다. Master 값이 0.8보다 작게(0.07~0.03) 측정하고 있다.

mean of×0.755

10개 샘플의 평균은 0.755

■ 종합 결론

10개 샘플을 근거로 판단하면 Master 값 0.8 대비 Bias가 존재하지만, Spec 대비는 그렇게 크지 않으면 Bias에 문제가 없는 계측기라고 판단한다.

4.6.2 안정성(Stability) 분석

이미 값을 알고 있는 표준(Master) 샘플과 계측기를 이용하여 총 5번 시간을 달리하고, 시간당 3번씩 측정하였다. (Data=m1_sta.csv)

Time	m1	m2	m3
1	0.78	0.8	0.65
2	0.79	0.75	0.8
3	0.75	0.79	0.79
4	0.7	0.77	0.77
5	0.75	0.74	0.71

① 관리도 활용하여 안정성 확인

■ 소스창 입력 및 실행

```
# R을 활용하여 계측기 안정성 분석하기
# 계측기 X_bar 관리도
# 계측기 R 관리도

library('qcc')

m1_sta <- read.csv(C:m1_sta.csv)

qcc(m1_sta, type = 'xbar')
qcc(m1_sta, type = 'R')
```

■ 결과 확인 : Xbar 관리도

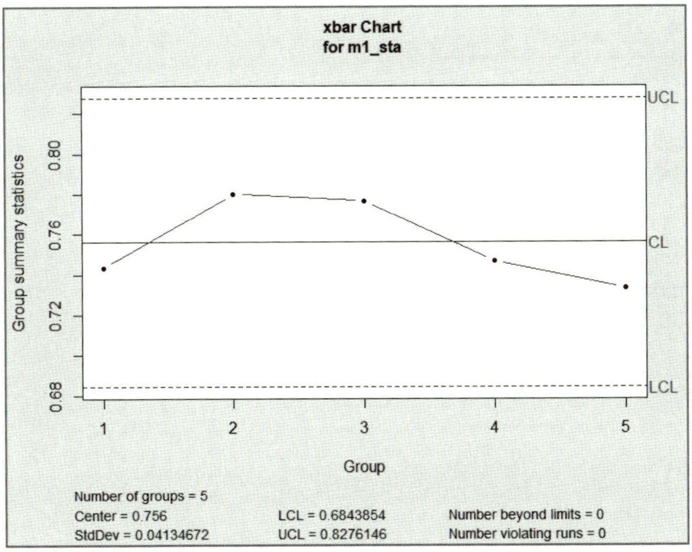

■ 결과 확인 : R 관리도

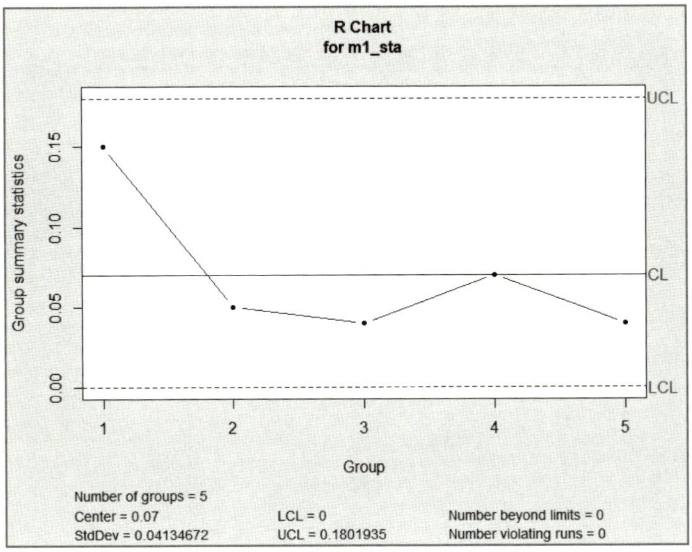

■ 결과 해석

Xbar - R 관리도 모두 관리선 내에서 관리되고 있음을 확인할 수 있다. 따라서 계측기는 시간에 따른 안정성을 가지고 있다고 할 수 있다.

② % stability 계산

■ 소스창 입력 및 실행

```
# R을 활용하여 %Stability 계산하기
# 1. 시간대별 평균 구하기
# 2. 평균 최대, 최소값의 차이 구하기
# 3. 최대 최소 차이와 Spec(±) 비교하기

spec <- 0.7
m2 <- apply(m1_sta,1,mean)
gap <-max(m2) - min(m2)
sta = (gap/spec)*100
sta
```

■ 결과 확인 : Spec=0.7

〉 sta

[1] 6.666667

■ 결과 해석

안정성은 Spec 대비 6.67%이고, 안정적인 관리도를 보여주고 있으므로 계측기는 시간적으로 안정하다고 판정한다.

4.6.3 선형성(Linearity) 분석

Spec의 각 부분의 표준 샘플을 이용하여 5회씩 데이터를 수집하였다.

Master : 2, 4, 6, 8, 10

공정 표준편차=3이라고 가정함.

1 (double)	2 (double)	3 (double)	4 (double)	5 (double)
2.7	2.5	2.4	2.5	2.7
5.1	3.9	4.2	5.0	3.8
5.8	5.7	5.9	5.9	6.0
7.7	7.8	7.8	7.8	7.7
9.4	9.5	9.5	9.5	9.6

■ 소스창 입력 및 실행 : 회귀분석

```
# R을 활용하여 %linearity 계산하기
# Master = 2, 4, 6, 8, 10
# 공정 표준 편차 = 3

m1_lin <- read_csv("2_data/m1_lin.csv")  # Data 불러오기
x1 <- apply(m1_lin,1,mean)               # 1. 영역별 평균 구하기
x1
mas <- c(2,4,6,8,10)                     # 2.masster list 만들기
mas
gap <- x1-mas                            # 3.영역별 평균과 Master와 차이
gap
summary(lm(gap~mas))                     # 4.Gap과 Master와 회귀분석
```

■ 결과 확인 : R-squared는 최소 60% 이상인지 확인함.

```
Call:
lm(formula = gap ~ mas)

Residuals:
     1      2      3      4      5
-0.008  0.108 -0.156  0.020  0.036

Coefficients:
            Estimate Std. Error t value Pr(>|t|)
(Intercept)  0.84400    0.11767   7.173  0.00558 **
mas         -0.13800    0.01774  -7.780  0.00442 **
---
Signif. codes:  0 '***' 0.001 '**' 0.01 '*' 0.05 '.' 0.1 ' ' 1

Residual standard error: 0.1122 on 3 degrees of freedom
Multiple R-squared:  0.9528,     Adjusted R-squared:  0.937
F-statistic: 60.52 on 1 and 3 DF,  p-value: 0.004419
```

■ 소스창 입력 및 실행 : 선형성 계산

```
l1 <- abs(-0.138)
linearity1 <- l1*6*3
linearity2 <- (linearity1/(3*6))*100

linearity1
linearity2
```

```
> linearity1
[1] 2.484
> linearity2
[1] 13.8
```

선형성은 2.484이며 %선형성은 13.8%로 나쁜 편이다. 따라서 본 계측기의 선형성은 개선해야 한다.

| 표 3-7 | 선형성 계산 방법

- 회귀모형 : $y = a + bx$　　y : 편의(Bias)
  x : 기준치
  b : 기울기
- Linearity = | 기울기 | × Process Variation
- % Linearity = $\frac{\text{Linearity}}{\text{Process Variation}} \times 100$
  = | 기울기 | × 100　　Process Variation : 6σ

■ 소스창 입력 및 실행 : 개선 포인트 확인

```
plot(gap~mas, type='o', col='red', main = '선형성 회귀 분석')
```

■ 결과 확인

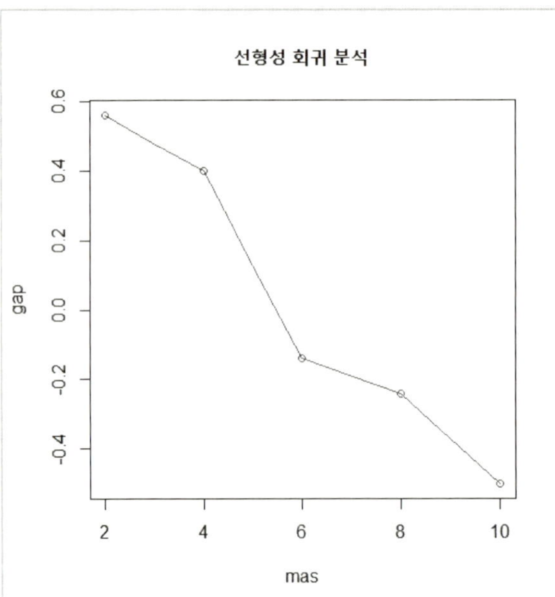

측정영역 2, 4 : 표준보다 높게 측정됨

측정영역 8, 10 : 표준보다 낮게 측정됨

4.7 R을 활용한 계측기 정밀성(Precision) 분석 – Gage R&R

4.7.1 Gage R&R 실시 방법

Gage R&R은 일반적으로 다음의 절차로 진행한다.

① 분석 대상 계측기를 선정한다

공정(Process)에서 발생하는 변동 또는 Spec의 허용오차보다 1/10 이하의 분해능(Resolution)을 가진 계측기를 선정한다.

예) Spec이 ±0.020일 경우 Gage의 분해능은 0.002보다 작아야 한다.

② 측정을 위한 샘플을 준비한다

샘플은 제조공정에서 랜덤(Random)하게 준비하는 것이 아니라 공정변동 또는 Spec의 전 범위를 아우를 수 있도록 계획하여 샘플을 준비한다.

보통 2:3:3:2의 비율로 준비를 한다.

❙ 그림 3-34 ❙ Gage R&R을 위한 샘플 준비

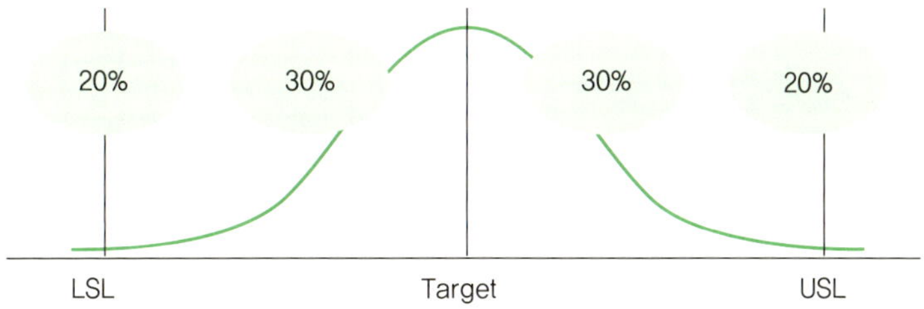

③ 측정자를 선정한다

특별한 사람이 아닌 제조현장에서 계측기를 일상적으로 다루는 작업자를 선택해야 한다.

④ 측정자에 대한 측정 방법을 교육하고 확인한다

측정자에게는 사전에 측정 방법, 절차, 측정 부위, 눈금 읽는 방법, 사사오입의 기준 등에 대해 교육을 하고 이를 숙지하였는지 확인한다.

⑤ 측정 순서를 랜덤화한다

준비한 샘플에 번호를 부여하고, 측정자가 샘플 번호를 인식 또는 기억하지 못하도록 하고 측정을 실시한다. 예를 들면, 측정자가 2번 반복해서 측정을 한다고 할 경우 첫 번째 측정을 완료한 다음 바로 측정하지 않고 다른 측정자가 측정을 한 다음 반복 측정을 진행한다.

⑥ 수집한 데이터를 분석하고 후속 조치를 한다

통계적 분석을 통해서 % Tolerance, % Study Variance 등의 Gage R&R 판정의 주요 수치와 그래프 분석 결과를 확인하고 선정한 측정시스템의 사용 여부를 판정한다. 판정 결과 측정시스템 개선이 필요하다면 개선을 진행한 다음 다시 Gage R&R 분석을 실시한다.

▌그림 3-35 ▌Gage R&R 운영 절차

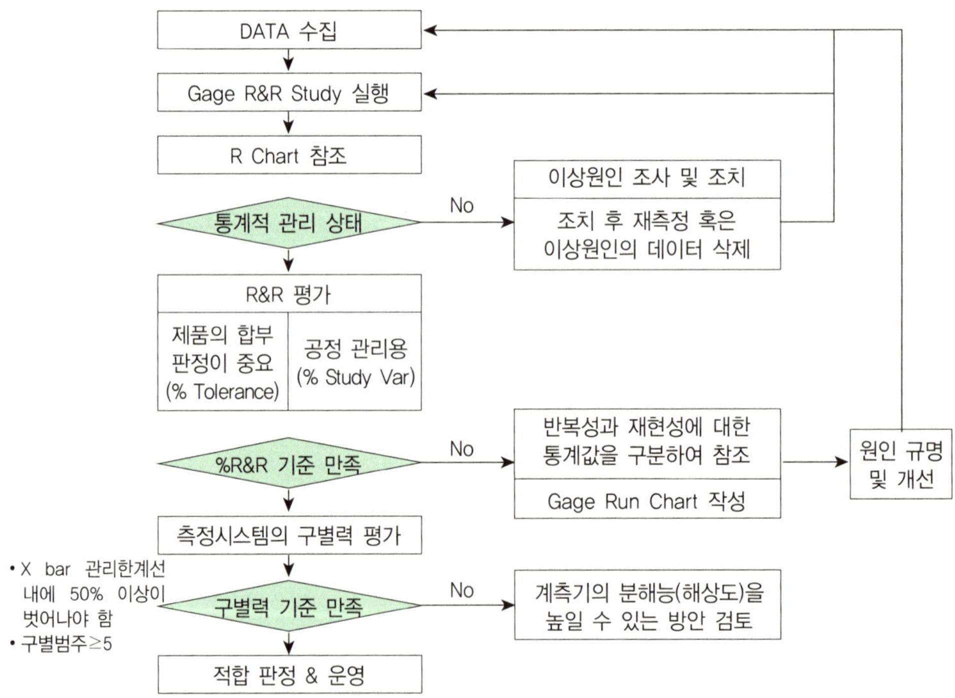

계측치가 부적합하다고 판단했을 경우 측정시스템을 개선해야 한다. 개선 방법으로는 측정자 교육, 측정 Jig 제작, 더 좋은 계측기로 교체, 계측기 PM 상태 확인 후 조치

등을 실행한다. 개선 사항을 완료한 다음 다시 Gage R&R을 실시한다.

① 반복성이 재현성보다 클 경우(Repeatability > Reproducibility)

반복성이 크다는 것은 동일한 측정자가 동일한 부품(단, 부품은 물성 변화가 없다고 가정했을 경우)을 측정했을 때 발생하는 변동이 크다는 뜻이다. 먼저 계측기에 문제가 있는지 여부를 확인하여 측정시스템을 개선한다. 계측기 보정(Calibration)이 잘못 되었는지, 계측기의 주요 부품이 마모 또는 파손되었는지, 설치가 옳바르게 되었는지 여부를 확인해본다.

② 재현성이 반복성보다 클 경우(Reproducibility > Repeatability)

재현성의 변동이 클 경우 먼저 측정자에 의한 원인을 고려해볼 수 있다. 측정자의 측정 절차 교육훈련이 충분하지 않았는지, 측정자의 편견, 계측기 조작 미숙 등을 먼저 확인해볼 수 있다.

4.7.2 Gage R&R 평가 지표

Gage R&R 분석시 여러 가지 지표를 활용하여 계측시스템의 정밀성 정도를 확인할 수 있다.

① % Study Varinace

평가 대상 측정시스템을 사용하고자 하는 생산공정의 변화를 탐지할 능력을 가지고 있는지 여부를 확인하는 것이 목적이다. 즉, 제조공정의 관리용으로 사용하는 것이 적합한지를 평가한다.

계산식＝계측기 표준편차/공정 변동(표준편차×5.15*)×100

* 상수는 4(95%), 5.15(99%), 6(99.73%) 중에서 선택한다.

② % Process

% Study Variance와 분석 목적은 동일하지만 분석할 때 사용하는 표준편차가 다르다. % Study Variance에서는 Gage R&R을 위해 수집한 데이터에 근거하여 표준편차를 계산하여 분석에 이용한다. % Process에 사용하는 표준편차는 실제 제조공정에서 장기적으로 수집한 데이터로부터 계산한(제조공정의 실제 변동을 잘 반영하고 있는) 표

준편차를 이용한다.

계산식=계측기 표준편차/공정 변동(표준편차×5.15)×100

여기서, 표준편차는 공정의 장기적이 관점에서 측정한 것이다.

③ % Tolerance

Spec 대비 측정시스템이 가지고 있는 정밀도를 나타내는 지표이다. 이는 계측시스템이 제품의 합격/불합격을 올바르게 판정할 능력을 갖고 있는지 여부를 평가하는 것이 목적이다.

계산식=(5.15×계측기 표준편차/Spec)×100

④ Number of Distinct Categories

측정시스템의 구별할 수 있는 구별 범주의 수를 나타낸다. 이 숫자가 클수록 측정시스템의 변별력이 좋다고 판정한다. 계측시스템의 해상도라고 한다.

그림 3-36 Number of Distinct Categories 의미

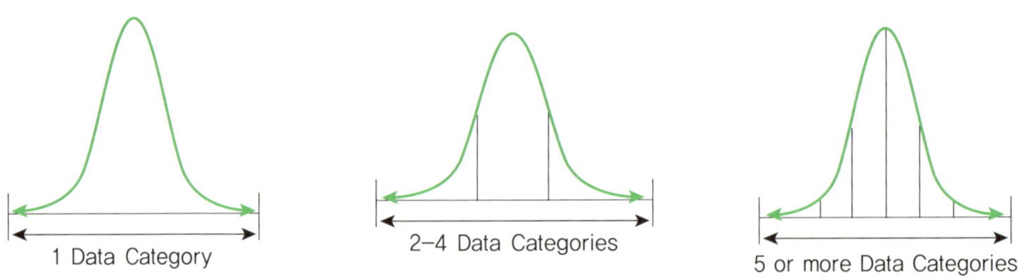

일반적으로 연속형 데이터인 경우 NDC는 5 이상, 계측기 변동 크기(%R&R)는 20% 이하일 경우 측정시스템 정밀도가 좋다고 판정한다. %R&R이 30%가 넘을 경우에는 측정시스템을 사용하지 못하고 개선 조치를 실행해야 한다.

자동차산업에서는 10% 이하로 규정하고 이 기준을 넘어설 경우 고객의 승인을 받아야 한다.

4.7.3 간편법을 활용한 Gage R&R 분석

제조현장에서 비교적 간단하면서 신속하게 Gage R&R을 진행할 수 있는 방법을 간편법이라고 한다. 비교적 빠르게 결과를 확인할 수 있지만 반복성과 재현성을 분리해서 분석할 수 없는 것이 단점이다. 일반적으로 측정자는 2명, 샘플 수량은 5개, 측정 횟수는 1회 실시하여 데이터를 수집한 다음 Gage R&R 분석을 진행한다.

예) CTQ 부품의 Spec=2.0 ± 0.015

2명의 측정자가 5개 샘플을 각각 1번씩 측정하였음.

Sample	A	B
1	2.003	2.002
2	1.998	1.999
3	2.007	2.007
4	2.001	2
5	1.999	2.001

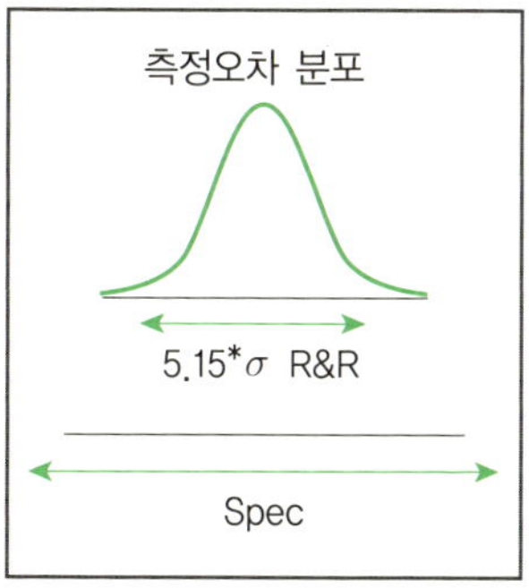

■ 소스창 입력 및 실행

```
# 간편법 Gage R&R 분석
# 측정자 2명, 샘플 5개, 반복 없음
# Spec = ± 0.015

sp <- 0.03                                  # Spec 범위
a <- c(2.003,1.998,2.007,2.001,1.999)   # 측정자 A
b <- c(2.002,1.999,2.007,2.000,2.001)   # 측정자 B
c <- mean(abs(a-b))                       # A,B 측정자 범위 평균
rr1 <- (c/1.19)*5.15                      # 측정 오차 변동 범위
rr2 <- round(rr1/0.03,2)*100            # %Gage Study 계산
rr2
```

■ 결과 확인

```
> rr2
[1] 14
```

■ 결과 해석

% Study는 14%이므로 계측기의 정밀도는 양호하며, 사용하기에 적합하다.

분석시 범위 평균을 1.19로 나눠주는 것은 근사치의 표준편차를 계산하기 위해서이다. 이 보정값을 d_2값이라고 하고, 측정자수 및 샘플수에 따라서 선택하여 사용한다.

표 3-8 d_2 수치값

범위 평균의 분포에 대한 d* 값				
부품수	측정자수			
	2	3	4	5
1	1.41	1.91	2.24	2.48
2	1.28	1.81	2.15	2.40
3	1.23	1.77	2.12	2.38
4	1.21	1.75	2.11	2.37
5	1.19	1.74	2.10	2.36
6	1.18	1.73	2.09	2.35
7	1.17	1.73	2.09	2.35
8	1.17	1.72	2.08	2.35
9	1.16	1.72	2.08	2.34
10	1.16	1.72	2.08	2.34

4.7.4 Gage R&R 분석(Crossed)

간편법은 비교적 빠르게 Gage 정밀도를 확인할 수 있지만, 반복성 및 재현성을 분리해서 분석할 수 없다. 반복성과 재현성을 분리하고 계측기 정밀도가 나쁜 원인에 대한 추가적인 정보를 얻을 수 있는 분석 방법을 Gage R&R 분석이라고 한다.

일반적으로 측정자는 3명 이상, 샘플 수량은 10개, 측정자별 반복 측정횟수는 2회 이상 실시한다.

Spec＝0.8±0.3,　LSL＝0.5,　USL＝0.11

(예제 데이터 : 1_measure1.csv)

part	appra	measure

■ 소스창 입력 및 실행

분석을 위해서는 SixSigma 패키지를 설치하고, 호출한다.

```
# Gage R&R(Crossed)
# 측정자 3명, 샘플 10개, 반복 2회
# Spec = 0.8 ± 0.3

library('SixSigma')                                  # SixSigma 패키지 호출
g <- read.csv("2_data/1_measure1.csv")               # Data 불러오기
ss.rr(var=measure, part=part, appr=appra, data=g,    # 변수 지정
      usl= 0.11, lsl=0.5,                            # SPEC 상하한
      errorTerm = 'interaction',                     # 상호작용 포함여부
      method = 'crossed',                            # 분석 Type
      tolerance = 0.6,                               # Spec 범위
      sigma = 5.15)                                  # 변동 상수 입력
```

- ss.rr=Gage R&R 함수
- var=측정치 변수
- part=샘플 Number
- appr=측정자 변수
- errorTerm=상호작용 포함 여부
- method=Gage R&R 분석 종류
- Tolerance=Spec의 범위

■ 결과 확인 및 해석

```
Complete model (with interaction):

              Df Sum Sq Mean Sq F value   Pr(>F)
part           9 2.0587 0.22875  39.718 4.65e-10
appra          2 0.0480 0.02400   4.167 0.032564
part:appra    18 0.1037 0.00576   4.459 0.000156
Repeatability 30 0.0387 0.00129
Total         59 2.2491

alpha for removing interaction: 0.05
```

- part : 샘플의 p-value가 작아야 한다. 샘플 간의 차이가 있어야 정상이다. 만약에 p-value가 크다면 샘플 준비가 잘못 되었거나, 측정기 정밀도가 좋지 않다고 판단할 수 있다.
- appra : 측정자 간에 p-value가 클수록 측정치가 일치한다고 할 수 있다. 사례는 0.03으로 유의수준 0.05보다 작기 때문에 측정자 평균의 차이가 발생했음을 알 수 있다.

- part:appra : 샘플과 측정자 간의 상호작용 여부를 확인할 수 있다. 사례는 p-value가 상당히 작다. 이는 샘플과 측정자 간에 상호작용이 있다는 뜻이다. 다시 말하면, 특정 샘플에서 측정자 간에 측정치가 차이가 있다는 뜻이다. 어떤 샘플에서 발생했는지를 확인하기 위해서는 그래프 분석 결과를 확인한다.

	VarComp	%Contrib
Total Gage R&R	0.004437500	10.67
Repeatability	0.001291667	3.10
Reproducibility	0.003145833	7.56
appra	0.000912037	2.19
part:appra	0.002233796	5.37
Part-To-Part	0.037164352	89.33
Total Variation	0.041601852	100.00

각 요소별 분산의 상대적인 크기를 분석한 내용이다. Gage R&R의 분산은 0.0044로서 전체 변동의 10.67%를 차지하고 있으며, 작을수록 Gage의 정밀도가 좋다고 판정한다.

	VarComp	StdDev	StudyVar	%StudyVar	%Tolerance
Total Gage R&R	0.004437500	0.06661456	0.3430650	32.66	57.18
Repeatability	0.001291667	0.03593976	0.1850898	17.62	30.85
Reproducibility	0.003145833	0.05608773	0.2888518	27.50	48.14
appra	0.000912037	0.03019995	0.1555297	14.81	25.92
part:appra	0.002233796	0.04726305	0.2434047	23.17	40.57
Part-To-Part	0.037164352	0.19278058	0.9928200	94.52	165.47
Total Variation	0.041601852	0.20396532	1.0504214	100.00	175.07

Number of Distinct Categories = 4

% StudyVar(32.66%), % Tolerance(57.18%) 모두 30%보다 크다. 따라서 계측기는 공정 관리용, 제품의 합부 판정용으로 사용할 수 없다. 재현성(27.50%)이 반복성(17.62%)보다 크다. 위의 분석에서 측정자와 샘플의 상호작용이 있음도 확인하였다. 계측기의 정밀도를 개선하기 위해서는 측정자 간 측정치가 차이가 발생하는 샘플과 측정자 간에 어떤 차이가 발생했는지 현상을 분석한 다음 정밀도를 향상하기 위한 개선을 실시해야 한다.

▌그림 3-37 ▌Gage R&R 분석 그래프 - R 실행 결과

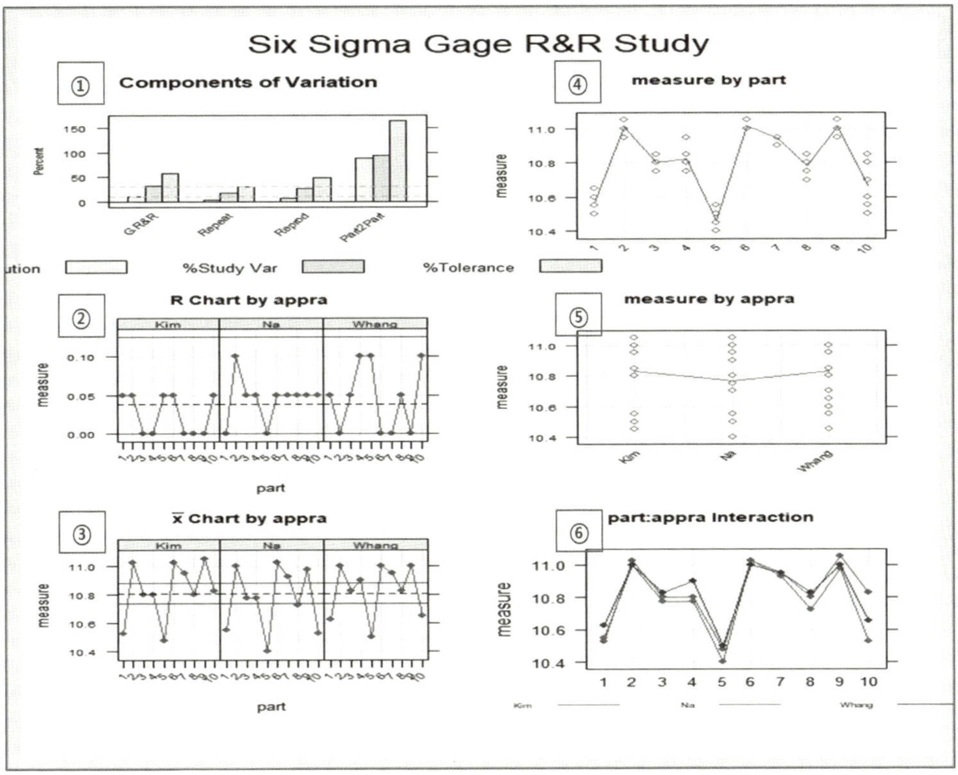

① 요소별 분산의 상대적 크기 비교 그래프

Gage, 반복성, 재현성, 전체 분산의 상대적 크기를 나타낸다. Part2Part의 그래프가 Gage의 그래프보다 상대적으로 클수록 계측기의 정밀성은 좋다.

② 작업자별 각 샘플 측정치에 대한 R 관리도(반복성 세부 확인)

측정자별 각각 샘플의 반복 측정치에 대한 범위 관리도이다. Kim의 반복성이 다른 측정자보다 상대적으로 작다. Na 측정자는 2번 샘플, Whang 측정자는 4, 5, 10번 샘플의 반복성이 좋지 않다.

③ 작업자별 각 샘플 측정치에 대한 Xbar 관리도(재현성 세부 확인)

측정자별 각각 샘플 측정치의 평균에 대한 관리도이다. 관리한계선을 벗어난 샘플이 50% 이상이어야 샘플을 잘 준비했다고 할 수 있다. 측정자별 추이가 비슷하면 재

현성이 좋다고 판단할 수 있다. 5번, 10번 샘플이 측정자 간 측정치 차이가 있음을 확인할 수 있다.

④ 샘플별 개별 측정치 그래프(반복성, 재현성 동시 확인 가능)

각 샘플 측정치에 대한 그래프이다. 개수가 작을수록 정밀도가 좋다고 할 수 있다. 10번 샘플의 경우 5개의 점을 확인할 수 있다. 이는 10번 샘플에서는 재현성, 반복성 모두 문제가 있다고 판단할 수 있다.

⑤ 측정자별 개별 측정치 그래프(재현성 확인)

측정자별 측정치에 대한 그래프이다. 가운데 점은 측정자별 평균값이다. 측정자 Na가 다른 측정자보다 평균이 작다. 이는 다른 측정자들보다 측정치가 전반적으로 작다고 판단할 수 있다.

⑥ 측정자와 샘플의 상호작용 그래프

상호작용이 가장 크게 발생하는 샘플은 10번 샘플이다. 측정자 간에 평균이 각각 다르다. 1번, 5번, 7번 샘플도 측정자 간 평균이 차이가 있음을 확인할 수 있다.

4.7.5 Gage R&R 분석(Nested)

동일한 샘플에 대해서 반복 측정이 불가능하다면 반복성과 재현성을 구분할 수 없다. 파괴검사 등을 측정하는 측정시스템의 경우에는 반복 측정을 위하여 동일한 샘플을 준비할 수 없다. 동일하지는 않지만 샘플이 거의 비슷하다고 판단할 수 있는 샘플을 준비하여 계측기의 정밀도 분석을 실시할 수 있다. 이런 상황을 Nested라고 한다.

예를 들어 철판의 인장 강도를 측정하고자 할 경우, 하나의 철판을 여러 조각을 나눠서 측정할 수 있다. 하나의 철판이기 때문에 조각들의 인장 강도는 거의 비슷하다고 가정할 수 있다. 하지만, 재현성과 반복성을 분리할 수는 없다.

표 3-9 Gage R&R Nested 데이터

구분	측정자 1		측정자 2		측정자 3	
Sample 1	Batch 1		Batch 6		Batch 11	
	15.4257	16.8677	14.1025	15.5494	14.0156	16.0597
Sample 2	Batch 2		Batch 7		Batch 12	
	15.5018	15.1628	14.8316	14.2388	14.7948	14.8448
Sample 3	Batch 3		Batch 8		Batch 13	
	15.7251	15.8191	16.8403	14.3250	14.2155	14.7057
Sample 4	Batch 4		Batch 9		Batch 14	
	15.1429	15.8563	15.1448	14.5478	16.4566	16.2174
Sample 5	Batch 5		Batch 10		Batch 15	
	14.1119	16.5675	16.3736	17.5779	15.0697	16.3231

측정자 간에는 샘플의 차이가 있지만 반복을 위해서는 동일한 Batch를 두 개로 나눠서 측정하였다. 인장 강도 측정시스템의 Gage R&R 분석을 위하여 총 5개의 샘플을 준비하여 3명의 측정자가 2회 반복 측정하였다.

Spec : 16 ± 2

(예제 데이터 : 1_measure2.csv)

Part	appr	measure

■ 소스창 입력 및 실행

분석을 위해서는 SixSigma 패키지를 설치하고 호출한다.

```
# Gage R&R(Nested)
# 측정자 3명, 샘플 5개, 반복 2회
# Spec = 16 ± 2


library('SixSigma')
gg <- read.csv("2_data/1_measure2.csv")
ss.rr(var=measure, part=Part, appr=appr, data=g,    # 변수 지정
      usl= 14, lsl=18,                              # SPEC 상하한
      method = 'nested',                            # 분석 Type
      tolerance = 4,                                # Spec 범위
      sigma = 5.15)                                 # 변동 상수 입력
```

■ 결과 확인 : 해석은 Gage R&R과 동일하다.

```
Complete model (with interaction):

              Df Sum Sq Mean Sq F value Pr(>F)
appr           2   0.66  0.3300     0.3  0.745
appr:Part     12  13.20  1.0996     1.3  0.311
Repeatability 15  12.69  0.8457
Total         29  26.54

alpha for removing interaction: 0.05

Gage R&R

                  VarComp %Contrib
Total Gage R&R    0.8456605    86.94
  Repeatability   0.8456605    86.94
  Reproducibility 0.0000000     0.00
Part-To-Part      0.1269902    13.06
Total Variation   0.9726506   100.00

                  VarComp     StdDev StudyVar %StudyVar %Tolerance
Total Gage R&R    0.8456605 0.9195980 4.735930     93.24     118.40
  Repeatability   0.8456605 0.9195980 4.735930     93.24     118.40
  Reproducibility 0.0000000 0.0000000 0.000000      0.00       0.00
Part-To-Part      0.1269902 0.3563568 1.835238     36.13      45.88
Total Variation   0.9726506 0.9862305 5.079087    100.00     126.98

Number of Distinct Categories = 1
```

▌그림 3-38 ▌Gage R&R Nested 분석 그래프 – R 실행 결과

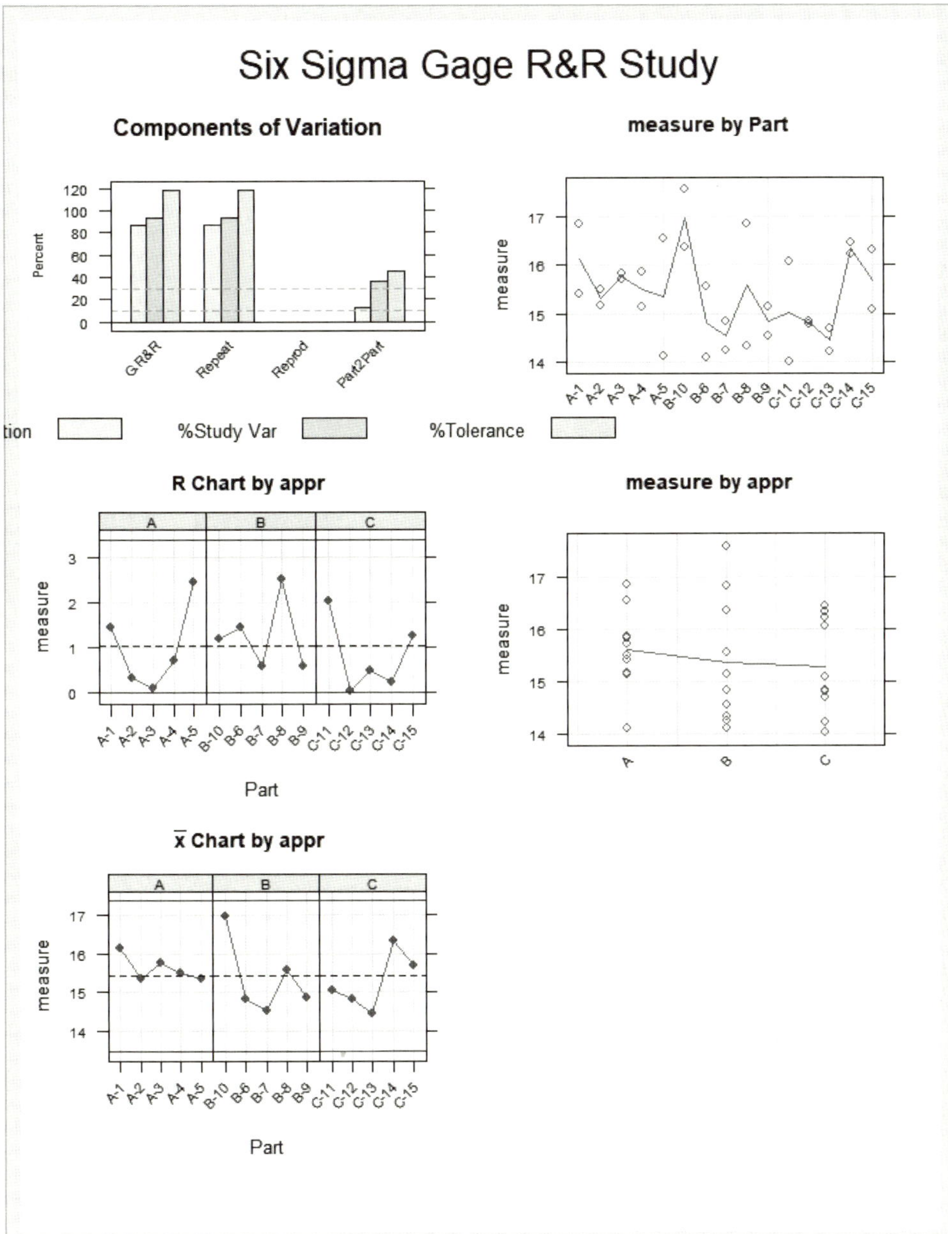

4.8 제조 빅데이터 계측 신뢰성 확인

IoT 기술, 네트워크 기술, 컴퓨팅 기술의 발전에 따라서 제조현장에서 발생하는 여러 가지 종류의 데이터를 실시간으로 수집할 수 있게 되었다. 이로써 제조현장의 관리

의 범위가 넓어지고 깊이도 한층 깊어지는 계기가 마련되었다.

제조현장의 관리 목적을 바탕으로 수집해야 할 변수를 정의하고 이를 수집하는 방법(센서의 설치, PLC 연결, 다른 시스템과 연결 등)을 정한 다음 서버에 대용량의 데이터를 저장하여 향후 분석을 통해서 시각화와 연결한다.

▌그림 3-39▐ 제조현장 빅데이터 수집 및 시각화 전체상

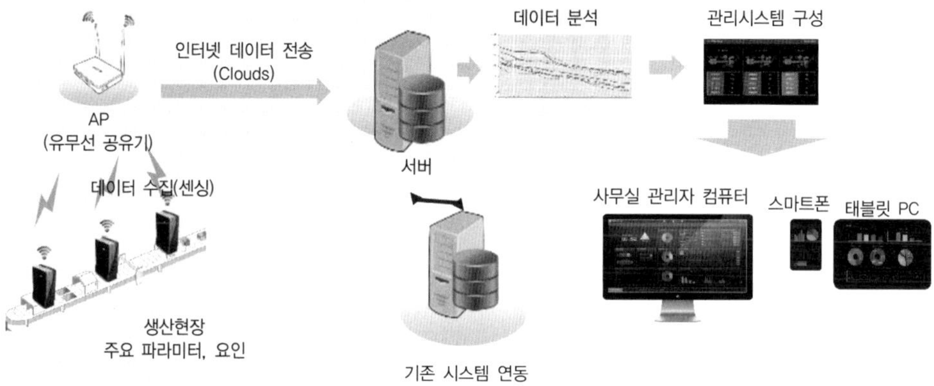

하드웨어 엔지니어들이 제조현장에 데이터 수집 설비를 설치하고 정상 작동 유무를 확인한 후 초기 데이터를 수집하여 데이터가 정상적으로 수집되고 있는지를 확인하여야 한다. 센서나 PLC의 정확도와 더불어서 데이터 양(Volume)도 확인해야 하는 요소이다.

4.8.1 데이터 양(Volume)의 확인

제조현장에서 실시간은 필요와 목적에 따라서 정의를 한다. 초당 데이터를 수집해야 하는 경우도 있지만, 분 간격으로 수집을 하는 경우도 있다. 상대적으로 많은 데이터가 누락되지 않고 수집되고 있는지 서버에 수집한 데이터 일부는 다운로드 받아서 수량 분석을 실시한다.

〈예제 데이터 : m1_big.csv〉

(제조 공정에서 1초 간격으로 수집한 1일 데이터임)

15일 0시부터 23시까지 초 간격으로 Feeding 양, 속도, 전력, 온도를 수집하였다.

```
> big <- read.csv("2_data/m1_big.csv")
> head(big)
  Feeding Speed power Temp day Hour Min
1     157 11569  5446  548  15    0   0
2     156 11482  5313  547  15    0   0
3     156 11492  5354  547  15    0   0
4     155 11393  5285  548  15    0   0
5     157 11547  5378  548  15    0   0
6     155 11415  5139  549  15    0   0
```

■ 소스창 입력 및 실행

```
# 제조 Big 데이터 Volume 확인하기

m=count(big, Hour)          # 시간대별 수집 수량 계산
m                           # 표로 확인
barplot(n~Hour, m)          # 막대그래프로 확인
```

■ 결과 확인

```
Hour    n
   0 3600
   1 3600
   2 3600
   3 3600
   4 3600
   5 3600
   6 3600
   7 3600
   8 3600
   9 3600
  10 3600
  11 3600
  12 3600
  13 3600
  14 3600
  15 3600
  16 3600
  17 3600
  18 3600
  19 3600
  20 3600
  21 3600
  22 3600
  23 3600
```

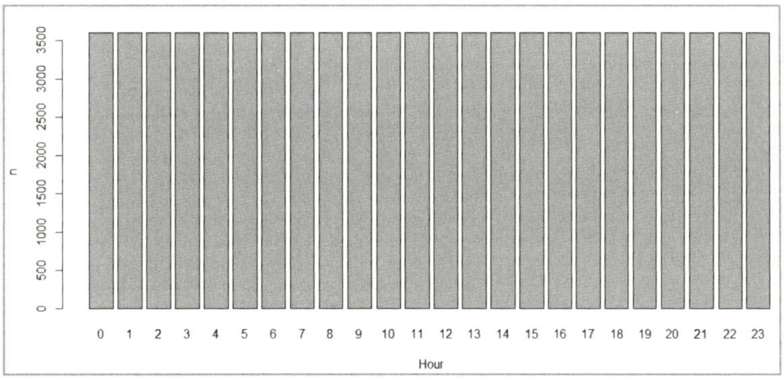

■ 결과 해석

매 시간 3,600개의 데이터가 정상적으로 수집되고 있음을 확인할 수 있다.

4.8.2 데이터 이상점(Outlier) 유무 확인

데이터의 양(Volume)을 확인한 다음, 데이터에 이상점 유무를 확인한다.

■ 소스창 입력 및 실행

```
# 제조 Big 데이터 이상점 확인하기

summary(big%>%select(Feeding, Speed, power, Temp))   # 데이터 요약
boxplot(Feeding~Hour, col = 'red', data = big)        # 시간별 Boxplot
boxplot(Temp~Hour, col = 'red', data = big)           # 시간별 Boxplot
```

■ 결과 확인

```
> summary(big%>%select(Feeding, Speed, power, Temp))
    Feeding           Speed             power              Temp      
 Min.   : 54.0   Min.   : 4000   Min.   :    0   Min.   :370.0  
 1st Qu.: 56.0   1st Qu.: 4160   1st Qu.: 2270   1st Qu.:528.0  
 Median :147.0   Median :10848   Median : 5606   Median :543.0  
 Mean   :125.9   Mean   : 9275   Mean   : 4322   Mean   :541.2  
 3rd Qu.:161.0   3rd Qu.:11858   3rd Qu.: 5895   3rd Qu.:566.0  
 Max.   :185.0   Max.   :13600   Max.   :16000   Max.   :805.0  
```

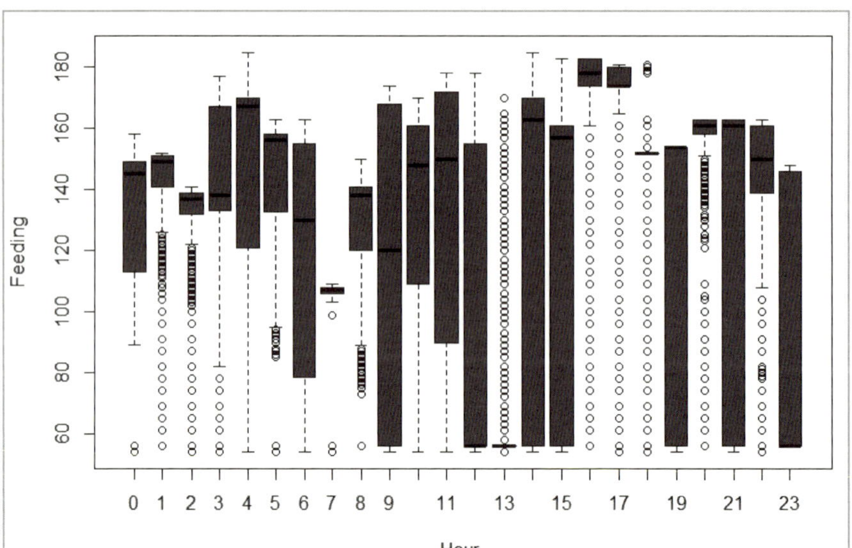

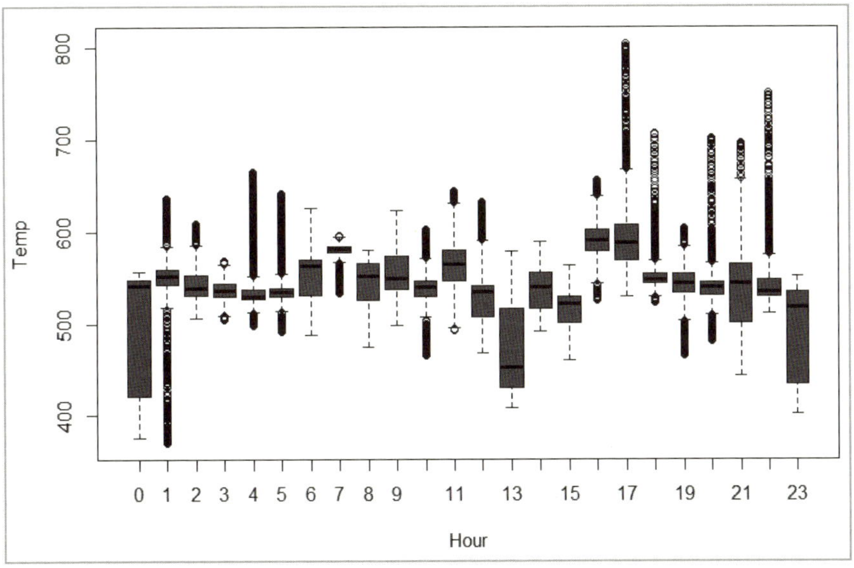

■ 결과 해석

데이터의 이상점에 대해서는 통계적인 분석 결과만 가지고 판단을 해서는 안 된다. 실시간으로 수집하는 경우, 설비의 정상적인 동작시에 수집한 것이 아닌 만큼 데이터를 분석한 후 현장관리자와 미팅을 통해서 판단을 해야 한다.

예를 들어 Feeding의 경우 새벽에 이상한 모습이 보이는데, 야간 작업이 어떤 형태로 이루어지는지를 같이 확인해야 한다. 온도의 경우 오전 1시에 변동의 폭이 크다. 이는 외부 환경의 영향일 수도 있고, 제품의 모델에 따라서 작업 방법이 달라질 가능성도 있다.

이렇게 제조 빅데이터 수집 장치를 설치한 다음, 현장과의 논의를 통해 향후 빅데이터를 어떻게 가공·정제할 수 있는지에 대한 가이드를 만들 수 있으며, 이상 현상에 대해서도 현장으로부터 피드백을 받아 개선 포인트를 확인할 수 있다.

PLC의 정확도 문제, 센서의 위치 문제, 센서의 측정 범위, 센서 민감도 등을 확인하여 개선을 진행한다.

4.9 현재 수준 파악

계측시스템의 신뢰성을 확보한 다음 데이터를 수집하여 CTQ에 대한 현재 수준을 계산한다. 현재 수준을 계산하는 절차와 방법은 수집한 데이터의 종류에 따라서 달라진다. 연속형일 경우에는 정상분포를 활용하여 공정능력 분석을 통해 계산한다. 이산형일 경우에는 DPU, DPO 등을 계산하여 Zbench 값을 확인하여 시그마 수준을 계산한다. 연속형, 이산형 상관 없이 Zbench값을 계산하여 서로 다른 공정(Process)의 현재 수준을 비교할 수 있다.

그림 3-40 데이터 유형별 시그마 수준 계산 절차

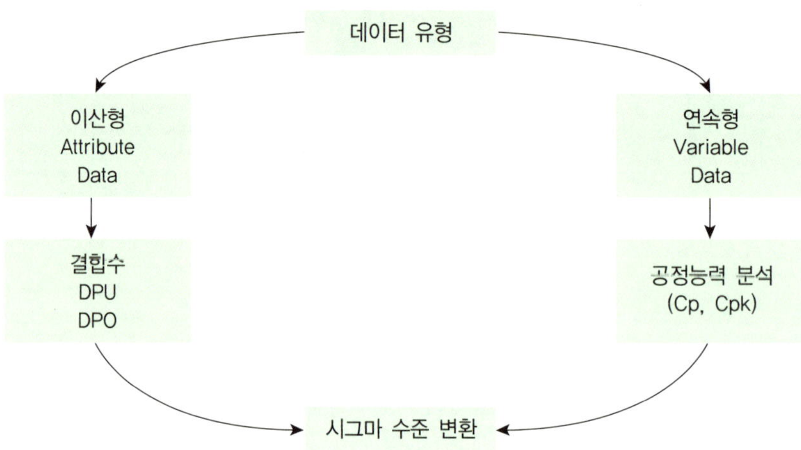

4.10 연속형 데이터의 현재 수준 파악 – 공정능력지수 분석

4.10.1 공정능력(Process Capability)의 개념

현재 공정이 관리상태에 있을 때 공정의 품질 달성 능력이라고 할 수 있다. 공정 능력에 대한 다양한 정의는 다음과 같다.

- 공정이 최상의 조건을 이룰 때, 즉 관리상태일 때 제품 각각의 변동이 어느 정도인가를 나타내는 양이다(Juran 박사).
- 의미있는 원인이 제거 또는 적어도 최소화된 상황에서 공정의 최고 성과를 의미한다(E. G. Kirkpatrick).
- 일정한 요인에 의해 정상적인 안정 조건에서 그 공정 품질의 달성 능력이다(A. V. Feigenbaum).

4.10.2 공정능력지수(Cp, Cpk)의 의미

공정능력을 나타내는 지수(Process Capability Index)로서는 크게 Cp, Cpk를 활용한다.

① Cp의 의미

현재 공정(프로세스)의 변동의 크기를 Spec가 비교하여 공정능력의 좋고 나쁨을 확인할 수 있는 지표를 말한다.

▌그림 3-41 ▌Cp의 개념

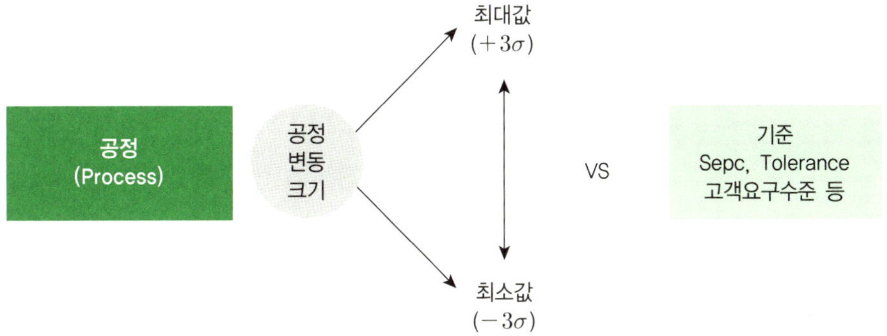

따라서 Cp를 계산하는 방법은 다음과 같다.

$$C_P = \frac{USL - LSL}{6\sigma_{wthin}}$$

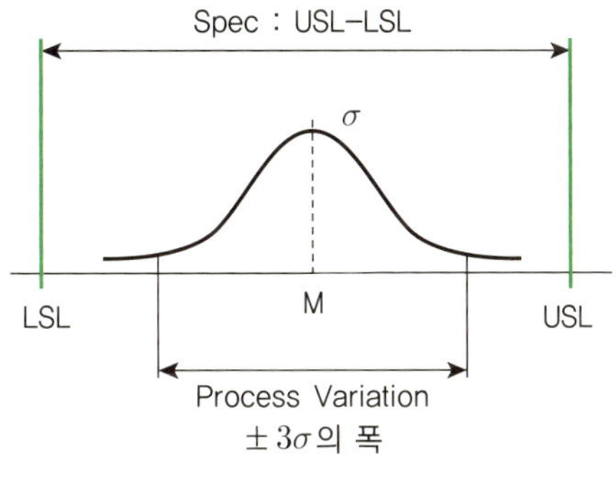

Cp값이 클수록 기준 대비 공정 변동의 크기가 상대적으로 작다는 의미가 된다. 따라서 Cp값이 클수록 공정능력이 우수하다고 판단하며, 식스시그마 활동에서는 기본 목표가 2.0이다.

| 그림 3-42 | Cp의 크기와 공정능력의 관계

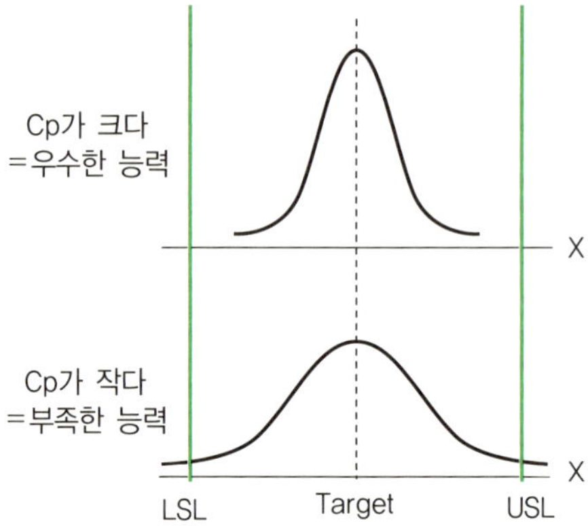

② Cpk의 의미

Cp는 공정의 변동만을 고려하여 공정의 능력을 계산한 지표이다. 공정의 관리 기준인 Spec의 Target 값과 수집한 데이터의 평균이 정확하게 일치하고 있다는 가정하에서 계산한 것이다. 하지만, 실제는 Target에서 평균이 떨어져 있는 경우가 많이 발생하고 있으며, 이를 고려하여 계산한 지표가 Cpk이다.

여기에서 k는 Target으로부터 떨어져 있는 거리(치우침)를 의미하며, Cp에서 이 거리만큼 보정했다라고 이해하면 된다. 만약에 치우침이 없다면 Cp와 Cpk값은 동일하다. 식스시그마 활동에서는 이 차이가 0.5 이하가 목표다.

- 식스시그마 공정능력 목표치 : Cp=2.0, Cpk=1.5

| 그림 3-43 | Cpk의 의미

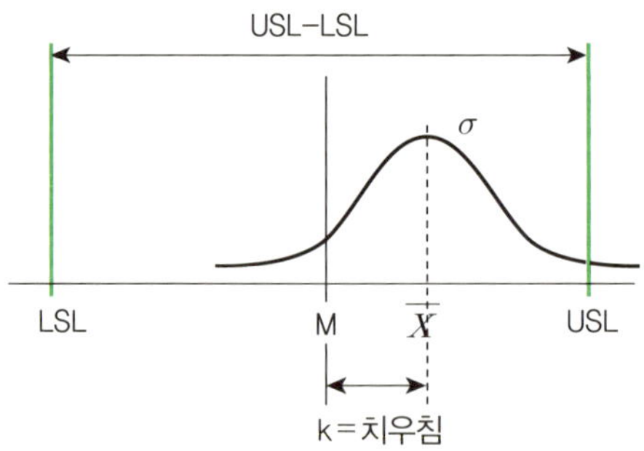

Cp를 계산하기 위해서는 양쪽 기준(USL, LSL)이 있어야 한다. 하지만 실제 공정에서는 한쪽 기준(USL 또는 LSL)만 있는 경우도 있다. 이럴 경우에는 Cpk만을 활용한다.

▌그림 3-44 ▌한쪽 규격만 있을 때 Cpk 계산

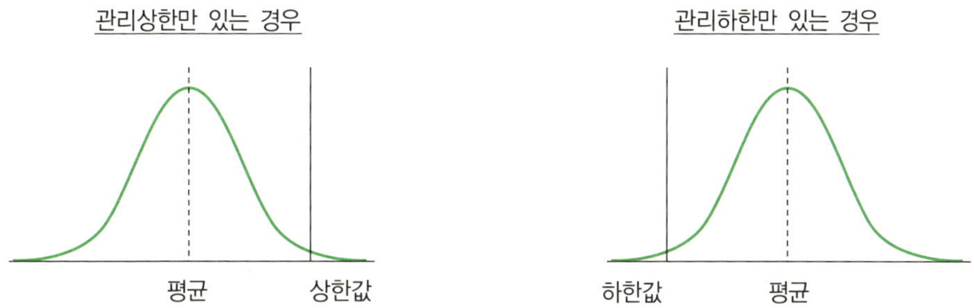

$$Cpk = \frac{\text{관리상한값} - \text{평균}}{3 \times \sigma}$$

$$Cpk = \frac{\text{평균} - \text{관리하한값}}{3 \times \sigma}$$

③ Zbench 이해

Cp, Cpk는 공정의 능력을 나타내고 있지만, 서로 다른 공정을 비교하는 것에는 한계가 있다. 다음 A, B 공정의 Cp, Cpk를 보고 어느 공정의 품질이 더 좋은지 확인하기가 어렵다. 아래의 A, B 공정 중 어느 공정의 수준이 높다고 할 수 있을까?

- A공정 : Cp=1.7, Cpk=1.1
- B공정 : Cp=1.5, Cpk=1.3

이런 문제를 해결하기 위해서 각 공정에서 발생하는 불량률을 계산하여 비교하면 쉽게 판단할 수 있을 것이다. 이렇게 각 공정의 불량률을 계산하여 표준 정상분포에서 찾은 Z값을 Zbench값이라고 한다. 여기에서 bench는 benchmark의 뜻이다. 이 값이 클수록 상대적으로 공정 수준이 높다고 판단할 수 있다.

| 그림 3-45 | Zbench의 개념

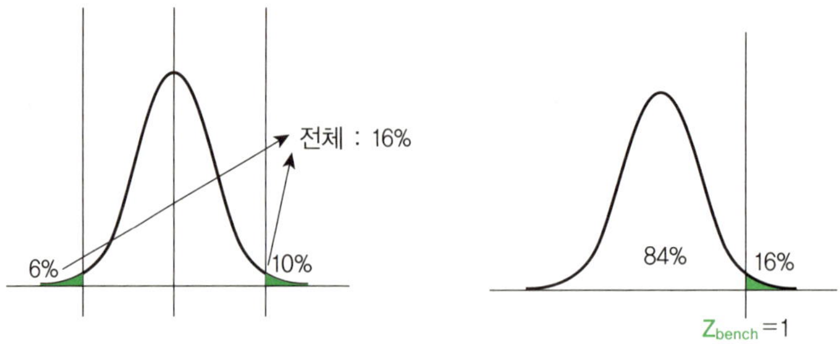

4.10.3 공정능력지수를 활용한 공정 진단

Cp와 Cpk를 활용하여 공정의 현재 수준과 개선 방향을 선정할 수 있다. 변동의 문제인시 치우침의 문제인지를 확인할 수 있으며, 관리도를 활용하여 공정의 안정성 여부 또한 확인할 수 있다.

| 표 3-10 | 공정 진단 방법

	Quick Action	최적화 (Optimize)	조정 (Adjustment)	
불안정 (이상원인)	✔			관리도 확인
산포 (우연원인)		✔		Cp≤1.5
목표치 이탈 (Off-Target)			✔	Cp－Cpk≥0.5

① 공정의 불안정 : 이상원인(Black Noise)

수집한 데이터를 활용하여 Xbar 관리도를 작성하여 다음과 같은 모습이 나온다면 공정이 안정적이지 않다라고 판단할 수 있다. Overall 표준편차는 수집한 모든 데이터를 활용하여 계산한 표준편차이며, Within 표준편차는 각 Subgroup 내에서만 발생한 변동을 계산한 표준편차이다. 따라서 Overall 표준편차와 Within 표준편차의 차이가 크면 Subgroup 간의 평균 이동도 크게 발생하고 있다.

그림 3-46 불안정한 공정의 관리도 모습

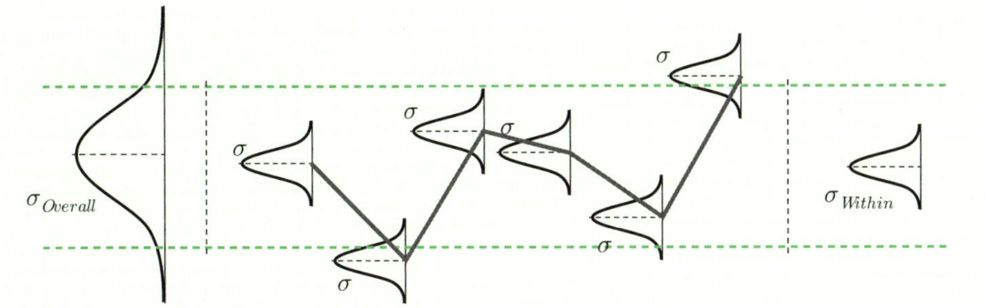

② 치우침 : Cp와 Cpk 차이가 0.5 이상 발생함

공정이 안정적이라면 Overall 표준편차와 Within 표준편차의 차이가 크지 않을 것이다. 각 Subgroup의 평균이 Target을 중심으로 USL 또는 LSL 방향으로 이동되어 있을 경우 치우침이 발생했다라고 진단할 수 있다. 이는 상대적으로 개선이 용이하다고 할 수 있다.

그림 3-47 공정에서 치우침이 발생한 관리도 모습

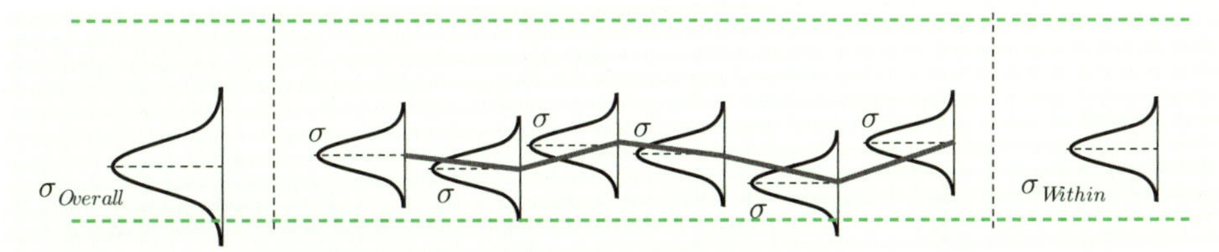

③ 우연원인(White Noise)

공정이 안정적이면서 치우침이 없다면 데이터는 Target 근처에 있을 것이다. Cp의 크기가 크지 않다면 공정에는 산포 문제만 존재하고 있다.

그림 3-48 우연원인만 존재하는 관리도 모습

4.10.4 R을 활용한 공정능력 분석

데이터를 수집할 때 공정의 4M을 반영하여 비교적 장기간에 걸쳐서 수집한 데이터를 장기 데이터라고 하며, 그렇지 않은 경우 단기 데이터라고 한다. 연구소에서 단기간 실험을 통해서 얻은 데이터는 단기 데이터라고 할 수 있으며, 제조 빅데이터 또는 Rational Subrouping을 통해 수집한 데이터는 장기 데이터라고 할 수 있을 것이다.

오픈소스인 R에서 공정능력을 분석할 때는 데이터의 장 · 단기를 구분해야 한다. 다만, 기존의 애플리케이션 통계 분석 Tool처럼 Subgroup을 반영하지 못하는 점은 R활용시에 고려 대상이다.

단기적으로 식스시그마 수준을 달성했을 경우 장기적으로 1.5시그마 정도의 이동이 있다는 것을 감안한다. 산포를 최소화하여 목표값에 일치시킨다 하더라고 장기적으로는 목표를 기준으로 ±1.5시그마는 이동할 수 있다는 것을 가정했을 때 불량률이 3.4 ppm이다.

식스시그마 수준은 단기적인 의미를 가지고 있지만, 3.4 ppm은 장기적인 관점에서 목표 불량률이다. 장기 데이터일 경우에는 1.5를 보정해주지만, 단기 데이터를 활용했을 경우 1.5 Shift를 보정하지 않는다.

그림 3-49 | 장 · 단기 시그마 수준

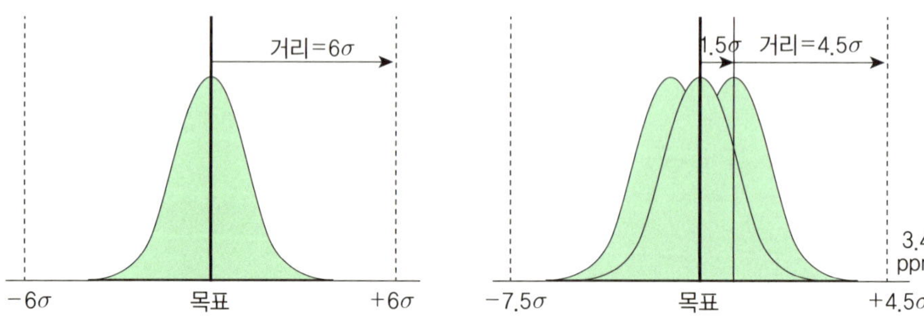

① 단기 데이터의 공정능력 분석

▪ 소스창 입력 및 실행

```
# R을 활용한 단기 데이터 공정 능력 분석

library("SixSigma")                                        # SixSigma 패키지 호출
sd <- c(755.81, 750.54, 753.07, 750.33, 751.29, 747.64)    # 데이터 입력
ss.study.ca(sd, LSL = 740, USL = 760,                      # 공정 능력 분석
          Target = 750)
```

■ 결과 확인

▌그림 3-50 ▌공정능력 분석 결과 – R 실행 결과

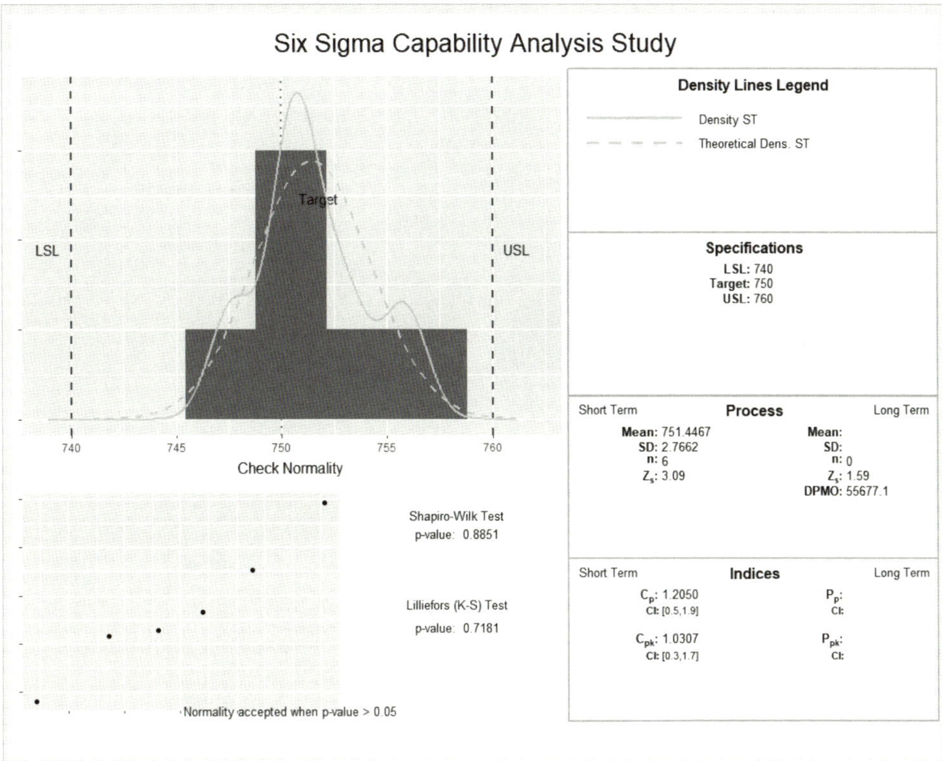

■ 결과 해석

정규성 검정 결과 p-value가 0.05보다 크므로 정상분포이다. 데이터가 단기이기 때문에 단기의 공정능력만을 확인할 수 있다. Cp=1.2, Cpk=1.03이며 단기적인 불량률을 55,677 ppm으로 예상한다.

② 장기 데이터 공정능력 분석

■ 소스창 입력 및 실행

```
# R을 활용한 장기 데이터 공정 능력 분석

library('SixSigma')
con <- read.csv("2_data/2_con.csv")
ss.study.ca(con$Y, xLT = con$Y, LSL = 38, USL = 42,
          Target = 40)
```

■ 결과 확인

▌그림 3-51 ▌공정능력 분석 결과 - R 실행 결과

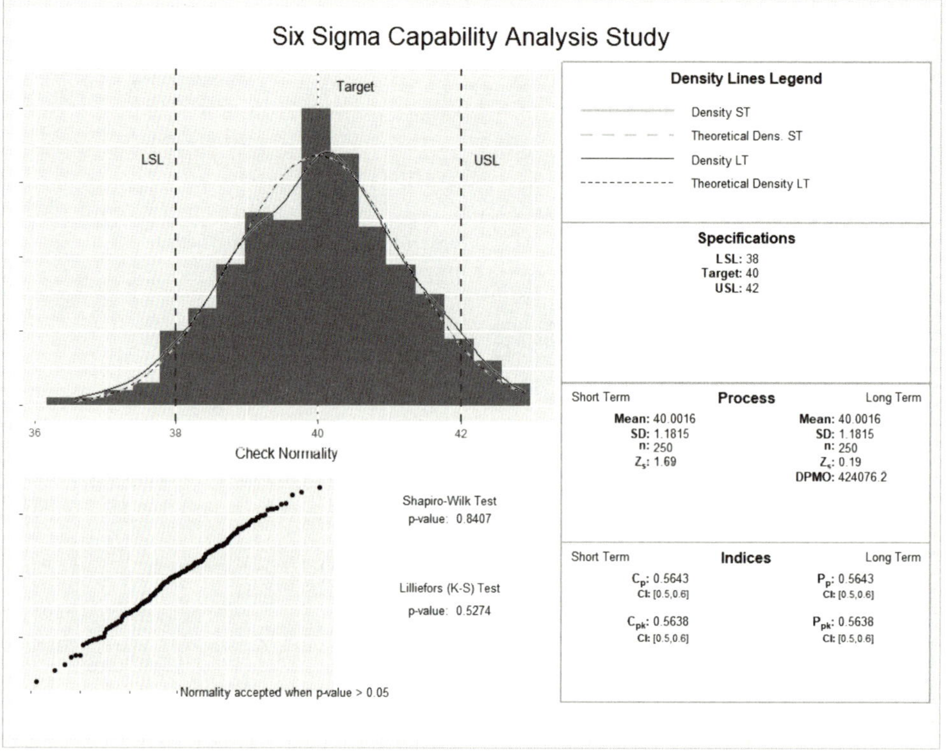

■ 결과 해석

장기 데이터를 활용했기 때문에 단기의 공정능력은 1.5를 보정해주었다. 데이터는 정상분포이며 대부분 Target 근처에 분포되어 있으면 산포를 개선해야 함을 알 수 있다.

4.11 R을 활용한 이산형 데이터의 현재 수준 파악

4.11.1 DPU/DPO/DPMO의 이해

이산형 데이터는 제조현장에서 양품, 불량을 파악하는 것이 대표적이 사례이다. 이산형 데이터를 활용하여 시그마 수준을 측정하기 위해서는 먼저 다음의 사항을 정의한다.

- Defect(결함) : 고객의 불만족을 유도하는 모든 것(불량 등)
- Unit(단위) : Defect를 확인하는 최소 수량 또는 범위
- Opportunity(기회) : 결함의 종류

Defect, Unit, Opportunity를 정의한 다음 4M의 변동을 고려하여 데이터를 수집한다. 데이터를 수집한 다음 결함률을 계산하여 현재 수준을 파악한다.

- DPU(Defects Per Unit) : 하나의 Unit에 존재하는 평균 Defect 개수
- DPO(Defects Per Opportunities) : 한 개의 Opportunity의 평균 불량률
- DPMO(Defects Per Million Opportunites) : DPO×1,000,000

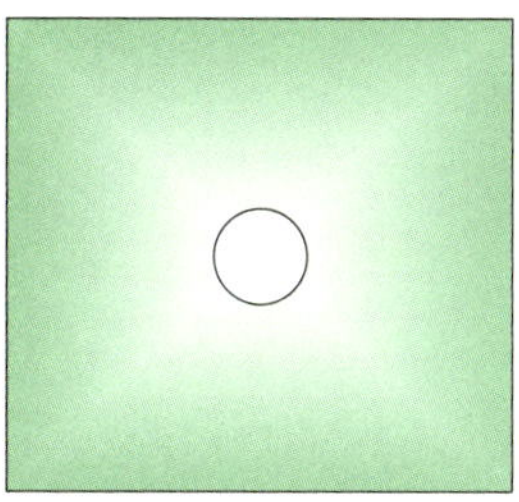
1 Unit / 1 Opportunity

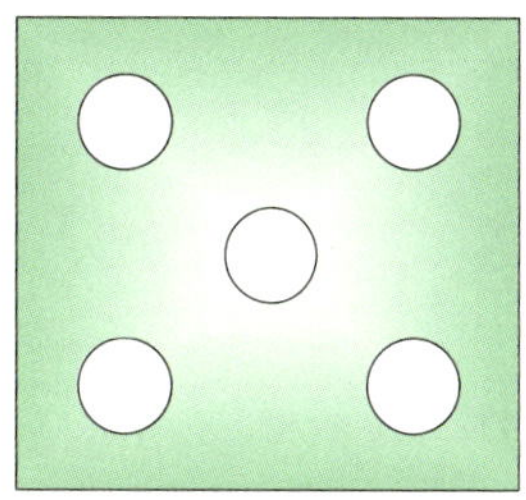
1 Unit / 5 Opportunities

예) A 공정의 하나의 Unit는 총 7개의 Opportunity가 있다.
총 850개의 Unit을 검사한 결과 120개 Opportunity가 Defect였다.

DPU＝120개/850 Unit＝0.14개/Unit

하나의 Unit에 평균 0.14개의 Defect가 있다.

DPO＝120개/(850×7)＝0.02≒2%

하나의 Opportunity가 Defect일 확률은 2%이다. 이에 근거하여 시그마 수준을 계산한다.

DPMO＝0.02×1,000,000＝20,168

4.11.2 R을 활용한 DPU/DPO/DPMO 계산

■ 소스창 입력 및 실행

```
# R을 활용하여 dpu,dpo,dpmo 구하기

unit <- 850
opp <- 7
defects <- 120

dpu <- round(120/850, 4)
dpo <- round(120/(850*7),4)
dpmo <- dpo*1000000

dpu
dpo
dpmo
```

■ 결과 확인

```
> dpu
[1] 0.1412
> dpo
[1] 0.0202
> dpmo
[1] 20200
```

4.11.3 R을 활용한 Zbench 계산

■ 소스창 입력 및 실행

```
# DPO를 활용하여 Zbench 구하기

x <- seq(-4, 4, length=200)
plot(x,dnorm(x, mean = 0, sd=1), type='l', lwd='2', col = 'red')

zbench <- qnorm(1-dpo, mean = 0, sd =                    # Zbench 계산
zbench

u <- seq(zbench,4, length=200)
v <- dnorm(u, mean = 0, sd = 1)
polygon(c(zbench,u,4), c(0,v,0), col='sky blue')         # 표준정상 분포에서 확인
```

■ 결과 확인

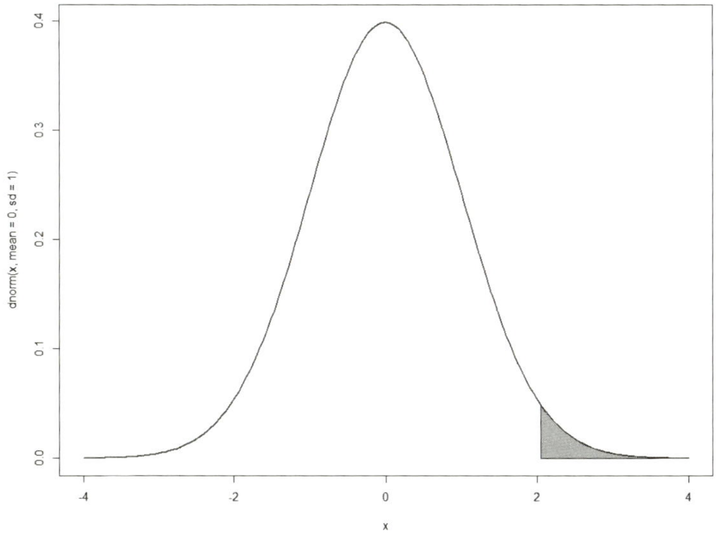


```
> zbench
[1] 2.049636
```

■ 결과 해석

Zbench값은 2.05이며 1.5를 더할지 여부는 데이터의 장 · 단기 속성에 따라서 판단한다.

4.12 제조 생산라인의 현재 수준 파악

4.12.1 누적 직행률 개념

제조라인은 특성상 여러 공정으로 구성되어 있다. 한 개 라인의 시그마 수준을 평가는 첫 공정에서 마지막 공정까지 하나의 Defect 없이 완벽한 제품을 생산하는 확률(이를 누적 직행률이라고 함)을 계산한 다음, 각 공정의 평균 직행률을 근거로 Zbench값을 구한다.

▎그림 3-52 ▎누적 직행률 개념

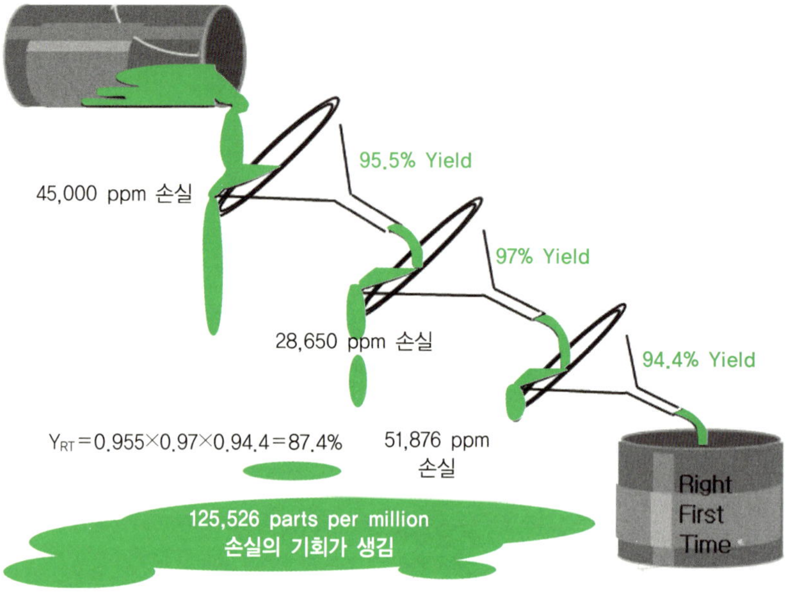

▎표 3-11 ▎제조라인 시그마 수준 계산 절차

Y_{FT}	First Time Yield : 재작업하여 수리하지 않은 수율 적용 : 개별 공정의 개별 품질 수준을 결정하는데 사용
Y_{RT}	Rolled Throughput Yield : 하나의 제품이 전 공정을 단 한계의 불량도 없이 합격될 확률 (재작업을 하여 수리하지 않을 수율) Zero Defect의 가능성을 제시
Y_{ND}	Normailzed Yield : 연속하는 공정의 평균 수율 적용 : 완성된 제품의 Z값을 평가하는데 사용

4.12.2 R을 활용한 Zbench 계산

A 제조라인 : 3개 공정으로 이루어져 있고, 각 공정의 직행률이 다음과 같을 경우 제조라인 시그마 수준 계산 절차

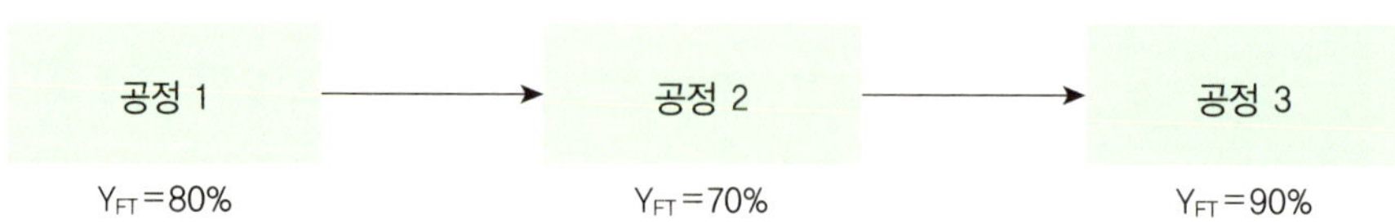

■ 소스창 입력 및 실행

```
# 제조 라인 Zbench 구하기

A1 <- 0.8
A2 <- 0.7
A3 <- 0.9

Yrt <- A1 * A2 * A3
Ynd <-Yrt^(1/3)
Zbench_Ynd <-qnorm(Ynd, mean = 0, sd = 1)

Yrt
Ynd
Zbench_Ynd


x <- seq(-4, 4, length=200)
plot(x,dnorm(x, mean = 0, sd=1), type='l', lwd='2', col = 'red')

u1 <- seq(-4,Zbench_Ynd, length=200)
v1 <- dnorm(u, mean = 0, sd = 1)
polygon(c(-4,u,Zbench_Ynd), c(0,v,0), col='Navy')
```

■ 결과 확인

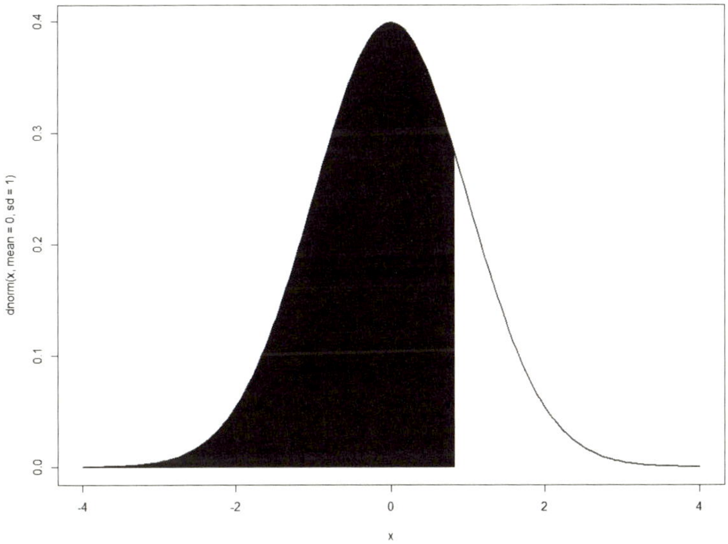


```
> Yrt
[1] 0.504
> Ynd
[1] 0.7958114
> Zbench_Ynd
[1] 0.8267529
```

4.13 특성요인도 작성

측정 단계에서는 CTQ에 영향을 줄 수 있는 원인들을 고려해서 데이터 수집을 해야 한다. 여기에서 말하는 원인들은 아직 CTQ에 영향을 주고 있는지 여부를 확실하게 검증하지 않았기 때문에 잠정인자(Potential X)라고 한다. 잠정인자를 도출하는 방법은 브레인스토밍을 기반으로 한 특성요인도(Fish Bone Diagram) 또는 로직트리(Logic Tree)를 활용한다. 잠정인자들 중에서 상대적으로 CTQ에 영향을 줄 인자를 선정한다. 이는 팀원들 간의 현장 지식을 활용하여 토론을 통해 결정한다. 이렇게 선정한 인자는 가인자(Possible X)라고 한다.

분석 단계에서는 가인자와 CTQ의 관계성 여부를 통계적 검정 방법 등을 활용하여 치명인자를 선정한다.

| 그림 3-53 | 잠정인자 도출 방법

① 브레인스토밍을 실시한다
- 이때, 필요시 관련 직장 또는 앞뒤 공정의 사람들도 불러 많은 사람의 의견으로 여러 각도에서 요인들을 정리한다
- 요인은 되도록 많이 정리한다
- 계속 고치거나 새것으로 만들어나간다
- 특성은 되도록 수치로 나타낼 수 있는 것이 좋다
- 문제점을 부각시켜서 원인을 나열한다

② 특성요인도/로직트리를 작성한다
- 문제를 삼고 있는 특성을 정한다 : 부품과 렌즈와의 거리에 영향을 주는 요인은?
- 큰 가지에 해당하는 요인을 적는다. 이때, 주로 4M으로 구분하거나, 작업의 공정별로 구분하기도 한다
- 큰 가지에 영향을 미친다고 생각되는 요인을 화살표로 정리한다

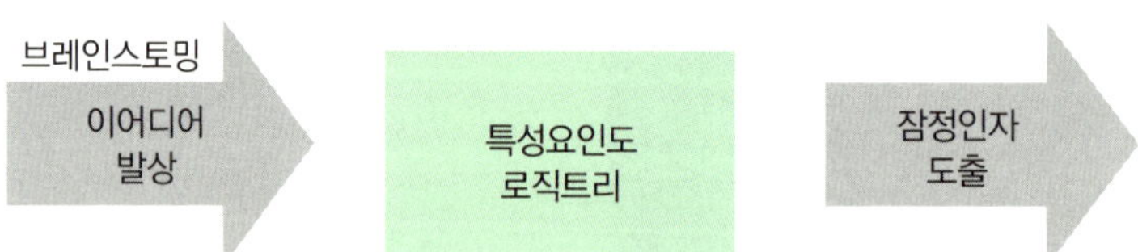

특성요인도는 일본의 이시카와 교수가 고안한 품질관리 도구이다(이를 이사카와 차트라고도 함). 어떠한 문제에 대한 원인을 시각화하여 인과 관계를 살펴보기 쉽도록 해주며, 마치 물고기 뼈의 모양을 닮았다고 해서 Fish Bone Diagram이라고도 한다. 주로 제조현장에서 품질향상 및 관리에 많이 사용되고 자주 사용하는 품질관리 7가지 Tool 중의 하나이다.

그림 3-54 특성요인도 모습

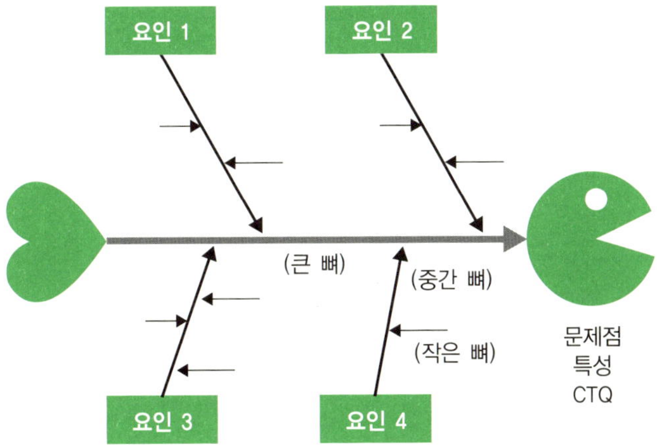

생산(제조)현장은 요인으로써 4M을 많이 활용한다. Man(사람), Method(방법), Machine(설비), Material(재료)의 약자로써 품질에 영향을 많이 주는 4가지 요인이라 할 수 있다. 여기에 측정시스템(Measurement System), 환경(Environment)을 추가하여 5M1E의 요인을 선정한 다음 세부적인 원인을 분석하기도 한다.

특성요인도를 작성하는 순서는 다음과 같다.

1) 문제점/특성/CTQ 정의

해결하고 싶은 문제, 특성, CTQ를 정의한다.

2) 요인 브레인스토밍

정의한 특성에 대한 원인들을 브레인스토밍을 실시한다. 철저하게 Why의 관점에서 생각을 전개한다. 이때 많이 활용하는 것이 5Why 기법이다. Why를 한 번만 생각해보는 것이 아니라. 첫 번째 Why에 대해 또 Why를 생각해보고, 이런 식으로 5번 정도 Why를 계속해서 진행해 나가는 것이다.

5 Why의 예)

특성 : 찍힘 불량

1 Why : 왜 찍힘 불량이 발생했는가?

→ 모터가 오작동을 했다.

2 Why : 왜 모터가 오동작을 했는가?
→ 작업자가 모델 변경시 조건을 변경하지 않았다.
3 Why : 왜 작업자가 조건을 변경하지 않았는가?
→ 사이클타임을 단축하기 위해서
4 Why : 왜 사이클타임을 단축하려고 했는가?
→ 작업을 일찍 마무리하기 위해서
5 Why : 왜 작업을 일찍 마무리하려고 했는가?
→ 고객 Delivery를 맞추기 위해서

이렇듯 인과 관계에 집중하여 원인을 계속해서 따져보는 방법이 5Why이며 특성요인도를 작성할 때 많은 도움이 된다.

3) 세부 요인 정리

브레인스토밍에서 도출한 원인들을 요인별로 정리하고, 특성요인도를 그린다.

4) 특성요인도 수정 보완

완성한 특성요인도를 보고 인과관계가 맞는지, 세부 요인들이 누락이 없는지 확인하고 수정 보완한다.

그림 3-55 특성요인도 작성 사례

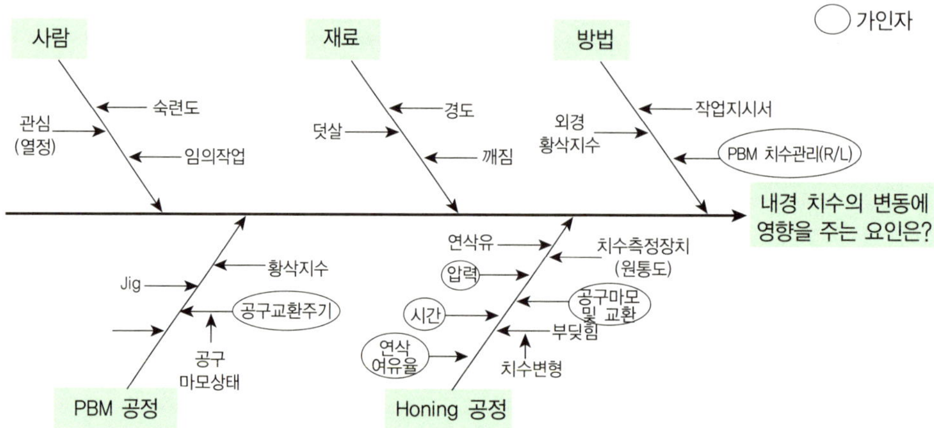

4.14 로직트리의 작성

로직트리(Logic Tree)는 특성(과제, 문제, CTQ)에 대하여 서로 논리적으로 연관이 높은 것들을 나무 모양으로 전개한 것을 말한다. 로직트리를 전개할 때 가장 기본적인 사고가 MECE(Mutually Exclusive and Collectively Exhaustive)이다. 어떤 사항을 중복되지 않고 누락되지 않도록 전체를 파악한다는 뜻이다.

▌그림 3-56 ▌로직트리의 일반적 모습

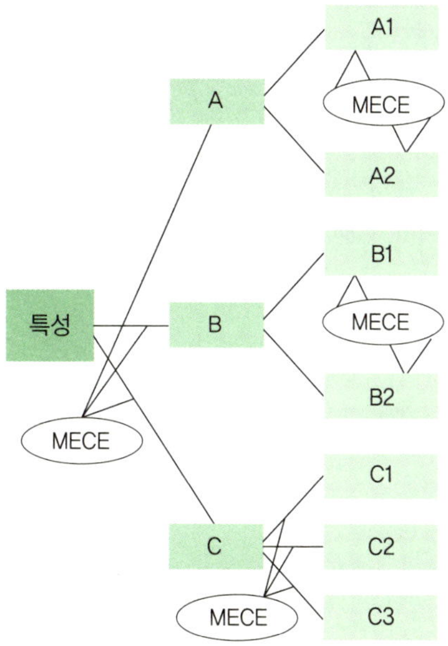

위 그림에서 보면 특성을 크게 A, B, C 세 개 요인으로 나누었다. 이를 MECE 사고의 관점에서 보면, A, B, C 세 개 요인은 중복되지 않고, A, B, C 세 개 이외에 누락된 것이 없다는 뜻이다.

요인 A는 A1, A2로 세분화되었는데, A1, A2는 A 요인에 대해서 MECE가 된다. 이렇게 왼쪽에서 오른쪽으로 전개하면서 세분화가 되고, 각각 세분화가 된 항목들은 MECE 원칙을 지키면서 전개하는 것이 로직트리이다.

로직트리는 크게 세 가지 유형으로 나눌 수 있다.

1) What Tree

말 그대로 What(무엇)을 전개하는 것을 말한다. 체크리스트 항목을 도출하거나 구조의 전체 모습을 이해하고자 할 때 유용하다.

예) 손님 방문시 준비해야 할 항목은?

모델 변경시 사전에 확인해야 할 항목은?

2) How Tree

해결 방안 또는 대안을 구체화하는 것이 How Tree 기법이다. 식스시그마 활동에서는 주로 개선 단계에서 활용한다.

3) Why Tree

근본적인 원인을 분석하는 방법이다. 작성하는 방법은 사전에 브레인스토밍을 통하여 정리한 다음 이를 로직트리 형태로 변경하면 된다.

그림 3-57 로직트리 사례

	발생경우	원인인자	측정항목	검증
Box 찢어짐 발생 원인	Man	작업자 Skill	• 작업 부주의에 따른 Box 불량 발생	• 제함 자동화
	Machine	Air 압력	• 5kgf 이상의 Air 공급 상태 여부	• 5.5kgf 이상 유지됨
		Box 지지대	• Box 지지대 위치에 따른 불량 발생	• Box 중앙 상단부 위치
		Box 고정 Pin	• Box 고정 Pin 수량 및 위치에 다른 불량 발생 여부	• 고정 Pin 수량(8~9ea) • 위치에 따른 불량 발생
	Method	Box 제함 방법	• 제함을 위한 Box 보충 시기	• Magazine에 적재된 Box 수량에 따른 불량 발생
	Material	Box Spec	• Box Size에 다른 불량발생 여부 (1070W*1080Dmm)	• 장비 허용 Spec, (965W×670Dmm)
		Box 공급 방법	• 공급 Box의 불량 상태(휘어짐 여부)	• Band Type 적재 • 5장/Pallet 불양 발생(5%)
		Box 무게	• Box 무게에 따른 고정 Pin 이탈 여부 • 무제 : 3.0kg	• 무게 : 2.5kg/장

표 3-12 측정(Measure) 단계 체크리스트

Measure 단계 체크리스트

	Process Owner	Champion

과제명				A : 매우 잘함 B : 잘함 C : 보통 D : 미흡 E : 매우 미흡 N/A : 적용 안함 (Not Applicable)
소속		챔피언		
과제 리더		프로세스 오너		
과제 팀원		MBB		
단계 수행기간		적용 방법론	DMAIC	

항목	구분	A	B	C	D	E	N/A
1	과제의 Y는 CTQ와 잘 연계되고 적절한 측정지표인가?						
2	측정지표 Y에 대한 운영정의와 고객의 요구수준을 반영한 성능표준은 적절한가?						
3	측정지표 Y의 측정시스템에 대한 신뢰성 분석이 이루어졌는가?						
4	수집된 데이터가 프로세스에 대한 대표성을 갖고 있으며, 한 수준을 파악하는데 적절한가?						
5	데이터 분석을 통하여 프로세스의 안정성 여부를 파악하였는가?						
6	현재 프로세스 능력의 수준을 평가하고 이를 바탕으로 도전적인 개선목표를 수립하였는가?						
7	프로세스 층별 분석을 통하여 개선할 영역이 선정되었는가?						

평가자 의견	

5. 분석(Analysis)

◆ 통계학은 과학의 문법이다.
– 칼 피어슨 –

측정(Measure) 단계에서는 현상 중에서 중요한 현상(CTQ)을 정의하고, 현재 어느 정도 수준인지 기준과 비교하여 확인하였다.

분석 단계에는 CTQ와 CTQ에 영향을 주는 치명인자를 분석을 통해서 찾는 것이 목적이다. 이를 위해서 측정 단계에서 체계적으로 수집한 데이터를 상황에 맞는 여러 가지 분석 방법을 활용하여 치명인자를 선정한다.

| 그림 3-58 | 치명인자의 개념

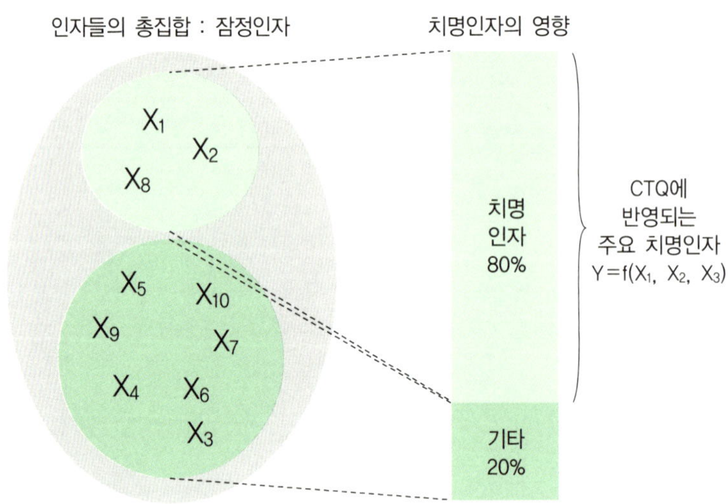

5.1 분석의 기본적인 사고 틀(Thinking Frame)

효율적이고 효과적인 분석을 진행하기 위해서는 다음의 세 가지의 기본적인 사고의 틀을 활용한다.

① 결과지향

결과(Output)지향은 기대하는 분석 결과를 사전에 미리 그려보고, 이를 효율적이고 효과적으로 달성하는 방법을 구상하고 행동으로 옮기는 사고와 태도를 말한다. 이를 통해서 분석 Output Image를 설정함과 동시에 데이터 분석 방법도 사전에 결정하여, 데이터 수집 및 제조현장 빅데이터 전처리 활동에 도움을 준다.

② 가설지향

막연하게 분석하는 것이 아니라 데이터 분석 이전에 분석하고자 하는 대상에 대해 미리 추정해보는 사고와 태도를 말한다. 가설을 확인하기 위한 통계적 분석 방법을 사전에 결정할 수 있다.

③ Fact지향

요즘 블랙스완 또는 회색코뿔소 이야기가 많이 나온다. 이런 현상이 발생했을 때 주의를 기울이고 철저하게 준비해야 한다는 의미로 사용하고 있지만, 분석에서는 이런 현상 자체가 사실(Fact)에 의해 확인되었을 때는 받아들여야 한다는 뜻이다. 분석을 통해 얻은 정보가 그동안의 상식과는 다른 결과가 나왔을 경우에 이를 부정하지 말고 사실로써 받아들이는 것을 의미한다. 이를 통해서 상식/편견을 뛰어넘는 결과와 해결안을 마련할 수 있다.

5.2 통계적 의사결정의 이해

데이터를 통해 알고 싶은 사실을 확인하고자 할 때 통계적 의사결정 방법인 가설 검정을 활용한다. 여기서 말하는 가설이란, 기존에 알려져 있는 사실과 이와 대립하는 가설 두 가지를 의미한다. 일반적으로 보면, 분석을 통해 확인하고 싶은 사실은 기존에 알려져 있는 사실을 확인하기보다는 새로운 사실을 주장하는 것이 목적인 경우가 많다.

따라서, 기존에 잘 알려져 있는 사실과 이를 부정하는 새로운 사실 두 가지의 가설을 놓고 데이터에 근거하여 두 개의 가설 중에서 하나의 가설을 선택하는 일련의 합리적인 절차를 통계적 가설검정이라고 한다.

이미 알고 있는 사실을 0(Null)가설이라고 하고, 확인하고 싶고 주장하고 싶은 가설을 대립가설이라고 한다. 만약 0가설이 맞다면 별다른 조치를 취할 필요는 없지만, 대립가설이 맞다면 의미 있는 분석의 결과를 얻었기 때문에 후속 조치를 취해야 한다.

- 0가설(H_0) : 기존에 이미 잘 알려져 있는 사실
- 대립가설(H_1 또는 H_a) : 확인하고 싶고 주장하고 싶은 가설

제조현장에서 가설 검정 방법론을 많이 활용하는 부서 중의 하나가 QC 부서일 것이다. 매 순간 공급사로부터 Lot 단위로 제품을 받아서 양품과 불량을 판단해야 한다. 공급사의 품질이 정상적으로 입고되었을 경우 별다는 조치를 취해야 할 필요가 없지만, 공급사가 납품한 Lot의 품질을 불량으로 판정할 경우 긴급한 조치를 취해야 한다. QC 부서 입장에서 보면 특정 공급사에서 납품한 'Lot 품질이 양품이다'라는 가설이 0가설이 되고, '불량이다'라는 가설이 대립가설이 된다. QC 부서는 Lot에서 샘플을 통해서 부품 특성치를 측정한 다음 양품과 불량에 대한 판단을 내려야 한다.

이런 의사결정을 할 때 도움을 주는 지표가 바로 p-value다. 통계학에서는 유의확률이라고 한다. 실무적으로 해석할 때는 '대립가설이 우연하게 발생할 확률이다'라고 해석할 수 있다. 대립가설이 우연하게 발생하지 않았다면 불량이라 판단하고 실무적인 조치를 취해야 하지만, 우연하게 발생했다면 굳이 별다를 조치를 취할 필요가 없다. p-value는 확률이기 때문에 0%에서 100% 사이에 존재한다. p-vaule 값이 100%라면 대립가설((QC 입장에서는 불량)이 우연하게 발생했기 때문에 굳이 대립가설이 맞다고 판단하지 않고 0가설이 맞다고 판단한다.

반대로 p-value가 0%라면 우연하게 발생한 경우가 아니기 때문에 기존의 입장을 버리고 대립가설이 맞다고 판단하고 즉각적인 조치를 취해야 한다. QC 입장에서는 p-value가 작다는 것은 '불량이다'라는 뜻이다.

p-value의 크고 작음을 판단하는 기준이 필요한데 이를 유의수준(Significant Level)이라고 한다. 이 판단 기준은 0가설에 대한 신뢰성에 따라서 실무적으로 판단한다. 정말 특별한 경우가 아니고서는 기존 입장을 고수해야 할 경우 유의수준은 작게 선택한다. 왠만하면 기존의 입장을 고수한다는 뜻이다. 다른 말로 보수적인 입장에서 의사결정을 하고 싶다는 뜻이며 이럴 경우 유의수준은 작게 설정하여 0가설 선택 가능성을 높인다. 오랫 동안 생산을 진행한 생산공정에서는 정말 특별한 이유가 없이는 기존의 작업 조건을 변경할 필요는 없을 것이다.

신제품을 연구하는 R&D 부서의 경우 아직 신제품에 대해 알려진 사실이 그리 많지 않기 때문에 크지 않은 차이에도 민감하게 반응하여 0가설보다는 대립가설을 선택할

수 있도록 유도해야 한다. 이럴 경우 유의수준은 높게 선정한다.

이렇듯 유의수준은 상황에 따라 달라지지만 본 교재에서는 0.05(5%)를 선택하여 가설검정을 실시한다.

▌그림 3-59 ▌p-value와 유의수준

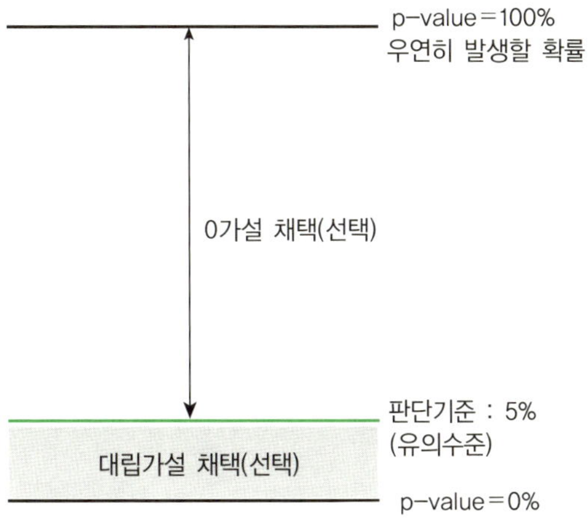

통계적 가설 방법을 이용하기 위해서는 CTQ와 가인자의 데이터 종류를 확인하여 결정한다.

- CTQ가 연속형, 가인자가 이산형인 경우 :
  2-Sample t, ANOVA 분석 방법론을 활용하여 분석을 진행한다.
- CTQ, 가인자 모두 연속형인 경우 :
  상관관계분석, 회귀분석 방법론을 활용한다.
- CTQ, 가인자 모두 이산형인 경우 :
  카이제곱(χ^2)분석 방법론을 활용한다.
- CTQ가 이산형, 가인자가 연속형인 경우 :
  로지스틱 회귀분석 방법론을 활용한다.

5.3 2-Sample t분석의 활용

5.3.1 2-Sample t분석의 이해

두 집단 평균의 차이가 있는지 확인하는 분석 방법이 2-Sample t분석이다. CTQ에 영향을 줄 것 같은 가인자 하나를 선택하여 가인자를 두 개 그룹으로 나눈 다음 CTQ의 평균 차이를 확인한다. 만약에 평균 차이가 발생한다면 가인자는 CTQ에 영향을 주는 치명인자라고 할 수 있다. 두 개 집단 모두 정상분포이며, 산포가 비슷하다는 가정 하에 분석을 실시한다.

▌그림 3-60 ▌2-Sample t분석 이해

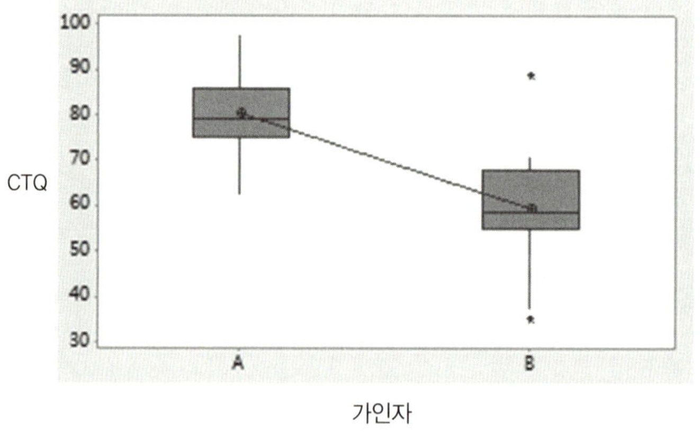

5.3.2 R을 활용한 2-Sample t분석

① 상자 그림

■ 소스창 입력 및 실행

```
# 상자 그림

t <- read.csv('2_data/3_a4.csv', header = T)
boxplot(t$hardness ~ t$type, col = 'red')
```

■ 결과 확인 및 해석

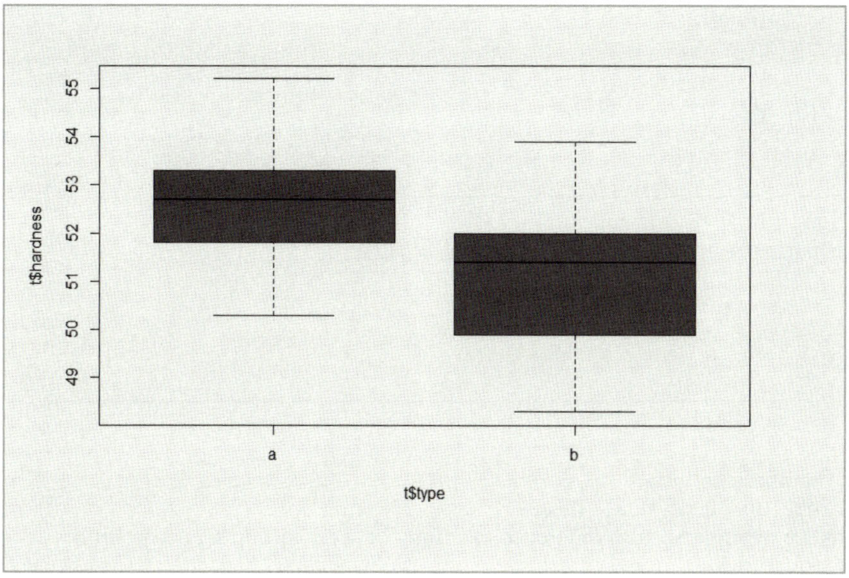

잠재인자인 Type의 a, b에 대하여 경도의 산포는 비슷하고 평균의 차이가 크지 않을 것으로 보인다.

② 분산의 동질성 검정

■ 소스창 입력 및 실행

```
# 분산의 동질성 검정
var.test(hardness ~ type, data = t)
```

■ 결과 확인

```
                F test to compare two variances

data:  hardness by type
F = 0.73097, num df = 4, denom df = 4, p-value = 0.7687
alternative hypothesis: true ratio of variances is not equal to 1
95 percent confidence interval:
 0.07610634 7.02058089
sample estimates:
ratio of variances
         0.7309656
```

p-value 값이 76.87%이므로 type a의 경도 분산과 type b의 경도 분산이 서로 다르지 않음을 확인하였다.

③ 평균 차이 분석

■ 소스창 입력 및 실행

```
# 2-Sample t 분석
t.test(hardness ~ type, data= t, var.equal = TRUE)
```

■ 결과 확인

```
Two Sample t-test

data:  hardness by type
t = 1.2492, df = 8, p-value = 0.2469
alternative hypothesis: true difference in means between group a and group b
is not equal to 0
95 percent confidence interval:
 -1.319829  4.439829
sample estimates:
mean in group a mean in group b
          52.66           51.10
```

p-value 값이 24.69%이므로 type a 경도의 평균과 type b 경도의 평균 차이는 없다. 따라서 type은 경도에 영향을 주는 치명인자가 아니다.

5.4 상관관계와 회귀분석의 활용

5.4.1 상관관계와 회귀분석의 이해

두 변수의 상관분석과 회귀분석을 활용하여 치명인자를 선정할 수 있다. CTQ와 가인자들과 상관관계가 있는지 여부를 확인하는 것이 상관분석이며, 상관관계가 있을 경우 치명인자라고 판단한다.

회귀분석은 치명인자와 CTQ와 구체적인 회귀식을 구하는 것을 말하며, 분석 단계에서 활용할 수 있지만, 개선 단계에서 더 많이 사용하는 분석 방법이다.

1) 상관관계의 이해

두 변수가 있을 경우 한 변수의 데이터들이 다른 변수의 데이터와 경향성을 가지고 있을 때 우리는 두 변수 간에 상관관계가 있다고 표현한다. 예를 들면, 일반적으로 키가 큰 사람이 몸무게가 많이 나간다. 또한, 자동차의 무게가 무거울수록 리터당 주행거리는 짧아질 것이다. 이렇듯 두 변수 간에 경향성을 확인하였을 때 상관관계가 있다라고 한다.

상관관계의 종류는 크게 두 가지가 있다.

- 양의 상관관계 : 두 변수가 서로 같은 방향을 가지고 있을 때
  한 변수가 커지면 다른 변수도 커지고, 한 변수가 작아지면 다른 변수도 작아진다.
- 음의 상관관계 : 두 변수가 서로 다른 방향을 가지고 있을 때
  한 변수가 커지면 다른 변수는 작아지고, 한 변수가 작아지면 다른 변수는 커진다.

상관관계를 확인하는 방법은 상관계수(Corelation Coefficient : r)로 확인할 수 있다. 상관계수(r)는 -1에서 1 사이에 존재하며, 앞의 부호는 관계의 종류, 숫자는 관계의 정도를 나타낸다. 절대값 기준으로 1에 가까울수록 두 변수의 상관관계 정도는 높다고 할 수 있다.

▌그림 3-61▐ 상관관계 계수와 상관관계

양의 관계

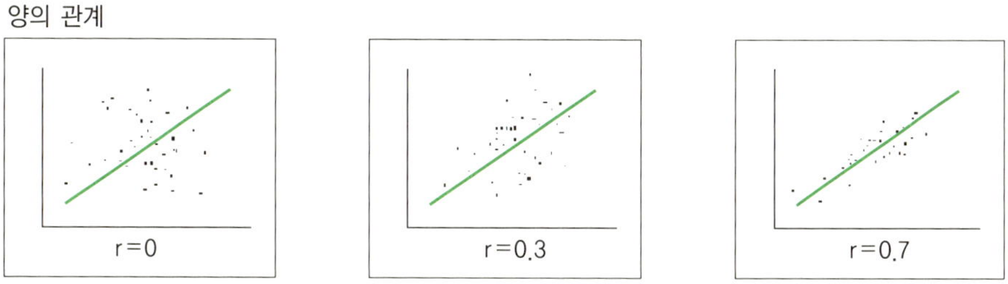

음의 관계

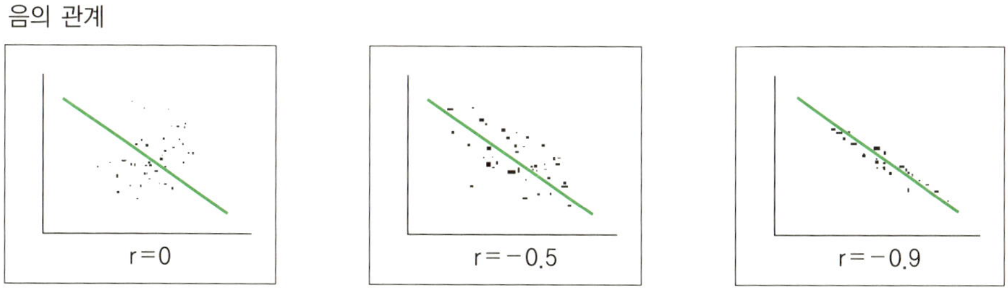

2) 상관관계와 인과관계

상관관계가 두 변수의 원인과 결과(인과) 관계를 의미하는 것은 아니다. 상관관계가 발생할 수 있는 경우는 크게 세 가지가 있다.

① 두 변수가 인과관계가 성립하는 경우

두 변수 중 하나가 원인이고 다른 하나가 결과인 경우 당연히 상관관계를 확인할 수 있다. 예를 들면, 안전벨트 착용률이 높아질수록 교통사고의 사망률은 줄어들고 있는데, 이 두 변수에는 원인과 결과관계가 성립한다. 제조현장의 경우 품질에 영향을 주는 잠정인자 및 가인자를 선정했을 경우 CTQ와 인과관계를 이미 염두해 두었다고 할 수 있다.

② 다른 제3의 변수가 두 변수에 영향을 주는 경우

영어 점수가 높은 사람이 수학 점수가 높은 경우가 있을 경우, 영어 점수와 수학 점수와는 상관관계가 있다고 말할 수 있지만, 영어 점수가 수학 점수의 원인이라고 할 수는 없다. 두 과목의 점수가 높은 사람은 기본적으로 학습 성취도가 높은 사람일 것이다. 따라서, 학습 성취도라는 변수가 영어 점수, 수학 점수에 영향을 주고 있다. 이렇듯 제3의 변수가 두 변수에 영향을 주는 원인일 경우에도 상관관계가 나타날 수 있음을 유의해야 한다.

③ 우연하게 상관관계가 나타나는 경우

만약에 사람의 키와 IQ 간에 상관관계가 있다고 한다면 사람의 키가 IQ의 원인이라고 할 수는 없다. 수주대토(守株待兎)라는 사자성어가 있다. 어느날 토끼가 달려와서 나무를 들이받아 죽었고, 쉽게 토끼를 얻은 농부가 일은 하지 않고 토끼만 기다린다는 뜻이다. 결국 토끼만 기다리던 농부의 땅은 결국 황무지로 변해 버렸다.

상관관계라는 것이 이렇게 우연하게도 발생할 수 있으니 상관관계를 손쉽게 인과관계로 정의하지는 말아야 한다.

3) 회귀분석

두 변수의 상관관계가 존재할 때 한 변수의 변화에 따른 다른 변수의 변화량에 대한 수학적 함수식을 회귀식이라고 하며, 이 회귀식에 대한 신뢰성 확인 등을 회귀분석이라고 한다.

수학에서 말하는 함수식과 통계에서 말하는 함수식의 큰 차이는 오차(Error)의 유무에 있다. 회귀식은 통상 두 변수의 변화를 가장 잘 설명해주는 식이기 때문에, 데이터와 회귀식과는 어느 정도의 오차를 가지고 있다. 회귀식은 여러 개의 함수식 중에서 오차의 합이 가장 작은 식이라고 할 수 있다.

❙ 그림 3-62 ❙ 증발량과 바람 속도 회귀식

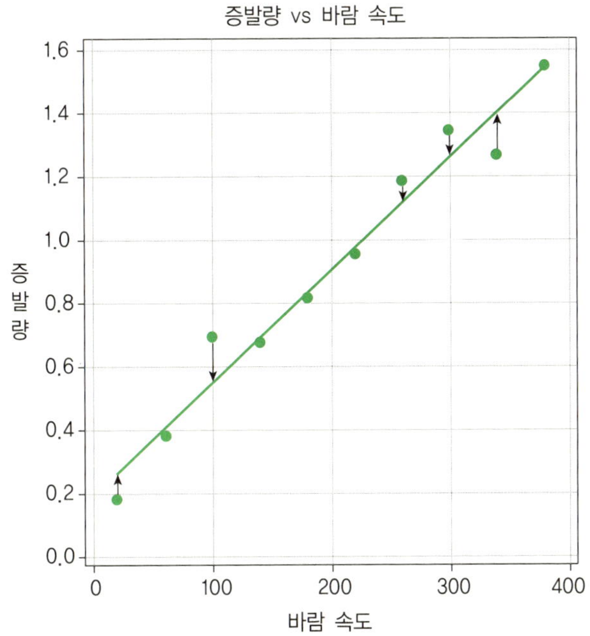

위 그림에서 직선이 증발량과 바람 속도 간의 회귀식을 나타내는 선이다.

개별적인 색점들은 이 선과 차이(오차)가 있으며, 이 오차들의 합이 최소인 선이 바로 직선이다(이를 통계학에서는 최소제곱법이라고 함).

모든 점들이 직선으로 돌아가는 것처럼 보인다고 해서 회귀식이라고 한다.

변수가 하나일 때 회귀식의 일반적인 모습은 다음과 같다.

$$y = a + bx + error$$ (b : 기울기 → 변화율)

5.4.2 R을 활용한 상관분석과 회귀분석

① 가인자가 한 개인 경우 상관관계분석

■ 소스창 입력 및 실행

```
# 두 개 변수의 상관 관계 분석

r1 <- read.csv('2_data/3_r1.csv')              # 데이터 불러오기
attach(r1)
                                                # 산점도 그리기
plot(evap~velocity, type = 'p',
     col = 'red', pch = 20, cex = 3)

cor(evap,velocity, method = 'pearson')         # 상관 계수 구하기
cor.test(evap, velocity)                        # 상관 관계 검정
```

■ 결과 확인 및 해석

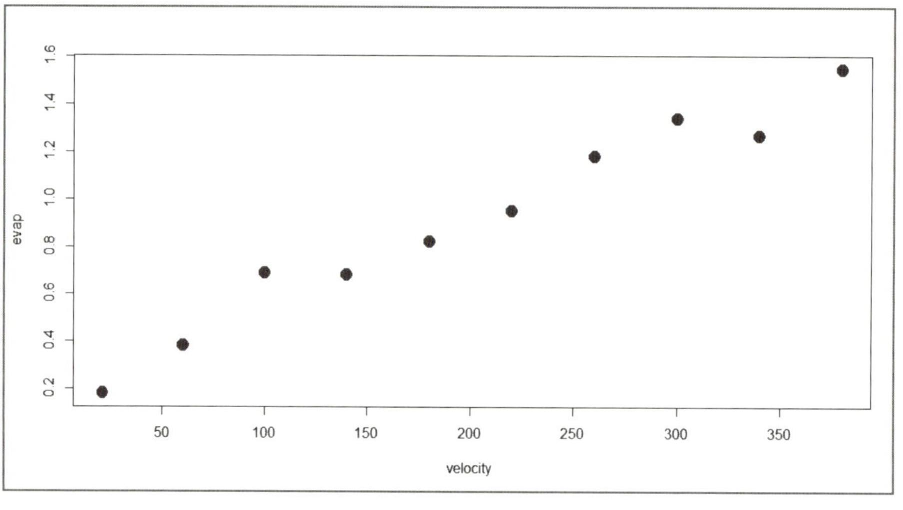

산점도 확인 결과 velocity가 커질수록 evap도 같이 커짐을 알 수 있다.

```
> cor(evap,velocity, method = 'pearson')
[1] 0.9834555
> cor.test(evap, velocity)

            Pearson's product-moment correlation

data:  evap and velocity
t = 15.355, df = 8, p-value = 3.213e-07
alternative hypothesis: true correlation is not equal to 0
95 percent confidence interval:
 0.9291962 0.9962156
sample estimates:
      cor
0.9834555
```

상관계수값은 0.98 정도로 아주 강한 양의 상관관계가 있다(95% 신뢰수준 : 작게는 0.929, 크게는 0.996임).

evap와 velocity의 상관관계 검정 결과 p-value 또한 유의수준 5%보다 작아서 상관관계가 있음을 확인해주고 있다. 따라서, evlocity는 evap에 치명인자이다.

② 잠정인자가 한 개인 경우 회귀분석(단순회귀분석)
(UsingR 라이브러리를 사용한다)

■ 소스창 입력 및 실행

```
# 한 개 변수 회귀 분석

r1 <- read.csv('2_data/3_r1.csv')   # 데이터 불러오기
Attach(r1)

Rel <- lm(evap~velocity)            # 회귀 분석 실행
Summary(rel)
Abline(rel)                         # 산점도와 회귀식
```

■ 결과 확인 및 해석

```
> rel <- lm(evap~velocity)
> summary(rel)

Call:
lm(formula = evap ~ velocity)

Residuals:
     Min       1Q   Median       3Q      Max
-0.13121 -0.02635 -0.01194  0.04886  0.14115

Coefficients:
             Estimate  Std. Error  t value Pr(>|t|)
(Intercept) 0.1936970  0.0533468    3.631  0.00668 **
velocity    0.0035515  0.0002313   15.355  3.21e-07 ***
---
Signif. codes:  0 '***' 0.001 '**' 0.01 '*' 0.05 '.' 0.1 ' ' 1

Residual standard error: 0.08403 on 8 degrees of freedom
Multiple R-squared:  0.9672,	Adjusted R-squared:  0.9631
F-statistic: 235.8 on 1 and 8 DF,  p-value: 3.213e-07
```

회귀식 : evap=0.193+0.0036 velocity+error

velocity가 1 증가하면 evap은 평균적으로 0.0036만큼 증가한다. 회귀식의 각 항에 대한 p-value도 유의수준 5%보다 작기 때문에 항으로 의미가 있음을 알 수 있다.

R-squared는 96.7%, 즉 회귀식이 전체 변동의 96.7%를 설명하고 있다는 뜻이므로 회귀식의 신뢰도가 높다고 할 수 있다.

1−0.967=0.033=3.3%

즉, 회귀식으로 설명할 수 없는 에러의 크기는 evap 전체 변동의 3.3%이다. 따라서 velocity를 통해서 evap의 예측 신뢰도는 높다고 할 수 있다.

③ 가인자가 2개 이상인 경우 상관관계 및 회귀분석(다항회귀분석)

■ 소스창 입력 및 실행

```
# 변수 2개 이상(다항) 회귀 분석

r2 <- read.csv('2_data/3_r2.csv')          # 데이터 불러오기
attach(r2)

library(corrplot)                           # 필요 라이브러리 호출
library(psych)

plot(r2)                                    # 산점도 그리기

rr <- cor(r2)
corrplot(rr)                                # 응용 그래프
pairs.panels(r2)
rr


model <-lm(y~x1+x2+x3, data = r2)           # 회귀식
summary(model)
```

■ 결과 확인 및 해석

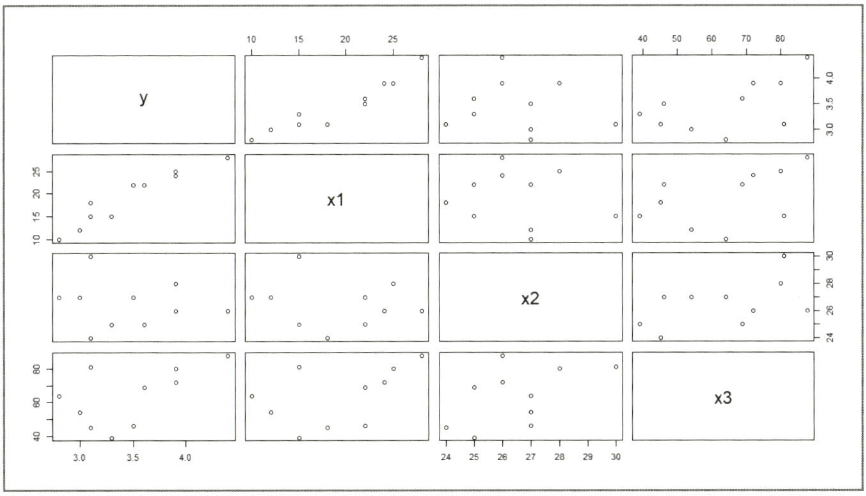

모든 변수들 간에 산점도를 보여준다. x1이 Y와 상관관계가 가장 높은 것처럼 보인다. x3도 Y와 상관관계가 있을 것으로 보인다.

R에서는 여러 개의 변수에 대해서 눈으로 확인하기 쉬운 그래프들이 있다.

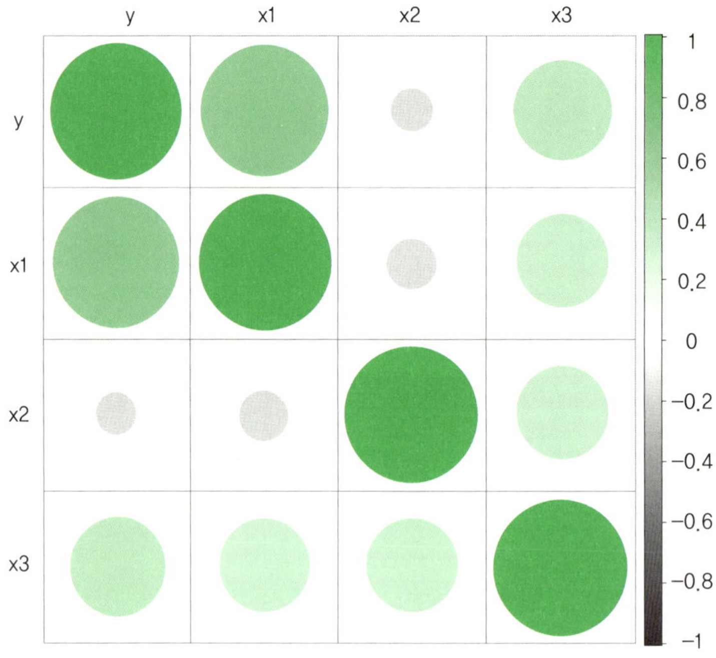

위 그래프는 Corrplot로 변수들 간에 상관관계를 원의 크기와 색상으로 표현한다. 녹색은 양의 상관관계, 회색은 음의 상관관계를 나타낸다. y와 가장 큰 상관관계를 보이는 가인자는 x1, 그 다음은 x2이다.

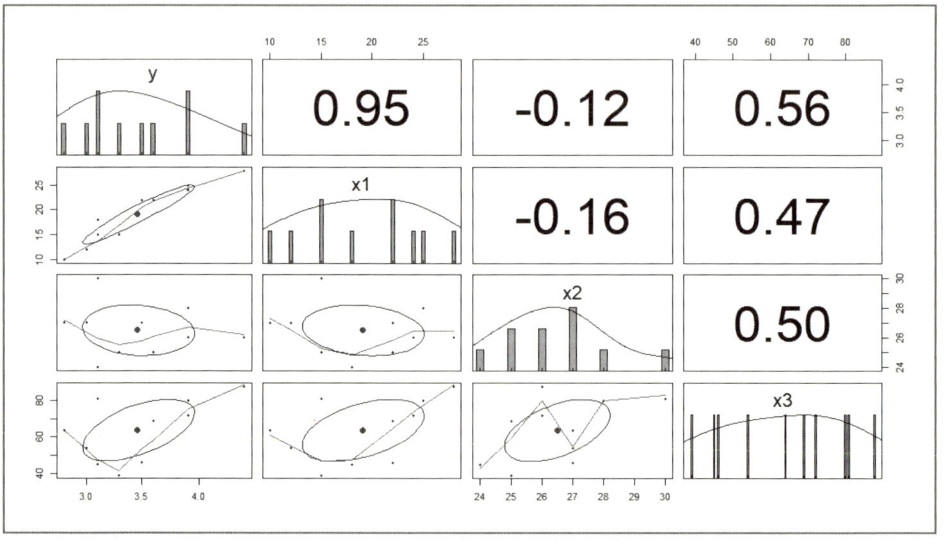

위의 그래프는 pairs.panels 그래프로써 상관관계 계수와 산점도, 히스토그램 등을 하나의 그래프에서 확인할 수 있다. 위 그래프 결과는 y와 상관관계가 큰 가인자는 x1, x3이다.

```
> model <-lm(y~x1+x2+x3, data = r2)
> summary(model)

Call:
lm(formula = y ~ x1 + x2 + x3, data = r2)

Residuals:
     Min       1Q   Median       3Q      Max
-0.23490 -0.07744 -0.02166  0.08840  0.23442

Coefficients:
             Estimate Std. Error t value Pr(>|t|)
(Intercept)  2.409213   1.125954   2.140  0.07618 .
x1           0.069788   0.012640   5.521  0.00149 **
x2          -0.024767   0.044830  -0.552  0.60060
x3           0.005864   0.005052   1.161  0.28978
---
Signif. codes:  0 '***' 0.001 '**' 0.01 '*' 0.05 '.' 0.1 ' ' 1

Residual standard error: 0.172 on 6 degrees of freedom
Multiple R-squared:  0.9202,	Adjusted R-squared:  0.8803
F-statistic: 23.05 on 3 and 6 DF,  p-value: 0.001079
```

y와 x1, x2, x3의 회귀분석 결과 Adusted R-squared는 88%로서 회귀식의 신뢰도는 높다.

일반적으로 y에 대한 변수가 2개 이상일 경우에는 R-squared 대신 Adusted R-squared를 활용한다. y에 대해서 변수를 늘리면 y에 대한 설명력이 아주 조금이라도 증가한다. 이럴 경우 치명인자가 아닌 경우가 포함되지 않은 상태에서 R-squared 값이 큰 것의 의미가 없기 때문에 수정한 R-squared 값을 사용한다.

회귀식 각 항에 대한 p-value를 확인해보면 x1만이 유의수준 5%보다 작다. 따라서 x1, x2, x3 중에서는 치명인자는 x1이라고 할 수 있다.

제조현장에서는 상관계수값이 절대값 기준으로 0.8 이상일 경우 치명인자를 선정하는 기준으로 활용할 수 있다.

제조 빅데이터를 활용하는 경우는 전처리를 통해서 설비의 정상 가동과 비가동으로 나눠서 분석에서 발생할 수 있는 노이즈(Noise)를 적절하게 통제해야 한다. 그래야만 분석의 결과를 통해 의미 있는 정보를 확인할 수 있다.

④ 변수 선택의 활용

여러 개의 가인자가 있을 경우 변수 선택 방법을 활용하여 치명인자를 선정할 수 있다.

■ 소스창 입력 및 실행

```
# 변수 선택

r3 <- read.csv('2_data/3_r3.csv')                # 데이터 불러오기
attach(r3)

library(psych)                                   # 필요 라이브러리 호출
library(leaps)
                                                 # 응용 산점도
pairs.panels(r3)

mo1 <- lm(y~., data = r3)
mo2 <- step(mo1, direction = 'both')
mo3 <- regsubsets(y~., data = r3)                # 변수선택 및 결과
summary(mo3)
summary(mo3)$adjr2
```

■ 결과 확인 및 해석

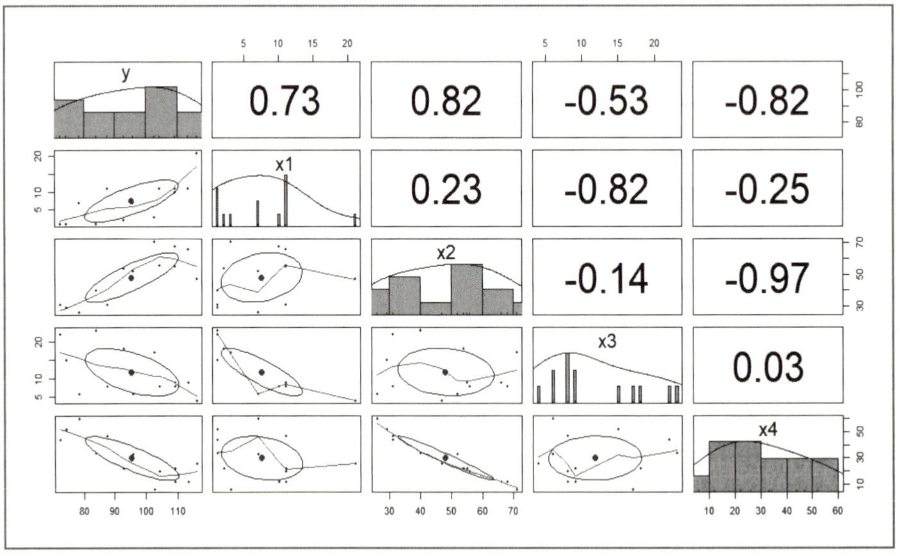

상관관계계수를 보면 x2, x4가 절대값 기준으로 제일 크고, x3가 제일 낮다. 치명인자를 선택할 경우 2개 이상을 선정할 수 있을 것으로 판단할 수 있다.

단계적인 회귀분석을 통하여 변수 선택에 따른 Adjusted R값의 변화의 확인을 통해 의사결정을 할 수 있다.

```
> mo3 <- regsubsets(y~., data = r3)
> summary(mo3)
Subset selection object
Call: regsubsets.formula(y ~ ., data = r3)
4 Variables  (and intercept)
   Forced in Forced out
x1     FALSE      FALSE
x2     FALSE      FALSE
x3     FALSE      FALSE
x4     FALSE      FALSE
1 subsets of each size up to 4
Selection Algorithm: exhaustive
         x1  x2  x3  x4
1  ( 1 ) " " " " " " "*"
2  ( 1 ) "*" "*" " " " "
3  ( 1 ) "*" "*" " " "*"
4  ( 1 ) "*" "*" "*" "*"
> summary(mo3)$adjr2
[1] 0.6449549 0.9744140 0.9764473 0.9735634
```

위 분석 결과를 보면 총 4가지의 회귀식과 이와 관련한 Adjusted R값을 확인할 수 있다.

첫 번째 회귀식은 x4만을 선정하는 경우이다. 이 식의 Adjusted R값은 64.5%이다. 두 번째 회귀식은 x1, x2 두 개 변수를 선정하는 경우이다. 이 식의 Adjusted R값은 97.4 %이다. 세 번째 회귀식은 x1, x2, x4 세 개 변수를 선정하는 경우이다. 이 식의 Adjusted R값은 97.6 %이다. 네 번째 회귀식은 모든 변수를 선정하는 경우이다. 이 식의 Adjusted R값은 97.3%이다.

네 개의 변수를 모두 선정했을 때가 세 개 변수를 선택했을 때보다 Adjusted R 값이 작다. 따라서, 네 개 가인자 중에서 2~3개의 치명인자를 선택할 수 있다.

5.5 분산분석의 활용

5.5.1 분산분석의 이해

분산분석(ANOVA : Analysis of Variance)은 두 집단 이상의 평균 차이가 있는지를 확인하고 검정하는 방법이다. 평균의 차이가 있을 경우 CTQ에 영향을 주는 치명인자라고 판단할 수 있다.

다음의 데이터를 보고 서로 다른 생산라인에서 데이터를 했을 경우 과연 생산라인 간에 품질 차이가 있다고 할 수 있을까?

1Line	2Line	3Line
25	35	42
28	39	45
27	38	49
24	37	44
29	34	48

이때 가설은 다음과 같이 이야기할 수 있다.

- 0가설(H_o) : 라인별로 품질의 차이는 없다. (품질 1=품질 1=품질 3)
- 대립가설(H_1) : 라인별로 품질 차이가 있다. (Not H_o)

0가설과 대립가설 중에 어떤 가설을 선택해야 하는지에 대한 지표인 p-value를 ANOVA 분석을 통해 계산할 수 있다. 위의 데이터를 살펴보면 각 라인별 평균을 먼저 구할 수 있다. 이는 라인과 라인 사이에 발생하는 품질 차이라고 할 수 있을 것이다.

반면에 라인 내에서 발생하는 품질 차이는 그 이유를 지금으로서는 알 수가 없다. 이를 ANOVA 분석에서는 Error라고 하고, 변동의 이유를 정의할 수 없다는 의미로 해석할 수 있다.

ANOVA 분석은 라인과 라인 간의 변동(군간 변동 - 변동이 왜 발생했는지 설명할 수 있는 변동)과 라인 내에서의 변동(군내 변동 - 변동이 왜 발생했는지 설명할 수 없는 변동)으로 구분한 다음 이 두 변동 간의 비율로서 차이가 발생했는지 여부를 판정하는 방법이다.

만약에 군간 변동이 군내 변동보다 크다면 군간 변동의 원인을 치명인자로 선정한다. 그렇지 않을 경우에는 치명인자가 아닌 것으로 판단한다. 결국 군간 변동과 군내 변동의 비율 차이가 클수록 CTQ에 영향을 주는 치명인자라고 할 수 있다.

그림 3-63 ANOVA 분석 방법 이해

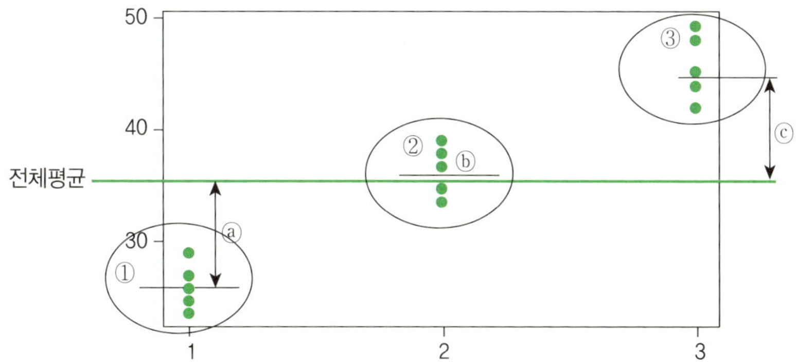

- 만약에 그룹별로 차이가 있다면 그룹내의 평균과 데이터들 간의 차이보다 그룹내 평균과 전체 평균의 비율이 커질 것이다.

$$\frac{\text{그룹내 평균과 전체 평균과의 차이 합 (ⓐ+ⓑ+ⓒ)}}{\text{그룹내 평균과 데이터와의 차이 합 (①+②+③)}}$$

5.5.2 R을 활용한 분산분석

① 가인자(변수)가 하나인 경우

■ 소스창 입력 및 실행

ANOVA 분석을 실행하기에 앞서 'lawstat' 패키지를 설치(Install)하고 호출한다.

```
install.packages('lawstat')
library('lawstat')
```

```
# 한개 변수 아노바 분석
`
aa <- read.csv('2_data/3_a1.csv')

boxplot(y~Li, data = aa, col ='red', main = '라인별 품질 비교')  # 그래프 분석
bartlett.test(aa$y, aa$Li)                                     # 등분산성 분석

av <- aov(y~Li, data = aa)                                     # 아노바 분석
summary(av
```

■ 결과 확인

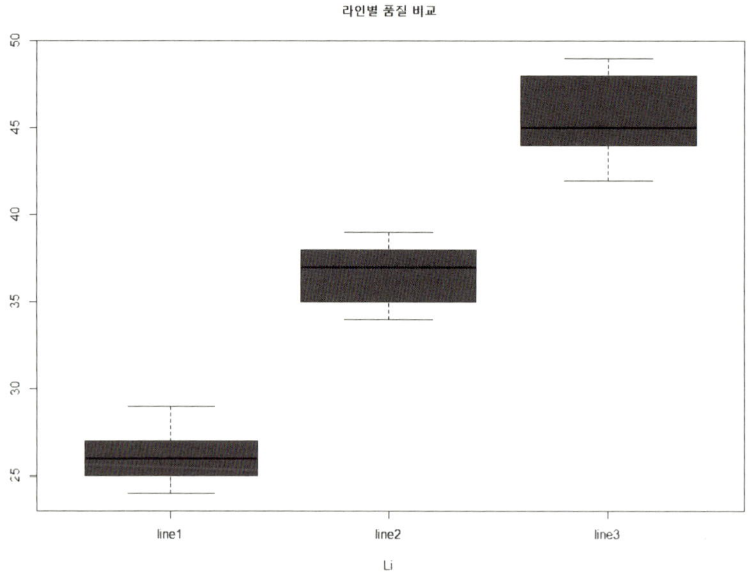

상자 그림 그래프를 보면 라인별 품질 차이가 큰 것으로 보이며, 라인별 발생하는 변동(산포)의 크기는 서로 비슷한 것으로 보인다.

```
> bartlett.test(aa$y, aa$Li)

        Bartlett test of homogeneity of variances

data:  aa$y and aa$Li
Bartlett's K-squared = 0.70004, df = 2, p-value = 0.7047

> av <- aov(y~Li, data = aa)
> summary(av)
            Df Sum Sq Mean Sq F value   Pr(>F)
Li           2  942.5   471.3   86.74 7.34e-08 ***
Residuals   22   65.2     5.4
---
Signif. codes:  0 '***' 0.001 '**' 0.01 '*' 0.05 '.' 0.1 ' ' 1
```

■ 결과 해석

등분산성 검정(Bartlett test)의 p-value는 70.47%로서 라인별 산포는 동일하며 ANOVA 분석 결과 p-value는 거의 0이므로 라인별 평균차이가 크게 있다고 할 수 있다.

라인별로 품질 차이가 크게 발생하고 있음을 알 수 있으며, 생산라인이 품질에 치명인자라고 할 수 있다.

Mean Sq 결과를 보면 라인으로 인해 발생하는 산포(여기에서는 분산임)가 474.3이며, 설명할 수 없는 원인으로 인해 발생하는 산포(Redisudal)가 5.4밖에 되지 않아서 그 분산의 비율이 86.74이다. 즉, 라인 차이로 인해 발생하는 품질의 산포가 설명할 수 없는 원인(Error)으로 발생하는 산포보다 86.74배 크다는 뜻이다.

② 가인자(변수)가 두 개인 경우

가인자가 두 개일 때부터는 상호작용(Interaction)을 먼저 확인해야 한다. 상호작용이란 두 개 인자의 서로 다른 수준에서 반응변수(y, 여기에서는 CTQ)의 값이 일반적인 추세와 다르게 나타나는 경우를 말한다. 개별적으로는 CTQ에 영향을 주지는 않지만, 두 변수의 특정 조합에서 CTQ에 큰 영향을 줄 수 있는 상황이 발생할 수도 있다. 이럴 경우에는 상호작용의 해석을 우선해서 치명인자 여부를 결정한다.

A, B 가인자가 개별적으로는 CTQ에 영향을 주지 않지만, 상호작용이 존재하고 있음을 확인하면, A, B는 치명인자다.

■ 소스창 입력 및 실행

```
# 두 개 변수의 아노바 분석

bb <- read.csv('2_data/3_a2.csv')
attach(bb)

boxplot(Y~FactorA, data = bb, col = c(5,2,3))
boxplot(Y~FactorB, data = bb, col = c(5,2,3,4))                      # 상자그림

aov2 <- aov(Y~FactorA + FactorB + FactorA:FactorB, data=bb)          # 아노바 분석
summary(aov2)

interaction.plot(FactorA,FactorB,Y,                                  # 상호 작용 그래프
              main = ' Factor A, Factor B 상호작용 ',
              type = ' b ',
              col = c(9,2,4,3))

FA_mean <- aggregate(Y~FactorA, data=bb, mean)                       # 주 효과 그래프
FB_mean <- aggregate(Y~FactorB, data=bb, mean)
plot(Y~FactorA, FA_mean, type = 'b', col = 'red',
    main = 'Main plot by Factor A')
plot(Y~FactorB, FB_mean, type = 'b', col = 'red',
    main = 'Main plot by Factor B')

print(model.tables(aov2,'means'))                                    # 수준 조합별 평균
```

■ 결과 확인 및 해석

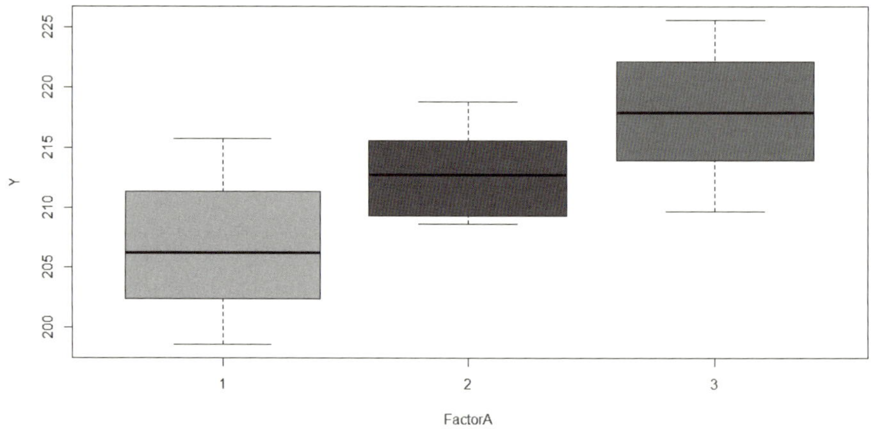

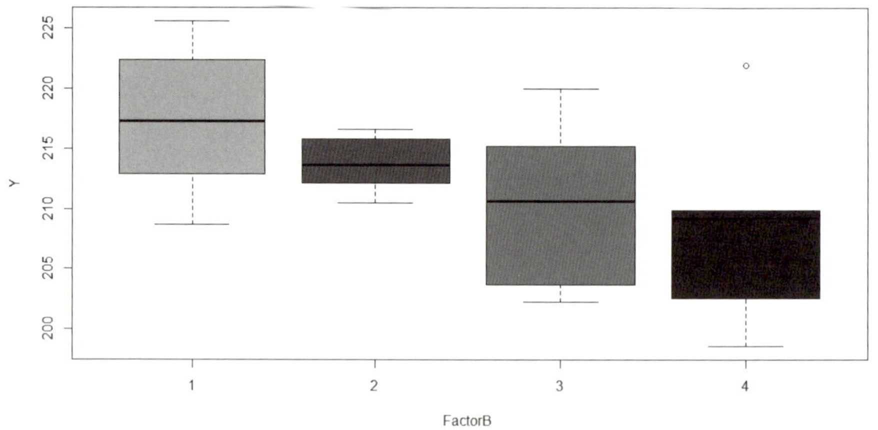

Factor A, Factor B의 각 수준별 상자 그림 분석 결과 수준별로 Y에 대한 차이를 확인할 수 있다.

```
> summary(aov2)
                  Df Sum Sq Mean Sq F value   Pr(>F)    
FactorA            1  496.2   496.2   38.88 4.34e-06 ***
FactorB            1  264.0   264.0   20.69 0.000195 ***
FactorA:FactorB    1   23.9    23.9    1.87 0.186591    
Residuals         20  255.2    12.8                     
---
Signif. codes:  0 '***' 0.001 '**' 0.01 '*' 0.05 '.' 0.1 ' ' 1
```

인자가 두 개 이상일 경우에는 먼저 상호작용의 유무를 확인한다. Factor A, Factor B 상호작용 유무에 대한 p-value는 18.6%이며, 유의수준 5%보다 크다. 따라서, 두 인자의 상호작용은 없다고 판단한다.

Factor A, Factor B 각각의 p-value는 거의 0에 가까우며, 유의수준 5%보다 작다. 따라서 Factor A, Factor B는 Y에 영향을 주는 치명인자로 선정한다.

F-value의 경우 Factor A는 38.88, Factor B는 20.69이므로 Factor A가 Factor B보다 Y에 상대적으로 더 큰 영향을 주고 있음을 알 수 있다.

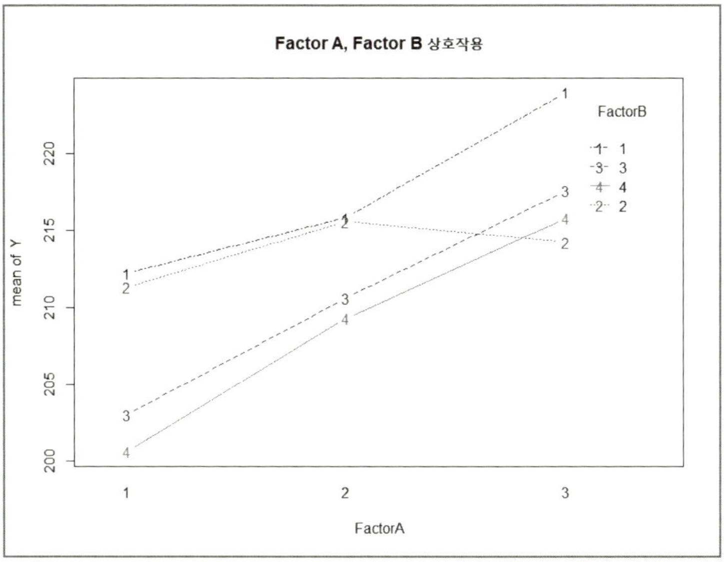

상호작용 그래프를 상호작용이 있을 경우에 활용한다. 만약에 상호작용이 있다고 가정한다면, Factor A의 3조건과 Factor B의 2조건에서 Y값이 다른 경향을 보이고 있다. Factor A, Factor B가 커지면 Y도 커지는 경향이 보이는데 위의 조건에서는 Y값이 오히려 작아지고 있다.

상호작용은 인자들의 특정 조합 Y값의 이상적인 현상인 것이다.

▌그림 3-64 ▌상호작용의 유무에 따른 그래프

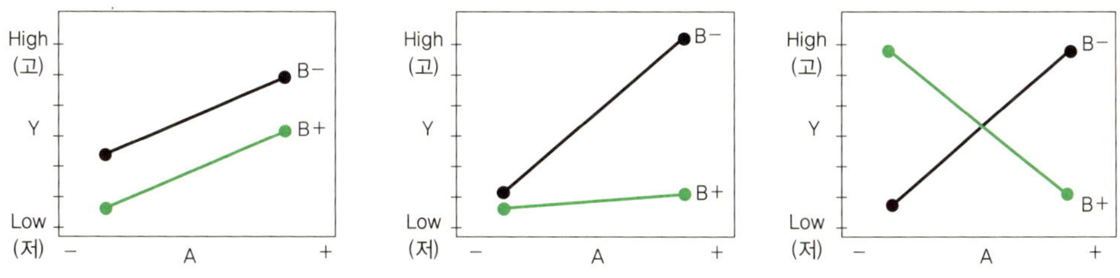

첫 번째 그림은 상호작용이 없는 경우의 그래프 모습이고, 나머지 두 개 그림은 상호작용이 있을 경우의 그래프 모습이다.

첫 번째 그림은 두 변수의 변화에 따른 Y의 변화는 동일한 모습이지만, 나머지 두 개 그림은 A, B조건에 따라서 Y의 변화는 일정하지 않다.

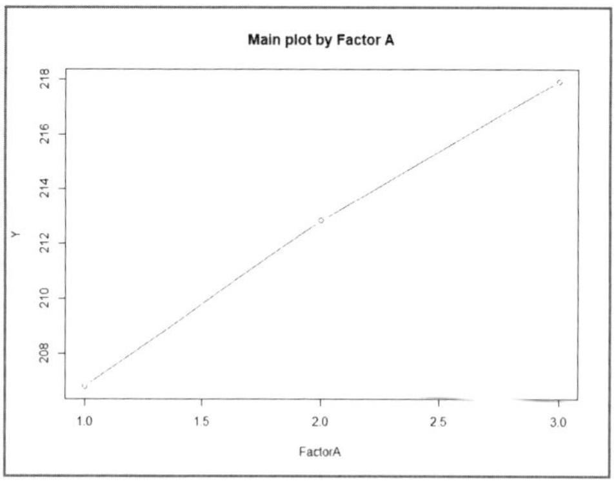

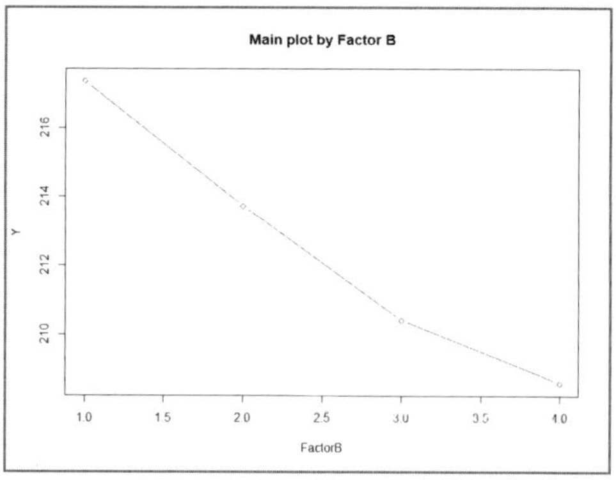

Factor A가 커질수록 Y도 같이 커지고 있으며, Factor B가 커질수록 Y는 작아지고 있다. 각각의 인자들이 Y에 어떤 영향을 주고 있는지 주효과 그래프를 이용하여 확인할 수 있다.

현재 상태에서 Y가 제일 큰 조건은 Factor A는 3조건, Factor B는 1조건이다.

```
> print(model.tables(aov2,'means'))
Tables of means
Grand mean

212.5083

 FactorA
FactorA
     1      2      3
206.94 212.51 218.08

 FactorB
FactorB
     1      2      3      4
216.96 213.99 211.03 208.06

 FactorA:FactorB
       FactorB
FactorA 1      2      3      4
      1 213.03 208.97 204.91 200.85
      2 216.96 213.99 211.03 208.06
      3 220.89 219.01 217.14 215.27
```

각 인자의 수준별 평균과 인자들 간의 조합별 평균을 확인하였다. 현재 Y가 제일 큰 조건에서 Y의 평균은 220.89로 예상된다.

③ 가인자가 3개 이상인 경우 ANOVA 분석

■ 소스창 입력 및 실행

```
cc <- read.csv('2_data/3_a3.csv')
attach(cc)
head(cc)

aov3 <- aov(Score~Noise + Subject + ETime + Noise:ETime
          + Noise:Subject, data=cc)
summary(aov3)
```

인자가 3개 이상인 경우부터는 확인해야 할 상호작용의 개수가 증가한다. 인자 2개만의 상호작용을 2차 상호작용이라고 하고, 인자 3개의 상호작용을 3차 상호작용이라고 한다. 인자가 3개일 때 확인해야 할 상호작용은 2차 상호작용 3개, 3차 상호작용 1개 총 4개가 된다.

분석시 확인하고 싶은 상호작용을 ':'를 활용하여 추가하면서 분석한다. 3차 상호작용을 확인하고 싶은 경우 위의 예에서는 'Noise:Subject:ETime' 형태로 입력하면 분석할 수 있다.

■ 결과 확인 및 해석

```
> summary(aov3)
              Df Sum Sq Mean Sq F value   Pr(>F)    
Noise          1    468     468   5.023  0.02967 *  
Subject        1   1035    1035  11.102  0.00167 ** 
ETime          1   3721    3721  39.924 8.16e-08 ***
Noise:ETime    1    225     225   2.414  0.12682    
Noise:Subject  1      2       2   0.024  0.87718    
Residuals     48   4474      93                     
---
Signif. codes:  0 '***' 0.001 '**' 0.01 '*' 0.05 '.' 0.1 ' ' 1
```

Noise와 ETime의 상호작용, Noise와 Subject의 상호작용 모두 p-value가 유의수준 5%보다 크므로 상호작용이 없다라고 판단한다.

Noise, Subject, ETime의 p-value 모두 유의수준 5%보다 작다. 따라서 세 인자 모두 Score에 영향을 주는 치명인자라고 할 수 있다.

F-value 값을 보면 Score에 상대적으로 가장 큰 영향을 주는 인자가 ETime이며, 두 번째로 큰 영향을 주는 인자가 Subject임을 알 수 있다.

5.6 이산형 데이터 분석

지금까지는 CTQ의 데이터 유형이 연속형인 경우에 분석 방법을 설명하였다. CTQ의 데이터 유형이 이산형일 경우에 분석하는 방법은 다음과 같다.

5.6.1 R을 활용한 두 집단의 비율 분석

예를 들어, A라는 제조라인에서 작업 방법이 CTQ에 영향을 주는지 확인하기 위하여 총 450건의 데이터를 수집하여 다음과 같이 정리하였다.

- 방법 1 : 총 200개, 불량 14개
- 방법 2 : 총 250개, 불량 19개

■ 소스창 입력 및 실행

```
# 두 집단의 비율 분석

prop.test(c(14, 19),c(200,250))
```

■ 결과 확인 및 해석

```
> prop.test(c(14, 19),c(200,250))

        2-sample test for equality of proportions with continuity correction

data:  c(14, 19) out of c(200, 250)
X-squared = 0.0036789, df = 1, p-value = 0.9516
alternative hypothesis: two.sided
95 percent confidence interval:
 -0.05876433  0.04676433
sample estimates:
prop 1 prop 2
 0.070  0.076
```

p-value 값이 95.16%로써 유의수준 5%보다 크다. 따라서 방법 간에 불량률 차이는 없다. 따라서 방법은 품질에 영향을 주는 치명인자가 아니다.

5.6.2 카이제곱분석과 대응일치분석

다음과 같은 교차표(Table)에 대하여 분석을 하고자 할 때 카이제곱분석 방법을 이용한다.

Shift	특성 저하	스크래치	깨짐	얼룩
Shift 1	15	21	45	13
Shift 2	26	31	34	5
Shift 3	33	17	49	20

작업 교대별로 불량 유형의 차이가 있는지 여부를 확인하고자 한다.

■ 소스창 입력 및 실행

```
# 카이제곱 분석과 대응일치 분석

library('descr')                                          # 라이브러리 호출

sam <- matrix(c(15,21,45,13,26,31,34,5,33,17,49,20), nrow = 3,   # 표 만들기
          dimnames = list(c('Shift1','shift2','shift3'),
                          c('특성저하','스크래치','깨짐','얼룩')))
sam

CrossTable(sam, expected = TRUE, prop.r = FALSE,          # 표 확인
        prop.c = FALSE, prop.t = FALSE,
        prop.chisq = FALSE)

chisq.test(sam)                                           # 카이제곱 분석

cd <- corresp(sam, nf = 2)                                # 대응일치 분석
biplot(cd)
```

■ 결과 확인 및 해석

```
> sam
       특성저하 스크래치 깨짐 얼룩
Shift1       15       21   45   13
shift2       26       31   34    5
shift3       33       17   49   20
```

분석에 필요한 데이터가 제대로 입력되었음을 확인할 수 있다.

```
> CrossTable(sam, expected = TRUE, prop.r = FALSE,
+            prop.c = FALSE, prop.t = FALSE,
+            prop.chisq = FALSE)
  Cell Contents
|-------------------------|
|                       N |
|              Expected N |
|-------------------------|

==================================================
          특성저하   스크래치   깨짐   얼룩   Total
--------------------------------------------------
Shift1          15        21     45     13      94
              22.5      21.0   38.9   11.6
--------------------------------------------------
shift2          26        31     34      5      96
              23.0      21.4   39.8   11.8
--------------------------------------------------
shift3          33        17     49     20     119
              28.5      26.6   49.3   14.6
--------------------------------------------------
Total           74        69    128     38     309
==================================================
```

각 셀에 카이제곱에서 분석한 기대값을 확인할 수 있다.

```
> chisq.test(sam)

        Pearson's Chi-squared test

data:  sam
X-squared = 19.178, df = 6, p-value = 0.003873
```

카이제곱분석 결과 p-value가 거의 0에 가깝다. 교대(shift)별로 불량 유형에 차이가 있음을 확인할 수 있다.

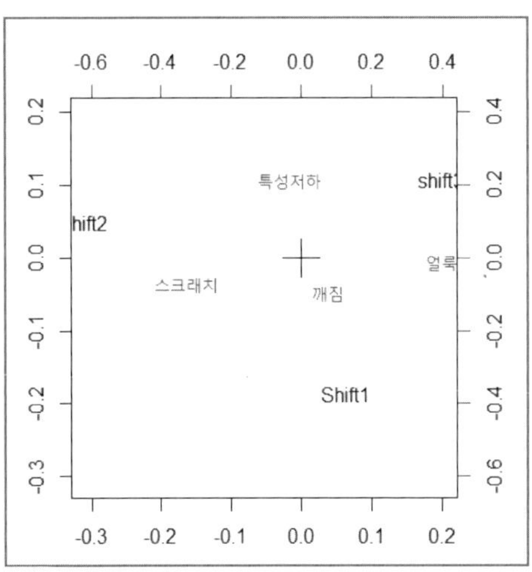

대응일치분석 결과 스크래치 불량은 shift 2에서 상대적으로 많이 발생하고 있으며, 깨짐은 shift 1, 얼룩은 shift 2에서 상대적으로 많이 발생하고 있음을 확인할 수 있다.

5.6.3 제조 빅데이터를 활용한 표준 준수 여부 확인

실시간으로 수집하고 있는 제조현장의 빅데이터를 활용하여 작업자들의 작업표준을 지키고 있는지 여부를 확인을 통해 4M의 Man, Method 관련 치명인자를 선정할 수 있다. 통계적인 가설검정이 아니라 주어진 데이터를 간단하게 시각화했을 경우에 준수 여부를 바로 확인할 수 있으며, 빠른 개선으로 연결하여 제조현장의 생산, 품질 향상 및 비용 절감에 기여하고 있다.

다만, 데이터 분석은 R을 활용하지 않고, 데이터 레이크(Lake)에 연결한 특정 플랫폼을 이용해 시각화한 사항을 사례로 설명한다.

1) 설비 예열 시간의 준수 여부 확인

그림 3-65 개선 전 실시간 온도 데이터

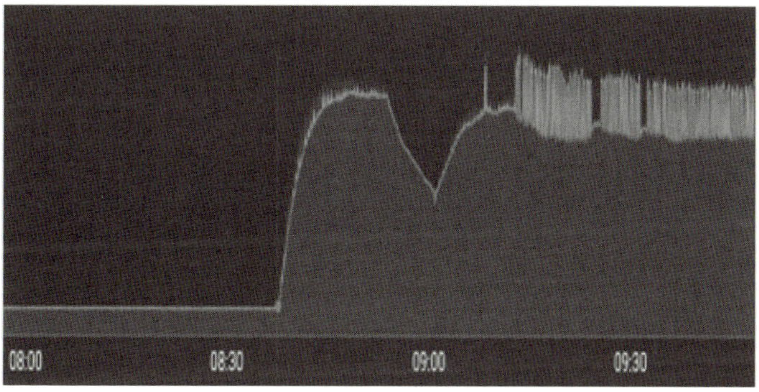

안정적인 품질을 확보하기 위해서는 설비는 작업 시작 10분 전에 동작시켜서 미리 예열을 시켜야 한다. 위 그래프에서 보면 작업을 시작하는 시간 근처에 설비를 동작시키고 있음을 확인할 수 있다. 이로 인해서 생산 초기에 불량이 높게 나오는 원인을 확인하였고, 교육을 통해 표준 준수의 중요성을 확인하고 매일 모니터링이 이루어질 수 있도록 후속 조치를 하였다.

개선 후의 그래프를 보면 작업 표준을 준수하고 있음을 알 수 있다.

▌그림 3-66 ▌개선 후 실시간 온도 데이터

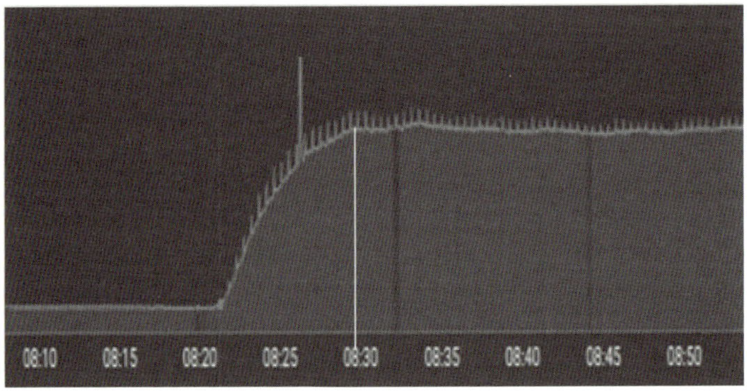

2) 금형 작업 표준 준수 여부 확인

사출 몰드를 이용하여 제품을 생산하는 제조현장의 경우 사출 몰드에 압력을 가하는 시간이 일정해야 하며, 한 개의 사출 제품을 생산하고 난 후 준비시간도 일정하게 유지해야만 일관된 품질을 생산할 수 있다.

▌그림 3-67 ▌압력에 대한 실시간 그래프

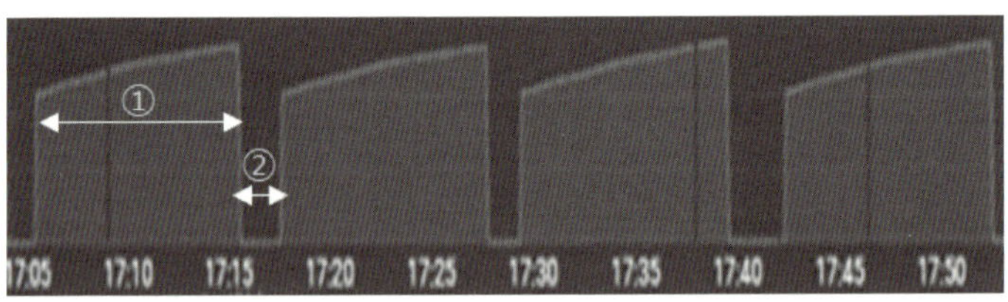

①번이 압력을 가하는 시간이고, ②번이 작업과 작업 사이의 준비시간이다. 빅데이터를 시간으로 변환한 다음 분석을 하면, 작업자들이 모델별로 작업시간과 준비시간 표준을 얼마나 잘 준수하고 있는지 여부를 확인할 수 있으며 아래와 같이 작업시간 준수에 대한 공정능력 분석을 활용할 수 있다.

▌그림 3-68▌작업시간 준수에 대한 공정능력 분석

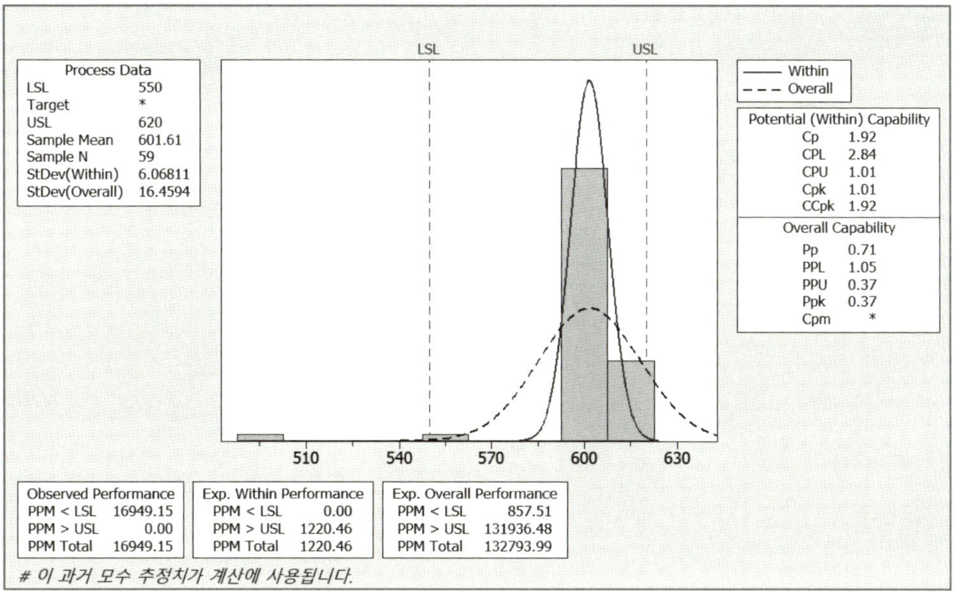

이렇듯 제조현장의 빅데이터는 그동안 확인하기 어려웠던 원인들에 대한 접근을 쉽게 하였고, 시각화 및 요약만으로도 의미있는 치명인자를 확인할 수 있다.

▌표 3-13▌분석(Analysis) 단계 체크리스트

과제명				A : 매우 잘함 B : 잘함 C : 보통 D : 미흡 E : 매우 미흡 N/A : 적용 안함 (Not Applicable)
소속		챔피언		
과제 리더		프로세스 오너		
과제 팀원		MBB		
단계 수행기간		적용 방법론	DMAIC	

항목	구분	A	B	C	D	E	N/A
1	특성요인도 등을 통해 모든 잠재적 원인들이 충분히 도출되었는가?						
2	통계분석과 그래프 분석을 통해 변동의 요인이 통계적으로 확인되고, 새로운 발견사항이 있는가?						
3	잠재적인 원인들이 통계적인 방법 또는 경험적 방법을 통하여 영향력이 큰 것과 작은 것으로 적절히 분리되었는가?						
4	Vital Few Xs는 프로세스 지식과 경험으로 볼 때 적절하게 도출되었는가?						
5	단순 개선 사항은 충실히 실행되고 있는가?						

평가자 의견	

6. 개선(Improve)

◆ 가끔은 혁신을 추구하다 실수할 때도 있습니다.
하지만, 빨리 인정하고 다른 혁신을 개선해 나가는 것이 최선입니다.
– 스티브 잡스 –

분석 단계를 거치면서 CTQ에 대한 치명인자를 선정하였다. 개선 단계에서는 치명인자를 활용하여 CTQ를 최적화하기 위한 치명인자의 조건을 명확하게 한다. 치명인자의 최적조건을 확인하기 위한 방법론은 다음과 같다.

① 과거 데이터가 충분하지 못한 경우

실험계획법(DOE)를 활용하여 빠른 시간 안에 통제된 환경 속에 데이터를 수집하여 최적조건을 확인한다.

② 과거 데이터가 충분한 경우

데이터 이력관리 또는 제조현장 빅데이터 플랫폼을 활용하여 과거로부터 체계적으로 수집하고 있는 경우 데이터를 정제하여 회귀분석 등의 방법을 활용하여 최적조건을 찾을 수 있다.

다양한 제조현장의 데이터를 수집할 수 있는 기회가 많아짐에 따라서 다변량 통계분석과 데이터마이닝 기법(주성분분석, 군집분석 등)과 더불어 의사결정나무, 서포트 벡터 머신(SVM) 등 조건의 변화에 따른 CTQ의 변화를 학습시켜서 활용하는 머신러닝 방법론도 활용 빈도가 많아지고 있다.

6.1 실험계획법을 활용한 최적조건 확인

실험계획법(DOE : Design of Experiment)은 효율적이고 효과적인 데이터 수집 방법이다. 장기간에 걸쳐서 데이터를 수집하기 어려운 경우에 주로 많이 활용하고 있다. 즉, 최소의 실험(데이터)을 활용하여 정보를 빠르게 얻고자 하는 것이 실험계획법의 목적이다.

실험계획법은 목적에 따라서 방법을 구분하여 사용한다. 치명인자를 확인하고자 할 때는 주로 2수준계 요인배치법을 활용하고, 최적조건을 확인하기 위해서는 반응 표면 실험계획법을 활용한다.

그림 3-69 목적에 따른 실험계획법

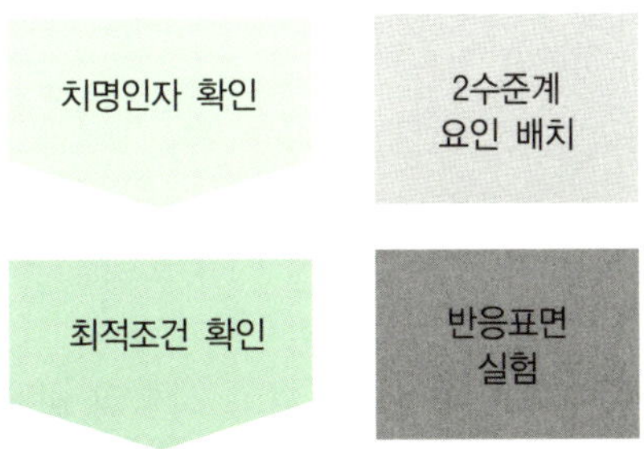

6.1.1 실험계획법 소개

실험계획은 최소의 실험횟수로 최대의 정보를 얻고자 할 때 활용할 수 있는 데이터 수집 방법론이다. 분석은 분석 단계에서 배운 ANOVA, 회귀분석 등을 활용한다.

실험횟수를 최대한 적게 하기 위해서는 제일 먼저 '현장지식(기술적인 노하우)'을 최대한 많이 활용하여 실험계획을 수립한다.

실험계획을 수립하고, 계획에 따라서 노이즈(Noise)의 영향을 최소화하면서 실험을 실시하여 데이터를 수집한다. 수집한 데이터는 ANOVA, 회귀분석 등의 방법을 활용하여 분석을 진행하여 결론을 도출한다.

그림 3-70 실험계획법을 통한 문제해결 절차

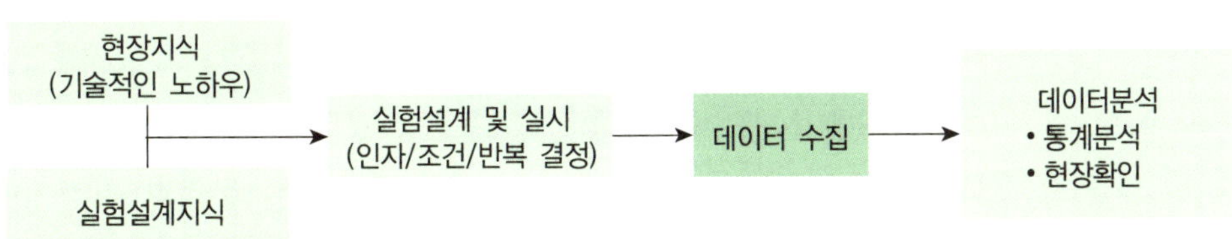

* 현장지식 : Domain Knowledge라고도 함.

구체적인 실험계획 진행 절차는 다음과 같다.

1) 실험목적의 설정

실험을 통해서 얻고자 하는 목적을 명확히 설정하여야 한다. 한 번의 실험을 알고 싶은 모든 정보를 확인할 수 없으며, 실험의 목적이 명백하게 제시되지 않은 상태에서는 최적의 실험계획 방법과 분석 방법이 무엇인지 정의하기가 어렵다.

2) 반응변수의 선택(CTQ와 연계)

실험목적을 달성하기 위한 반응변수를 정의한다. 목적에 따라서는 반응변수가 두 개 이상인 경우도 있다.

3) 인자(Factor)들의 선택

반응변수와 관련된 인자들 중에서 이번 실험에 사용할 인자를 정의한다. 너무 많은 인자를 선택할 경우 실험의 정확도를 떨어뜨리고 실험의 비용을 크게 할 수 있기 때문에 목적을 달성할 수 있다고 판단되는 범위 내에서 인자수를 선택한다. 인자를 선택하기 전에 충분하게 기술적인 고찰을 실시하는 것이 좋다.

현장지식을 최대한 이용하여 되도록 간단한 실험계획을 수립해야 한다(Simple is the Best). 인자들과 더불어서 실험시에 조심해야 할 노이즈(실험시 통제가 어려운 원인)가 무엇이 있는지도 같이 고민하여 정의한다. 실험을 실시할 때 중요한 것이 바로 이러한 노이즈를 통제하는 것이다. 통제에 실패한다면 인자들이 반응변수에 영향을 주는 효과를 노이즈가 방해를 해서 원하고자 하는 실험 결과를 분석할 수 없다(이를 Masking Effect라고 한다).

그림 3-71 요인과 노이즈

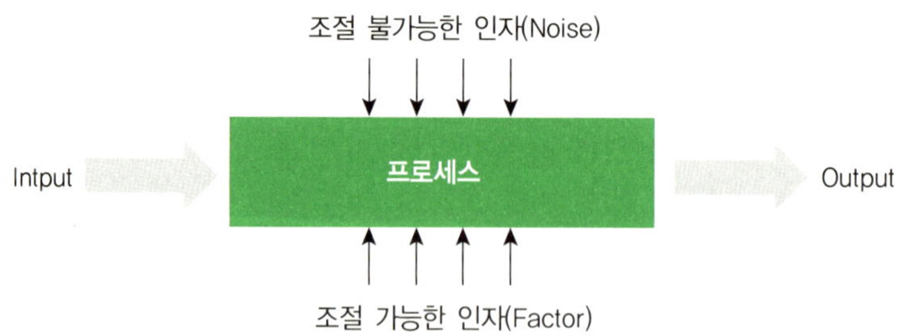

4) 인자들의 실험조건(수준)의 선정

선택한 인자들의 실험조건의 수와 구체적인 조건을 결정한다. 수준의 개수가 많아지면 당연히 실험횟수도 늘어난다. 따라서 목적에 따라서 수준의 개수를 선정한다. 치명인자를 선정하는 것이 목적이라면 2수준을 사용하는 것이 일반적이고, 3수준 이상을 선정하는 것은 최적조건을 찾기 위한 목적이라고 할 수 있다.

수준을 결정할 때 현실적으로 가능한 수준 내에서 결정해야 한다.

5) 반복수 선정

인자와 수준이 결정되면 동일한 실험조건에서 몇 번 반복할지 결정한다. 반복횟수가 늘어나면 특정 실험조건에서의 정확도는 향상되지만 실험의 효율은 떨어진다. 현장의 상황에 맞게 반복횟수를 결정하며, 초기 실험에는 반복 없이 실험을 진행하는 것이 좋다.

6) R을 활용한 실험계획 수립

반응변수, 인자, 조건, 반복수를 결정한 다음 R을 활용하여 실험계획을 수립한다.

7) 실험 실시 및 데이터 수집

수립한 실험계획에 따라서 데이터를 수집한다. 이때 인자 이외에 다른 변수들에 대해서도 기록으로 남기는 것이 좋다(실험자, 온도, 습도 등등).

실험에 사용한 샘플은 향후 재조사를 대비하여 보관하는 것이 좋다.

8) R을 활용한 데이터분석

수집한 데이터를 그래프 및 적절한 방법을 활용하여 분석한다.

9) 분석 결과 해석 및 조치

p-value 값 등을 확인하여 결론을 내리고 기술적인 의미와 같이 검토한다.

결과의 해석은 실험 수준의 범위 내에서만 범위를 벗어나서 해석하는 것은 조심한다. 결과에 따른 다음 실험의 방향을 수립한다.

▌그림 3-72 ▌실험계획 진행 절차

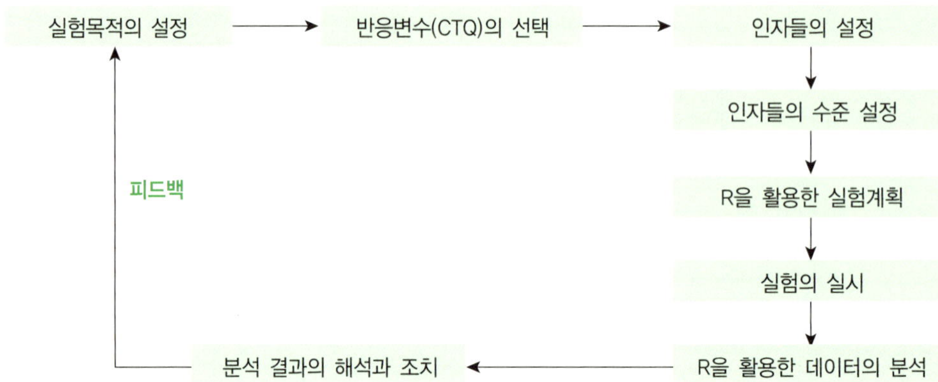

실험계획을 수립할 때 의사결정이 필요한 사항에 대해서는 다음의 Check Sheet를 활용하면 도움이 된다.

▌표 3-14 ▌실험계획 Check Sheet

<table>
<tr><td>1. 공정명</td><td></td><td>2. 실험일자</td><td colspan="2"></td></tr>
<tr><td>3. 실험자</td><td></td><td>4. Gage 명</td><td colspan="2"></td></tr>
<tr><td colspan="3" rowspan="7">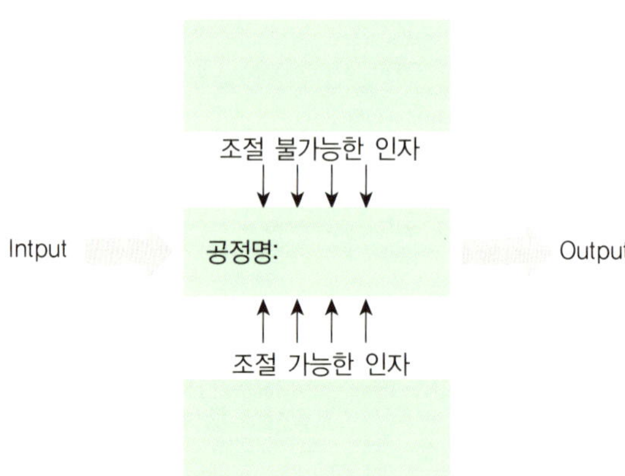</td><td>반응변수</td><td></td></tr>
<tr><td>반응변수 성격</td><td>망목, 망소, 망대</td></tr>
<tr><td>인자</td><td></td></tr>
<tr><td>인자 수준</td><td></td></tr>
<tr><td>적절한 실험계획법</td><td></td></tr>
<tr><td>Noise</td><td></td></tr>
<tr><td>기타</td><td></td></tr>
</table>

반응변수의 성격 중에서, 망목은 30cm자처럼 반응변수의 목적치가 특정 값인 경우를 말한다. 망소 특성은 소음처럼 작으면 작을수록 좋은 반응변수이고, 망대 특성은 수율처럼 크면 클수록 좋은 반응변수를 말한다.

6.1.2 2수준 완전배치법 활용

2수준 요인배치법은 모든 인자의 실험 수준이 2개인 실험계획법이다. 반응변수에 대한 정보가 충분하지 않거나, 아직 치명인자가 무엇인지 잘 모르는 경우 많이 활용한다.

실험 수준이 2개이기 때문에 상대적으로 적은 실험횟수로 진행할 수 있는 장점이 있다. 하지만 요인 개수가 늘어남에 따라서 실험횟수가 기하급수적으로 늘어나는 단점이 있다. 이를 해결하기 위한 방법이 부분배치법이다(인자수가 2, 3, 4, 5로 증가할 경우 실험횟수는 4, 8, 16, 32, 64회로 증가함).

- 2수준 실험 : 모든 인자의 수준이 2개인 실험계획법
- 실험 수준의 표시 : −1, 0 또는 High Low로 표시함
- 표시 방법 : 2^n n은 요인 개수임

1) 사례 : $2^2 \times 2$회 실험계획

다음의 실험계획 Check Sheet 내용을 바탕으로 실험 설계 및 분석을 실행해보자. 인자수 2개, 반복수 2회의 완전배치법을 활용한다.

<table>
<tr><td>1. 공정명</td><td>Film 제조</td><td>2. 실험일자</td><td colspan="2">○○년 ○○월 ○○일</td></tr>
<tr><td>3. 실험자</td><td>아무개</td><td>4. Gage 명</td><td colspan="2">Bond Meter</td></tr>
<tr><td colspan="3" rowspan="8">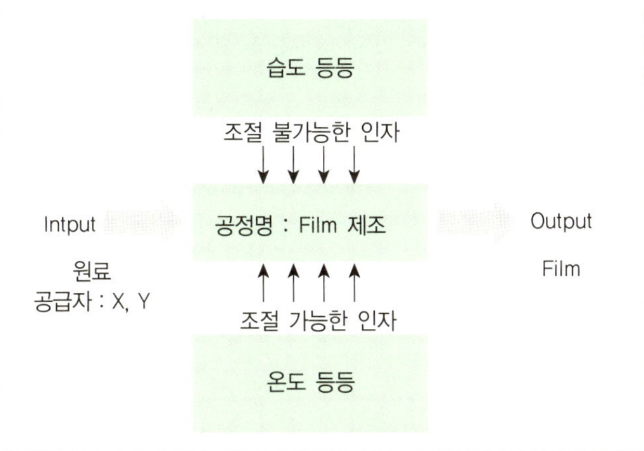
</td><td>반응변수</td><td>접착력</td></tr>
<tr><td>반응변수 성격</td><td>망목, 망소, 망대</td></tr>
<tr><td>인자</td><td>협력회사, 온도</td></tr>
<tr><td>인자 수준</td><td>협력회사 : X, Y
온도 : 580, 600</td></tr>
<tr><td>적절한 실험계획법</td><td>2수준 완전배치</td></tr>
<tr><td>Noise 요인</td><td>Shift, 습도</td></tr>
<tr><td>기타</td><td></td></tr>
</table>

① R을 활용한 실험계획 수립

■ 소스창 입력 및 실행

```
#2수준 2인자 반복 2회 완전 배치법 설계

library('FrF2')                                          # 라이브러리

doe1 <- FrF2(nruns = 4, nfactors = 2,
         factor.names = list(supply=c("A","B"),
                        temp = c(580,600)),              # 실험 설계
         replications = 2,
         randomize = FALSE,
         repeat.only = FALSE)

doe1                                                     # 설계 확인
summary(doe1)
```

■ 실험계획 수립 완료

supply, temp 2개 인자, suppply 수준은 A, B 협력회사, 온도 수준은 580도, 600도에서 각 2회씩 반복한 실험계획을 수립하였다.

```
Factor settings:
  supply temp
1      A  580                                  # 실험 인자 및 수준
2      B  600

The design itself:
  run.no run.no.std.rp supply temp Blocks
1      1           1.1      A  580     .1
2      2           2.1      B  580     .1
3      3           3.1      A  600     .1
4      4           4.1      B  600     .1     # 완료된 실험 계획
5      5           1.2      A  580     .2
6      6           2.2      B  580     .2
7      7           3.2      A  600     .2
8      8           4.2      B  600     .2
class=design, type= full factorial
```

② 실험실시 결과 입력

■ 소스창 입력 및 실행

```
yy <- c(18.2,18.6,22.9,17.5,16.7,17.4,22.2,16.5)   # 실험 결과 입력
r_doe1 <-add.response(doe1,yy)                     # 실험 계획과 연결

r_doe1
```

■ 실험실시 결과 입력 완료

```
run.no run.no.std.rp supply temp Blocks  yy
1      1          1.1     A  580   .1     18.2
2      2          2.1     B  580   .1     18.6
3      3          3.1     A  600   .1     22.9
4      4          4.1     B  600   .1     17.5
5      5          1.2     A  580   .2     16.7
6      6          2.2     B  580   .2     17.4
7      7          3.2     A  600   .2     22.2
8      8          4.2     B  600   .2     16.5
```

실험실시 결과를 실험계획과 연결하여 데이터 입력을 완료하였다.

③ lm을 활용한 실험 결과 분석

■ 소스창 입력 및 실행

```
summary(lm(yy~supply+temp+supply*temp, data = r_doe1))
```

■ 결과 확인 및 해석

```
Residuals:
    1     2     3     4     5     6     7     8
 0.75  0.60  0.35  0.50 -0.75 -0.60 -0.35 -0.50

Coefficients:
              Estimate Std. Error t value Pr(>|t|)
(Intercept)    18.7500     0.2845  65.906 3.18e-07 ***
supply1        -1.2500     0.2845  -4.394  0.01175 *
temp1           1.0250     0.2845   3.603  0.02270 *
supply1:temp1  -1.5250     0.2845  -5.360  0.00584 **
---
Signif. codes:  0 '***' 0.001 '**' 0.01 '*' 0.05 '.' 0.1 ' ' 1

Residual standard error: 0.8047 on 4 degrees of freedom
Multiple R-squared:  0.9385,	Adjusted R-squared:  0.8923
F-statistic: 20.34 on 3 and 4 DF,  p-value: 0.006949
```

협력사와 온도 간에 상호작용의 p-value 값이 거의 0에 가까워서 접착력에 영향을 주고 있다. 따라서 치명인자는 협력사, 온도이다. 만약에 상호작용의 p-value 값이 유의수준 5%보다 클 경우에 개별 요인의 영향 유무를 분석한다.

접착력과 인자들의 회귀식은 다음과 같다.

$$접착력 = 18.45 - 1.25협력사 + 1.025온도 - 1.525협력사 \times 온도$$

위 회귀식에 대한 Adjusted R-squared 값이 89.23%로 상당히 높은 편이다.

④ 상호작용 및 주효과 그래프 분석

■ 소스창 입력

```
# 상호 작용 및 주 효과 그래프

IAPlot(r_doe1, abbrev = 5, show.alias = TRUE, lwd =2, cex =2,    # 상호작용 그래프
      ces.xax = 1.2, cex.lab=1.5)

MEPlot(r_doe1, abbrev = 5, cex.xax = 1.6, cex.main = 2)
plot(r_doe1, cex=1.2, cex.lab=1.2, cex.axis=1.2)                   # 주효과 그래프
```

■ 결과 확인 및 해석

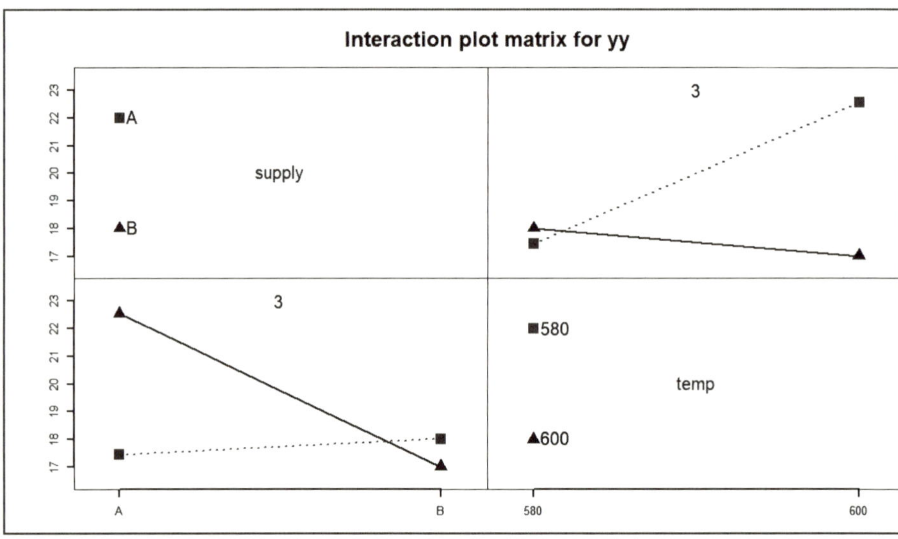

온도가 580도에서 협력사 A, B의 접착력은 큰 차이가 없다. 하지만, 온도가 600도일 경우 협력사 A의 접착력은 증가하지만, 협력사 B의 접착력은 크지는 않지만 작아지는 경향을 보이고 있다. 따라서 협력사 A 제품을 600도에서 생산하는 것이 현재 실험조건에서는 제일 좋은 조건이다.

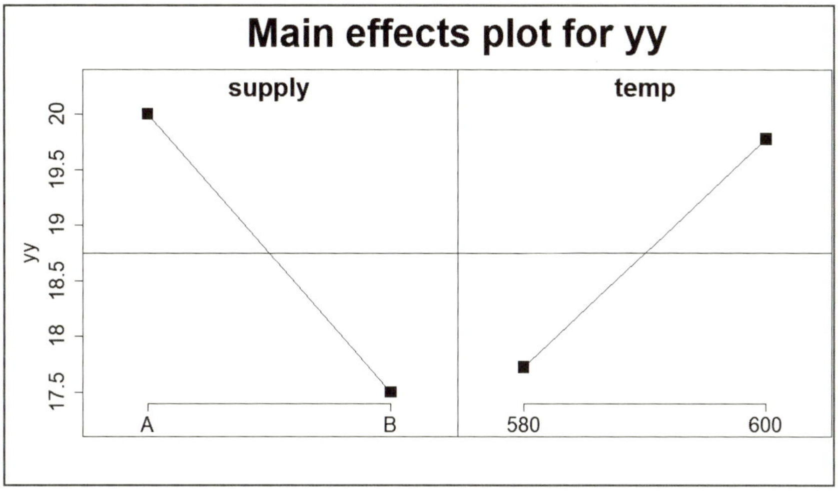

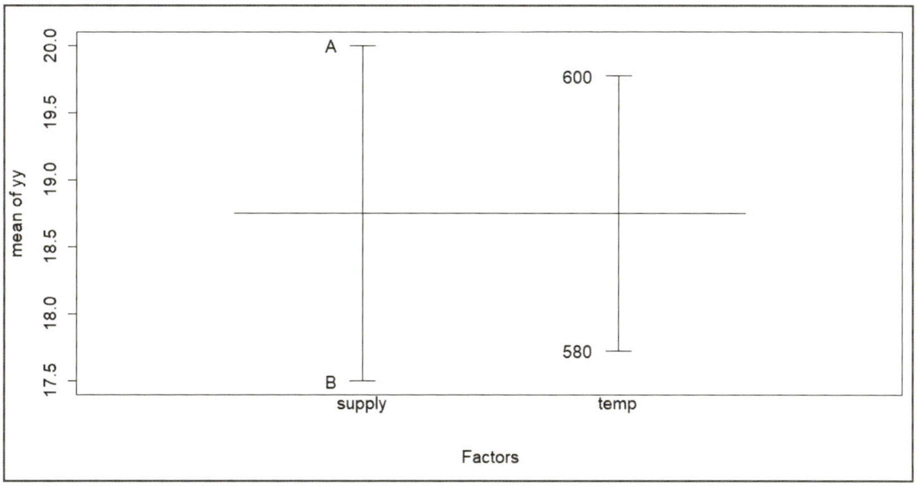

주효과 그래프 각 인자별 실험조건(수준)에 따라 접착력이 어떻게 변화하는지 보여준다. 하지만 주효과 그래프는 상호작용이 접착력에 영향이 없을 때 활용한다.

2) 사례 : 2^3 X 1회 실험계획

접착력(CTQ)에 영향을 주리라 예상하는 잠정인자 온도(temp), 농도(conc), 시간(time)을 선정하여 2수준 완전배치법을 활용하여 데이터를 수집하였다.

- 온도(temp) : 400도 450도
- 농도(conc) : 10% 20%
- 시간(time) : 45초 90초

① R을 활용한 실험계획 수립

```
library('FrF2')                                          # 라이브러리

doe2 <- FrF2(nruns = 8, nfactors = 3,
         factor.names = list(temp = c(400,450),
                             conc = c(10,20),            # 실험 설계
                             sec = c(45,90)),
         randomize = FALSE)
doe2
summary(doe2                                             # 설계 확인
```

② 실험 결과 입력

```
# 실험 결과 입력

yy2 <- c(62.16,71.77,55.42,70.58,61.7,68.27,56.4,73.93)

r_doe2 <-add.response(doe2,yy2)

r_doe2
```

③ 실험 결과 분석(lm 및 그래프 분석)

```
# 실험 결과 분석

summary(lm(r_doe2))


IAPlot(r_doe2, abbrev = 5, show.alias = TRUE, lwd =2, cex =2,
     ces.xax = 1.2, cex.lab=1.5)

MEPlot(r_doe2, abbrev = 5, cex.xax = 1.6, cex.main = 2)
plot(r_doe1, cex=1.2, cex.lab=1.2, cex.axis=1.2)

DanielPlot(r_doe2, code = TRUE, half = TRUE, alpha = 0.1,
         cex.main = 1.8, cex.pch = 1.2, cex.lab = 1.4, cex.fac = 1.4,
         cex.axis = 1.2)
```

④ 분석 결과 정리

```
Number of observations used: 8
Formula:
yy2 ~ (temp + conc + time)^2

Call:
lm.default(formula = fo, data = model.frame(fo, data = formula))

Residuals:
      1       2       3       4       5       6       7       8
-0.6763  0.6763  0.6763 -0.6763  0.6763 -0.6763 -0.6763  0.6763

Coefficients:
            Estimate Std. Error t value Pr(>|t|)
(Intercept) 65.02875    0.67625  96.161  0.00662 **
temp1        6.10875    0.67625   9.033  0.07019 .
conc1       -0.94625    0.67625  -1.399  0.39502
time1        0.04625    0.67625   0.068  0.95653
temp1:conc1  2.06375    0.67625   3.052  0.20159
temp1:time1 -0.08375    0.67625  -0.124  0.92156
conc1:time1  1.03625    0.67625   1.532  0.36809
---
Signif. codes:  0 '***' 0.001 '**' 0.01 '*' 0.05 '.' 0.1 ' ' 1

Residual standard error: 1.913 on 1 degrees of freedom
Multiple R-squared:  0.9896,    Adjusted R-squared:  0.9273
F-statistic: 15.87 on 6 and 1 DF,  p-value: 0.1898
```

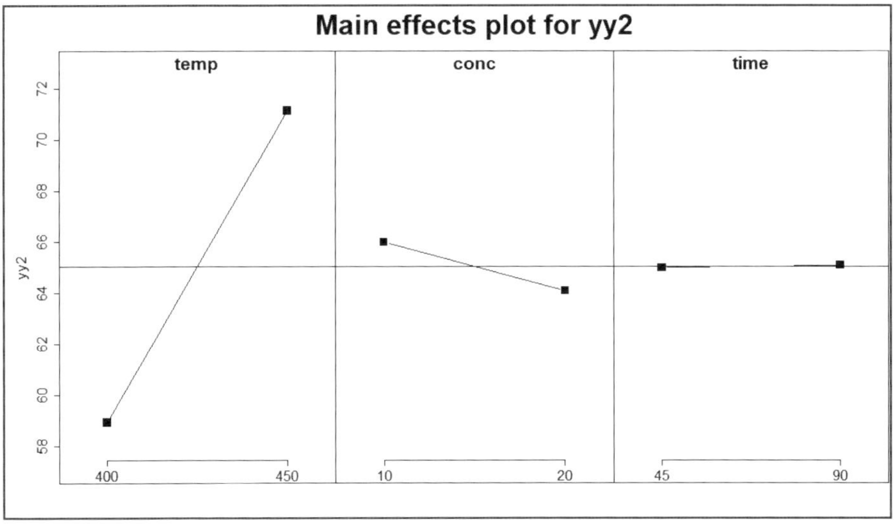

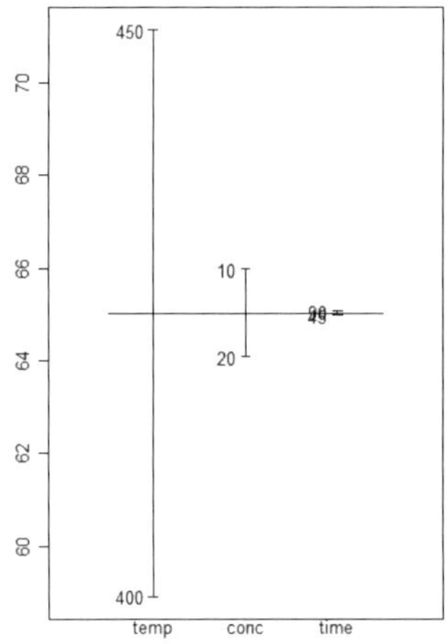
450
10
20
400
temp
conc
time

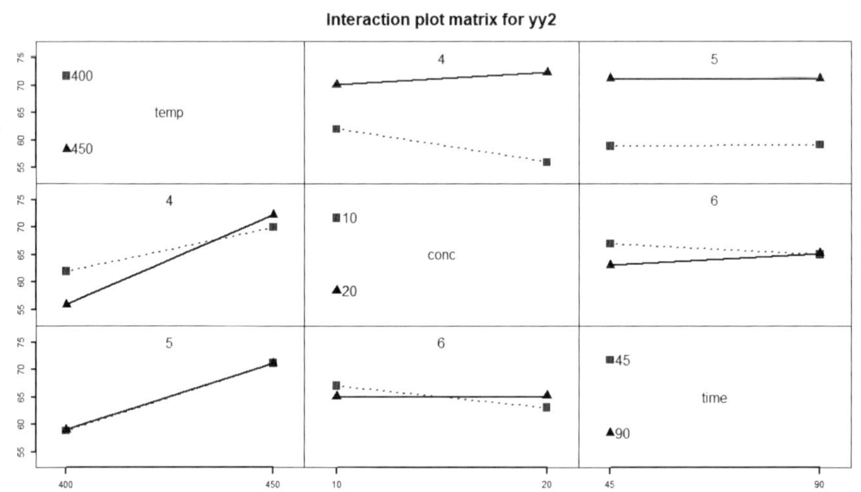
Interaction plot matrix for yy2
400
450
temp
10
20
conc
45
90
time

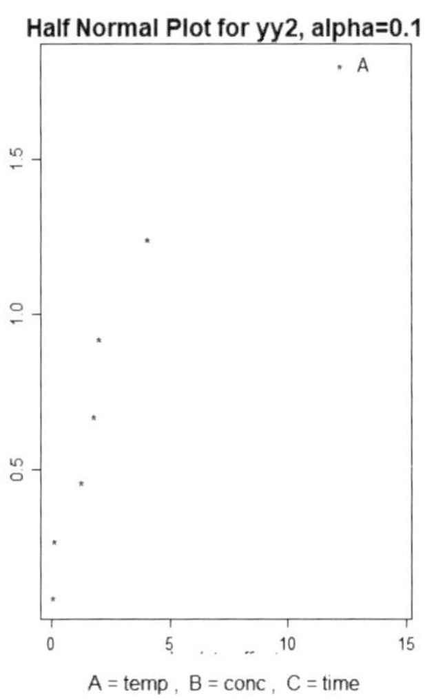
Half Normal Plot for yy2, alpha=0.1
A
A = temp , B = conc , C = time

유의수준 10%를 기준으로 접착력에 영향을 주는 치명인자는 온도(temp)이다.

6.1.3 2수준 부분배치법 활용

2수준 완전배치법을 활용할 경우 인자의 수가 많아지면 실험해야 할 수가 기하급수적으로 늘어남을 확인하였다. 이를 해결하기 위한 방법론이 2수준 부분배치법이다.

데이터의 수가 늘어나면 확인하고 얻을 수 있는 정보의 수 또한 늘어난다. 부분배치법의 아이디어는 굳이 확인할 필요가 없는 정보를 포기하는 것이다. 필요없는 정보를 포기함으로써 실험의 횟수를 줄일 수 있기 때문이다.

필요없는 정보란 3차 이상의 고차 상호작용을 말한다. 인자 두 개의 상호작용을 2차 상호작용이라고 하며, 3개일 경우는 3차 상호작용, 4개일 경우에는 4차 상호작용이라고 한다. 하지만, 3차 이상의 고차 상호작용은 지금까지 경험으로 볼 때 반응 변수에 거의 영향을 주지 않았고, 설사 영향을 준다 하더라도 실무적으로 고려하는 것에 한계가 있다. 따라서, 이 정보를 희생하고 실험의 횟수를 줄이는 방법이 바로 부분배치법이다.

부분배치법부터는 실험을 설계하는 순간 얻을 수 있는 정보의 양이 결정된다는 점을 고려하여, 사전에 얻을 수 있는 정보의 양을 확인한 다음 설계를 하는 것이 중요하다. 실험계획법에서는 이런 정보의 양을 해상도(Resolution)라고 하는데, 이 해상도를 먼저 확인하여 실험의 목적에 맞는 실험계획을 선택한다.

해상도는 실험을 통해서 얻을 수 있는 정보의 양을 뜻한다. 제일 작은 해상도는 3(III)이다. 이는 주효과에 대한 정보만을 얻을 수 있는 실험계획이라는 뜻이다.

해상도 4(IV)는 주효과와 더불어 일부의 2차 상호작용에 대한 정보를 얻을 수 있다는 뜻이다. 해상도 5(V)는 주효과와 모든 2차 상호작용에 대한 정보를 얻을 수 있다는 뜻이다. 해상도 6(VI)부터는 3차 상호작용에 대한 정보가 나오기 때문에 일반적으로 활용하지 않고 해상도 3, 4, 5 설계를 많이 이용한다.

- 부분배치법 : 전체의 일부만을 실시하는 실험계획법. 일부 실시법이라고도 함
- 아이디어 : 3차 이상의 상호작용에 대한 정보를 포기
- 해상도 : 실험계획을 통해 얻을 수 있는 정보의 양
- 해상도 III 주효과에 대한 정보만을 얻을 수 있음
- 해상도 IV : 주효과와 일부 2차 상호작용에 대한 정보를 얻을 수 있음
- 해상도 V : 주효과와 모든 2차 상호작용에 대한 정보을 얻을 수 있음

• fraction : 완전배치법 회수 대비 얼마만큼 줄었는지 표현

1/2 fraction : 전체 대비 50%, 1/4 fraction : 전체 대비 25%

▌표 3-15 ▌인자수, 실험횟수와 해상도와의 관계

실험횟수	8	16	32	64	128
인자수					
3	full				
4	Ⅳ	full			
5	Ⅲ	Ⅴ	full		
6	Ⅲ	Ⅳ	Ⅵ	full	
7	Ⅲ	Ⅳ	Ⅳ	Ⅶ	full
8		Ⅳ	Ⅳ	Ⅴ	Ⅷ
9		Ⅲ	Ⅳ	Ⅳ	Ⅵ
10		Ⅲ	Ⅳ	Ⅳ	Ⅴ
11		Ⅲ	Ⅳ	Ⅳ	Ⅴ
12		Ⅲ	Ⅳ	Ⅳ	Ⅳ
13		Ⅲ	Ⅳ	Ⅳ	Ⅳ
14		Ⅲ	Ⅳ	Ⅳ	Ⅳ
15		Ⅲ	Ⅳ	Ⅳ	Ⅳ
16			Ⅳ	Ⅳ	Ⅳ
17			Ⅲ	Ⅳ	Ⅳ
18			Ⅲ	Ⅳ	Ⅳ
19			Ⅲ	Ⅳ	Ⅳ
20			Ⅲ	Ⅳ	Ⅳ
21			Ⅲ	Ⅳ	Ⅳ
22			Ⅲ	Ⅳ	Ⅳ
23			Ⅲ	Ⅳ	Ⅳ
24			Ⅲ	Ⅳ	Ⅳ

위 표에서 보면 실험횟수를 8번 한다고 했을 경우 인자는 3~7개 사이에서 선택할 수 있다. 인자 5개를 선택해서 8번 실험을 진행할 경우 해상도가 3이고, 인자 4개를 선택해서 8번 실험을 진행할 경우 해상도는 4라는 뜻이다.

15개의 인자를 선택해서 해상도 3설계를 한다면(2차 상호작용을 무시한다면), 16번의 실험만으로 치명인자를 선정할 수 있다.

1) 해상도 V 부분배치법(2^{5-1}) 사례

① R을 활용한 실험계획 수립

예) 집적회로의 수율에 영향을 주는 잠정인자 5개를 선택하여 부분배치법을 활용하여 치명인자를 선정하고자 한다.

해상도는 V를 선정하여, 1/2 fraction 16회 실험을 진행한다.

■ 인자 종류와 수준

- Aperture Setting : Small, Large
- Exposure Time : 20%, 40%
- Development Time : 30초, 40초
- Mask Dimension : Small, Large
- Etch Time : 14.5분, 15.5분

■ 소스창 입력 및 실행

```
# 부분 배치법 설계

library('FrF2')

doe3 <- FrF2(nruns = 16, nfactors = 5,                # 실험 설계
        factor.names = list(aset = c('s','l'),
                        time = c(20,40),
                        dtime = c(30,40),
                        dimen = c('s','l'),
                        etime = c(14.5,15.5)),
        randomize = FALSE)

doe3                                                  # 설계 확인
summary(doe3)
```

■ 결과 확인

```
Factor settings (scale ends):
  aset time dtime dimen etime
1    s   20    30     s  14.5                    # 인자 종류 및 수준
2    l   40    40     l  15.5

Design generating information:
$legend
[1] A=aset  B=time  C=dtime D=dimen E=etime

$generators
[1] E=ABCD


Alias structure:
[[1]]
[1] no aliasing among main effects and 2fis  # 별명 관계


The design itself:
   aset time dtime dimen etime
1     s   20    30     s  15.5
2     l   20    30     s  14.5
3     s   40    30     s  14.5
4     l   40    30     s  15.5
5     s   20    40     s  14.5
6     l   20    40     s  15.5
7     s   40    40     s  15.5                   # 실험 설계
8     l   40    40     s  14.5
9     s   20    30     l  14.5
10    l   20    30     l  15.5
11    s   40    30     l  15.5
12    l   40    30     l  14.5
13    s   20    40     l  15.5
14    l   20    40     l  14.5
15    s   40    40     l  14.5
16    l   40    40     l  15.5
```

완전배치법과 동일한 방법으로 설계하였으며, 부분배치법은 Alias Structure(별명 구조)가 있는데, 잃어버린 정보에 대한 상세 내역을 보여준다.

별명 구조에 대해서는 해상도 Ⅲ 설계 사례에서 설명하겠다.

② 실험 결과 입력

■ 소스창 입력 및 실행

```
# 실험 결과 입력

yy3 <- c(8,9,34,52,16,22,45,60,6,10,30,50,15,21,44,63)

r_doe3 <-add.response(doe3,yy3)

r_doe3
```

③ 실험 결과 분석 및 해석

■ 소스창 입력 및 실행

```
# 실험 분석

summary(lm(r_doe3))

IAPlot(r_doe3, abbrev = 5, show.alias = TRUE, lwd =2, cex =2,
      ces.xax = 1.2, cex.lab=1.5)

MEPlot(r_doe3, abbrev = 5, cex.xax = 1.6, cex.main = 2)
plot(r_doe3, select = 1:5, cex=1.2, cex.lab=1.2, cex.axis=1.2)

DanielPlot(r_doe3, code = TRUE, half = TRUE, alpha = 0.1,
          cex.main = 1.8, cex.pch = 1.2, cex.lab = 1.4, cex.fac = 1.4,
          cex.axis = 1.2)
```

■ 결과 확인 및 해석

```
Coefficients:
              Estimate Std. Error t value Pr(>|t|)
(Intercept)    30.3125         NA      NA       NA
aset1           5.5625         NA      NA       NA
time1          16.9375         NA      NA       NA
dtime1          5.4375         NA      NA       NA
dimen1         -0.4375         NA      NA       NA
etime1          0.3125         NA      NA       NA
aset1:time1     3.4375         NA      NA       NA
aset1:dtime1    0.1875         NA      NA       NA
aset1:dimen1    0.5625         NA      NA       NA
aset1:etime1    0.5625         NA      NA       NA
time1:dtime1    0.3125         NA      NA       NA
time1:dimen1   -0.0625         NA      NA       NA
time1:etime1   -0.0625         NA      NA       NA
dtime1:dimen1   0.4375         NA      NA       NA
dtime1:etime1   0.1875         NA      NA       NA
dimen1:etime1  -0.6875         NA      NA       NA

Residual standard error: NaN on 0 degrees of freedom
Multiple R-squared:      1,     Adjusted R-squared:     NaN
F-statistic:   NaN on 15 and 0 DF,  p-value: NA
```

lm 분석 결과 p-value 값을 확인할 수가 없다. 부분배치법에서는 데이터 개수의 부족으로 이런 현상을 자주 확인할 수 있다.

Estimate의 절대값을 기준으로 치명인자를 선정할 수 있다.

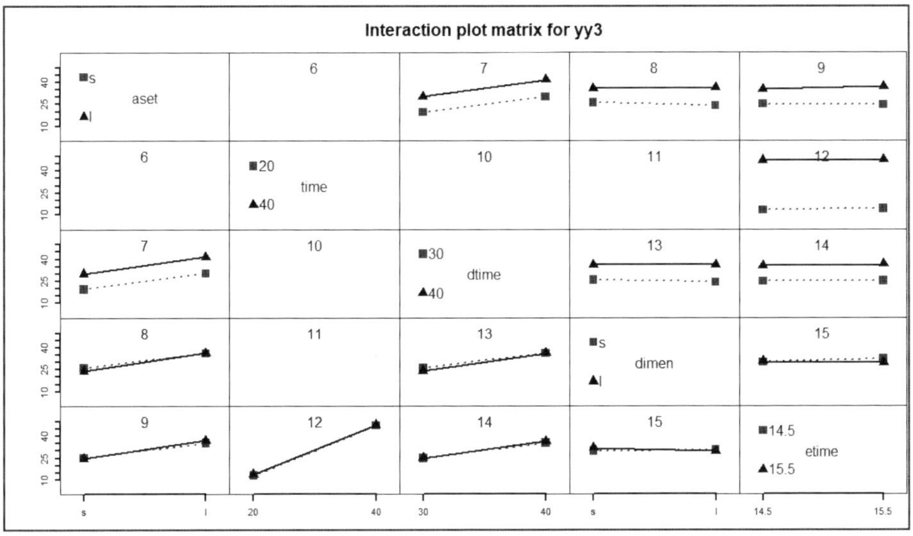

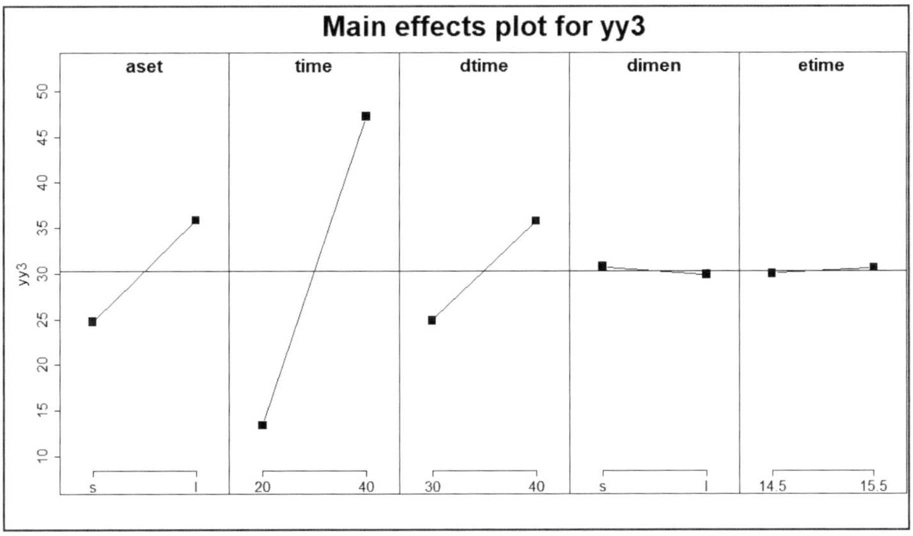

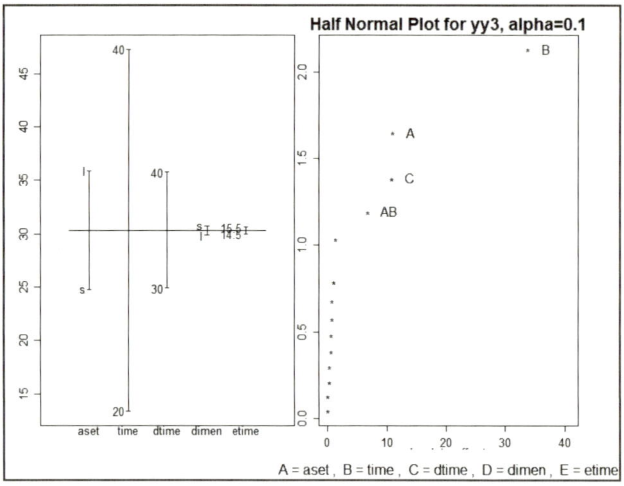

Half Normal Plot을 보면 유의수준 10%에서 A, B, C 그리고 AB의 상호작용이 수율에 영향을 주는 효과이고, A, B, C 세 개를 치명인자로 선정한다.

2) 해상도 III 부분배치법(2^{7-4}) 사례

① R을 활용한 실험계획 수립

예) 로봇의 눈이 사물을 인식하여 초점을 맞춰서 집중하는 시간에 대한 실험을 실시하려고 한다. 잠정인자는 7개를 선정하여 해상도 III 실험계획을 활용하여 총 8회 실험을 실시한다.

■ 인자 종류와 수준

- 렌즈 종류 : 1 / 2	- 눈과 물체 사이 거리 : 35cm / 70Cm
- 물체 모양 : 1 / 2 (1 = 동그라미, 2 = 사각형)	
- 조도 : 250 / 300 LUX	- 물체 크기 : 1 / 2
- 물체 밀도 : 1 / 2	- 로봇 종류 : 1 / 2

■ 소스창 입력 및 실행

```
# 부분 배치법 설계

library('FrF2')

doe4 <- FrF2(nruns = 8, nfactors = 7,
             factor.names = list(rens = c(1,2),
                                 dis = c(35,70),
                                 shape = c(1,2),        # 실험 설계
                                 lux = c(250,300),
                                 size = c(1,2),
                                 den = c(1,2),
                                 type = c(1,2)),
             randomize = FALSE)

doe4                                                    # 설계 확인
summary(doe4)
```

■ 결과 확인

다음 페이지의 실험계획 실행 결과를 보면, 7개의 요인과 수준에 대한 요약과 완성된 실험계획을 확인할 수 있다.

중간에 별명 구조가 설명되어 있다. 예를 들어 'A=BD=CE=FG'라는 별명 구조가 의미하는 것은 "A의 주효과와 BD, CE, FG의 2차 상호작용을 분리할 수 없다"라는 뜻이다. 이렇게 효과를 분리할 수 없는 경우를 Confound(교락)되었다고 한다.

```
Factor settings (scale ends):
  rens dis shape lux size den type
1    1  35     1 250    1   1    1
2    2  70     2 300    2   2    2                    # 요인 종류 및 수준

Design generating information:
$legend
[1] A=rens  B=dis   C=shape D=lux   E=size  F=den   G=type

$generators
[1] D=AB  E=AC  F=BC  G=ABC


Alias structure:                                    # 별명 관계
$main
[1] A=BD=CE=FG B=AD=CF=EG
C=AE=BF=DG D=AB=CG=EF
E=AC=BG=DF F=AG=BC=DE G=AF=BE=CD


The design itself:
  rens dis shape lux size den type                  # 요인 설계
1    1  35     1 300    2   2    1
2    2  35     1 250    1   2    2
3    1  70     1 250    2   1    2
4    2  70     1 300    1   1    1
5    1  35     2 300    1   1    2
6    2  35     2 250    2   1    1
7    1  70     2 250    1   2    1
8    2  70     2 300    2   2    2
```

② 실험 결과 입력

■ 소스창 입력 및 실행

```
# 실험 결과 입력
yy4 <- c(85.5,75.1,93.2,145.4,83.7,77.6,95,141.8)

r_doe4 <-add.response(doe4,yy4)

r_doe4
```

③ 실험 결과 분석 및 해석

■ 소스창 입력 및 실행

```
# 실험 분석

summary(lm(r_doe4))

MEPlot(r_doe4, abbrev = 5, cex.xax = 1.6, cex.main = 2)
plot(r_doe4, select = 1:7, cex=1.2, cex.lab=1.2, cex.axis=1.2)

DanielPlot(r_doe4, code = TRUE, half = TRUE, alpha = 0.05,
        cex.main = 1.8, cex.pch = 1.2, cex.lab = 1.4, cex.fac = 1.4,
        cex.axis = 1.2)
```

■ 결과 확인 및 해석

```
Coefficients: (21 not defined because of singularities)
            Estimate Std. Error t value Pr(>|t|)
(Intercept)  99.6625         NA      NA       NA
rens1        10.3125         NA      NA       NA
dis1         19.1875         NA      NA       NA
shape1       -0.1375         NA      NA       NA
lux1         14.4375         NA      NA       NA
size1        -0.1375         NA      NA       NA
den1         -0.3125         NA      NA       NA
type1        -1.2125         NA      NA       NA
```

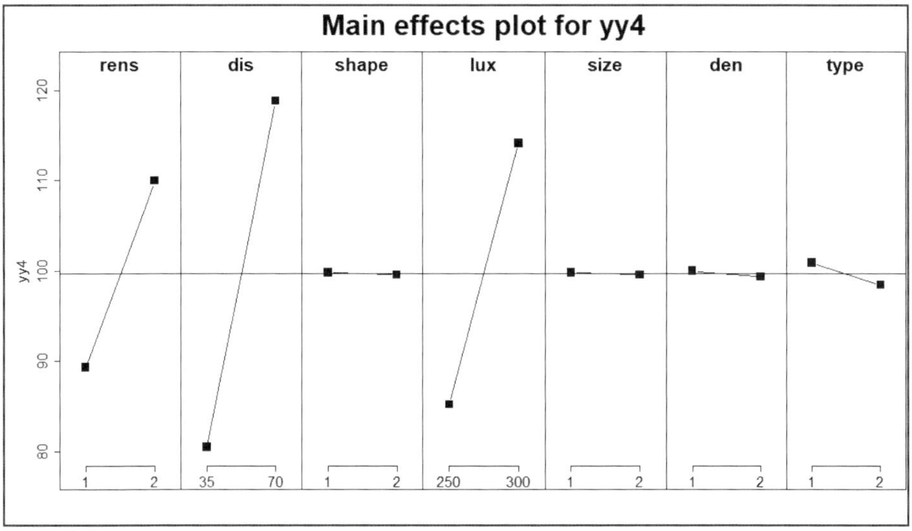

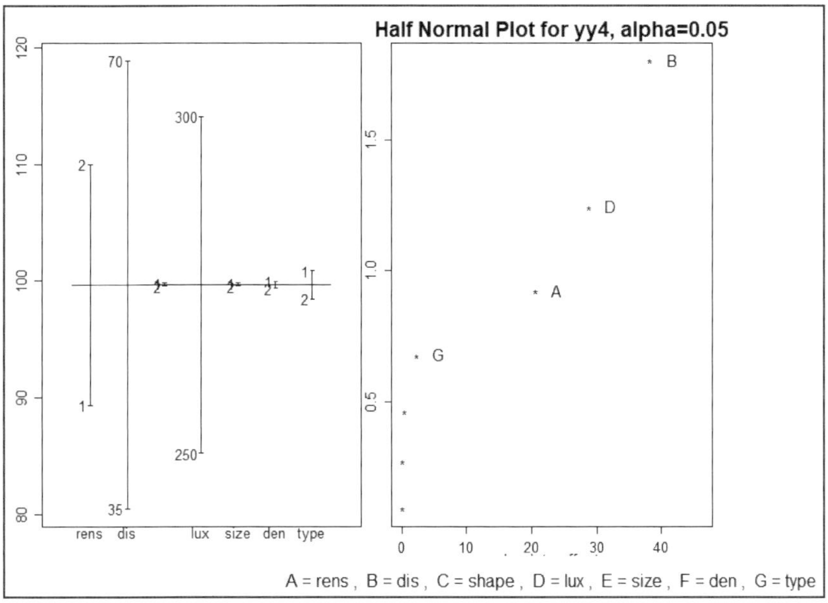

주효과 그래프를 근거로 집중 시간에 영향을 가장 크게 주는 인자는 눈과 물체 사이의 거리이다.

lm 분석 결과의 Estimate 값과 Normal Plot의 결과를 종합하여 유의수준 5%에서 치명인자는 눈과 물체 사이 거리, 조도, 렌즈 종류 세 개를 선택할 수 있다.

6.1.4 중심합성법의 활용

2수준 요인배치법을 활용하여 치명인자를 선정한 다음, CTQ의 최적조건을 확인하기 위해서는 반응표면 실험의 중심합성법을 활용한다. 중심합성법이란 실험조건의 가운데에서 동일한 거리에 있는 모든 조건을 실험하는 방법이다.

최적조건을 확인하는 절차는 크게 두 가지로 구분할 수 있다. 먼저, 최적조건 근처에 있는지 확인하는 것이고, 최적적 근처에 있다면 구체적인 최적조건을 확인하는 것이다.

중심합성법 실험에서는 Uncoded Value와 Coded Value의 구분이 필요하다. Uncoded Value는 실험조건은 원래 값이며, Coded Value는 조건을 모든 인자의 실험조건 범위 -1~1로 동일하게 만들 값이다.

| 그림 3-73 | Uncoded와 Coded

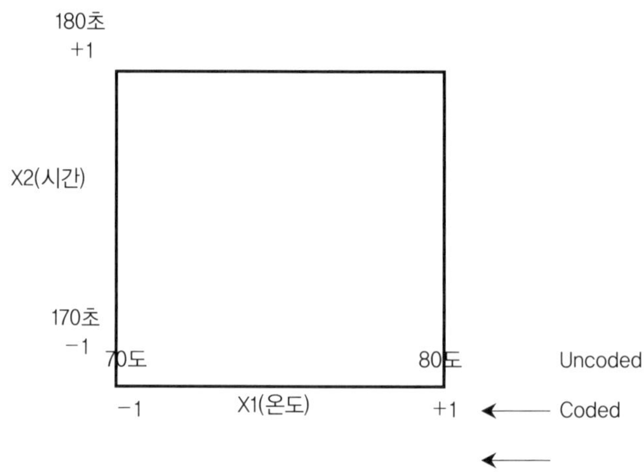

위 그림에서 보면 온도의 실험 수준은 70도와 80도이고, 시간의 실험 수준은 170초와 180초이다. 이렇게 실제 실험 조건은 Uncoded Value라고 하고, 이를 동일하게 −1, +1로 변환한 값을 Coded Value라고 한다.

Uncoded Value를 Coded Value로 변환하는 방법은 다음과 같다.

$$\text{Coded} = \frac{\text{Uncoded} - \text{조건 범위의 가운데 값}}{\text{조건 범위의 1/2}}$$

이를 활용하여 온도의 실험 수준을 Coded로 바꾸면 다음과 같다. 조건 범위의 가운데 값은 75이고 조건 범위의 1/2은 5이다.

• (80−75)/5=1, (70−75)/5=−1

Coded를 통해서 두 변수의 단위와 수준의 범위(Range) 차이를 해결할 수 있다.

1) 최적점 근처의 유무 확인

현재 실험 수준이 최적점 근처인지 확인하기 위해서는 2수준 실험 결과를 활용하여 가운데(Center Point)에서 실험을 추가하여 결과를 확인한다.

그림 3-74 Center Point의 의미

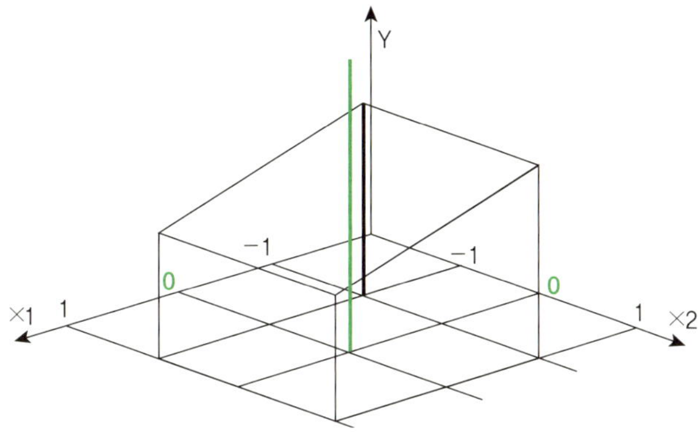

추가적으로 가운데 수준에서 실험을 진행하여 결과를 분석한다. 결과값이 위의 그림과 같이 다른 조건의 결과보다 높거나 낮으면 최적점 근처에 있다고 판단한다. 즉, CTQ와 치명인자와의 관계가 2차의 관계가 나타난다면 최적조건 근처에 있는 것이다.

2) 기존 실험의 확인 및 Center Point 설계

① 2수준 요인배치법 결과의 확인

온도 70, 80/시간 170, 180에서 실험 결과값은 다음과 같다.

Uncoded Value		Uncoded Value		수율 (CTQ)
온도	시간	온도	시간	
80	170	−1	−1	76.5
80	180	−1	1	77.0
90	170	1	−1	78.0
90	180	1	1	79.5

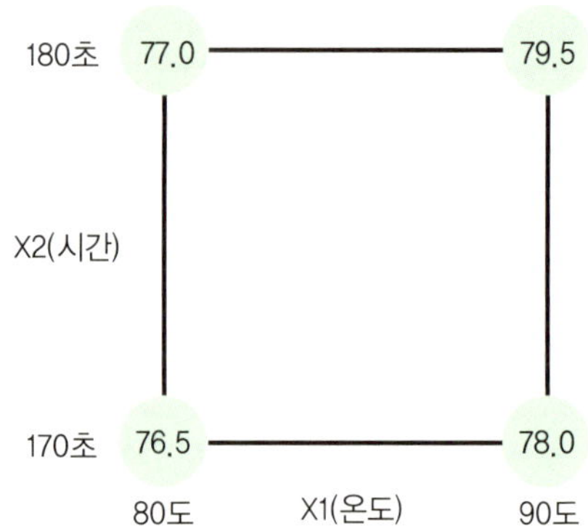

② Center Point(중심점) 실험 추가 계획

위의 실험조건의 Center Point에서 추가적인 실험계획을 수립한다. 온도, 시간의 가운데 실험조건은 각각 85, 175이며 5회 반복 실험을 계획한다.

■ 소스창 입력 및 실행

2는 실험 인자의 수, n0는 반복횟수를 의미한다.

```
# Center Point 실험 설계

library(rsm)                                              # 라이브러리 호출

cd1 <- cube(2, n0=5, coding=
        list(x1 ~ (temp - 85)/5, x2 ~ (time - 175)/5 ),  # 실험 설계
        randomize = FALSE,
        bid = 1,
        inscribed = FALSE)
cd1
```

■ 실행 결과 확인

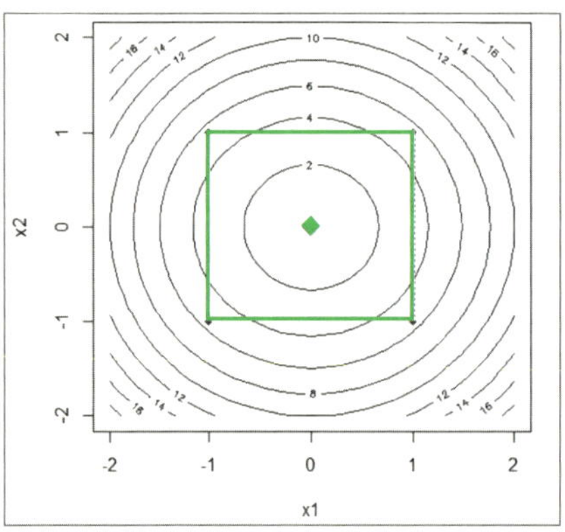

```
  run.order std.order temp time
1         1         1   80  170
2         2         2   90  170
3         3         3   80  180
4         4         4   90  180
5         5         5   85  175
6         6         6   85  175       # Center Point
7         7         7   85  175
8         8         8   85  175
9         9         9   85  175

Data are stored in coded form using these coding formulas ...
x1 ~ (temp - 85)/5
x2 ~ (time - 175)/5                   # Coded 방법
```

왼쪽 그림에서 보면 정사각형 꼭지점에서 각각 한 번씩, 다이아몬드로 표시한 중심점에서 다섯 번 반복 실험을 해서 총 9회 실험을 실시한다.

꼭지점의 결과는 이전에 실시했던 실험 결과를 활용할 수 있다면 추가적인 실험횟수를 줄일 수 있다. 따라서 실험 결과는 향후 활용을 위해 잘 관리하는 것 또한 중요하다.

③ 실험 결과 입력

■ 소스창 입력 및 실행

```
# 실험 결과 입력

yy5=c(76.5,78.0,77.0,79.5,79.9,80.3,80.0,79.7,79.8)
r_cd1 <- cbind(cd1, yy5)
r_cd1
```

■ 결과 확인

```
  run.order std.order x1 x2  yy5
1         1         1 -1 -1 76.5
2         2         2  1 -1 78.0
3         3         3 -1  1 77.0
4         4         4  1  1 79.5
5         5         5  0  0 79.9
6         6         6  0  0 80.3
7         7         7  0  0 80.0
8         8         8  0  0 79.7
9         9         9  0  0 79.8
```

④ 결과 분석

■ 소스창 입력 및 실행

```
# 중심점 분석

ana_r_cd1 <- rsm(yy5 ~ FO(x1, x2), data = r_cd1)
summary(ana_r_cd1)
```

■ 결과 확인 및 해석

```
            Estimate Std. Error  t value Pr(>|t|)
(Intercept) 78.96667    0.45379 174.0156 2.43e-12 ***
x1           1.00000    0.68069   1.4691   0.1922
x2           0.50000    0.68069   0.7346   0.4903
---
Signif. codes:  0 '***' 0.001 '**' 0.01 '*' 0.05 '.' 0.1 ' ' 1

Multiple R-squared:  0.3102,    Adjusted R-squared:  0.08023
F-statistic: 1.349 on 2 and 6 DF,  p-value: 0.3283

Analysis of Variance Table

Response: yy5
            Df Sum Sq Mean Sq  F value    Pr(>F)
FO(x1, x2)   2  5.000  2.5000   1.3489 0.3282610
Residuals    6 11.120  1.8533
Lack of fit  2 10.908  5.4540 102.9057 0.0003635
Pure error   4  0.212  0.0530
```

CTQ인 수율에 대한 선형 회귀식이 78.96+0.5x1+1.0x2이다. 하지만, x1, x2 p-value 값이 유의수준 5%보다 크고, Lack Of Fit의 p-value 값이 작다.

수율과 시간/온도와의 관계를 선형으로 판단하기 어렵다는 뜻이며, 2차의 관계라고 할 수 있다. 따라서 현재 실험조건 근처에 최적조건이 존재함을 의미한다.

Lack of Fit은 동일한 X의 조건에서 반복했을 때 Y값의 평균값과 회귀선까지의 거리를 의미한다. 따라서 이 거리가 가까울수록(p-value 값이 클수록) 회귀선의 신뢰성이 좋다고 할 수 있다.

▌그림 3-75 ▌Lack of Fit의 의미

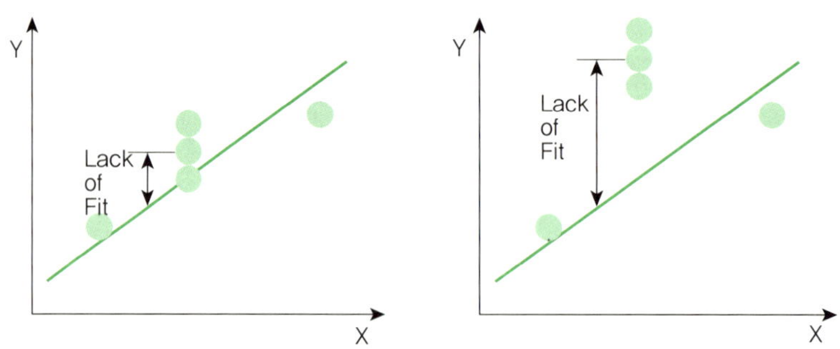

3) 최적조건 확인을 위한 실험설계(중심합성법)

최적점 근처임을 확인했다면 추가적인 실험을 계획한다. 기본적인 아이디어는 중심점에서 동일한 거리에 있는 모든 점들을 확인하는 것이다. 추가적인 실험조건을 축점

(Axial Points 또는 Star Points)이라고 한다. 축점은 중심점으로부터 거리(α)를 이용하여 결정한다. 거리(α)는 실험 현장의 조건에 따라 선택한다.

그림 3-76 중심합성법과 α의 의미

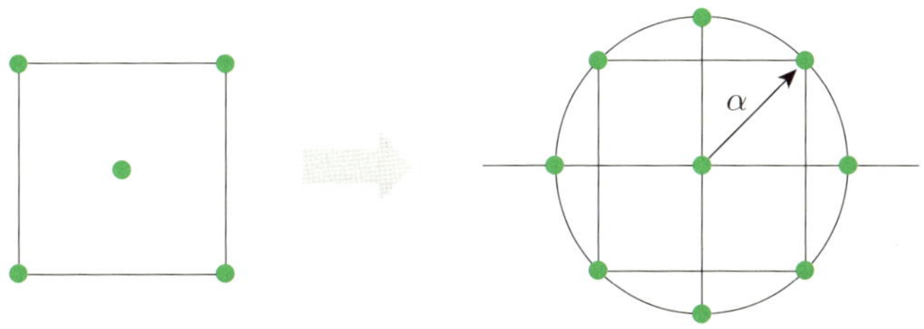

거리(α)의 종류에 따라서 외접법, 내접법, 면접법 등으로 구분할 수 있다.
R에서는 다음과 같이 활용한다.

- 외접법=spherical
- 내접법=face 또는 1
- 면접법=orthogonal

① 중심합성법(외접법) 실험계획

■ 소스창 입력 및 실행

```
# 중심 합성법 설계 - 외접법

cd3 <- djoin(cd1, star(n0=0, alpha = 'spherical'))
cd3
```

■ 결과 확인

```
   run.order std.order     temp     time Block
1          1         1 80.00000 170.0000     1
2          2         2 90.00000 170.0000     1
3          3         3 80.00000 180.0000     1
4          4         4 90.00000 180.0000     1
5          5         5 85.00000 175.0000     1
6          6         6 85.00000 175.0000     1
7          7         7 85.00000 175.0000     1
8          8         8 85.00000 175.0000     1
9          9         9 85.00000 175.0000     1
10         1         2 92.07107 175.0000     2
11         2         4 85.00000 182.0711     2
12         3         1 77.92893 175.0000     2
13         4         3 85.00000 167.9289     2

Data are stored in coded form using these coding formulas ...
x1 ~ (temp - 85)/5
x2 ~ (time - 175)/5
```

② 실험 결과 입력

■ 소스창 입력 및 실행

```
# 실험 데이터 입력

yy6 <- c(76.5,77.0,78.0,79.5,79.9,80.3,80.0,79.7,79.8,78.4,75.6,78.5,77.0)
r_cd3 <- cbind(cd3, yy6)
r_cd3
```

■ 결과 확인

```
   run.order std.order         x1         x2 Block  yy6
1          1         1 -1.000000 -1.000000     1 76.5
2          2         2  1.000000 -1.000000     1 77.0
3          3         3 -1.000000  1.000000     1 78.0
4          4         4  1.000000  1.000000     1 79.5
5          5         5  0.000000  0.000000     1 79.9
6          6         6  0.000000  0.000000     1 80.3
7          7         7  0.000000  0.000000     1 80.0
8          8         8  0.000000  0.000000     1 79.7
9          9         9  0.000000  0.000000     1 79.8
10         1         2  1.414214  0.000000     2 78.4
11         2         4  0.000000  1.414214     2 75.6
12         3         1 -1.414214  0.000000     2 78.5
13         4         3  0.000000 -1.414214     2 77.0
```

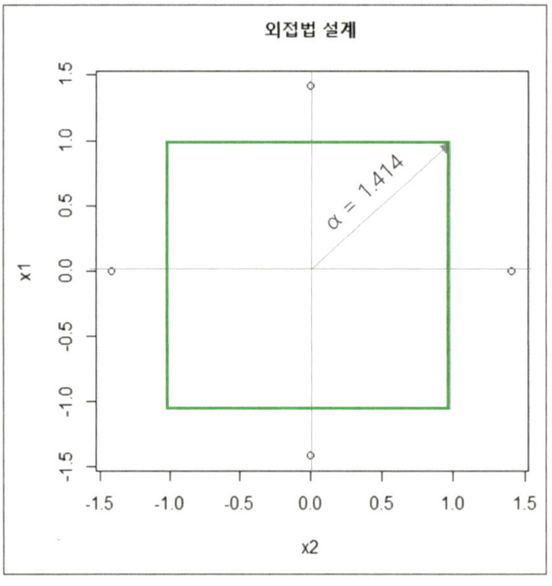

Star Points에서 실험한 결과를 입력 완료하였다. 외접법에서 α가 1.414가 되는 이유는 위 그림에서 설명하는 바와 같다.

③ 결과 분석

■ 소스창 입력 및 실행

```
# 중심 합성법 분석

ana_r_cd3 <- rsm(yy6 ~ SO(x1, x2), data = r_cd3)
summary(ana_r_cd3)


# 등고선도 분석

par(mfrow = c(1,2))
contour(ana_r_cd3, ~x1+x2, image = TRUE,
      x1 = summary(ana_r_cd1)$cononical$xs)
```

■ 결과 확인 및 해석

```
              Estimate Std. Error  t value  Pr(>|t|)
(Intercept) 79.940000   0.118959 671.9974 < 2.2e-16 ***
x1           0.994975   0.094045  10.5798 1.474e-05 ***
x2           0.515165   0.094045   5.4778 0.0009281 ***
x1:x2        0.250000   0.133000   1.8797 0.1022110
x1^2        -1.376250   0.100852 -13.6462 2.672e-06 ***
x2^2        -1.001250   0.100852  -9.9279 2.244e-05 ***
---
Signif. codes:  0 '***' 0.001 '**' 0.01 '*' 0.05 '.' 0.1 ' ' 1

Multiple R-squared:  0.9828,    Adjusted R-squared:  0.9705
F-statistic: 79.85 on 5 and 7 DF,  p-value: 5.108e-06

Analysis of Variance Table

Response: yy6
            Df  Sum Sq Mean Sq  F value    Pr(>F)
FO(x1, x2)   2 10.0430  5.0215  70.9690 2.251e-05
TWI(x1, x2)  1  0.2500  0.2500   3.5333    0.1022
PQ(x1, x2)   2 17.9548  8.9774 126.8785 3.170e-06
Residuals    7  0.4953  0.0708
Lack of fit  3  0.2833  0.0944   1.7817    0.2897
Pure error   4  0.2120  0.0530

Stationary point of response surface:
       x1        x2
0.3892604 0.3058577
```

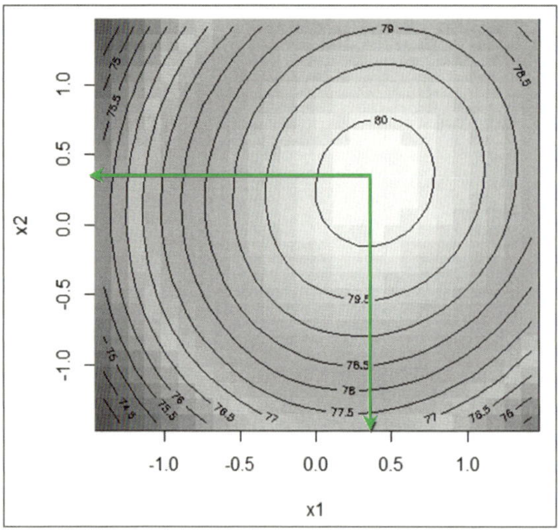

등고선도에서 보면 가운데 원이 CTQ의 최적점이다. 이때 치명인자 x1, x2는 각각 0.389, 0.306이다.

④ 최적조건 확인

분석을 통해 확인한 x1=0.389, x2=0.306을 회귀식에 입력하면 CTQ인 수율을 예측할 수 있다.

	Estimate
(Intercept)	79.940000
x1	0.994975
x2	0.515165
x1:x2	0.250000
x1^2	-1.376250
x2^2	-1.001250

79.94+0.994975*0.389+0.515165*0.306

+0.25*0.389*0.306

−1.37626*0.389·2

−1.00125*0.306·2

≒80.21

Code Value를 Undcoded Value로 바꿔서 치명인자의 실제 조건을 확인한다.

온도(x1)의 최적조건

0.389=(x1−85)/5

x1=0.389*5+85

=86.945≒87

시간(x2)의 최적조건

0.306=(x2−175)/5

x2=0.306*5+175

=176.53≒176

6.2 다변량분석 방법의 활용

IoT, 네트워크 기술이 발전함에 따라서 생산현장에서도 다양한 변수의 데이터를 상대적으로 저렴한 비용으로 수집할 수 있다. 이렇게 수집한 여러 개의 변수를 다변량이라고 하며, 동시에 그리고 한 번에 여러 개의 변수를 분석하는 방법을 다변량분석이라고 한다.

그림 3-77 다변량분석 방법의 종류

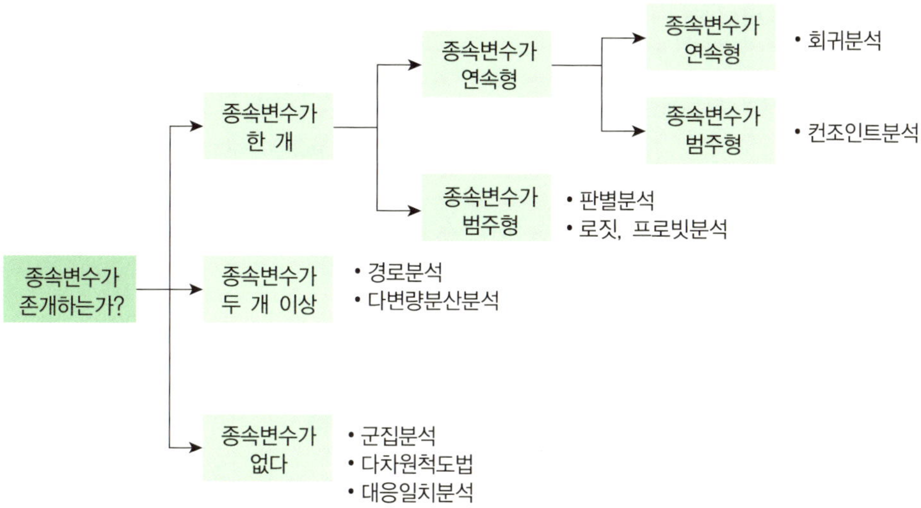

다양한 다변량분석 방법이 존재하지만 분석의 목적은 예측, 판별, 요약, 분류 네 가지로 구분할 수 있다. 예측을 위한 대표적인 방법이 회귀분석, 판별을 위한 대표적인 방법이 판별분석, 요약을 위한 대표적인 방법이 주성분분석, 분류를 위한 대표적인 방법이 군집분석이라고 할 수 있다.

그림 3-78 목적별 대표적인 다변량분석 방법

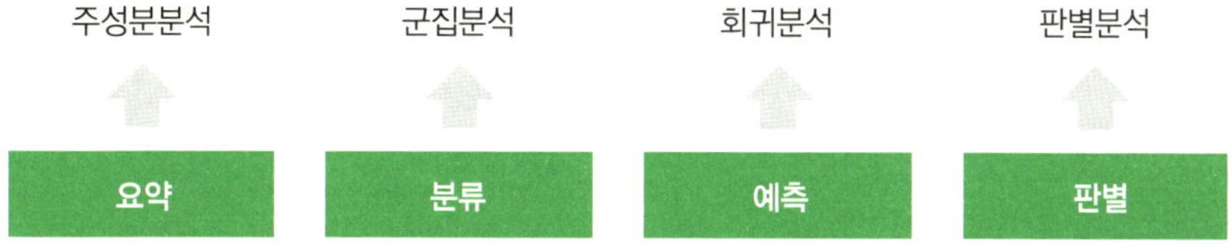

6.2.1 주성분분석

주성분분석(PC : Principle Component)의 목적은 여러 개의 변수를 몇 개의 작은 변수로 요약하는 것이다. 이를 차원 축소라고 표현하는데, 통계에서 차원은 변수의 개수로 이해하면 된다. 변수가 1개일 때는 1차, 두 개일 때는 2차, n개일 때는 n차원이라고 한다.

다양한 변수를 이용하여 데이터를 수집했을 경우 정보의 양은 많다고 할 수 있지만 너무 많은 변수를 활용하는 것은 효율성이 떨어진다. 여러 개의 변수를 활용할 때 효율성을 높여주는 방법이라고도 할 수 있다.

▌그림 3-79 ▌주성분분석 개요

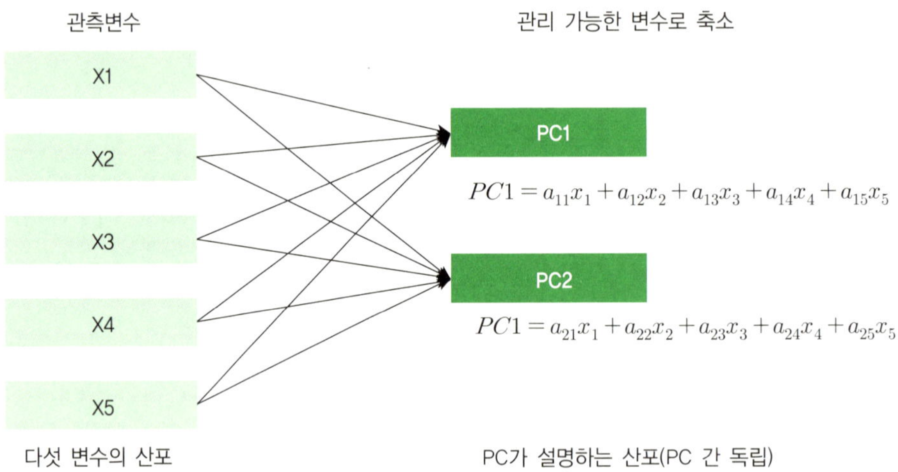

① 예제 데이터 불러오기

```
pca <- read.csv('2_data/l_pca.csv')
head(pca)
```

```
     a    b    c    d    e    f    g    h    i    j    k    l
1 11.6 11.7 12.6 12.1 12.3 11.8 12.0 12.6 98.0 97.5 89.5 91.5
2 11.7 11.9 12.5 12.1 12.2 11.7 11.9 12.6 98.0 96.0 91.5 91.5
3 11.9 11.9 12.5 12.5 12.6 12.0 12.1 12.5 96.0 91.0 85.5 89.5
4 12.2 12.4 12.8 12.7 12.9 12.3 12.4 12.8 95.0 89.5 90.0 86.5
5 13.3 13.2 13.4 14.4 14.4 14.0 13.4 13.2 90.5 85.5 87.0 80.5
6 14.2 14.1 13.6 15.2 15.4 14.9 14.2 13.7 85.5 81.0 81.5 78.5
     m    n    o    p
1 91.0 95.0 89.5 90.5
2 91.5 95.0 94.0 90.5
3 85.5 89.5 88.0 88.0
4 88.0 91.0 90.0 89.0
5 79.0 84.5 87.0 87.5
6 78.5 79.0 80.5 82.5
```

a부터 p까지 총 16개의 변수를 이용하여 데이터를 수집하였다. 16개 변수를 몇 개의 변수(주성분)로 요약한다면 16개 전체를 사용하는 것보다 효율적으로 활용할 수 있을 것이다.

주성분 개수의 선택 기준은 분산의 크기이다. 전체 데이터가 가지고 있는 분산을 100%라고 한다면 각각의 주성분의 분산이 전체 분산 대비 몇 %를 설명하고 있는지를 확인해서 주성분 개수를 선택한다.

R을 활용한 주성분분석 결과는 각각의 주성분에 대한 표준편차, 전체 분산 대비 몇 %를 설명하고 있는지 알려준다.

② R을 활용한 주성분분석

■ 소스창 입력 및 실행

```
# 주성분 분석

r_pca <- prcomp(pca, scale. = TRUE)
r_pca
summary(r_pca)

screeplot(r_pca, main = 'screeplot', col = 'red',
            type = 'l', pch = 1)

biplot(r_pca, main = 'biplot',
      cex = 0.8, choices = c(1,2))
```

■ 결과 확인 및 해석

```
Importance of components:
                          PC1    PC2     PC3
Standard deviation     3.2129 2.2342 0.52506
Proportion of Variance 0.6452 0.3120 0.01723
Cumulative Proportion  0.6452 0.9571 0.97437
                           PC4     PC5     PC6
Standard deviation     0.42923 0.29027 0.19963
Proportion of Variance 0.01151 0.00527 0.00249
Cumulative Proportion  0.98588 0.99115 0.99364
                           PC7     PC8     PC9
Standard deviation     0.14224 0.13004 0.12424
Proportion of Variance 0.00126 0.00106 0.00096
Cumulative Proportion  0.99490 0.99596 0.99693
                          PC10    PC11    PC12
Standard deviation     0.10518 0.10195 0.09686
Proportion of Variance 0.00069 0.00065 0.00059
Cumulative Proportion  0.99762 0.99827 0.99885
                          PC13    PC14    PC15
Standard deviation     0.08282 0.07192 0.06603
Proportion of Variance 0.00043 0.00032 0.00027
Cumulative Proportion  0.99928 0.99960 0.99988
                          PC16
Standard deviation     0.04432
Proportion of Variance 0.00012
Cumulative Proportion  1.00000
```

첫 번째 주성분(PC1)의 표준편차는 3.2129, PC1이 설명하는 분산은 전체 분산 대비 64.52%를 차지하고 있다. 두 번째 주성분(PC2)의 표준편차는 2.2342, PC2가 설명하는 분산은 전체 분산 대비 31.2%를 차지하고 있다.

PC1, PC2 두 개의 주성분은 전체 분산의 95.71%를 설명하고 있다.

그림 3-80 | Screeplot

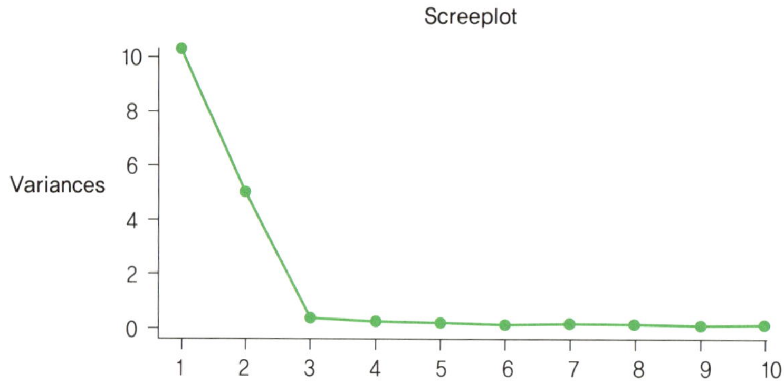

Screeplot은 각 주성분에 대한 분산을 크기 순서대로 표현해준다. [그림 3-80] 그래프에서 보면 세 번째 주성분부터는 분산의 크기가 상대적으로 작은 것을 알 수 있다. 따라서 주성분의 개수는 2개를 선정한다.

그림 3-81 | Biplot

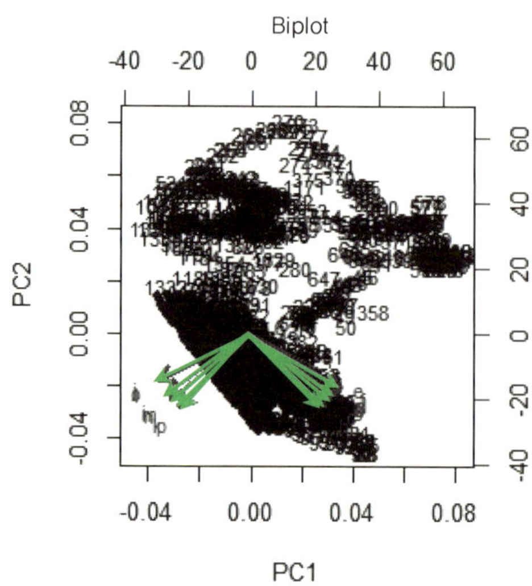

[그림 3-81]의 Biplot은 두 개 주성분을 활용하여 모든 데이터와 변수를 그래프로 나타낸 것이다. PC1을 기준으로 두 개 변수가 2개 그룹으로 나뉘는 것을 확인할 수 있다.

표 3-16 PC와 변수 간 상관계수

	PC1	PC2
a	0.2593045	-0.2400186
b	0.2589503	-0.2432498
c	0.2380158	-0.2740965
d	0.2620635	-0.2316848
e	0.2564063	-0.1885056
f	0.2642303	-0.2126647
g	0.2538026	-0.2557319
h	0.2209394	-0.3010055
i	-0.2524738	-0.2534222
j	-0.2746811	-0.1913355
k	-0.2188530	-0.2992751
l	-0.2689739	-0.2023986
m	-0.2403929	-0.2712084
n	-0.2390760	-0.2777009
o	-0.2703210	-0.2002467
p	-0.2100701	-0.3090578

위의 결과는 PC1, PC2에 대한 16개 변수의 계수이다. PC1에 대해서 a부터 h까지는 양의 관계를 보이고, j부터 p까지는 음의 관계를 보인다.

계수를 이용하여 수집한 데이터를 PC1, PC2로 변환하여 활용할 수 있다.

6.2.2 판별분석

판별분석은 두 개 이상의 집단에서 수집한 데이터들이 가지고 있는 특성(정보)을 이용하여 샘플들이 어느 집단에 속하는지를 결정하는 방법론이다. 은행을 예로 든다면, 대출받은 사람(채무자)이 과연 대출금을 상환할 수 있을지 여부를 채무자들의 특성들(성별, 연령, 직업, 결혼 유무, 소득 등)을 활용하여 상환 여부를 판단하고 싶을 때 활용할 수 있다.

제조라인에서는 제품의 양품과 불량에 대해서 4M 변동을 활용해서 판별분석을 활용할 수 있을 것이다. 판별분석의 반응변수(종속변수)는 범주형이기 때문에 데이터 수가 많을수록 판별의 정확도가 높아진다.

▌그림 3-82 ▌판별분석 개념

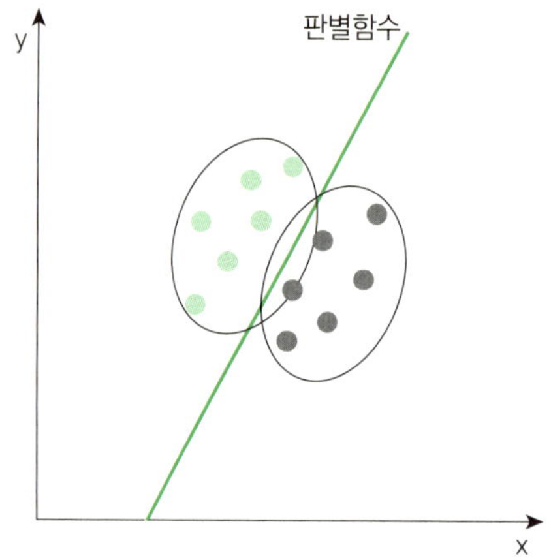

① 예제 데이터 불러오기

```
dis <- read.csv('2_data/l_dis.csv')
head(dis)
```

```
> head(dis)
      a     b    c    d   group
1 -0.45 -0.41 1.09 0.45     G
2 -0.56 -0.31 1.51 0.16     G
3  0.06  0.02 1.01 0.40     G
4 -0.07 -0.09 1.45 0.26     G
5 -0.10 -0.09 1.56 0.67     G
6 -0.14 -0.07 0.71 0.28     G
```

Group은 양 · 불량을 나타내며, G는 양품 NG는 불량을 나타낸다. 양 · 불량에 영향을 주는 독립변수 4개를 대상으로 데이터를 수집하였다.

② R을 활용한 판별분석

▪ 소스창 입력 및 실행

```
# 판별 분석

library('MASS')

r_dis <- lda(group~a+b+c+d, data = dis)
r_dis

p_dis <- predict(r_dis)
p_dis

r_p_dis <- cbind(dis, p_dis)
r_p_dis

with(r_p_dis,table(group,class))
```

■ 결과 확인 및 해석

```
Prior probabilities of groups:                    → 데이터의
      G        NG                                    양품/불량
0.4565217 0.5434783                                  비율

Group means:
           a           b        c        d
G  -0.06904762 -0.08142857 1.366667 0.4380952     → 각 변수별
NG  0.23520000  0.05560000 2.593600 0.4272000        양품/불량
                                                     평균
Coefficients of linear discriminants:
        LD1
a  0.6587666
b  4.3944790
c  0.8883115                                      → 판별 함수
d -1.1917220
```

총 46개 데이터 중에서 21개가 양품(45.6%)이고, 25개가 불량(54.3%)이다.

LD1은 선형 판별함수이고 a, b, c, d의 계수를 알려준다.

	a	b	c	d	group	class	posterior.G	posterior.NG	LD1
1	-0.45	-0.41	1.09	0.45	G	G	0.9953486296	0.00465137	-2.99039950
2	-0.56	-0.31	1.51	0.16	G	G	0.9643326615	0.03566734	-1.90472570
3	0.06	0.02	1.01	0.40	G	G	0.7589574749	0.24104253	-0.77628141
4	-0.07	-0.09	1.45	0.26	G	G	0.7628863400	0.23711366	-0.78761560
5	-0.10	-0.09	1.56	0.67	G	G	0.8755626193	0.12443738	-1.19827034
6	-0.14	-0.07	0.71	0.28	G	G	0.9158268182	0.08417318	-1.42702465
7	0.04	0.01	1.50	0.71	G	G	0.7559051527	0.24409485	-0.76756270
8	-0.07	-0.06	1.37	0.40	G	G	0.7974911059	0.20250889	-0.89368723
9	0.07	-0.01	1.37	0.34	G	G	0.6547583536	0.34524165	-0.51023264
10	-0.14	-0.14	1.42	0.44	G	G	0.8942249002	0.10577510	-1.29461251
11	-0.23	-0.30	0.33	0.18	G	G	0.9921703899	0.00782961	-2.71543000
12	0.07	0.02	1.31	0.25	G	G	0.5710168741	0.42898313	-0.32444198
13	0.01	0.00	2.15	0.70	G	G	0.5321594853	0.46784051	-0.24195076
14	-0.28	-0.23	1.19	0.66	G	G	0.9811625549	0.01883745	-2.24883343
15	0.15	0.05	1.88	0.27	G	NG	0.2718952017	0.72810480	0.34259685
16	0.37	0.11	1.99	0.38	G	NG	0.1544643607	0.84553564	0.71781908
17	-0.08	-0.08	1.51	0.42	G	G	0.7956223355	0.20437766	-0.88763530
18	0.05	0.03	1.68	0.95	G	G	0.7668570030	0.23314300	-0.79920265
19	0.01	0.00	1.26	0.60	G	G	0.8034823743	0.19651763	-0.91337583
20	0.12	0.11	1.14	0.17	G	NG	0.3954888292	0.60451117	0.04832425
21	-0.28	-0.27	1.27	0.51	G	G	0.9783699006	0.02163010	-2.17478937
22	0.51	0.10	2.49	0.54	NG	NG	0.0932138776	0.90678612	1.01958186
23	0.08	0.02	2.01	0.53	NG	NG	0.4315355578	0.56846444	-0.02971840

판별함수를 활용하여 개별 데이터에 대한 점수(LD1)를 계산하였다. 점수가 음수이면 양품으로 판별하고, 양수이면 불량으로 판별하고 있음을 알 수 있다.

전체적으로 보면 잘 판별하고 있음을 확인할 수 있다.

```
        class
group  G NG
  G    18  3
  NG   1 24
```

group	class		합계
	G	NG	
G	18	3	21
NG	1	24	25
합계	19	27	46

판별함수의 판별 정합도를 분석하였다.

- 전체적인 판별 정합도=(18+24)/46=91.3%
- 양품을 양품으로 판정할 확률=18/21=85.7%
- 양품을 불량으로 판정할 확률=3/21=14.3%
- 불량을 불량으로 판정할 확률=24/25=96.0%
- 불량을 양품으로 판정할 확률=1/25=4%

6.2.3 로지스틱 회귀분석

반응변수(종속변수)가 연속형이 아니라 범주형일 경우 이용하는 분석 방법 중의 하나가 로지스틱(Logistic) 회귀분석이다. 반응변수가 양품, 불량 2가지인 범주형일 경우 데이터는 0(양품), 1(불량) 두 가지 중 하나이다. 회귀분석을 위해서는 0, 1을 연속형 데이터처럼 변환을 하기 위해서 로짓 변환 방법을 사용한다.

1) 승산(Odds)과 승산비(Odds Ratio)

경마에서 A, B, C 말의 승률을 모두 다 알고 있을 경우 배당금은 어떻게 지급하는 것이 좋을까? (마권가격 : 1,000원, 총상금 : 3,000원인 경우)

A, B, C 말의 승률이 각각 0.5, 0.3, 0.2일 경우 각 말에 대한 기대값(배당금)은 [표 3-17]과 같을 것이다. 승률이 높은 말의 배당금이 클 경우 투자자는 모두 A 말에 배당을 하기 때문에 결국 경마장은 파산할 것이다.

▌표 3-17 ▌승률 및 기대값

말	승률	기대값
A	0.5	1500
B	0.3	900
C	0.2	600

어떻게 하면 승률이 낮은 말에 대한 배당금을 높게 할 수 있을까? 이를 해결하기 위하여 승산(Odd Ratio)의 역수만큼을 배당금으로 지급하는 방안을 고안해내었다. 승산이란 말 그대로 '이길 수 있는 가능성'이다.

말 A의 경우 이길 확률(승률)은 0.5, 질 경우 확률은 1−0:5=0.5이다. 이길 확률과 질 확률을 비교하면 승산을 계산할 수 있다. 말 A의 경우 1이 된다. 승산이 1이라는 뜻은 이길 확률과 질 확률이 동일하다는 뜻이다.

말 B의 경우 승산은 1보다 작다. 이길 확률이 질 확률보다 작기 때문이다. 이럴 때 우리는 승산이 작다라는 표현을 한다.

이처럼 세 마리 말에 대해서 승산을 계산하여 승산의 역수만큼 상금을 지급한다면 승률이 낮은 말이 승리를 했을 때 배당금이 높아진다.

▌표 3-18 ▌승산의 이해

말	승률	1−승률	승산	승산의 역수	기대값
A	0.5	0.5	1.00	1.00	500
B	0.3	0.7	0.43	2.33	700
C	0.2	0.8	0.25	4.00	800

승산으로 변환하면 $-\infty$ ~ $+\infty$로 변화한다. 이를 다시 0 ~ 1 사이로 변환할 수 있게 하기 위해서 승산에 로그(log)를 취하여 로짓(Logit) 변환을 한다.

- Logit=log(승산=Odds Ratio)

이렇게 범주형 변수를 로짓 변환하여 분석하는 방법을 로지스틱 회귀분석이라고 한다.

| 그림 3-83 | 로지스틱 회귀모형

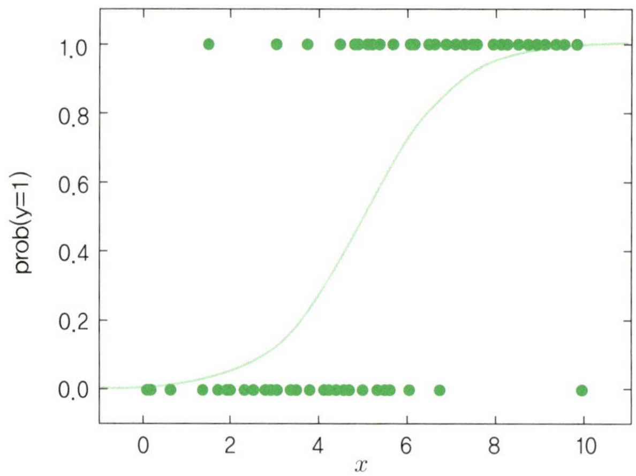

① 예제 데이터 불러오기

■ 소스창 입력 및 실행

```
logis <- read.csv('2_data/l_logis.csv')
head(logis)
```

```
    a   b   c   d  machine result
1  80 356 124  55      1      1
2  97 289 117  76      1      1
3 105 319 143 105      2      1
4  90 356 199 108      2      0
5  90 323 240 143      1      0
6  86 381 157 165      2      1
```

result에서 0은 양품, 1은 불량이다.

② R을 활용한 로지스틱 회귀분석

■ 소스창 입력 및 실행

```
r_logis <- glm(result~a+b+c+d+machine, family = binomial, data = logis)
summary(r_logis)
```

■ 결과 확인 및 해석

Coefficients:

	Estimate	Std. Error	z value	Pr(>|z|)	
(Intercept)	2.948761	5.893623	0.500	0.6168	
a	-0.001879	0.047189	-0.040	0.9682	
b	-0.004661	0.011738	-0.397	0.6913	
c	0.004799	0.009482	0.506	0.6128	
d	-0.025108	0.010895	-2.304	0.0212	*
machine	1.148288	0.885384	1.297	0.1947	

총 5개의 독립변수 중에서 p-value 값이 유의수준 5%보다 작은 것은 d 하나 밖에 없다. d를 활용하여 로지스틱 회귀분석을 다시 실시한 결과는 다음과 같다.

Coefficients:

	Estimate	Std. Error	z value	Pr(>|z|)	
(Intercept)	3.175503	0.996051	3.188	0.00143	**
d	-0.021340	0.008433	-2.531	0.01138	*

d의 계수값이 음수이므로 d값이 커질수록 불량일 가능성도 커진다. 이를 해석하는 방법은 exp(계수)－1을 하면 된다.

- exp(－0.02130)－1＝－0.02111

d값이 1 증가할 때마다 승산이 약 2.1% 감소한다는 뜻이다.

6.2.4 군집분석

군집분석(Clustering Analysis)은 데이터를 특성이 유사한 것끼리 묶어주는 방법이다. 판별분석에서는 반응변수가 양품/불량 등으로 주어지지만 군집분석은 이런 반응변수가 없다는 것이 판별분석과의 차이점이다. 데이터 간의 거리 또는 유사성을 이용하여 데이터를 묶는 기준으로 활용한다. 마케팅 분야에서는 특성이 비슷한 고객으로 구분하는 고객세분화(Customer Segmentation)를 하는데 많이 활용하고 있다.

어느 마트에서는 고객별 영수증을 분석하여 구매한 상품들에 대한 군집분석을 실시하였는데, 기저귀를 많이 사가는 사람들이 맥주를 많이 사가는 현상을 확인하였다. 그 마트는 기저귀 바로 옆에서 맥주를 구매할 수 있게 하였고 이는 판매량으로 연결되었다고 한다. 나중에 알고 보니 기저귀와 맥주를 많이 사가는 고객들은 젊은 남자 직장인들이었다고 한다. 퇴근하면서 아기들의 기저귀를 사면서 같이 맥주까지 사는 고객들이었다. 이렇듯 군집분석은 먼저 데이터들을 유사 그룹으로 묶은 다음 그룹과 그룹 사이에 어떤 특성이 있는지를 확인해 가는 과정이다.

| 그림 3-84 | 군집분석의 이해

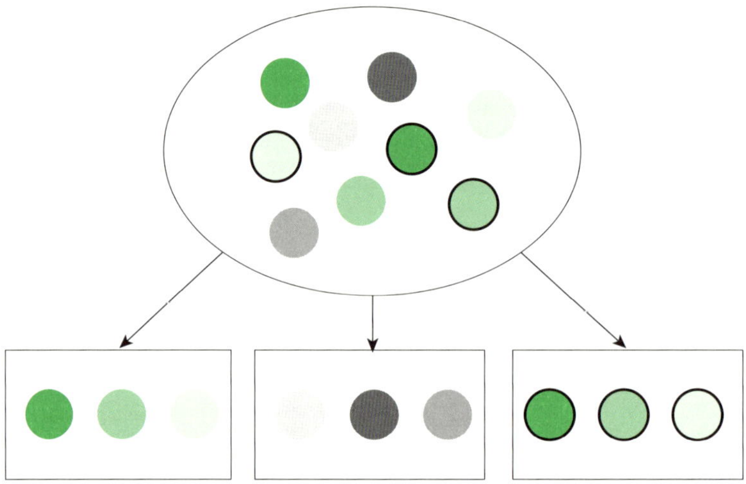

1) 군집분석의 유형

군집분석은 사전에 군집의 개수를 정하느냐 마느냐에 따라 계층적인 군집 방법과 비계층적인 군집 방법으로 나눈다.

순차적으로 군집을 해나가는 방법인 계층적인 군집 방법이 대표적인 군집분석이다. 또한 계층적인 군집 방법을 통해 적절한 군집수를 결정한 다음 비계층적인 군집 방법과 연계해서 활용할 수도 있다.

- 군집분석 : 계층적 군집분석 vs 비계층적 군집분석(K평균 군집분석)

2) 계층적 군집분석의 활용

사전에 군집의 수를 정하지 않고 계층적인 나무(트리) 모형을 이용해서 데이터들을 순차적 · 계층적으로 그룹으로 통합하여 군집화하는 방법이다.

계층적 군집분석에서는 데이터들의 거리와 이 거리들을 연결하는 방법들이 다양하다. 따라서 어떤 방법을 선택하느냐에 따라서 군집분석의 결과는 달라지게 된다.

① 거리 측정 방법

- 유클리드 거리 : 데이터값들의 최단의 직선 거리
- 맨하탄 거리 : 데이터값들의 차이의 절대값들을 합한 거리
- 체비셰프 거리 : 데이터값들의 최대 거리

이 외에도 유클리드 제곱 거리, 민코스키 거리 등이 있다.

그림 3-85 거리 측정 방법 비교

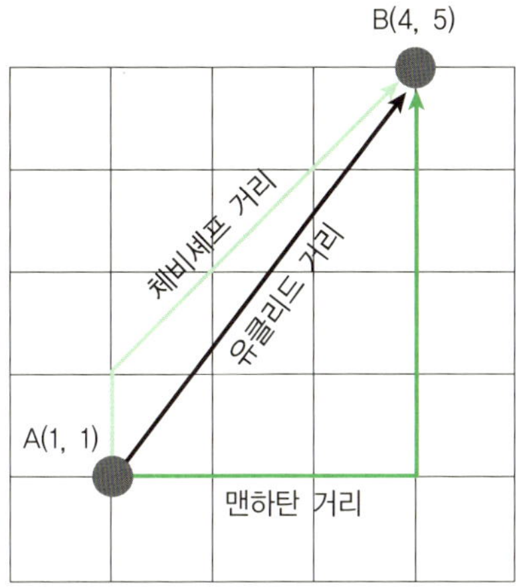

② 군집 연결 방법

계층적 군집 방법은 군집 간의 거리를 계산한 다음 이를 연결하여 군집화를 하는데, 이때 연결하는 방법은 최단연결법(Single Linkage Method), 최장연결법(Complete Linkage Method), 평균연결법, 중앙값연결법, 와드연결법 등이 있다.

■ 예제 불러오기

```
cls <- read.csv('2_data/l_cls.csv')
head(cls)
```

```
  energy protein fat calcium iron
1    340      20  28       9  2.6
2    245      21  17       9  2.7
3    420      15  39       7  2.0
4    375      19  32       9  2.6
5    180      22  10      17  3.7
6    115      20   3       8  1.4
```

③ R을 활용한 계층적 군집분석

■ 소스창 입력 및 실행

```
# 계층적 군집 분석

d <- dist(cls, method = 'euclidean')          # 거리 계산 방법
r_cls <- hclust(d, method = 'complete')       # 군집 연결 방법


plot(r_cls, hang = -1, main = '유클리드 거리 & 최장 연결법')
```

■ 결과 확인 및 해석

▌그림 3-86 ▌덴드로그램

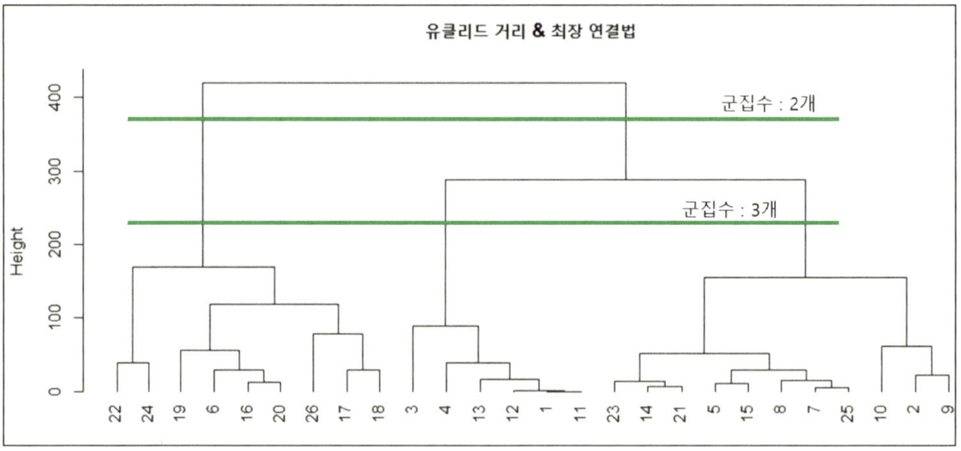

덴드로그램의 위로부터 직선을 내려오면서 적정한 군집의 수를 결정할 수 있다. 맨 위의 색선을 기준으로 한다면 군집은 2개로 나눌 수가 있고, 두 번째 색선을 기준으로 한다면 군집은 3개로 나눌 수 있다.

이렇듯 계층적 군집분석은 개별 데이터에 대해서 군집을 어떻게 나누었는지를 확인하면서 군집을 할 수 있는 장점이 있지만, 데이터 수가 너무 많아지면 활용하는 데는 어려움이 있을 수 있다.

3) 비계층적 군집분석의 활용(K평균 군집분석)

비계층적 군집분석은 사전에 군집의 개수를 정한 다음 분석을 진행한다. 앞의 예를 바탕으로 군집을 3이라고 결정한 다음 K평균 군집분석에 대한 활용 방안을 알아보자.

① R을 활용한 비계층적 군집분석

■ 소스창 입력 및 실행

```
# 비계층적 군집 분석

km1 <- kmeans(cls, 3)
km1

plot(cls, col=km1$cluster)
```

■ 결과 확인 및 해석

```
K-means clustering with 3 clusters of sizes 6, 8, 12

Cluster means:
     energy  protein      fat   calcium     iron
1  98.33333 14.66667 3.166667 101.33333 2.883333
2 341.87500 18.75000 28.875000  8.75000 2.437500
3 174.58333 21.08333 8.750000  11.83333 2.083333

Clustering vector:
 [1] 2 3 2 2 3 3 3 3 2 2 2 2 2 3 3 3 1 1 1 3 3 1 3 1 3 1

Within cluster sum of squares by cluster:
[1] 19329.24 15279.05 14729.95
 (between_SS / total_SS =  84.5 %)
```

3개 군집으로 나누었을 경우 각 군집별 데이터수는 6개, 8개, 12개이다.

군집별 속성(energy, protein, fat, calciu, iron)의 평균 차이를 확인할 수 있고, 군집의 특징을 확인할 수 있다. 전체 분산 대비 군집 간의 분산 비율이 84.5%로서 군집 간의 특성 차이가 어느 정도인지 확인할 수 있다.

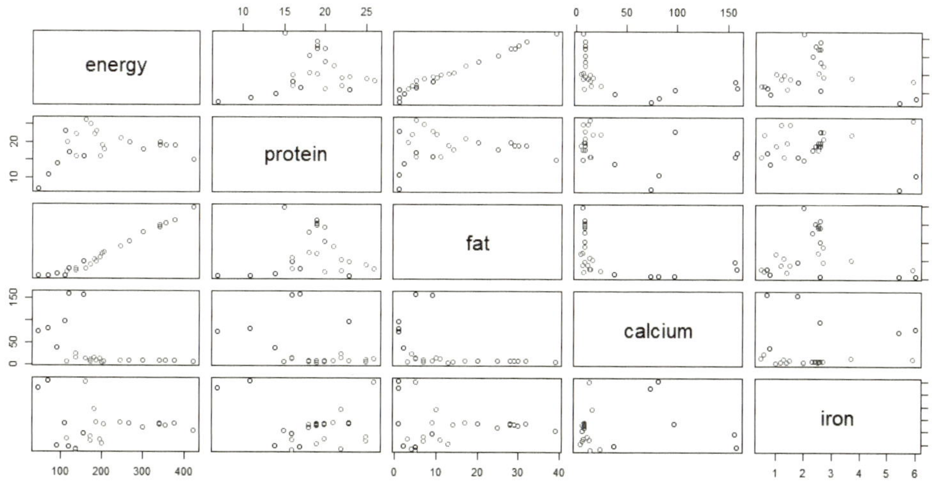

plot을 활용하여 군집별 속성을 시각화하여 확인이 가능하다. 또한 군집의 적절성 여부도 확인할 수 있다.

6.3 머신러닝 기법의 활용

기계학습(Machine Learning)은 경험을 바탕으로 한 데이터를 바탕으로 학습하여 모델을 생성하고, 이를 이용하여 실제 발생하는 데이터의 패턴과 규칙을 발견하여 미래를 예측하는 것을 의미한다. 이를 위해서는 학습을 위한 많은 데이터가 필요하고, 이 데이터를 기반으로 모델을 생성해야 하며, 이 모델을 이용하여 주어진 입력(데이터)에 대한 결과값을 예측할 수 있어야 한다.

모델을 생성하기 위해서는 앞에서 소개한 통계적인 방법론과 더불어서 수학적인 다양한 알고리즘을 활용하고 있다. 통계적 분석은 적절한 분포와 Parameter를 활용하여 분석하는 한편, 수학적인 알고리즘은 Parameter를 정의하지 않기 때문에 Non-Parametic 방법이라고도 할 수 있다. 어느 것이 정확하다고 이야기할 수는 없고, 실제 현장을 잘 반영하는 방법을 찾는 것이 중요하다.

다변량분석에서도 반응변수(종속변수)의 유무에 따라서 분석의 목적과 방법이 달라졌듯이, 머신러닝을 위해 사용하는 여러 가지 알고리즘도 학습에 이용하는 데이터의 반응변수 유무에 따라서 목적과 방법론이 달라진다.

종속변수가 있을 경우에 지도학습이라고 하며 주 목적은 예측과 분류이다. 종속변수가 없을 경우에 비지도학습이라고 하며 주 목적은 군집분석과 연관성분석이 된다. 반응변수가 없기 때문에 데이터 간의 특성과 연과성 파악에 관심을 둔다.

- 종속변수가 있을 경우 → 지도학습 → 예측 및 분류분석
- 종속변수가 없을 경우 → 비지도학습 → 연관성 및 군집분석

6.3.1 분류분석의 이해

분류분석(Classification)은 종속변수가 범주형 데이터를 학습하여서 새로운 데이터가 주어졌을 때 범주를 분류하는 것을 말한다. 분류분석에는 서포트 벡터 머신, 의사결정나무, 신경망분석, 단순 베이스분석, K-최근접 이웃분석들이 있다.

1) 분류분석의 절차

분류분석은 종속변수와 독립변수(이를 예측변수라고 함)를 포함한 데이터를 기계학습 알고리즘을 이용하여 분류 모형을 만든 다음, 예측변수만 있는 새로운 데이터에 대한 범주형 반응변수를 분류한다.

분류분석을 위해서는 제일 먼저 학습 데이터를 준비한다. 학습 데이터는 훈련 데이터와 검증 데이터로 분리한 다음, 훈련 데이터를 이용하여 분류 모델을 만든다. 그런 다음 검증용 데이터를 입력하여 분류 모델의 성능을 평가한다. 평가 결과가 만족스럽지 못할 경우 새로운 분류 모델을 만들어서 다시 성능 평가를 실시한다.

▌그림 3-87 ▌분류분석 절차

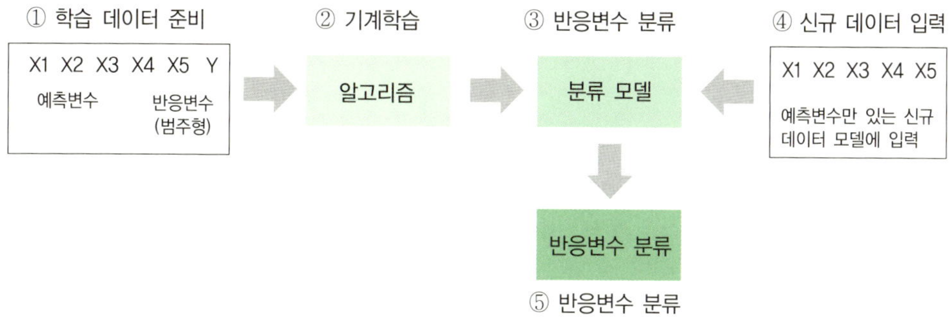

6.3.2 분류분석 : 의사결정나무분석

의사결정나무는 의사결정 규칙을 나무 구조로 도식화하여 분류와 예측을 동시에 수행하는 분석 방법이다. '조건 A이고 조건 B이면 C 집단으로 분류'라는 형태의 규칙으로 표현하기 때문에 직관적이고 다른 분석 방법에 비해 이해하기가 쉽다는 장점이 있다.

의사결정나무는 마치 나무의 뿌리와 줄기 잎처럼 노드(Node)를 맨 위에서부터 가지치는 것처럼 데이터를 분류한다. 맨 위에 있는 노드를 뿌리 노드(Root Node)라고 하며 밑으로 내려가는 노드는 중간 노드, 그리고 더 이상 분기하지 않는 노드를 끝 노드(Terminal Node)라고 한다. 뿌리 노드에서 밑으로 내려갈수록 데이터수는 줄어들게 된다.

| 그림 3-88 | 의사결정나무 모습

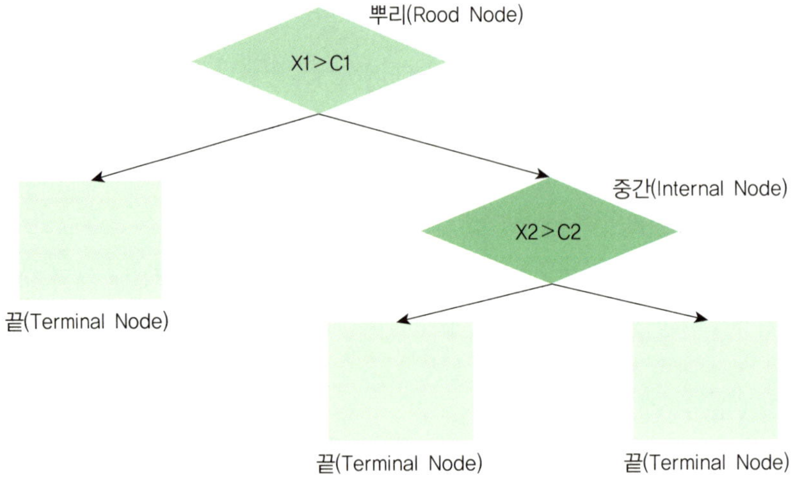

위에서 아래로 노드를 분기할 때 기준(Splitting Criterion)을 어떤 독립변수가 반응변수를 잘 구분할지를 확인하여 결정한다. 나누어진 종속변수가 얼마나 동일하게 분류되었는지는 순수도(Purity) 또는 비순수도(Impurity)를 통해 확인할 수 있다.

| 그림 3-89 | 순수도와 비순수도의 이해

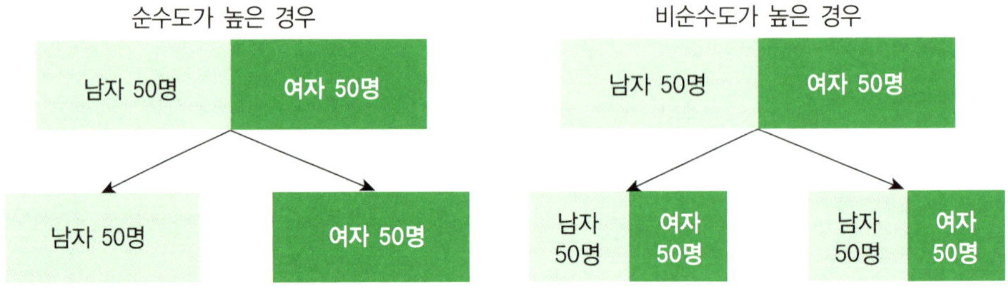

1) R을 활용한 계층적 의사결정나무분석

실습 데이터는 R에서 제공하는 'Iris' 데이터를 활용한다.

붓꽃(Iris) 세 종류에 대해서 꽃받침(Sapal), 꽃잎(Petal)의 길이와 넓이를 측정한 데이터이다. 꽃받침, 꽃잎의 길이, 넓이를 활용하여 붓꽃을 분류하는 의사결정나무분석을 실시한다.

붓꽃은 부채 붓꽃(Setosa), 버시컬러 붓꽃(Versicolor), 버지니카 붓꽃(Virginica) 세 종류이다.

그림 3-90 붓꽃 종류

Iris Versicolor | Iris Setosa | Iris Virginica

출처 : https://www.datacamp.com/community/tutorials/machine-learning-in-r

① 모델 학습

▪ 소스창 입력 및 실행

```
# 의사 결정 나무

library(rpart)
library(rpart.plot)                                    # 필요한 라이브러리
library(party)

data <- iris

tt <- sample(1:nrow(data), as.integer(0.8*nrow(data)))     # 학습 데이터
Train <- data[tt,]


model <- rpart(Species ~ ., data = train)             # 의사 결정 나무 분석
rpart.plot(model)

t_model <- ctree(Species ~ ., data = train)
plot(t_model)
```

학습 데이터는 수집한 데이터에서 80%를 추출하여 사용하였다. 의사결정나무분석 그림은 두 가지 종류를 활용하였다.

■ 결과 확인 및 해석

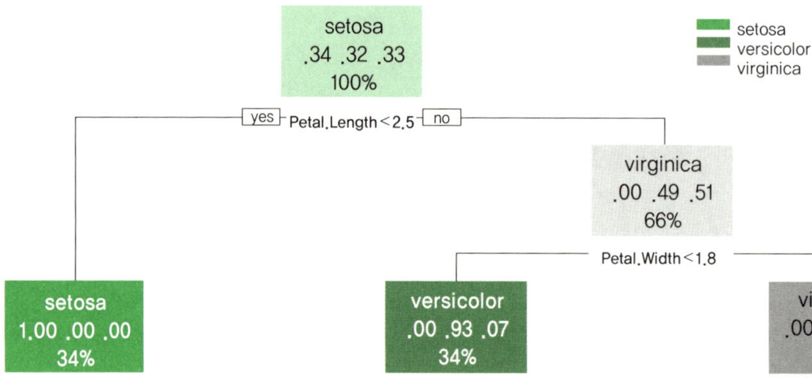

꽃잎(Petal)의 길이가 2.5인지 여부에 따라서 부채 붓꽃과 버지니카 붓꽃으로 분류되고, 버지니카는 꽃잎의 넓이가 1.6인지 여부에 따라서 버시컬러 붓꽃과 버지니카 붓꽃으로 분류가 된다.

뿌리 노드의 붓꽃은 부채 붓꽃과 버지니카 붓꽃으로 34:66 비율로 분류한다. 버지니카 붓꽃은 버시컬러 붓꽃과 버지니카 붓꽃으로 34:32 비율로 분류한다. 끝 노드에는 전체 데이터 대비 분류한 데이터의 상대적인 비율도 확인할 수 있다.

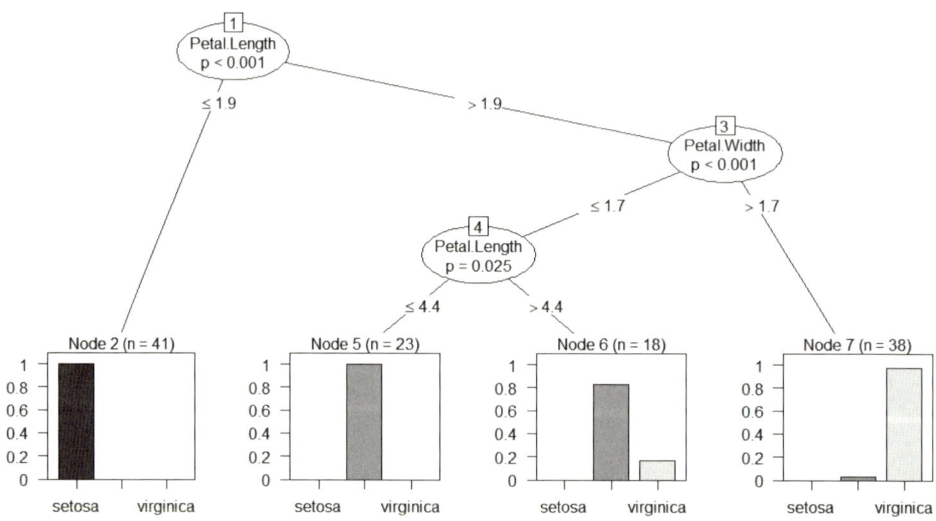

꽃잎의 길이가 1.9보다 이하인 경우 부채 붓꽃으로 분류되면(총 41개) 꽃잎 길이가 1.9보다 길면서 꽃잎 너비가 1.7 이상인 경우는 버지니카 꽃잎으로 분류된다.

위의 그래프는 각 노드별 데이터에 대한 빈도까지 확인할 수 있다.

② 모델 성능 평가

■ 소스창 입력 및 실행

```
# 모델 성능 평가

ttt <- data[-tt,]                                                    # 검증 데이터
new <- data.frame(true = ttt$Species)
new$predict <- predict(model, newdata = ttt, type = 'class')   # 분류 예측

P_table <- table(new$predict, new$true)
Names(dimnames(P_table)) <- c( ' 예측값 ' , ' 실제값 ' )          # 정오표
P_table
```

■ 결과 확인 및 해석

```
            실제값
예측값        setosa versicolor virginica
  setosa          9          0         0
  versicolor      0         11         2
  virginica       0          0         8
```

총 28데이터를 활용하여 분류 모델을 검증한 결과 100% 예측 적중률을 보였다.

6.3.3 분류분석 : KNN(K-Nearest Neighbor) 분석

K-최근접 이웃(KNN) 분석은 새로운 데이터를 기존 데이터의 어느 그룹에 속하는지 분류하는 방식이다. 비교적 단순하면서도 정확성이 높아서 자주 사용하고 있다.

새로운 데이터를 K개의 최근접 이웃 그룹 데이터의 거리를 측정하여 가장 가까운 그룹으로 분류를 한다.

| 그림 3-91 | KNN 분석 방법 이해

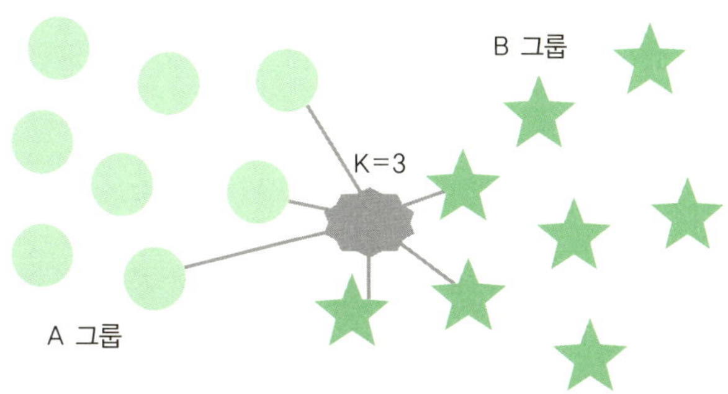

1) R을 활용한 KNN 분석

데이터는 의사결정나무분석에서 사용한 Iris 데이터를 이용한다.

① 모델 학습 및 검증

■ 소스창 입력 및 실행

```
# KNN 분석
library(abind)
library(zoo)
library(xts)
library(quanomod)
library(ROCR)
library(DMwR2)

data <- iris

tt <- sample(1:nrow(data), as.integer(0.7*nrow(data)))   # 학습 데이터
Train <- data[tt,]
Ttt <- data[-tt,]                                        # 검증 데이터
K <- 3

knn_result <- kNN(Species ~., train, ttt, k)             # kNN

New1 <- data.frame(true = ttt$Species)
New1$predict <- knn_result

P_table <- table(new$predict, new$true)                  # 모델 검증
names(dimnames(P_table)) <- c('예측값','실제값')
P_table
```

■ 결과 확인 및 해석

```
            실제값
예측값       setosa versicolor virginica
  setosa          9          0         0
  versicolor      0         11         2
  virginica       0          0         8
```

전체 30개의 검증 데이터 중에서 2개를 제외한 28개 데이터가 예측값과 실제값이 일치하여 93.3%의 예측 적중률을 나타내고 있다.

버시컬러 붓꽃 예측값 13개 중에서 2개는 버지니카 붓꽃으로 잘못 예측하였다.

② 새로운 데이터의 분류

■ 소스창 입력 및 실행(단, Iris 전체 데이터를 학습 데이터로 활용함)

```
# 새로운 데이터 분류

n_iris <- data.frame(5.0, 3.9, 1.6, 0.4)
names(n_iris) <- c('Sepa_Width','Sepal_Length','Petal_Width','Petal_Length')
n_iris

j_n_iris <- kNN(Species ~ ., iris, n_iris, k)
j_n_iris
```

■ 결과 확인 및 해석

```
[1] setosa
Levels: setosa versicolor virginica
```

Iris 전체 데이터를 학습하여 만들 KNN 모델을 활용하여 새로운 데이터의 붓꽃 종류는 부채 붓꽃(setosa)으로 분류 및 예측한다.

6.3.4 분류분석 : 서포트 벡터 머신(SVM) 분석

서포트 벡터 머신은 분류를 위한 기준선(이를 결정경계라고 함)을 정의하는 모델을 말한다. 분류하지 않은 새로운 데이터가 나타나면 경계의 어느 쪽에 속하는지 분류한다. 서포트 벡터는 그룹 사이에 존재하는 데이터 중에서 가장 가까운 데이터를 말한다. 결국 SVM이 두 벡터(데이터)의 거리(Margin)가 넓을수록 분류를 정확하게 할 것이다.

SVM 분석은 서포트 벡터를 찾아서 거리를 계산하는 간단한 접근방법으로 빠르게 분석할 수 있는 장점이 있다.

| 그림 3-92 | SVM의 의미

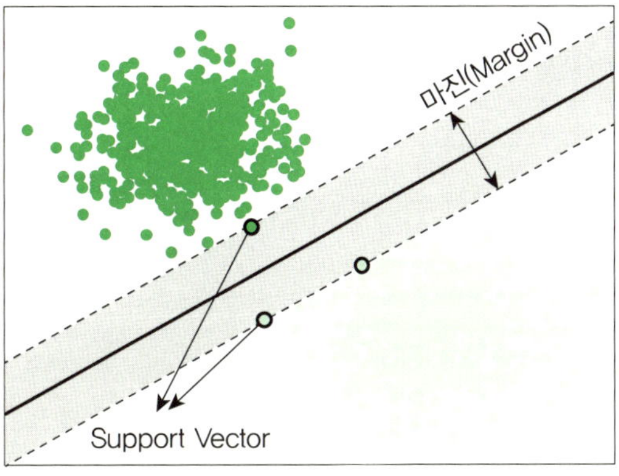

위 그림을 보면 선형으로 분류를 할 수 없다. 이럴 경우에는 커널(Kernel) 함수를 이용하여 문제를 해결할 수 있다. 커널 함수는 방사형(RBF) 방식, 다항(Polynomial) 방식, 시그모이드(Sigmoid) 방식 등이 있다.

1) R을 활용한 SVM 분석

데이터는 의사결정나무분석에서 사용한 Iris 데이터를 이용한다.

■ 소스창 입력 및 실행

```
# SVM 분석
library(e1071)                                              # 필요한 라이브러리

data <- iris

tt2 <- sample(1:nrow(data), as.integer(0.7*nrow(data)))     # 학습데이터
train2 <- data[tt2,]
ttt2 <- data[-tt2,]                                         # 검증데이터


model_2 <- svm(Species ~., train2, type = 'C-classification',
            kernel = 'radial',
            cost = 10,                                      # SVM 모델링
            gamma = 1)

new2 <- data.frame(true = ttt2$Species)
new2$predict <- predict(model_2, ttt2, decidion.values = TRUE)

P_table_2 <- table(new2$predict, new2$true)                 # 검증
names(dimnames(P_table_2)) <- c('예측값','실제값')
P_table_2
```

■ 결과 확인 및 해석

```
            실제값
예측값       setosa versicolor virginica
  setosa         15          0         0
  versicolor      0         14         2
  virginica       0          1        13
```

전체 데이터 45개 중에서 42개를 정확하게 분류해서 정확한 분류율은 93%이다.

6.3.5 예측분석 : 연속형 반응변수 예측분석

예측분석은 학습 데이터를 활용하여 모형을 생성하여 미래 데이터의 경향성을 예측한다. 분류분석과 상당히 유사하다.

1) R을 활용한 연속형 반응변수 예측 의사결정나무분석

① 실습 데이터 확인

■ 소스창 입력 및 실행

```
pre1 <- read.csv('2_data/l_pre1.csv', header = T)
head(pre1)
```

```
  cement  slag ash water s_izer    big small aging strength
1  540.0   0.0   0   162    2.5 1040.0 676.0    28 79.98611
2  540.0   0.0   0   162    2.5 1055.0 676.0    28 61.88737
3  332.5 142.5   0   228    0.0  932.0 594.0   270 40.26954
4  332.5 142.5   0   228    0.0  932.0 594.0   365 41.05278
5  198.6 132.4   0   192    0.0  978.4 825.5   360 44.29608
6  266.0 114.0   0   228    0.0  932.0 670.0    90 47.02985
```

시멘트 양생 후 강도에 관련한 데이터이다. 시멘트 강도와 다른 변수와의 예측 모델을 만들어서 새로운 데이터에 대한 예측을 진행하려고 한다.

② 학습 데이터와 검증 데이터 분리

■ 소스창 입력 및 실행

```
library(party)

tt4 <- sample(1:nrow(pre1), as.integer(0.7*nrow(pre1)))
train4 <- pre1[tt4,]                                    # 학습 데이터
test4 <- pre1[-tt4,]                                    # 검증 데이터

total <- c('전체데이터' = nrow(pre1), '학습데이터' = nrow(train4),
           '검증데이터' = nrow(test4))
total
```

```
전체데이터 학습데이터 검증데이터
    1030        721        309
```

전체 데이터에서 학습 데이터는 전체 70%인 721개, 나머지 309건은 검증 데이터로 활용한다.

③ 예측 모델링(Modelling)과 검증

■ 소스창 입력 및 실행

```
model <- ctree(strength ~., train4)                    # 모델링
New4 <- data.frame(True = test4$strength)              # 실제와 예측 비교
new4$strength <- predict(model,test4)
head(new4)

library(psych)
library(leaps)
library(UsingR)

pairs.panels(new4)
re1 <- lm(True~strength, data = new4)                  # 검증 결과
summary(re1)
```

■ 결과 확인 및 해석

```
      True    strength
1 79.98611 54.69900
2 41.05278 50.62885
3 36.44777 41.98975
4 52.90832 41.98975
5 39.35805 29.82778
6 42.62065 41.98975
```

실제 강도와 예측 모델을 활용한 예측 강도를 위의 데이터와 같이 정리하였다.

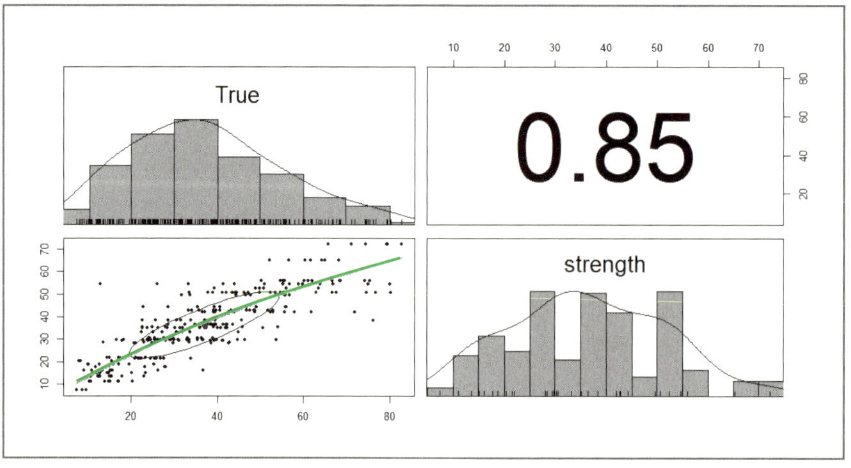

```
Residuals:
    Min      1Q  Median      3Q     Max
-42.559  -5.691  -0.679   4.961  37.107

Coefficients:
            Estimate Std. Error t value Pr(>|t|)
(Intercept)  0.98553    1.39787   0.705    0.481
strength     0.99108    0.03564  27.805   <2e-16 ***
---
Signif. codes:  0 '***' 0.001 '**' 0.01 '*' 0.05 '.' 0.1 ' ' 1

Residual standard error: 9.288 on 307 degrees of freedom
Multiple R-squared:  0.7158,    Adjusted R-squared:  0.7148
F-statistic: 773.1 on 1 and 307 DF,  p-value: < 2.2e-16
```

실제 강도와 예측 강도와의 상관관계는 0.85이며 두 변수에 대한 회귀분석 결과 R-Squared는 71.58%이다.

산점도에서 보면 경향성이 벗어나 있는 데이터에 대한 추가적인 확인이 필요한 것으로 보인다.

| 표 3-18 | 개선(Improve) 단계 체크리스트

Improve 단계 체크리스트

	Process Owner	Champion

과제명				A : 매우 잘함 B : 잘함 C : 보통 D : 미흡 E : 매우 미흡 N/A : 적용 안함 (Not Applicable)
소속		챔피언		
과제 리더		프로세스 오너		
과제 팀원		MBB		
단계 수행기간		적용 방법론	DMAIC	

항목	구분	A	B	C	D	E	N/A
1	팀 활동을 통해 혁신적인 개선 아이디어가 충분히 도출되었는가?						
2	잠재적 개선안이 합리적인 평가기준에 의해 평가되었는가?						
3	조직 내 영향을 받는 이해당사자들에게 개선안을 홍보하고, 충분한 의견 교환이 이루어졌는가?						
4	개선안에 대한 시험적용이 필요한 경우 시험적용 계획을 수립, 실시하였는가?						
5	성공적인 수행을 위해 시범적용 결과에 따라 개선안을 수정, 보완하였는가?						
6	개선안 실행시 발생할 수 있는 잠재적 문제와 예기치 않은 영향을 고려하여 예방과 대책을 충분히 검토하였는가?						
7	본 실행을 위한 세부추진 계획이 수립되고, 실행되었는가?						

평가자 의견	

7. 관리(Control)

◆ 황금을 시험하는 것이 시금석이듯 모든 판단에는 정확하고 진실된 표준이 있어야 한다.

– 에픽테투스 –

관리(Control) 단계에서는 지금까지 활동에 대한 성과와 검증을 실시하고, 성과가 지속적으로 유지하고 있는지 여부를 확인하기 위하여 SPC 활동을 진행한다. 성과를 확인한 다음 새로운 식스시그마 활동을 위한 프로젝트 과제 또한 발굴한다.

7.1 개선효과 확인

개선 단계서 확인한 개선효과가 실제 현장에서도 효과가 있음을 증명해야 한다. 이는 공정능력지수, 시그마 수준으로 비교하여 확인한다. 지표와 더불어 금전적 · 비금전적 효과를 계산한다(주로 1년간의 예상효과를 계산한다). 실제 금적적으로 이어진 판매 이익 증가, 현금 유동성 개선 등과 더불어서 프로세스의 유연성 향상, 고객만족도 향상 등 비금전적인 성과도 분석한다.

| 그림 3-93 | 개선 전 공정능력지수

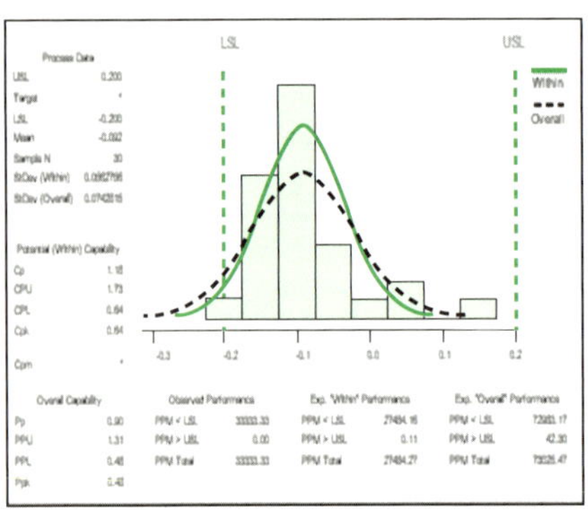

| 그림 3-94 | 개선 후 공정능력지수

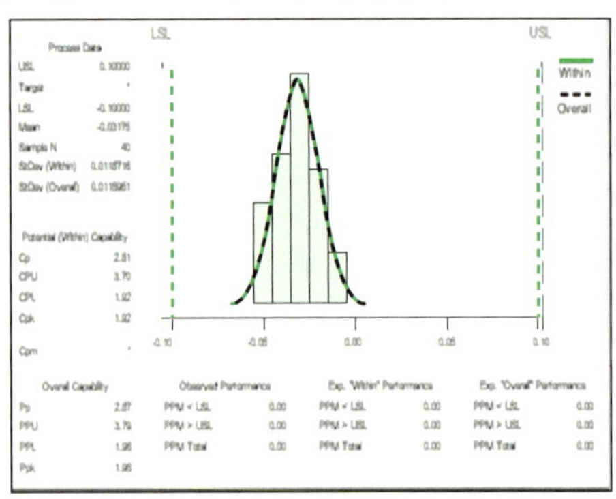

7.2 표준화

식스시그마 활동을 통해 개선한 효과가 지속하기 위해서는 개선한 프로세스에 대한 표준화가 필요하다. 표준화를 통해서 작업 및 절차에 대한 방법을 정형화하고, 관리를 위한 기준을 마련할 수 있으며 타 부서와 정보 전달이 용이해진다. 표준화는 회사의 기본 표준 체계를 따라서 작성하고, 총칙, 조직 및 책임과 권한, 실시 절차, 양식의 종류 및 작성 방법, 부칙, 부속서로 이루어진다.

▌표 3-19▌표준의 구성 체계

순서	목차	설명
1	총칙	목적, 적용 범위, 용어 정의 등
2	조직 및 책임과 권한	부서별 업무 분장과 책임, 권한에 대해서 규정화
3	실시 절차	업무 처리 절차를 업무 흐름 순으로 정리함
4	양식 종류 및 작성 방법	표준을 수행하기 위해 필요한 양식과 작성 방법을 정리함
5	부칙	본문 외 추가 사항
6	부속서	표준 전체를 이해와 실행을 돕는 부속 자료

▌그림 3-95▌ISO 표준 양식

		문서번호	Q1-0501-001
		개정일자	20 . . .
		○차 개정	–
		PAGE	1 / 4

- 목 차 -
1. 적용범위
2. 목적
3. 용어의 정의
4. 책임과 권한
5. 업무 절차
6. 기록 관리 및 보존
7. 관련 표준

결재	구분	작성	검토	승진	등록
	부서	총무과	총무과	총무과	품질보증과
	직책				
	성명				
	서명				
	날짜				

개정이력	개정 No	제개정일	주요 개정 내용

부서명	부수
공장장	1
총무과	1
업무과	1
기술개발과	1
생산과	1
품질보증과	1

■ 관리본
□ 비관리본

FP-001-01 A4

표준을 제정한 다음에는 관련 부서에게 공지하고, 교육하여 관련 부서에서 준수할 수 있도록 해야 한다. 또한, 자체적인 점검 활동을 통해서 표준 준수 여부를 확인하고 수정 및 개정 사항이 필요하면 실시하여 최상의 표준 상태가 유지되도록 한다.

7.3 관리계획 수립

개선효과가 유지되기 위해서는 CTQ 또는 치명인자 중에서 관리 대상 인자를 선정하여 지속적으로 측정 관리한다. 효과적인 관리를 위해서는 관리 대상 인자, 측정 주기, 관리 방법 등을 정리하여 관리계획을 수립한다.

1) 관리계획에 포함해야 할 요소

- 품명 및 품번
- 공정명
- 공정변수
- CTQ 특징
- 규격(Spec/공차)
- 모니터링 담당자
- 표본크기
- 모니터링 주기
- 측정도구
- 모니터링 방법
- 시그마 수준
- 시정조치 담당자

2) 관리계획시 고려해야 할 사항

- 측정 대상은 무엇인가? (CTQ 및 치명인자)
- 얼마나 자주 측정할 것인가?
- 관리상태를 벗어났을 때 일어날 수 있는 사항은 무엇인가?
- 어떤 방법으로 관리상태를 확인할 것인가?
- 이를 누가 관리할 것인가?

그림 3-96 관리계획서 사례

관리계획서

1. 측정 대상 : A공정의 CTQ
2. 측정 부서 : ○○○팀
3. 측정 시기 : 시간당 2회(무작위 추출)
4. 측정시 유의사항
   - 일반 작업과, 긴급 작업을 구분할 것
   - 도입 품목은 특별 관리할 것
5. 눈으로 보는 도구 활용
   - Xbar-R 관리도 사용하도록 함
   - 관리 Spec : 10±0.5
6. Report
   - 월별로 1회씩 관리상태 결과를 보고토록 함

7.4 SPC 활동의 전개

관리계획서에 근거하여 CTQ 또는 치명인자 등의 현재 상태를 진단하여 항상성을 유지하는 활동을 SPC 활동이라고 한다. 통계적인 방법론을 적용하여 공정에서 발생하는 변동(산포)의 크기와 정상/비정상 상황을 눈으로 손쉽게 확인할 수 있는 장점이 있다. SPC 활동을 통해서 개선 단계에서 달성한 최적 상태를 지속할 수 있다(Make It Stick).

▌그림 3-97 ▌SPC 활동의 개념

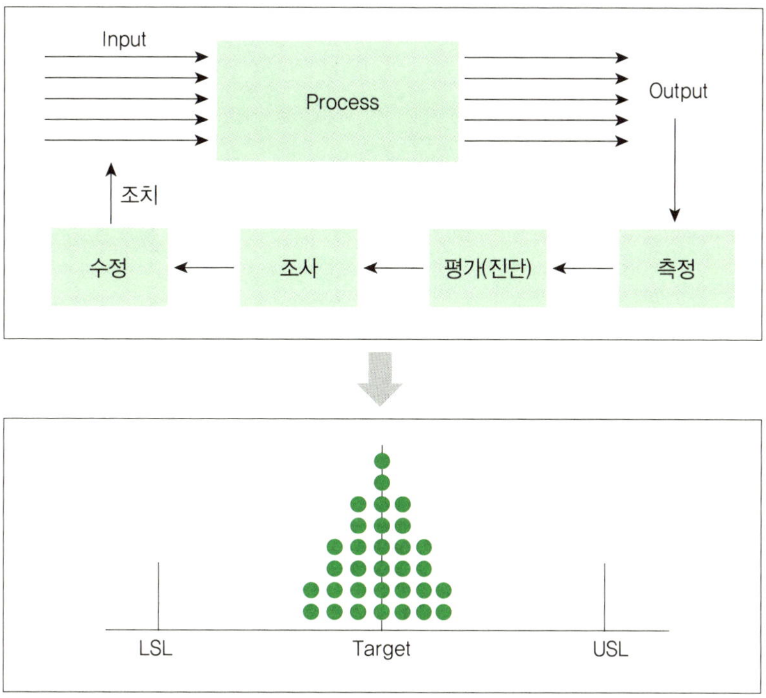

7.4.1 관리 단계와 관리도

개선 단계에서 산포를 최적화하였지만 생산품의 차이는 존재하고 있다, 이는 관리가 불가능한 많은 요인들이 존재하고 있기 때문이다. 많은 요인들 중에서 조정이 불가능한 작업환경의 변화, 작업원들 간의 숙련도 차이, 생산설비 간의 기능차이, 사용하는 원자재 간의 차이 등 불가피한 원인들을 우연원인이라고 부르고, 품질의 변동이 이러한 우연요인에 의해서만 발생하는 경우를 공정이 통계적으로 관리상태(In Statistical Control)에 있다고 말한다.

이와는 달리 생산설비의 이상, 미숙련 작업원의 투입 또는 불량 자재의 사용 등과 같이 공정이 관리상태를 이탈하게 하는 원인을 이상원인이라고 한다. 이 경우 발생하는 변동은 우연원인보다 큰 것이 보통이다. 이와 같이 이상원인이 발생하였을 경우 그 공정이 관리상태를 벗어나 있다고 말한다.

관리 단계에서는 공정의 우연원인, 이상원인을 가능한 빨리 탐지하여 수정 조치를 취함으로써 개선된 공정의 항상성을 유지하는데 그 목적이 있다. 이러한 목적을 달성하기 위해 가장 널리 사용되는 것이 바로 관리도(Control Chart)이다. 관리도는 품질의 변동상황을 그래프로 나타낸 것으로, 이를 통해 현 공정에 대한 중요한 정보를 확인할 수 있고(평균, 산포, 불량률, 공정능력 등), 또 다른 개선활동을 위한 정보를 제공하기도 한다.

| 그림 3-98 | 관리와 관리도

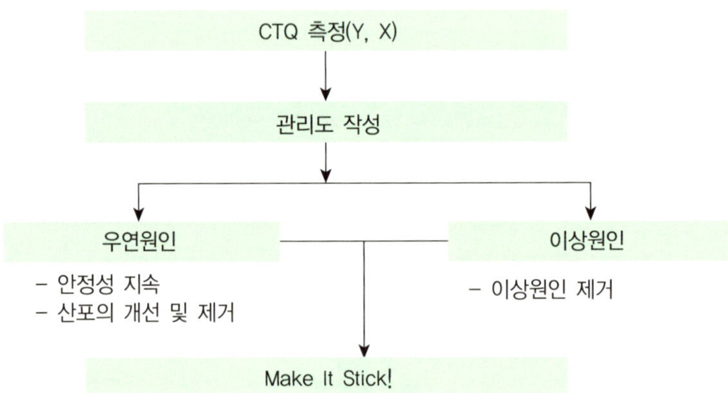

7.4.2 관리도의 이해

1) 관리도 원리

앞에서 설명한 바와 같이 관리도는 품질 특성의 변화를 그래프로 나타낸 것으로서, Y, X의 평균을 나타내는 중심선(CL : Central Line)과, 관리상한선(UCL : Upper Control Limit), 관리하한선(LCL : Lower Control Limit)으로 구성되어 있다. 표본을 통해 구한 값이 관리상태를 벗어났는지 여부를 판단하는 것은 가설검정과 동일한 문제다.

즉, 아래와 같은 가설

• 0가설 : 표본의 평균=목표치
• 대립가설 : 표본의 평균≠목표치

에 대해서, 점이 UCL, LCL을 벗어나면 대립가설을, 그렇지 않으면 0가설로 결정한다.

UCL/LCL의 기준은 주로 ±3σ를 사용한다. 이는 정규분포의 특성상 ±3σ 내에 99.73%가 존재하고, 이를 벗어날 확률은 0.27%(0.0027)밖에 되지 않는다. 따라서 우리는 유의수준을 0.0027을 선택한 경우와 똑같으며, 표본을 통해 계산한 값이 ±3σ를 벗어날 확률은 0.27%밖에 되지 않기 때문에 실제로 평균값이 이동했을 가능성이 매우 크다고 할 수 있다.

UCL/LCL을 결정하는 또 다른 방법은 유의수준을 0.2%(0.002)로 사용하는 것이다. 이는 ±3σ의 한계선을 사용했을 때의 확률과 거의 비슷하기 때문에 주로 ±3σ를 사용한다.

▌그림 3-99 ▌관리도 원리

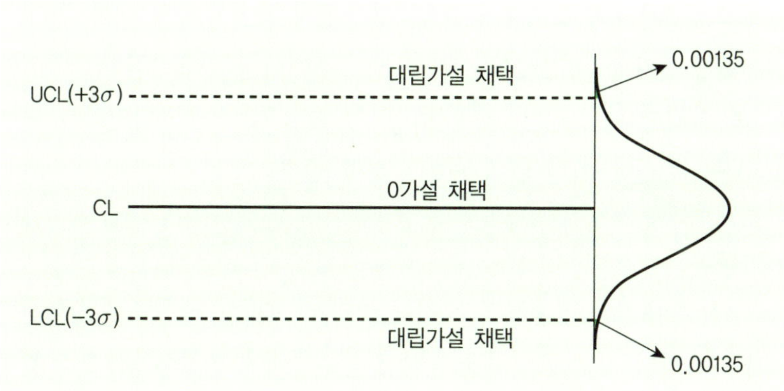

관리도에는 ±3σ의 관리한계선 이외에 경고선(Warning Limit)을 활용할 수 있다. 경고선을 활용함으로써 공정의 이상유무를 보다 빨리 확인할 수 있다. 경고선이란 ±2σ 관리한계선을 말하며, 이때 ±3σ는 조치선(Action Limit)이라고 한다.

관리한계와 구별되는 개념으로 규격한계(Specification Limit)가 있다. 관리한계는 산포 정도에 따라 공정 내부에서 결정되지만, 규격한계는 고객, 엔지니어 등에 의해 결정된다. 특성치가 규격 한계를 벗어나면 불량으로 간주되고, 규격상한(USL), 규격하한(LCL)으로 구성된다.

| 그림 3-100 | 경고선과 조치선

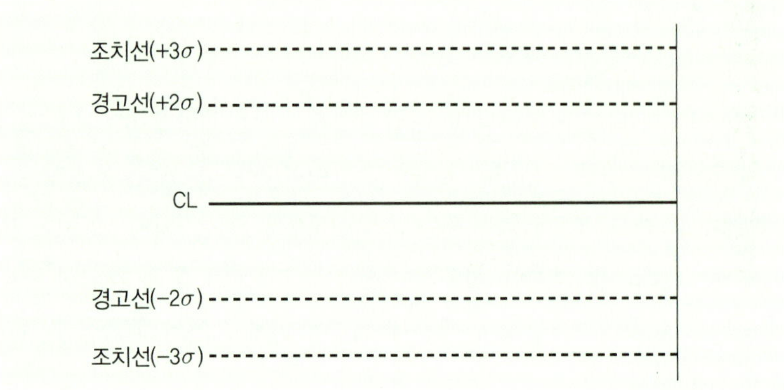

2) 데이터 수집

합리적인 부분군(Rational Subgrouping)을 고려하여 데이터를 수집하고, 각 부분군의 크기는 4,5를 사용하지만 주로 5를 많이 사용한다. 부분군의 크기가 커질수록 관리한계선은 작아진다. 이는 공정의 이상에 대해 보다 더 민감하게 반응한다는 것을 의미한다. CTQ 및 치명인자의 중요도에 따라 부분군의 크기를 조절해야 한다.

또한, IoT 등을 통해서 현장에서 실시간으로 데이터를 수집하는 경우 또한 적절한 부분군 크기를 결정한다. 실시간 모든 데이터를 개별 데이터로 처리하는 경우는 설비의 이상 관리 등 특별한 목적에 활용하는 것이 좋다.

3) 관리도의 종류

관리도는 수집한 데이터의 종류와 목적에 따라서 적합한 관리도를 선택하여 활용한다. 데이터가 연속형일 경우에는 평균과 산포를 관리하기 위하여 Xbar-R 관리도를 많이 활용하고, 데이터가 이산형일 경우에는 불량률 관리도, 불량률이 아주 작은 경우에는 결점수 관리도를 많이 사용한다.

▌그림 3-101 ▌관리도의 종류

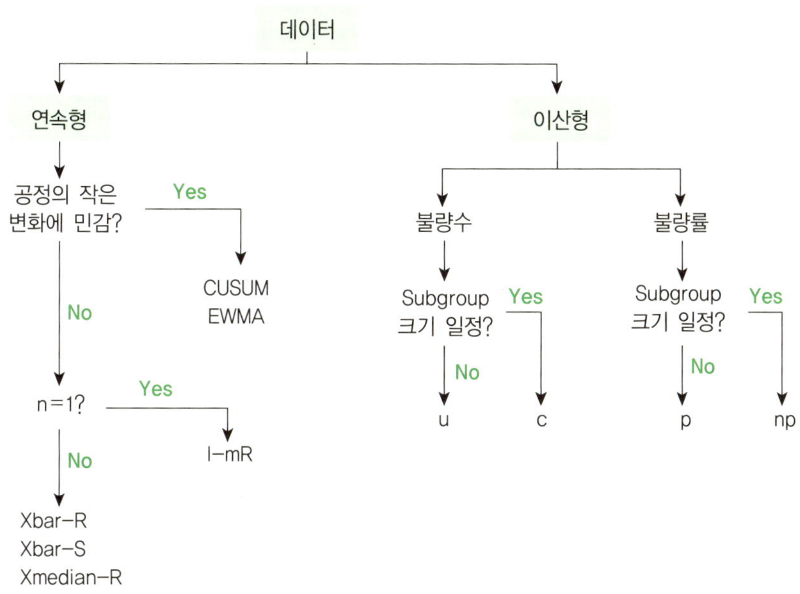

4) 관리도의 해석

관리도의 작성된 모습을 분석하여 원인을 추정하여 빠른 대책을 수립한다. 관리도를 통해서 이탈, 추세, 치우침, 집중 등의 현상을 눈으로 확인할 수 있다. IT 부서와 협업하여 관리도를 내부 관리 시스템에 내재화하여 현장에서 눈으로 보는 것이 아니라, 현상이 발생되거나 예측이 되었을 때 알람(Alarm) 또는 현장 관리자에게 알려서 즉각적인 조치가 될 수 있도록 유도할 수 있다.

▌그림 3-102 ▌관리도 해석 가이드

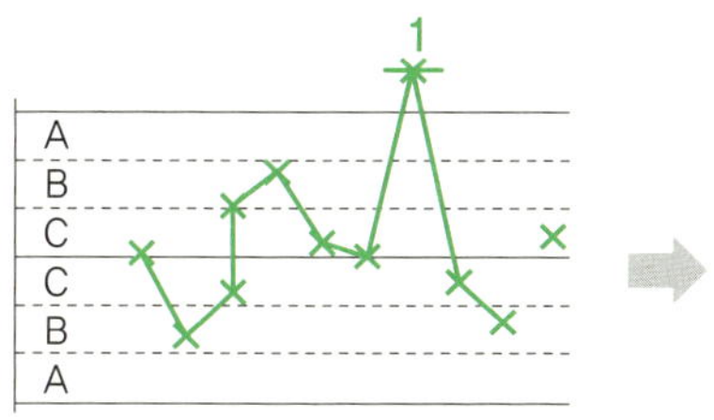

- Case 1 : 관리한계선 이탈
  - 원인 : 측정 실수, 충격, 손상 등 …

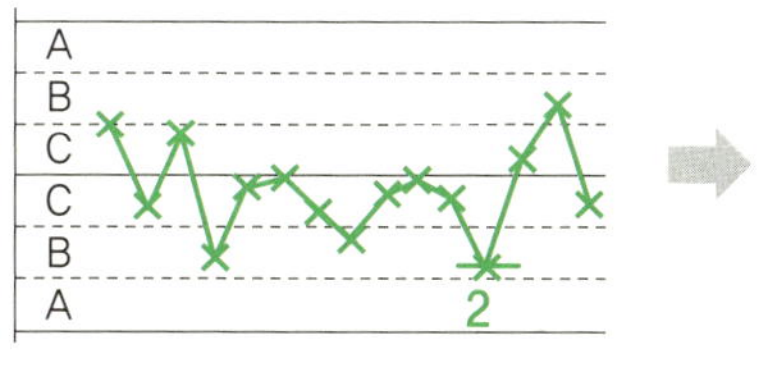

- Case 2 : 치우침 발생(상/하에 9개 연속)
  - 원인 : 변화 발생 – 설비 보전 상태
    원자재 / 작업 방법 변화
    작업자 부주의 및 교대

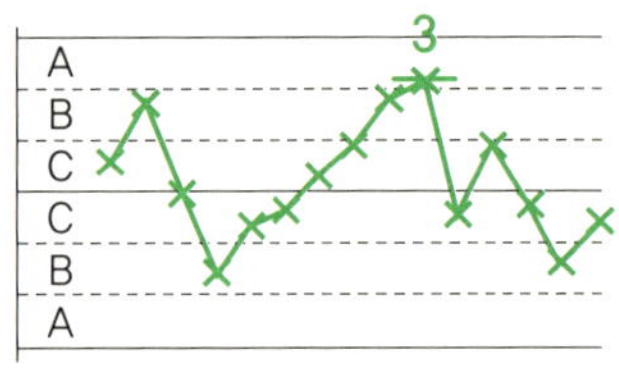

- Case 3 : 추세(Trend) 발생(6개 기준)
  - 원인 : 좋은 변화 – 원자재 품질향상
    설비 보전향상
    – 기계, 공구, 장비 마모 또는 헐거워짐
    작업자 피로도 증가
    Utility 변화(냉각수, 에어 등)

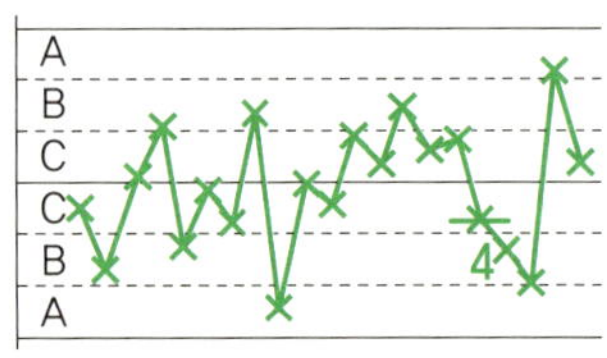

- Case 4 : 주기 발생(14점 기준)
  - 원인 : 오전/오후 작업 환경 변화
    특정 부품의 열화 또는 교체

A지역에 2점=0.02×0.02

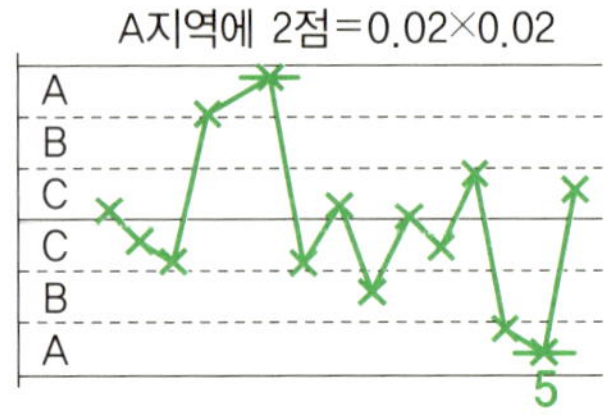

- Case 5 : 관리한계선 내 치우침 발생 – 1
  - 원인 : 원재료/부재료 교체
    설비조건 변화 – 작업자의 임의적 변화
    설비기능 이상
    작업자 교체

A, B지역에 4점=0.15^4

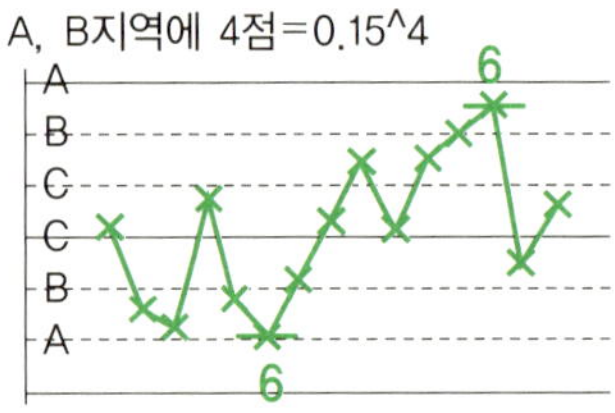

- Case 6 : 관리한계선 내 치우침 발생 – 2

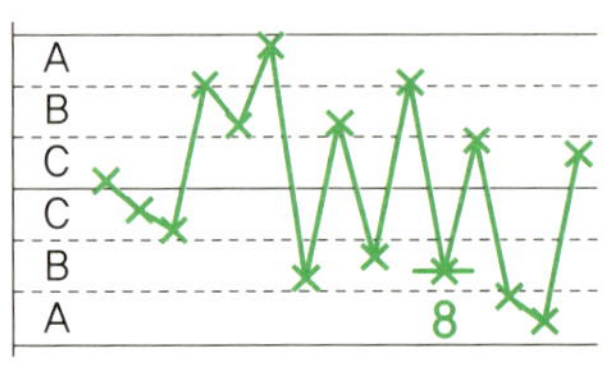

- Case 7 : 관리한계선 내 추세 발생

C지역에 15점=0.68^15

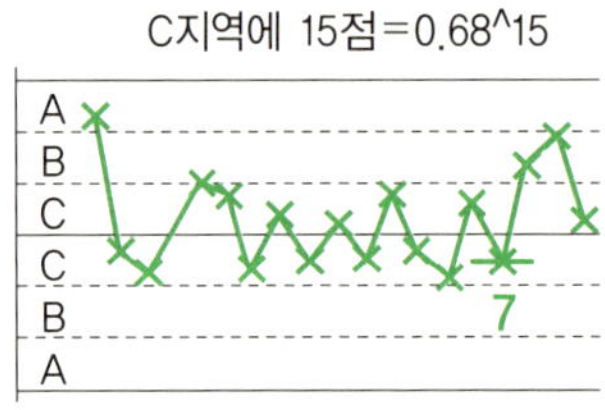

- Case 8 : 중심 집중 현상 발생(15점 가운데 집중)
  - 원인 : 원재료/부재료 교체
    혹시나 측정자의 데이터 인위적 조정
    계측기 교체 가능성
    만약에 품질향상이 일어났다면?

7.5 R을 활용한 관리도 작성

7.5.1 연속형 관리도

데이터가 연속형인 경우 군간 변동과 군내 변동의 정보를 분석하여 활용하기 위하여 사용한다.

1) Xbar-R 관리도

연속형 관리도 중에서 가장 많이 활용하고 있다. Xbar는 부분군 간의 평균값의 변화를 나타내며, 이는 군간 변동의 크기에 대한 정보를 제공한다. R관리도는 부분군 내의 변화를 나타내며, 이는 군내 변동의 크기에 대한 정보를 활용한다.

■ 소스창 입력 및 실행

```
# xbar - R 관리도 그리기

library(qcc)                                         # 라이브러리

dt <- read.csv('2_data/C_con1.csv', header = T)     # 데이터
head(dt)

q1 <- qcc(dt, type = 'xbar', nsigmas = 3)            # xbar 관리도
q2 <- qcc(dt, type = 'R', nsigmas = 3)               # R 관리도

summary(q1)
summary(q2)
```

■ 결과 확인

```
        V1       V2       V3       V4       V5
1 1.448786 1.555614 1.400382 1.451316 1.328760
2 1.748518 1.525284 1.552703 1.417736 1.420078
3 1.600783 1.409819 1.350917 1.521953 1.358915
4 1.529281 1.582439 1.544136 1.712162 1.553276
5 1.479104 1.343972 1.642736 1.589858 1.460230
6 1.685809 1.553799 1.493372 1.609255 1.471565
```

전체 25개 Subgroup과 5개의 Subgroup Size로 구성되었다.

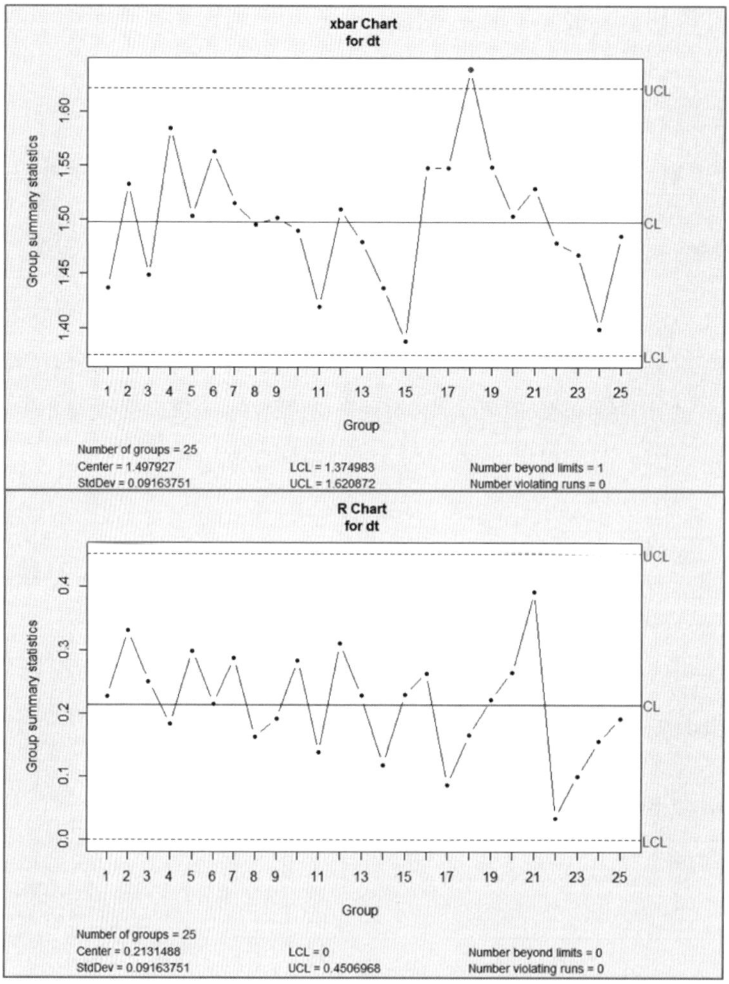

R 관리도를 보면 우연원인은 잘 관리되고 있지만, Xbar 관리도를 보면 추세와 이탈이 보이고 있어서 이에 대한 개선이 필요하다.

Summary 결과는 수집한 데이터에 대한 요약과 Xbar-R 관리도의 UCL, LCL 값을 확인할 수 있다.

Xbar 관리도에서 특정 시점 이전과 이후를 비교하고 싶을 때는 아래의 방법을 활용하여 관리도를 작성한다(사례 데이터는 R에서 제공하는 Pistonrings를 사용함).

■ 소스창 입력 및 실행

```
data("pistonrings")
dm <- with(pistonrings, qcc.groups(diameter,sample))
head(dm)

xb <- qcc(dm[1:25,], type ='xbar', newdata = dm[26:40,])
```

■ 결과 확인

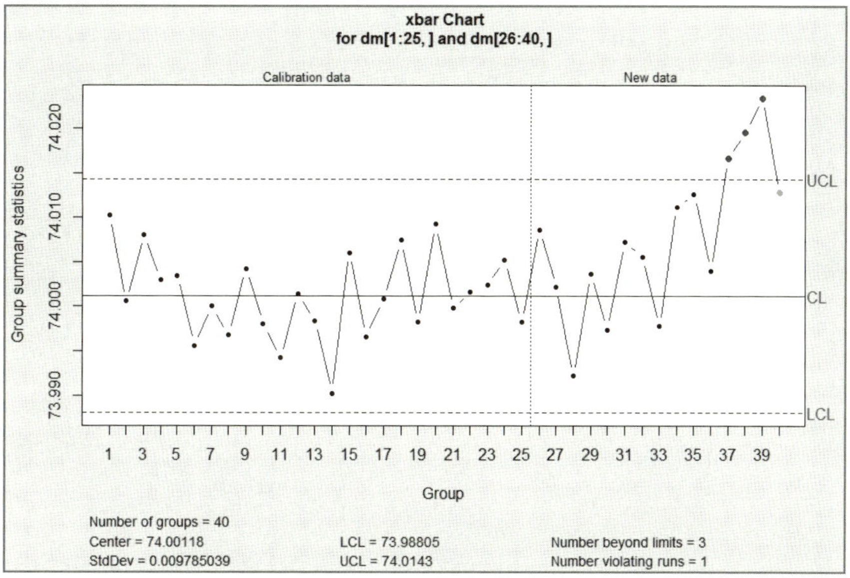

25번 부분군까지와 26번 이후 부분군은 데이터 수집 시점이 상이하다. 25번 이전까지는 안정적으로 관리되었으나, 26번 부분군 이후 상승하는 경향을 보이고 있다.

2) 개별값(Individual) 관리도

Subgroup Size가 1일 경우에 사용하는 관리도이다. 즉, 하나하나의 데이터를 하나의 점으로 나타낸다. 1개 로트/배치(Batch) 또는 단위 기간(시간, 하루 등) 동안 데이터를 한 개만 수집하거나, 데이터 수집에 비용이 많이 들어서 현실적으로 데이터 1개만 수집할 수 있을 때 사용한다(예 : 배치의 농도, 일일 에너지 사용량 등).

■ 소스창 입력 및 실행

```
# 개별값 관리도 그리기

dt2 <- c(2.23, 2.53, 2.63, 2.49, 2.54, 2.95, 2.60, 2.39,
        2.56, 2.58, 2.44, 2.70, 3.00, 2.89, 2.98, 2.17)
q3 <- qcc(dt2, type = 'xbar.one', nsigmas = 3)
summary(q3)
```

■ 결과 확인

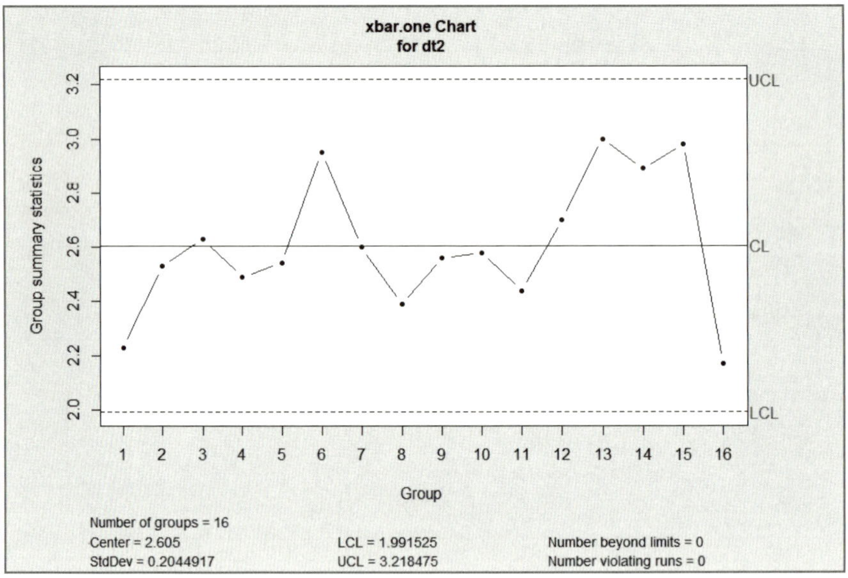

관리한계선 내에서 안정적으로 관리가 되고 있다.

7.5.2 이산형 관리도

관리하는 항목의 데이터 유형이 이산형(양품 · 불량)인 경우 사용한다. 불량의 수, 불량 비율 등을 계산하여 관리도를 작성한다.

1) p 관리도

불량품의 비율을 관리하고자 할 때 사용한다. 일반적으로 공정의 생산 단위가 일정하지 않을 때 사용하지만, 샘플 크기(Size)를 동일하게 하여 데이터를 수집하는 것이 바람직하다.

■ 소스창 입력 및 실행

```
# p 관리도 그리기

data("orangejuice")

with(orangejuice,
     qcc(D, sizes = size, type = 'p'))
```

■ 결과 확인

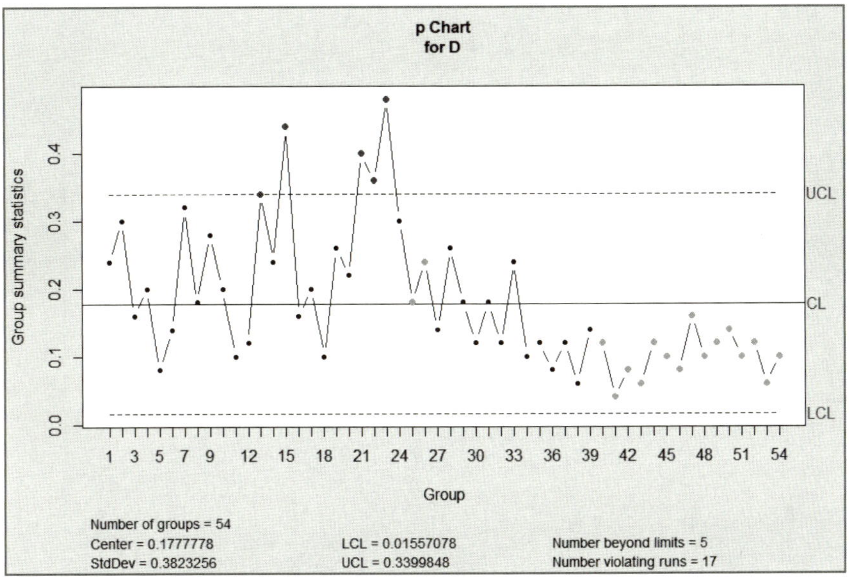

초기에 높았던 불량률은 시간이 가면서 점차 안정적으로 변하고 있다.

2) np 관리도

불량률(p)이 아니라 불량수(np)를 관리하고자 할 때 사용한다. 샘플 크기당 불량수를 관리하는 것이기 때문에 샘플 크기는 동일해야 하는 것이 p 관리도와 차이나는 점이다. 따라서 공정에서 생산하는 양이 일정한지 여부에 따라 관리도 종류를 선택한다.

■ 소스창 입력 및 실행

```
# np 관리도 그리기

data("orangejuice2")

with(orangejuice2,
    qcc(D, sizes = size, type = 'np'))
```

■ 결과 확인

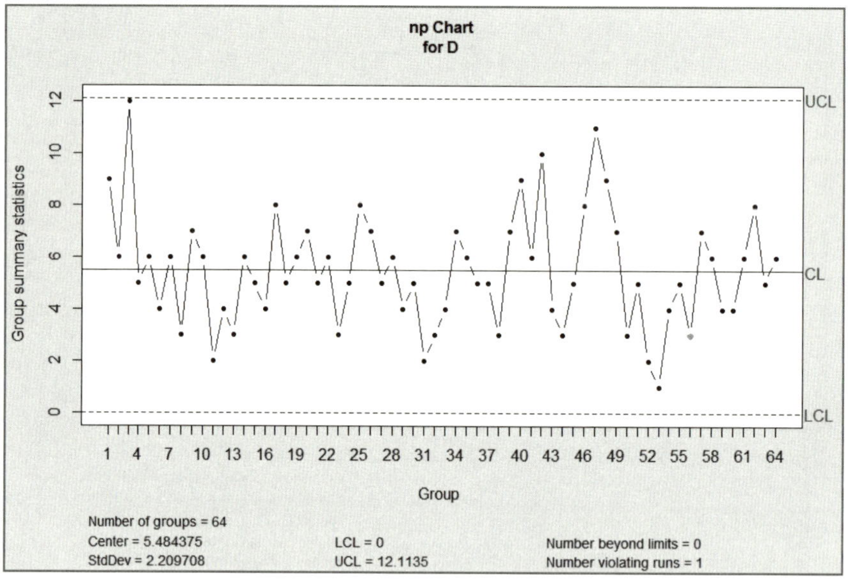

중간에 추세가 보이고 있지만, 전체적으로는 안정적으로 관리되고 있다.

p, np 관리도에서 특정 시점 전후를 비교할 경우는 다음과 같이 활용한다.

■ 소스창 입력 및 실행

```
data("orangejuice")

q1 = with(orangejuice,
        qcc(D[trial], sizes=size[trial], type="p",
            newdata=D[!trial], newsizes=size[!trial])
```

■ 결과 확인

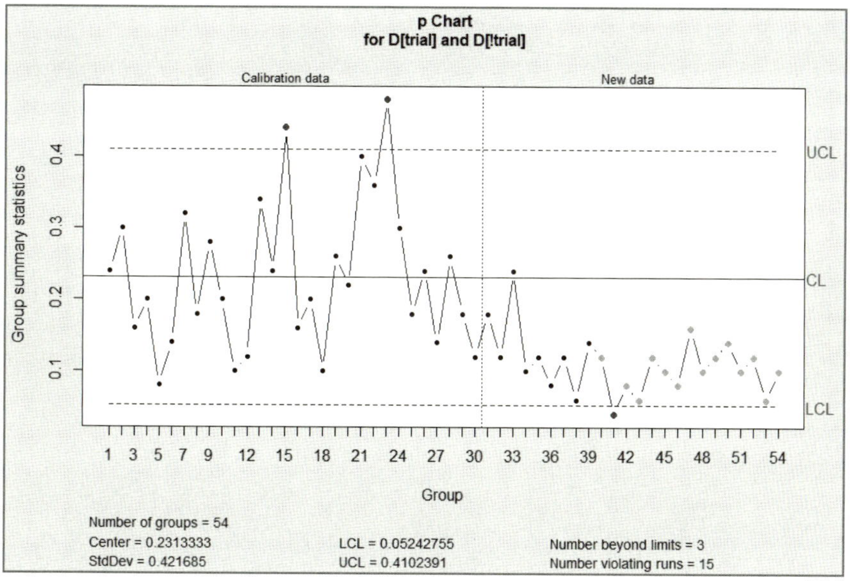

3) c 관리도

일정 단위의 제품에 나타나는 결점수를 관리할 때 사용한다(예 : 일정 길이의 전선에서 발견되는 결점수, 하나의 LCD 패널에 있는 결점수 등).

■ 소스창 입력 및 실행

```
# c 관리도 그리기

data("circuit")
with(circuit,
   qcc(x, sizes = size, type = 'c'))
```

■ 결과 확인

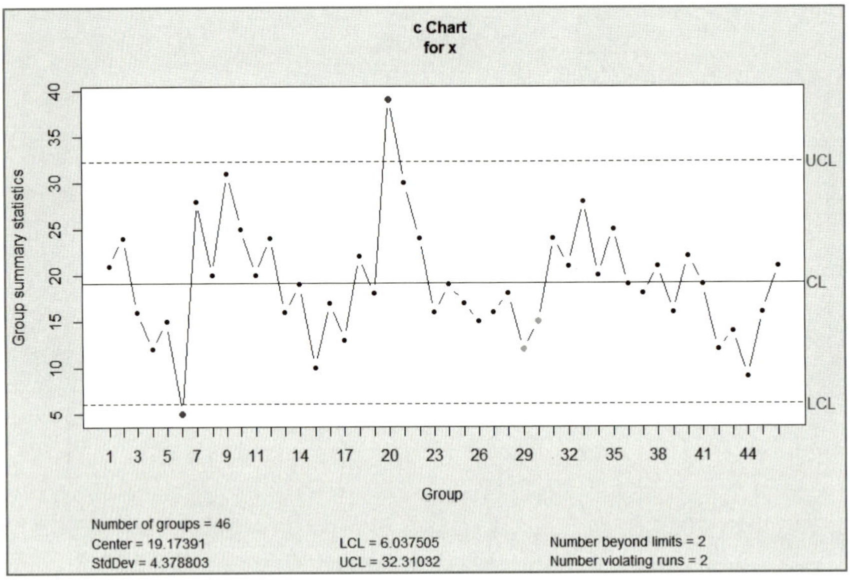

4) u 관리도

c 관리도와 동일하게 결점수를 관리할 때 사용하지만, 샘플 크기가 동일하지 않은 경우에 사용한다.

■ 소스창 입력 및 실행

```
# u 관리도 그리기

data("pcmanufact")
with(pcmanufact,
    qcc(x, sizes = size, type = 'u'))
```

■ 결과 확인

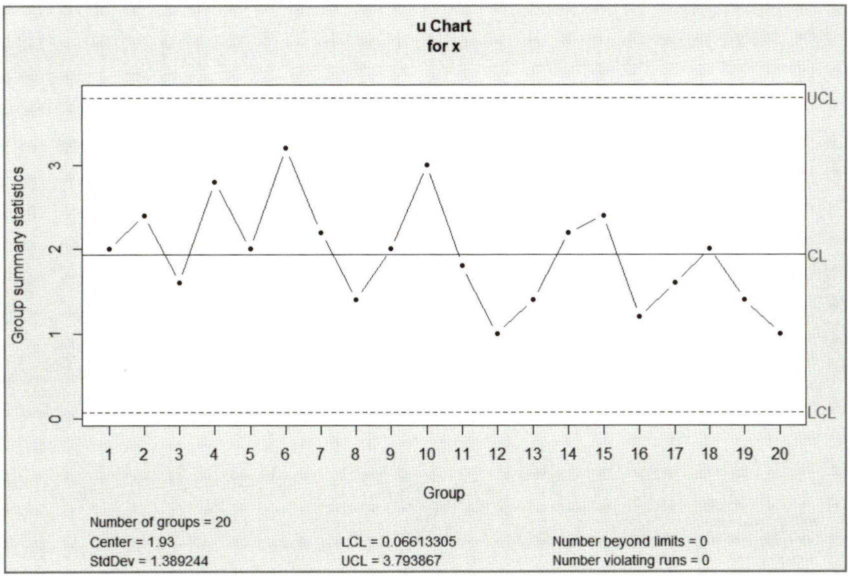

7.5.3 특수 관리도

1) 이동평균(Moving Range) 관리도

개별 데이터의 경우 군내 변동을 확인할 수가 없다. 이런 경우 각 데이터 간에 이동이 얼마나 있었는지를 확인하기 위해 사용한다.

■ 소스창 입력 및 실행

```
# Moving Range 관리도 그리기

dt2_r <- matrix(cbind(dt2[1:length(dt2)-1], dt2[2:length(dt2)]), ncol=2)
dt2_mr <- qcc(dt2_r, type="R", plot = TRUE)
summary(dt2_mr)
```

■ 결과 확인

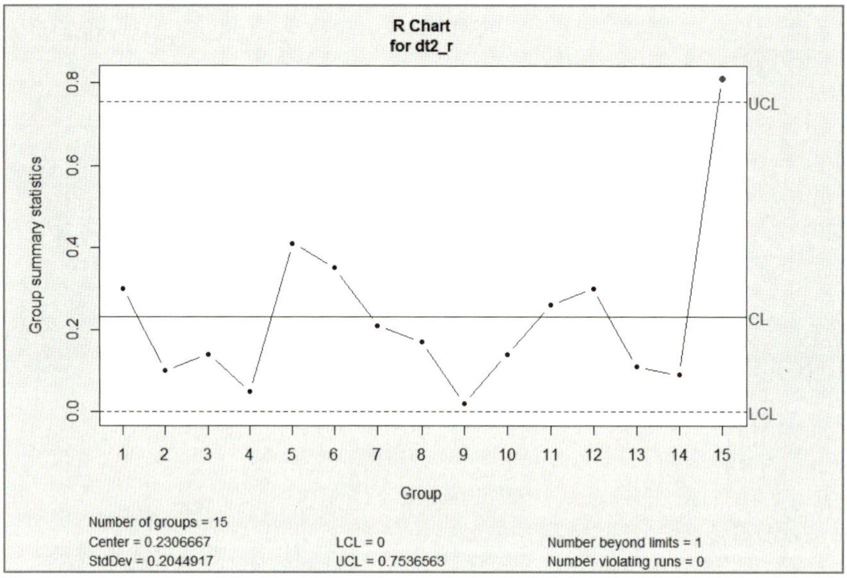

5번째 데이터와 6번째 데이터의 이동이 심하게 발생하였다.

2) 누적합(CUSUM : Cumulative Sum) 관리도

목표값에 대한 편차의 누적합을 사용하기 때문에 평균이 조금만 변해도 누적 편차값은 민감하게 변한다. 따라서, 세밀한 관리가 필요한 공정(예 : 화학, 반도체 등) 등에서 활용한다.

■ 소스창 입력 및 실행

```
data(pistonrings)
dm1 = with(pistonrings, qcc.groups(diameter, sample))
cusum(dm1, decision.interval = 4, se.shift = 1)
```

■ 결과 확인

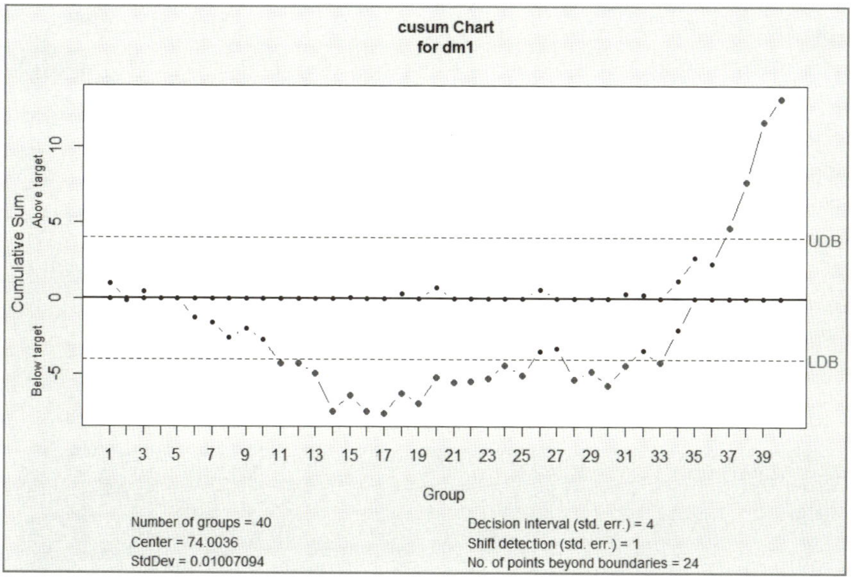

7.6 제조 빅데이터를 활용한 관리 방안

CTQ 및 치명인자를 실시간으로 데이터를 수집하여 표준 및 기준과 바로 비교하여 관리 상태 여부를 확인할 수 있다. 특히, 제조의 시간이 상대적으로 오래 걸치는 공정의 경우 시간대별 온도와 압력이 상이하다. 또한 제품의 종류에 따라 시간대에 따라서 온도, 압력 등을 변화하면서 제품을 생산한다. 이럴 경우 일반적인 관리도를 활용해서 제조현장의 항상성을 확인하는 것은 한계가 있을 수 있다. 아래의 그림과 같이 제조 빅데이터를 연결하여 온도 프로파일 준수 여부를 실시간으로 확인할 수 있다.

▌그림 3-103 ▌실시간 온도 프로파일에 대한 관리

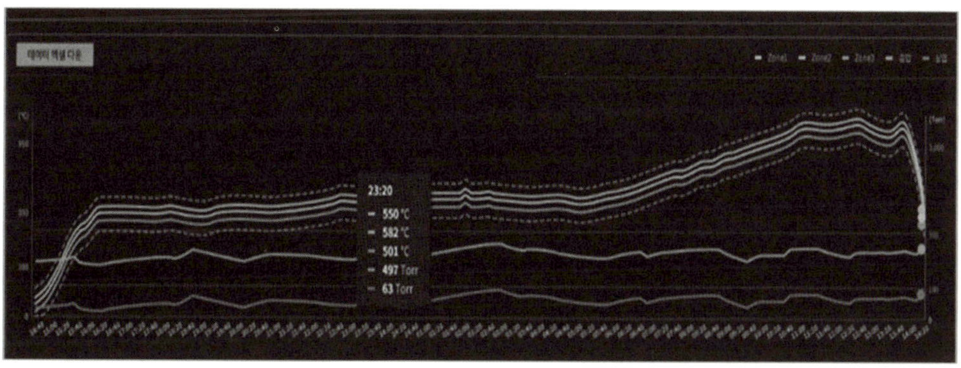

또한 접근하기 어려운 설비의 경우 또한 IoT와 네트워크 기술을 적용하여 관리를 용이하게 할 수 있다. 아래의 그림은 미국 텍사스 유전에 있는 석유 시추 설비를 관리하고 있는 모습이다. 유전 특성상 넓은 장소에 시추 설비가 분포하고 있어서 이에 대한 정상 작동 유무를 확인하고 관리하는 것이 용이하지 않다. 담당자가 차를 타고 각 시추 설비를 점검하는데 시간이 많이 필요하고, 하나의 설비를 점검하고 다른 설비를 점검하기 위해서 이동할 때에 이미 점검한 설비에 대한 고장 발생 가능성은 여전히 존재한다. 이러한 설비에 치명인자 및 CTQ에 대한 데이터를 실시간으로 수집하여 손쉽게 관리할 수 있다.

그림 3-104 석유 시출 설비 작동 여부에 대한 관리

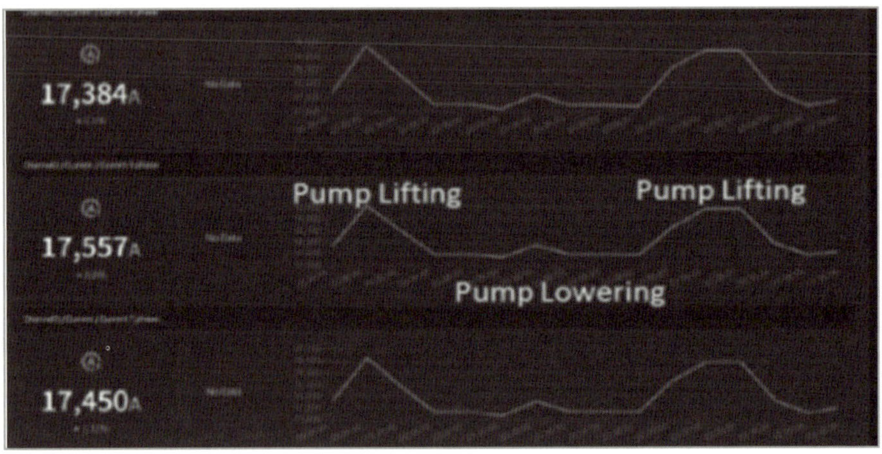

또한 빅데이터를 VR 및 AR 기술을 접목하여 시각화 관리 수준을 높일 수도 있다. VR(Virtual Reality, 가상현실)은 우리 눈앞에 현실세계를 차단하고 가상의 세계를 보여주는 기술을 말한다. 주로 HMD(Head Mounted Display)를 눈에 착용함으로써 현실이 아닌 새로운 가상의 세계를 체험할 수 있다. VR은 게임, 스포츠, 의료치료 등에서 많이 활용하고 있다.

VR의 한 분야인 AR(Argumented Reality, 증강현실)은 '현실세계에 데이터라는 옷을 입혔다'라고 할 수 있다. 생산현장에 실제 존재하는 설비, 환경 등에 빅데이터를 연결함으로써 설비의 현재 상태, 환경의 변화, 주요 조건의 변화 등을 눈으로 손쉽게 확인할 수 있다. 이를 통해서 현장은 이전보다 용이하게 관리 활동을 전개할 수 있다.

▌그림 3-105▐ 제조 빅데이터와 AR의 접목

출처 : 셔터스톡

▌표 3-20▐ 관리(Control) 단계 체크리스트

Control 단계 체크리스트

결재	Process Owner	Champion

과제명				A : 매우 잘함 B : 잘함 C : 보통 D : 미흡 E : 매우 미흡 N/A : 적용 안함 (Not Applicable)
소속		챔피언		
과제 리더		프로세스 오너		
과제 팀원		MBB		
단계 수행기간		적용 방법론	DMAIC	

항목	구분	A	B	C	D	E	N/A
1	기대 수준은 과제 목표를 달성했는가? 데이터를 가지고 증명할 수 있는가?						
2	습득한 내용 중에서 회사 내의 다른 부문에 전파할 만한 가치가 있는가?						
3	Best Practice를 확대시키는 실행계획은 무엇인가?						
4	개선 성과가 지속되도록 하기 위한 프로세스 관리계획은 충실히 수립되었는가?						
5	개선 방안은 문서화되고 사내의 공식적인 표준문서에 반영되었는가?						
6	과제의 재무적 성과는 산정기준에 맞게 평가되었는가?						

평가자 의견	

8. 린 식스시스마

8.1 린 경영의 이점과 단점

제조시스템은 수공업 생산이 대량 생산과 린 생산으로 전환되었으며, 이러한 변화를 주도하는 주요 변수로는 제품의 복잡성과 시장의 역동성 등이 있다. 대량 생산은 규모의 경제를 충족시킨다. 즉, 대량 생산의 결과로 원가가 감소한다. 현대의 고객은 최적의 비용과 필요한 시기에 제품을 사용할 수 있기를 기대한다. 고객을 유치하고 시장에서 경쟁력을 유지하기 위해 조직은 비용을 절감하고 생산성을 향상시킬 수 있는 방법을 지속적으로 모색해야 한다. 회사의 실적을 개선하기 위한 가장 좋은 방법 중 하나는 린 생산시스템을 구현하는 것이다.

8.1.1 린 경영의 이점

린 경영 구현으로 얻을 수 있는 이점은 다음과 같다.

- 회사원 전체 참여 : 린 경영은 조직 전체의 참여와 팀워크를 촉진하는 경영 철학으로 팀 문화를 통해 린 이점을 달성할 수 있다.
- 문제 제거 : 린 경영은 문제를 체계적으로 분석하고 조사하여 문제를 극복할 근본 원인을 파악한다. 또한, 중요한 몇 가지 원인에 대한 조치를 실시한다.
- 공간 개선 : 린 생산은 공간을 효과적으로 활용하기 위해 재고 및 기타 형태의 낭비를 줄인다. 낭비 감축 계획은 공간 창출을 촉진한다.
- 안전한 작업 환경 : 린 경영은 시각적 관리와 5S를 통합하여 조직적이고 안전한 작업 공간을 보장한다. 현장 조직은 프로세스 및 기타 관련 혜택을 간소화한다.
- 직원 사기 향상 : 팀의 일원으로서 직원의 참여와 권한을 부여함으로써 직원들의 사기를 높일 수 있다. 린 개선 제안에 대한 직원들의 보상 제도는 직원들에게 동기부여를 한다.
- 리드타임 단축 : 린은 비즈니스 프로세스의 신속한 실행을 촉진하고 지연을 줄여 적시에 비즈니스 프로세스를 시작할 수 있도록 지원한다. 시중의 상품 프로세스 주기 시간과 변경 사항을 최소화하여 리드타임을 줄인다.
- 향상된 고객서비스 : 린은 고객이 정확히 원하는 것을 고객이 원하는 시간에 제공함으로써 고객서비스를 향상시킨다. 린은 조직이 최소한의 재고로 운영할 수 있도

록 수요에 맞춰 생산한다.

- 응답성 향상 : 린 관점에서 비즈니스 프로세스가 더 빨라지고 각 프로세스는 조직적으로 공급망과 연결된다. 그 결과 기업의 재정적 이익 창출에 기여한다.
- 향상된 사무실 성능 : 린은 주문 처리 오류 감소, 고객서비스 기능 간소화, 서류작업 감소 등의 성과 창출을 통하여 사무 환경을 개선한다. 또한 사무업무 자동화는 린 경영으로 다져진 프로세스 기반 위에 구현함으로써 환경 개선이 촉진될 것이다.
- 생산성 및 수익성 향상 : 린 경영은 생산비용 절감을 통해 순익을 개선하고, 생산성과 성능을 보장한다.

8.1.2 린 경영의 단점

린 경영을 통하여 회사 이익 등 기여되는 많은 이점이 있을 수 있으나 린 경영에 따른 단점은 다음과 같다. 다음은 린 생산시스템의 몇 가지 단점이다.

- 표준 방법론 부족 : 린 구축을 위해 조직에서 린 실무자가 따라야 할 표준 방법론이 없다.
- 규정에 집착할 경우 린은 창의성이나 실험을 방해하는데, 이것은 조직이 변화에 더 잘 반응하는 것을 방해할 뿐만 아니라 빠르게 변화하는 외부 환경에 대응하는 기회를 깨닫는 것을 어렵게 만든다.
- 공정 안정성 달성에 좋지 않음 : 린은 조직이 중요한 공정에 대한 산포개선 등 안정성 개선에 대한 방법론 제시가 없다. 따라서 공정능력에도 도움이 되지 않는다.
- 고부가가치 소량 설정에는 적합하지 않음 : 가치가 높지만 부피가 적은 제품을 생산하는 경우 재고를 낭비로 보는 린이 최선의 방법은 아닐 수 있다.

8.2 식스시그마 장점과 문제점

8.2.1 식스시그마의 장점

식스시그마는 조직이 프로세스를 개선하여 고객이 원하는 것을 한 번에 제대로 제공할 수 있도록 지원한다. 식스시그마를 올바르게 구현한 조직은 경쟁우위에 기여하고 조직의 문화를 반응적인 문제해결에서 사전 예방적인 문제 예방으로 바꾸는 데 기여하는 상당한 이점을 달성한다. 다음은 식스시그마의 잠재적 이점 중 일부이다.

- 매출 증대 : 식스시그마는 더 적은 자원으로 더 많은 제품을 생산하거나 더 많은 서비스를 제공할 수 있도록 지원하여 수익을 증대한다.
- 운영비용 절감 : 식스시그마는 낭비, 재작업, 수리, 교체, 보증, 다운타임 등과 관련된 비용을 절감한다.
- 직원들의 사기 향상 : 식스시그마는 직원들의 사기를 개선 과정에 참여시킴으로써 향상시킬 수 있다. 직원들에 대한 수인의식과 책임감을 키워준다.
- 문제해결 능력 향상 : 문제해결 방법론(DMAIC)으로서의 식스시그마는 비즈니스 프로세스의 문제를 순차적이고 체계적인 방식으로 해결하기 위한 도구와 기술을 활용한다. 식스시그마 방법론의 각 도구와 기술은 식스시그마 프로젝트의 성공과 실패의 차이이며, 언제, 어디서, 왜, 어떻게 이러한 도구나 기술을 적용해야 하는지에 대한 역할이 있다.
- 커뮤니케이션 개선 : 식스시그마는 팀워크를 요구하기 때문에 팀 구성원 간의 커뮤니케이션을 개선할 수 있으며, 팀 구성원부터 고위 경영진까지의 커뮤니케이션을 통해 다양한 개입과 정기적인 프로젝트 관리 검토 회의를 통해 상당히 개선될 것이다.
- 품질 및 신뢰성 향상 : 식스시그마 방법론을 사용하여 불량률을 줄이고 공정에서 불량 발생을 방지할 수 있다. 이는 제품 품질과 신뢰성의 향상으로 이어진다.
- 비즈니스 프로세스 개선 전략 : 식스시그마는 조직의 순익에 대한 측정 가능하고 수량화할 수 있는 재무 수익을 달성하는 데 분명히 초점을 맞춘다.
- 수준별 인프라 구축 : 식스시그마는 접근방식을 주도, 구축 및 구현하기 위해 수준별로 챔피언, 마스터 블랙 벨트, 블랙 벨트 및 그린 벨트로 구성된 인프라를 구축한다.
- 객관적 데이터 의사결정 : 식스시그마는 가설과 예감보다는 사실과 데이터에 기반한 데이터 및 의사결정의 중요성을 강조한다.

8.2.2 식스시그마의 문제점

다음은 식스시그마의 몇 가지 단점이다.

- 데이터 부재시 적용의 어려움 : 특히 시작할 수 있는 데이터가 없는 프로세스(때로는 이 작업이 프로젝트 시간의 가장 큰 부분을 차지할 수 있음)에서 양질의 데이터를 확보해야 하는 어려움이 존재한다.

- 정규성 가정 문제 : 결점 비율 또는 오차율의 계산은 정규성의 가정에 기초한다. 비정규 상황에 대한 결점 비율 계산은 현재 식스시그마 문헌에서 아직 제대로 다루어지지 않다.
- 통계적 정의 문제 : 식스시그마의 통계적 정의는 기회 백만 건당 결점 또는 고장 3.4건이다. 공정의 시그마 품질 수준을 계산할 때 모든 결점이 동등하다고 가정하는 것은 논리적이지 않다. 예를 들어, 병원의 결함은 잘못된 입원 절차, 직원의 교육 부족, 직원의 잘못된 행동, 환자가 특정 질문을 받았을 때 환자를 돕기를 꺼리는 등의 다양한 수준의 문제가 될 수 있다.
- 벨트 제도의 표준화 : 식스시그마 블랙 벨트 및 그린 벨트 인증과정에 있어 비표준화된 절차도 제한사항이다. 이것은 모든 블랙 벨트나 그린 벨트가 동등하게 기능하는 것은 아니라는 것을 의미한다. 연구에 따르면 블랙 벨트에 의해 개발된 기술과 전문지식은 기업 전체에 걸쳐 일관성이 없고 인증 기관에 크게 의존하고 있다.
- 투자 비용 : 식스시그마를 기업문화에 제도화하는 데 드는 창업비용은 상당한 투자가 될 수 있다. 이 특정 기능은 많은 중소기업이 식스시그마 비즈니스 프로세스 개선 전략의 도입, 개발 및 구현을 단념시킬 수 있다.
- 실적 위주의 평가 : 식스시그마는 순익 절감 대신 훈련된 블랙 벨트와 그린 벨트 수, 완료된 프로젝트수 등과 같은 것에 초점을 맞추면 쉽게 관료적 실천으로 빠져들 수 있다.

8.3 린 식스시그마의 정의 및 역사

8.3.1 린 식스시그마의 정의

린 식스시그마를 '식스시그마와 린 사고'라는 두 가지 강력한 프로세스 개선 방법론을 활용하여 글로벌 도전과 국제적 제약을 극복하도록 설계된 하이브리드 방법론으로 또는 린 식스시그마는 고객만족도, 비용, 품질, 프로세스 속도 및 투자 자본에서 가장 빠른 개선율을 달성함으로써 주주가치를 극대화하는 방법론으로 정의한다.

린 전략과 함께 전략적인 식스시그마 원칙을 사용하면 많은 이점이 있다. [표 3-20]에서 제시한 바와 같이 린 방법론은 신속한 프로세스 개선을 이끌 수 있지만, 기업이 이러한 개선 요소를 전사적으로 활용하기는 어려운 경우가 있다. 식스시그마 원칙과 관행을 전략적으로 사용하면 한 영역에서 발생한 프로세스 개선 사항을 다른 곳에서 최대한 활용함으로써 제품 품질, 프로세스 성능 또는 조직적 성능에서 놀라운 증가를 가져올 수 있다. 따라서, 일부 기업은 두 가지 방법론을 통합하여 이 두 가지 CI(지속적 개선) 방법론이 단독으로 구현되었을 때 그 약점을 극복하고 CI 및 프로세스 최적화에 대한 보다 강력한 전략을 제시할 수 있다. 궁극적으로 린 식스시그마가 추구하는 방향은 [그림 3-106]과 같이 표현할 수 있다.

표 3-21 린, 식스시그마, 린 식스시그마 비교

구분	린	식스시그마	린 식스시그마
개념	속도와 흐름	문화와 품질	질과 흐름
개선 중점	리드타임, 사이클타임, WIP, 셋업시간	산포 개선, 평균치 이동	산포와 스피드
목표	주문형	도달성과 혁신	주문형과 혁신
초점	고객가치	완벽성	고객가치의 완벽
핵심 용어	낭비	COPQ	PCE(Process Cycle Efficiency)
조직	자치	교육	교육된 자치
문제	제거	예방	제거
훈련	자연발생적	필요한 만큼	자연발생적 및 필요시

그림 3-106 린 식스시그마의 체계도

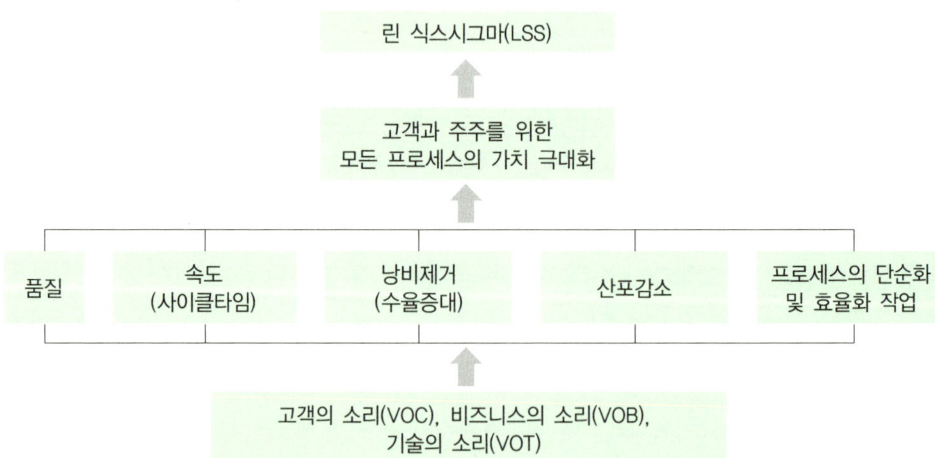

출처 : 박성현(2005), "린 식스시그마 추진방법"

린 식스시그마의 정의와 필요성을 바탕으로 린 식스시그마의 특징을 다음 7가지로 표현할 수 있다.

- 프로젝트 정의, 특히 고객이 필요로 하는 것을 이해하는 데 중점을 둠
- 측정시스템 검증의 철저성
- 근본 원인 파악을 위한 자료 및 통계 도구의 활용
- 솔루션 개발의 창의성
- 개선사항 유지를 위한 통제장치 구축 강조
- 프로세스 개선을 위한 끊임없는 노력
- 경영진의 강력한 지원

8.3.2 린 식스시그마의 역사

제조업에서 통계의 사용은 1920년대에 쉬와트(W.A. Shewhart) 박사에 의해 벨 연구소에서 시작되었고 해롤드 닷지(Harrold Dodge), 그리고 해리 로미그(Harry Romig) 박사로 연결되었다. 군대에서 제2차 세계대전 중 1940년대에 통계를 채택했다. 데밍(W.E. Deming), 주란(J.H. Juran), 파이겐바움(A.V. Feigenbaum)은 TQM(Total Quality Management) 시스템을 개발하여 품질공학 분야에 상당한 기여를 하였다.

데밍 박사는 처음에 일본인들에게 품질관리를 가르쳤고, 그들은 TQM을 받아들인 첫 번째 사람들이었다. 1950년대에, 다구찌(Genechi Taguchi) 박사는 제품 품질을 향상시키기 위해 '실험설계' 개념을 대중화했다. 일본 제조업계는 TQM과 같은 통계학적 방법의 광범위한 사용으로 인해 품질에서 상당한 향상을 이루었다. 일본인들은 품질관리에서 매우 성공적이어서 미국 고객들은 미국 제품보다는 일본산을 선호했다. 그 결과 일본 제조업자들은 미국에서, 특히 자동차와 가전제품 시장에서 큰 시장점유율을 누렸다. 고객의 요구에 부응하기 위해 도요타는 품질, 수량, 가격 면에서 적합한 제품을 제공하기 위해 TPS(Toyota Production System)를 만들었다.

이로써 린 생산이 시작되었다. 린의 핵심 개념은 프로세스에서 부가가치가 없는 단계를 식별하고 제거하는 것이다. 이러한 단계를 통해 리소스를 낭비하고 결함의 가능성을 추가함으로써 프로세스를 가속화하고 비용을 절감할 수 있었다.

1980년, NBC는 다큐멘터리 "일본이 할 수 있다면…"을 방영했다. 미국 산업계에서 품질 문제에 대한 인식을 높인 우리는 왜 그럴 수 없을까? 1980년대에 미국 기업들은 일본 기업들을 따라잡기 위해 엄청난 발전을 이루었다. 식스시그마는 부분적으로 이

러한 노력에 의해 개발되었다.

1986년, 식스시그마는 모토로라에 의해 처음 소개되었는데, 윌리엄 스미스(William Smith)와 마이클 해리(Mikel Harry)가 품질 개선 과정을 만들었다. 1989년에 모토로라는 식스시그마 연구소를 설립했고 곧이어 얼라이드 시그널과 제너럴일렉트릭(GE)이 뒤를 이었다. 블랙앤데커, 듀폰, 다우케미칼, 페더럴익스프레스, 보잉, 존슨앤존슨, 포드자동차, 제너럴모터스, 그리고 많은 다른 회사들이 식스시그마를 그 후에 시작했다.

식스시그마의 초기 참여자 대부분은 제조 및 기술 산업 출신이었다. 그러나 방법론이 발전함에 따라 그것은 제약, 금융기관, 장난감 제조사, 의류 소매상, 군대, 그리고 많은 다른 분야로 확산되었다. 1990년대 후반까지 포춘지 선정 500대 기업 중 약 3분의 2가 비용 절감과 품질 개선을 목적으로 하는 식스시그마 방법론을 채택했다. 오늘날 많은 기업들이 직원들에게 식스시그마 교육을 받도록 요구하고 있다. 식스시그마는 국제적으로 통용되는 경영시스템, 공정개선 방법론, 기술적 문제해결 수단, 글로벌 기업으로 거듭났다고 해도 과언이 아니다.

때때로 우리는 변동을 감소시킬 뿐만 아니라 추가로 평균을 바꿀 필요가 있다. 예를 들어, 제조 또는 서비스 공정의 경우 주기 시간의 평균과 변동을 줄이는 것이 바람직할 수 있다. 마이클 조지(M. George)는 그의 저서 「린 식스시그마: Lean Sigma 품질과 Lean 생산 속도 결합」에서 린과 식스시그마의 조합을 제안한 첫 번째 사람이었다.

이 새로운 방법론인 린 식스시그마는 낭비물 제거와 린의 공정 가속, 그리고 식스시그마의 변동 감소라는 두 가지 장점을 모두 활용한다. 린 식스시그마는 린 또는 식스시그마보다 더 효과적이다. 그 결과, 지난 10년 동안 비즈니스 및 운영 우수성을 개선하기 위한 도구로 점점 더 인기를 끌고 있다.

통계량이 방법론의 주요 부분이지만, 린 식스시그마는 단순히 제품 변동을 줄이기 위한 통계적 도구 이상의 역할을 한다. 또한 비즈니스를 더욱 성공적으로 만들 수 있는 프로세스이기도 하다.

기업과 조직은 제품의 품질을 높이고, 공정의 낭비를 제거하고, 제품의 경쟁력을 유지하고, 재무 수익을 개선하기 위해 린 식스시그마를 채택하고 있다. 오늘날의 글로벌 시장에서 살아남기 위해서는 기업이 지속적으로 개선되어야 한다.

린 식스시그마의 대중화와 첫 통합은 마이클 조지(Michael George)에 의해 미국에서 이루어졌다. 그러나 린 식스시그마라는 용어는 식스시그마의 진화의 일환으로 2002년 문헌에 처음 도입되었다(Timans et al., 2012). 그 이후로 린 식스시그마의 인기와 위치가 산업계에서 눈에 띄게 증가했으며, 특히 모토로라, 허니웰, 제너럴일렉트릭 및 기타 많은 서구의 대기업과 일부 중소 제조업체에서 사용하였다.

그림 3-107 린 식스시그마의 역사

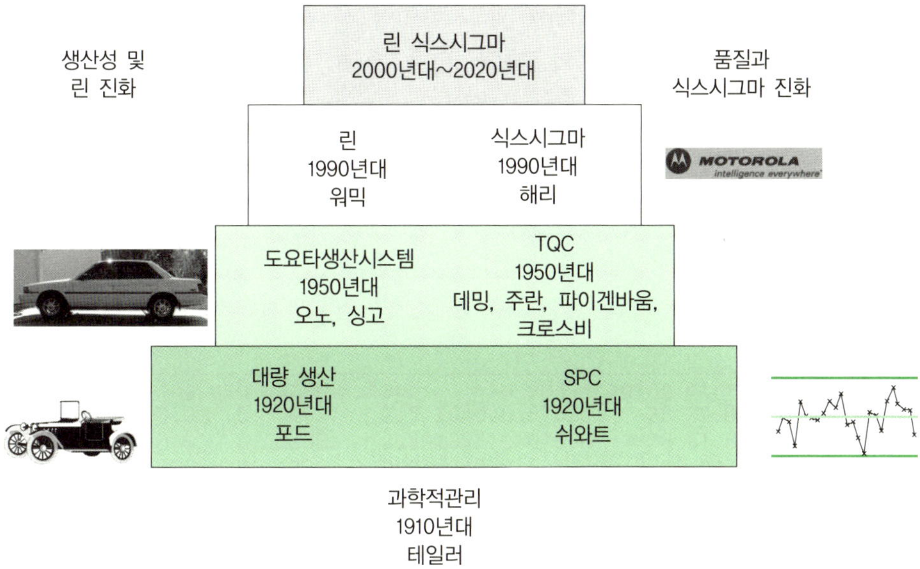

린 식스시그마는 프로세스 성능을 향상시켜 고객만족도를 높이고 순익($)을 개선하는 비즈니스 전략 및 방법론이다. 또한 린 식스시그마가 효과적인 리더십 개발 도구라는 점도 널리 인식되고 있다. 리더는 조직이 한 패러다임에서 다른 패러다임으로, 한 작업 방식에서 다른 작업 방식으로 이동할 수 있도록 한다. 이러한 변화를 만들면서 모든 종류의 작업 과정이 바뀐다. 린 식스시그마는 프로세스 변경을 위한 개념, 방법 및 도구를 제공한다. 따라서 린 식스시그마는 리더의 역할에 대한 중요성이 강조되고 변화를 주도한다는 점에서 효과적인 리더십 개발 도구이다.

Arnheiter와 Maleyeff(2005)에 따르면 경쟁이 치열한 환경에서 린 또는 식스시그마를 단독으로 구현할 경우 수익 감소가 발생할 수 있다. 그들은 린 식스시그마 조직이 다음의 린 관리의 세 가지 기본 원칙을 포함할 것이라고 주장한다.

- 모든 사업장의 부가가치 콘텐츠를 극대화하고자 하는 최우선 철학을 통합할 것
- 모든 인센티브 시스템을 지속적으로 평가하여 지역 최적화 대신 글로벌 최적화로 귀결되도록 보장할 것

• 모든 의사결정을 고객에게 미치는 상대적 영향에 기초하는 경영 의사결정 프로세스를 통합할 것

8.3.3 린 식스시그마의 장점

항공기 제조, 인쇄회로기판(PCB) 제조, 타이어 제조, 오토 모바일 액세서리 제조, 자동차 밸브 제조 및 반도체 장치 제조와 미국, 중국, 말레이시아, 뉴질랜드, 인도, 대만, 네덜란드와 같은 다양한 나라들의 케이스를 바탕으로 다양한 제조 환경에서 린 식스시그마의 실질적인 이점을 조사한 결과 다음과 같은 장점을 찾을 수 있었다. 린 식스시그마의 이점은 다음과 같은 다섯 가지 영역으로 나눌 수 있다.

• 수익성 향상 및 비용 절감
• 품질 및 고객만족도 향상
• 향상된 관리 전략, 유연성 및 민첩성
• 환경보호 강화
• 직원 기술 개발, 사기 및 직무만족도 향상

1) 수익성 및 비용 절감

린 식스시그마의 주요 이점 중 하나는 기업의 수익성 개선 및 운영비용 절감과 관련이 있다. 전체적인 방법론의 린과 식스시그마 측면은 서로 다른 각도에서 프로세스 개선을 다루고 있다. 린은 비용 절감(폐기물을 줄임으로써 운영비용을 절감)에 초점을 맞추고 식스시그마는 수익성 개선(판매 증가로 이어지는 높은 품질과 고객만족도)에 초점을 맞추고 있다. 다음은 린 식스시그마의 적절한 구현을 통해 얻을 수 있는 이익 항목이다.

• 순익비용 절감
• 공정주기 단축
• 높은 외부 품질 등급
• 고객만족도 향상
• 공간 요구량 감소
• 수익성 개선
• 고객충성도 향상
• 결함 및 폐기, 부적합 감소(내외 품질 고장 비용 절감)

• 안전한 작업 환경 및 혼란 감소

2) 품질 및 고객만족도

수익성 및 운영비용 절감, 품질 개선 및 고객만족도 향상과 밀접하게 연계된 또 다른 린 식스시그마 구현의 주요 이점이다. 예를 들어, 고객만족도가 향상되면 매출이 증가하고 품질이 향상되면 비용이 절감되고 수익성이 증가한다. 다음은 린 식스시그마를 구현함으로써 얻을 수 있는 품질 및 고객만족도 이점에 대한 간략한 목록이다

• 고객이 인식하는 제품 또는 서비스의 품질 향상(내부 및 외부 고객 모두)
• 외부 검토자 등급에 따른 품질 향상
• 결함, 폐기율 및 고객 반품 감소

린 식스시그마 철학은 조직의 모든 레벨에 스며드는 공통 데이터 중심 문제해결 방식을 제공한다. 특히, 린 식스시그마는 다음을 할 수 있다.

• 조직 전체에 공통 언어를 제공
• 기업 및 프로세스 문제해결 능력 향상
• 공급망 관리 개선 및 효율화
• 효과적인 파트너십 및 커뮤니케이션 채널 구축
• 시장 상황을 인식하고 신속하게 변화할 수 있는 민첩성 향상
• 유연성 향상
• 직원의 동기부여 개선
• 시간관리 기능 향상
• 재고수준 줄임

3) 관리 전략, 유연성 및 민첩성

수익성 및 고객만족도 향상과 같은 린 식스시그마의 실질적이고 쉽게 측정할 수 있는 이점은 많은 언론의 주목을 받지만, 전략 개선과 관련하여 매우 강력하고 장기적이며 깊은 조직 이익을 실현할 수 있다.

4) 환경보호

린 제조는 그린 엔지니어링과 밀접한 관련이 있다. 린의 초점은 모든 시스템에서 모든 형태의 낭비를 제거하는 것이다. 녹색 엔지니어링의 디딤돌 역할을 하는 린 제조의

핵심 요소는 낭비 식별 및 감소에 초점을 맞춘 세부 프로세스 분석이다. 출처와 양을 포함한 낭비를 확인하고 공정을 완전히 이해하면 전체 공정을 개선하기 위한 조치를 취할 수 있다. 린 프로세스 분석 및 설계시 환경 영향을 먼저 고려함으로써 회사를 보다 '친환경'으로 만들 수 있다. 이러한 집중을 통해 낭비 수준 감소, 설비 발자국 감소 및 폐기율 감소가 발생할 수 있다.

5) 직원 기술 개발 및 직무만족도

린 식스시그마는 직원들의 분석 기술 역량 향상과 창의적인 기술 개발에 기여한다. 식스시그마는 결함과 품질 문제를 식별하고 제거하기 위한 통계의 적용을 기반으로 한다. 직원들에게 이러한 기술을 가르치는 것은 의사결정을 강화하고 직원을 더 능력있는 직원으로 만든다.

8.3.4 린 식스시그마 구현시 당면 과제

작업 방식의 변화와 마찬가지로 극복해야 할 새로운 작업 방식에도 어려움이 있다. 조직이 린 식스시그마를 구현하는 과정에서 직면하는 장애물과 이를 극복하는 방법을 해결하지 않고는 린 식스시그마 실행에 대한 논의가 완료되지 않는다. 다음은 조직에서 린 식스시그마를 성공적으로 구현하기 위한 몇 가지 공통적인 로드맵과 이를 근절하는 방법이다.

- 린 식스시그마 방법론에 대한 이해 부족 : 첫 번째는 린 식스시그마 방법론에 대한 이해 부족과 그것이 효과가 있을 것이라는 믿음 부족으로 인한 저항이다. 관리 및 기타 모든 문제가 이와 같은 문제에 취약하다. 교육이 도움이 될 수 있지만 성공적인 프로젝트는 대개 이러한 우려를 줄이는 가장 좋은 수단이다. 이러한 프로젝트에 린 식스시그마 전문가를 활용하여 지원함으로써 장애물을 극복할 수 있다. 전문가들은 이 프로젝트를 단순한 변화와 작은 성과를 벗어나 모범사례화할 수 있는 기회를 제공할 것이다.
- 린 식스시그마 구축 로드맵 부족 : 적절하게 구성된 구축 계획은 프로젝트 선택 프로세스와 주도권을 중장기적 관점에서 어떻게 유지할 것인지를 설계한다. 프로젝트 선택과 성과를 유지하는 것은 린 식스시그마 구축의 가장 어려운 두 가지 측면이다. 린 식스시그마의 부실 실행은 프로세스 개선이 조직의 목표에 부합하지 않을 때 프로젝트가 전략적 목표를 달성하는 대신 임기응변적으로 문제가 조치되

었을 때 발생한다. 상당히 많은 프로젝트는 리더십이 부족하고 비효율적으로 관리되고 있다. 리더십이 식스시그마 방법론을 적용하고, 프로젝트 팀에 최고의 인재를 배정하고, 프로젝트를 경영회의 등을 거쳐 공식 선정하고 검토 프로세스를 거쳐 필요한 리소스를 제공하면 린 식스시그마의 성공 가능성이 크게 높아진다.

- 지속가능성 부족 : 많은 조직이 린 식스시그마로 전환하기 시작했지만, 일정 기간 동안 꾸준하게 이 방법론을 유지하는 조직은 거의 없다. 비록 대부분은 린 식스시그마가 조직에 내재화되어 있다고 생각하지만 실제로는 조직에서 문제를 해결하고자 할 때 기존의 방법으로 해결하려고 하는 경향이 있다.

8.3.5 린 식스시그마에 대한 오해

린 식스시그마에도 단점이 있지만, 린 식스시그마 반대자들이 유포하는 일부 오해는 사실이 아니라는 것을 이해하는 것이 중요하다. 아래는 그러한 오해들의 목록이다.

- 오해 1 : 린 식스시그마는 대부분 대기업에 적용된다. 사실, 린 식스시그마에는 중소기업에서도 잘 작동하는 많은 도구와 기술이 포함되어 있다.
- 오해 2 : 린 식스시그마는 제조부문에만 적합하다. 실제로 린 식스시그마는 제약, 금융기관, 서비스 및 군과 같은 다른 많은 분야에서 성공적으로 구현되었다. 과정은 시작과 끝이 있는 모든 것이다. 관련 프로세스가 있는 경우 린 식스시그마로 간소화할 수 있다.
- 오해 3 : 린 식스시그마의 도입은 연구개발에 필요한 창의성을 억누르는 효과가 있다. 현실에서 연구, 개발, 그리고 다른 창조적인 작업은 엄격하고 체계적인 접근을 따를 수 있다. 창의성과 린 식스시그마는 모순될 필요가 없다.
- 오해 4 : 소프트웨어 개발에는 린 식스시그마가 필요하지 않다. 소프트웨어의 결과에 변화가 없기 때문이다. 반대로, 소프트웨어에 대한 실제 입력은 설계 의도를 벗어나 결과에 변화를 일으킬 수 있다.
- 오해 5 : 린 식스시그마는 신제품이 아닌 점진적인 개선을 위한 것이다. 사실, DFSS(Design for Six Sigma)는 특히 신제품 개발을 위한 것이다.

8.4 린 식스시그마 프로세스

8.4.1 기본 원칙

린 식스시그마는 두 가지 장점을 최대한 활용하여 낭비를 제거하자는 것이며, 린 식스시그마 원칙은 다음과 같이 고객의 입장에서 생각하고, 낭비를 제거하고 결함의 원인을 제거하여 제품 또는 서비스 품질을 향상시킨다.

1) 고객 관점(Custome Focus) 사고

모든 가치의 근원은 고객이다. 따라서 고객이 무엇을 원하고, 어떤 가치를 제공하여야 하는가를 항상 판단의 기준으로 삼아야 한다. 고객의 가치를 얻을 수 없다면 아무리 훌륭한 제품과 서비스라도 고객으로부터 외면을 받을 것이다.

2) 가치흐름맵핑을 통하여 낭비요소 제거(Value Stream Mapping) 활동

가치흐름맵은 고객에게 가치를 전달하는 데 필요한 프로세스의 모든 단계를 나타낸다. 프로세스를 통하여 최종 고객까지 부가가치가 제공되는 활동 및 투입요소의 흐름을 가치(VA)와 비부가가치(NVA)로 구분하여 낭비요소를 찾아내는 활동을 한다.

3) 사실과 데이터에 근거한(Data & Fact Base) 판단

현상 분석과 개선 아이디어의 도출은 사실과 데이터를 근거로 판단하며, 개선 전후의 결과값에 대한 판단도 데이터로 검증을 실시한다. 데이터에 근거한 판단은 현재의 프로세스를 변화시키는데 조직에 대하여 설득의 근거 및 조직문화로 자리잡을 수 있다.

8.4.2 프로세스

1) 프로세스

린 식스시그마는 자원낭비를 최소화하고 고객만족을 극대화하여 기업의 수익성을 향상시키는 식스시그마의 골격을 유지하면서 린 경영시스템의 장점을 결합시킨 경영전략이다. 식스시그마는 스피드에 대한 개선방법이 부족하며, 린은 변동에 대한 개선방법이 부족하다. 따라서 과제 개선에 있어서 서로의 단점을 보완하여 적용함으로써 프로세스 개선의 효과를 극대화할 수 있다.

[표 3-22]는 린 식스시그마 개선 프로세스의 주요 단계를 정리하였다.

▌표 3-22▌린 식스시그마 프로세스

구분	상세 단계
정의 (Define)	1. 프로젝트 차터 개발 2. 이해관계자 파악 3. 초기 VOC 수행/CTQ 식별 4. 팀을 선정하여 프로젝트를 시작 5. 프로젝트 계획서 작성
측정 (Measure)	6. 현재 프로세스 정의 7. 세부 VOC 정의 8. VOP 및 현재 성능 정의 9. 측정시스템 검증 10. COPQ 및 비용/편익 정의
분석 (Analysis)	11. 인과관계 개발 12. 근본 원인 결정 및 검증 13. 공정능력 개발
개선 (Improve)	14. 해결방안 파악 및 솔루션 선택 15. 비용/편익 분석 수행 16. 미래상태를 설계 17. 성과목표, 프로젝트 성적표 설정 18. 구현 및 구현에 대한 승인 획득 19. 훈련 및 실행
관리 (Control)	20. 결과 측정 및 변경 관리 21. 스코어카드 데이터를 보고하고 프로세스 관리계획을 작성 22. P-D-C-A 프로세스를 적용 23. 반복기회 식별 24. 미래계획을 개발

린 식스시그마 활동은 Define 단계에서 전략적 의사결정을 통한 프로젝트를 발굴한다. 이때 고객의 관점에서 관찰되어야 한다. 두 번째 단계는 Measure 단계로 프로젝트 추진범위 설정과 그에 따른 고객가치 흐름을 규명한다. 세 번째로는 Analysis 단계로 VSM을 통한 현재가치 분석과 이를 바탕으로 조직이 기대하는 미래가치를 정의하여 그 갭을 파악한 후, 이행 가능성을 평가한다. 현재가치와 미래가치의 갭은 낭비에 해당된다, 낭비요소를 비용의 관점에서 파악하여 제거의 우선순위화를 병행한다. 네 번째 단계는 Improve 단계로 린 경영의 핵심은 흐름방식과 풀 시스템을 구축한다. 이 단계에서는 종업원의 적극적인 참여가 요구된다. 프로젝트 멤버만을 위한 활동이 아니라 조직 전체의 낭비를 제거하기 위해서는 전방 및 후방 공정의 낭비적 요소가 같이

제거되어야 궁극적인 린 경영이 가능하게 되며 지속적인 개선의 환경이 만들어질 수 있다. 다섯 번째는 Control로 완벽을 추구하는 단계이다. 즉, 린 스탭을 따르되 개선의 방법으로 식스시그마를 접목하여 목표를 달성한다. 린 경영이 되기 위해서는 최고경영자의 리더십과 종업원들의 지속적인 개선을 통하여 조직문화를 정착시키고, 궁극적으로 고객만족, 원가절감, 품질 향상, 리드타임 개선 등으로 사업의 가치를 향상시켜서 지속가능경영의 기반을 구축하게 된다.

8.4.3 적용 관점

린 식스시그마 프로젝트 개선을 위하여 프로세스의 속도를 저해하는 낭비요소를 바라보는 관점을 가져야 한다.

- 린은 속도(Speed)를 의미하며 모든 프로세스에 적용된다.
- 속도가 느린 프로세스에는 가치없는 낭비가 많다.
- 린의 측정 잣대는 프로세스 가치 효율(PCE)로 측정한다.
- 배치 크기는 프로세스 변수(모델교체시간, 사이클타임, 부품수 등)에 따른다.
- 프로세스의 대부분(95%)은 낭비이고, 80%의 문제가 20% 요인에 따른다.
- 스피드를 개선하기 위해서는 넥타임(병목시간)을 개선하여야 한다.
- 프로세스의 속도는 필요 활동수와 수요변동에 역비례한다.

8.4.4 적용 방법

린과 식스시그마가 갖고 있는 각각의 특징과 장점을 잘 활용하여 개별개선 적용 및 기초 개선활동 등에 적용하며, 린 식스시그마 사고를 바탕으로 과제를 수행한다.

1) 린 생산방식과 식스시그마의 적용을 필요에 맞게 적용한다

낭비제거와 프로세스 개선을 통한 리드타임 개선은 린 방식을 적용하여 체질화하고, 산포와 노이즈인자 개선에는 통계적 접근방법론인 식스시그마를 적용한다.

제조현장에서는 5S, 눈으로 보는 관리, TPM 등을 통한 낭비제거를 린 경영의 사상을 바탕으로 현장의 기초체질을 개선하고, 안정된 작업환경을 구축한다. 프로세스는 VSM을 통하여 현재의 모습과 미래의 모습으로 분석하여 낭비요인을 분석하고 실행해 나간다. 린 개선활동을 하는 과정 중에 통계적 접근으로 개선해야 할 과제가 도출되거나 빅데이터 분석이 필요한 경우 빅 시그마 방법론을 적용하여 개선한다. 여기서 개별 프로젝트 개선이 최종목표가 아니고, 고객 관점에서 가치(Value)가 부여되는가의 린 경영의 철학을 바탕으로 추진하여야 한다.

2) 린 사고 조직문화를 구축하고 식스시그마로 난제를 해결한다

린 사고는 모든 행동을 고객의 관점에서 바라보기 때문에 낭비를 발견하고 낭비를 제거하는 활동에 초점을 맞추어 프로세스의 군살을 완전히 없애는 것이 체질화될 수 있다. 이러한 활동이 바탕이 된다는 것은 회사의 조직문화가 끊임없는 개선을 통하여 지속가능한 경영이 되도록 하는 토대를 마련하는 의미이며, 전사적으로 린 식스시그마 철학을 바탕으로 과제 해결을 도모한다.

린 식스시그마를 비즈니스 내 모든 사용자를 위한 지속적인 개선 프로그램으로 만들고 여러 비즈니스 기능에 걸친 사일로를 해소하기 위한 교차 기능 문제해결을 장려한다.

더불어 최근 대두되는 빅데이터 관점에서 과제와 해결 아이디어를 발견하여 고객의 가치를 증대시키는 활동이 가능해진다. 중요한 것은 회사마다 갖고 있는 조직문화를 린 철학과 접목하여 체질화·습관화하는 것이 우선되어야 한다는 것이다.

3) 중장기 관점의 로드맵을 작성한다

회사의 전략과 연계된 Big Y를 발굴하고 이를 사업계획과 연계한 과제 우선 추진순위를 설정한다. 과제 특성별로 식스시그마 과제, 낭비제거 과제 등으로 구분하고, 조직별·팀별 역할을 부여하여 과제를 해결해나간다. 누적수율 관점의 산포나 에러를 개선하는 과제는 식스시그마로, 가치흐름분석을 통한 낭비제거로 흐름을 개선하거나 리드타임을 단축해야 하는 과제는 린 방법을 적용한다. 이러한 모든 기법을 전사적 관점에서 통합하여 린 식스시그마로 방법론을 통일한다.

4) 추진 인프라를 구축한다

적용방법의 정착을 위해서는 제도적으로 학습 및 혁신조직을 구축하고, 직원들이 지속적으로 프로세스를 개선할 수 있도록 프로세스 개선에 필요한 도구를 제공받도록 한다. 프로젝트 결과에 대한 인센티브를 제도화하여 프로젝트 실행 성과에 대한 직원의 보상을 적극 실시한다.

린 식스시그마가 조직의 프로세스 개선을 위한 핵심 전략이며, 고위 경영진도 기업의 목표에 부합하는 전략적 린 식스시그마 프로젝트의 선정에 참여해야 한다는 것을 확실히 하기 위한 가시적이고 헌신적인 리더십을 확립한다. 최고경영자의 리더십을 바탕으로 궁극적으로 조직이 스스로 개선하는 조직문화를 형성하는 것이 중요하다.

Appendix **부록**

R 활용 기초

린(Lean) 경영과
빅 시그마(Big Sigma)를 활용한 스마트혁신

Appendix

부록 R 활용 기초

◆ 누군가가 내 등잔의 심지에서 불을 붙여가도 내 등잔의 불은 여전히 빛나고 있습니다.

\- 토마스 제퍼슨 -

1. R 소개

R은 데이터분석 및 통계적인 계산을 위한 분석 소프트웨어이자 프로그래밍 언어이다.

R은 범용 툴이기 때문에 다양한 형태의 데이터를 손쉽게 분석이 가능하다.

- 기존 통계학 분석 : 데이터의 정리와 그래프, 추정, 검정, 다변량분석 등
- 머신러닝 : SVM, Random Forest 등
- 텍스트마이닝 : 분석 대상의 단어 빈도분석
- 이미지 및 사운드 : 이미지와 사운드의 속성을 데이터로 변환

SAS, SPSS, Minitab, Excel 등 기존의 통계분석 애플리케이션은 구매해서 사용해야 하지만, R은 오픈소스이기 때문에 무료라는 장점이 있다. R의 가장 큰 장점 중의 하나는 데이터를 다양한 방법으로 시각화할 수 있는 것이다.

또한 다양한 패키지가 있으며, CRAN(The Comprehensive R Archive Network)을 통해서 R 사용자들이 패키지를 공유하고 있어 최신의 분석기법 등을 손쉽게 활용할 수 있다(https://cran.r-project.org/).

| 그림 A-1 | CRAN 홈페이지

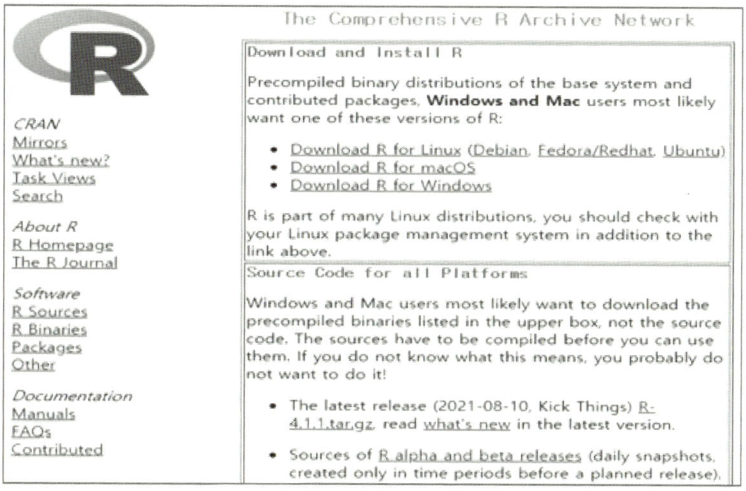

2. R과 R Studio 설치

R을 사용하기 위해서는 R과 R Studio를 설치해야 한다.

R은 CRAN 홈페이지에서, R Studio는 R Studio 홈페이지에서 다운로드받을 수 있다(https://www.rstudio.com/).

| 그림 A-2 | R 설치 파일 실행 모습

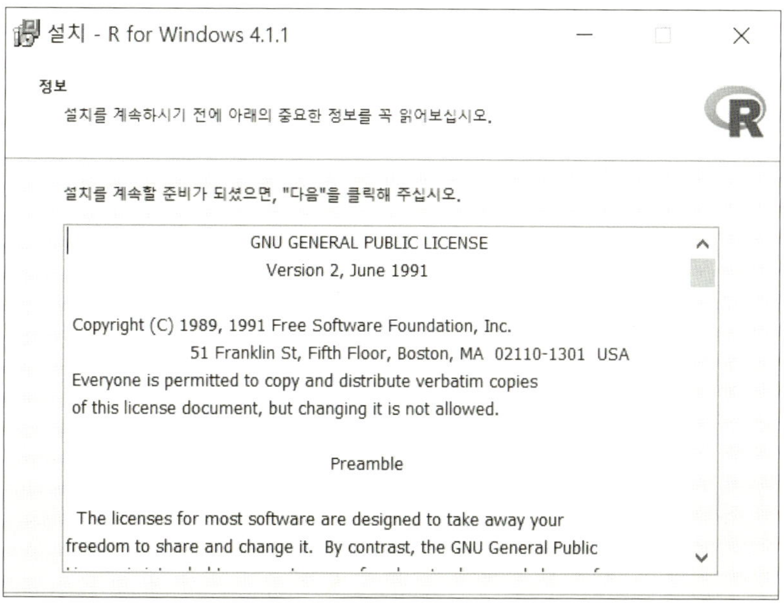

▌그림 A-3 ▌R Studio 홈페이지

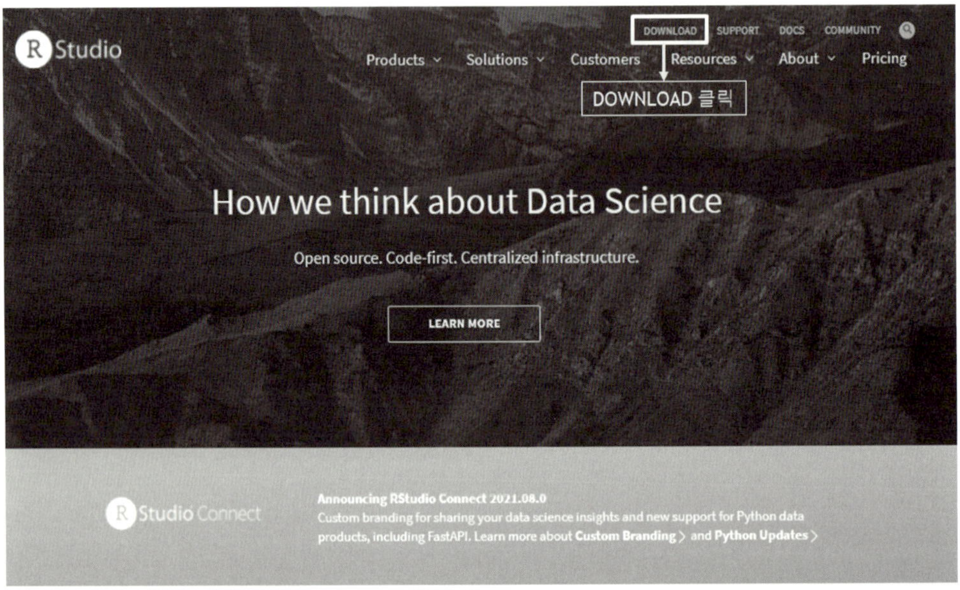

3. R Studio 화면 구성

R Studio를 설치한 다음 실행을 하면 초기에는 세 영역으로 구분한 화면이 나타난다.

▌그림 A-4 ▌초기 화면 모습

사용의 편의성 증대를 위해서 소스창을 추가한다(File → New File → R Script를 선택 또는 단축키 : Ctrl+Shift+N).

▌그림 A-5 ▌소스창 추가 후의 화면 모습

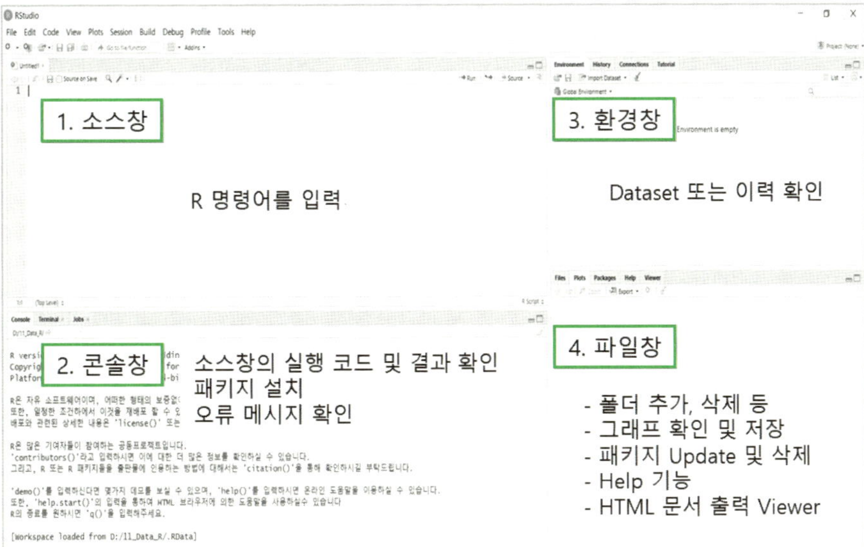

소스창에서 코드를 입력한 다음 코드의 실행방법은 다음과 같다.

- Ctrl+R
- Ctrl+Enter
- 커서 블록 지정 후 소스창 상단의 Run 버튼 클릭(또는 Ctrl+Enter)

콘솔창의 입력 사항이 많아서 복잡해지면 Ctrl+L을 눌러서 지울 수 있다.
Alt+Shift+K를 누르면 모든 단축키를 확인할 수 있다.

▌그림 A-6 ▌R Studio의 단축키

4. R Studio의 실행

화면 구성을 완료한 다음 R Project를 생성한다.

Project 이름과 경로명은 한글을 사용하지 않는 것이 좋다. 한글을 사용하는 경우 오류가 발생할 경우가 있기 때문이다.

R Code를 작성할 때 유의해야 할 기본적인 사항은 다음과 같다.

- R 명령어 수행 : Ctrl+Enter
- 주석문 : #로 표현
- Statement 종료 표현 : ;로 구분함
- 대소문자 구분
- 두 단어를 포함하는 변수 : 두 번째 단어의 시작은 대문자이어야 함

소스창에 코드를 입력한 다음 실행을 한다. 실행 결과는 콘솔창에서 확인한다.

〈R을 활용한 간단한 계산〉

■ 분석 내용

- 변수 na에 100을 지정
- 변수 kim에 na×15 결과를 지정

• 변수 na와 kim을 출력

■ 소스 코드

```
# R을 활용한 간단한 계산
na <- 100
kim <- na * 15
print(na)
print(kim)
```

■ R 실행 결과

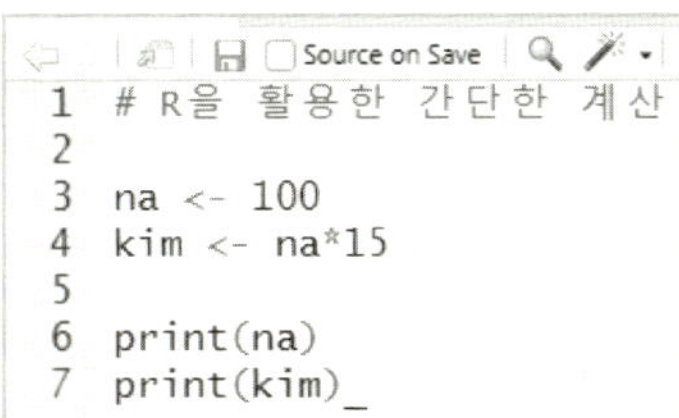

소스창

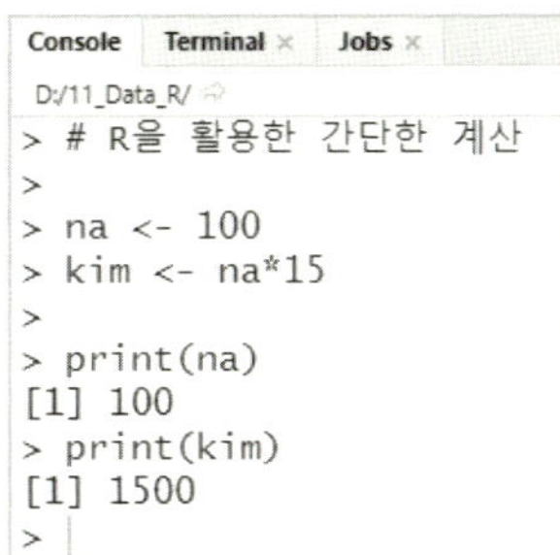

콘솔창

5. R 기본 연산자

R에서 사용하는 연산자는 기본적으로 다른 프로그래밍 언어와 큰 차이가 없다. 나눗셈의 경우 몫과 나머지를 구하는 연산자가 차이가 있다.

- %/% : 몫 구하기
- %% : 나머지 구하기

비교 연산자도 다른 언어와 동일하다. 다만, 두 값을 비교할 때 맞으면 'True', 맞지 않으면 'False'로 처리한다.

변수에 특정값을 할당하는 방법은 크게 세 가지가 있다.

- whang <- 10 : 변수 whang에 10을 대입
- na=20 : 변수 na 20 대입
- 30 -> kim : 변수 kim에 30 대입

논리 연사자의 경우 and는 &, && or는 Ⅰ, Ⅱ를 사용한다(단, 벡터 연산자일 경우는 &, && 차이가 발생함).

〈R의 연산자 연습〉

■ 분석 내용

- r1 변수에 100을 대입
- r2 변수에 3을 대입
- r1/r2의 몫 구해서 변수 a에 대입
- r1/r2의 나머지 구해서 변수 b에 대입
- a, b 출력

■ 소스 코드

```
# %/%, %% 연산자 활용
r1 <- 100
r2 <- 3
a <- r1%/%r2
b <- r1%%r2
print(a)
print(b)
```

■ R 실행 결과

```
# %/%, %% 연산자 활용
r1 <- 100
r2 <- 3
a <- r1%/%r2   # 100/3의 몫 구하기
b <- r1%%r2    # 100/3의 나머지 구하기
print(a)
print(b)_
```

소스창

```
> # %/%, %% 연산자 활용
> r1 <- 100
> r2 <- 3
> a <- r1%/%r2
> b <- r1%%r2
> print(a)
[1] 33
> print(b)
[1] 1
```

콘솔창

표 A-1 R에서 많이 사용하는 함수

함수명	설명	입력내용	결과내용
abs()	절대값	abs(-3)	3
sqrt()	제곱근	sqrt(16)	16
pi	원주율	pi	3.141593
sign()	부호	sign(-3)	-1
round()	반올림	round(2.345, digits=2)	2.35
ceiling()	무조건 올림	ceiling(2.3)	3
floor()	무조건 내림	floor(2.7)	2
exp()	지수	exp(10)	22026.47
log()	자연로그	log(10)	2.302585
log10()	사용로그	log10(10)	1
log2()	로그(2)	log2(10)	3.321928
logb()	일반화 로그	logb(10, base=3)	2.095903
factiorial()	계승	factiorial(4)	24
choose()	조합	choose(4, 2)	6
prod()	곱	prod(1:4)	24
sin()	사인(sine)	sin(0.5)	0.4794255
cos()	코사인(cosine)	cos(0.5)	0.8775826
tan()	탄젠트(tangent)	tan(0.5)	0.5463025

6. 데이터 유형/패키지/작업 폴더

R에서 사용하는 데이터는 기본 유형과 특수 유형으로 구분할 수 있다.

- 기본 유형
  - 수치형(Numeric) : 정수, 실수
  - 문자형(Character) : 문자 또는 문자열 " ", ' '을 사용함
  - 논리형(Logical) : True(T) 또는 False(F)의 논리값
  - 복소수형(Complex) : 실수와 허수로 이루어진 복소수

■ 특수 유형

- Inf : 양의 무한대
- −Inf : 음의 무한대
- NA : Not Available – 결측치(Missing Vaule)
- NaN : Not Available Number – 수학 연산이 불가능한 수
- Null : 존재하지 않은 객체 지정시 활용

R에서 제공하는 패키지는 말 그대로 데이터 및 기능이 같이 있는 알고리즘이다. 결국 다양한 패키지를 활용할 수 있어야 효과적으로 데이터를 분석할 수 있다

- 기본(Base) package : 별도의 설치가 필요없으며, library()를 사용하지 않음
- Rcommended package : 설치가 필요없지만, library()를 사용해야 함
- Other package : 설치도 해야 하고, library()를 사용해야 함

package를 설치하려면 'install.package('패키지이름')' 형태로 코딩한다. 단, 이미 설치되어 있는 package를 확인하려면 'installed.package()'를 사용한다.

package를 사용하려면 'library('패키지이름')' 또는 'require('패키지이름')' 형태로 코딩한다.

package를 제거하려면 'remove('패키지이름')' 형태로 코딩한다.

작업 폴더를 확인하기 위해서는 getwd(), 작업 폴더를 변경하기 위해서는 setwd('폴더위치')를 사용한다.

예) ggplot2 패키지를 설치하는 경우

```
install.packages('ggplot2')
```

* DONE (ggplot2) --> 설치 완료

The downloaded source packages are in'C:\Users\JamesKim\AppData\Local\Temp\Rtmpw5Emep\downloaded_packages'

7. 데이터 구조와 데이터 불러오기

자료 구조(Data Structure)는 변수에 저장된 데이터의 구조(리스트, 배열 등)를 말한다. mode() 함수를 이용하면 데이터의 유형을 확인할 수 있고, class() 함수를 이용하여 자료 구조를 확인할 수 있다.

R에서 자료 구조는 크게 6가지로 분류한다.

① Vector(벡터)

1차원 배열 또는 1차원 자료 구조를 말한다. 데이터를 벡터형 변수로 지정할 때는 c() 함수를 이용한다. 단, 동일한 데이터 유형이어야 한다.

숫자형, 문자형, 논리값도 벡터로 지정할 수 있다.

예) a <- c(1,3,5)　# 변수 a는 1,3,5 세 개 데이터를 갖는 벡터

b <- c(1:10)　# 변수 b는 1~10까지 10개 데이터를 갖는 벡터

c <- c('apple', 'banana')　# 변수 c는 apple, banan 두 개 문자형 데이터를 갖는 벡터

d <- c(TRUE,FALSE,TRUE) # 변수 d는 세 개 논리형 데이터를 갖는 벡터

② Matrix(행렬)

동일한 데이터 유형으로 구성한 행과 열 2차원의 데이터 구조이다. 지정할 때는 matrix() 함수를 이용한다.

③ Array(배열)

다차원 배열로 행렬과 동일하나 3차원 이상의 배열로 구성한 데이터 구조를 말한다. 활용도가 높지 않은 편이다.

④ Data Frame(데이터 프레임)

Matrix와 같은 2차원 구조이지만 모든 데이터 유형이 동일하지 않다. 열마다 다른 유형(숫자, 문자 등)을 가지고 있으며, 엑셀, SPSS, 미니탭의 Sheet 구조와 유사하며 통계 분석시 많이 사용한다.

dafa.frame() 함수를 이용한다.

예) name <- c(Whang, Na, Kim)

core <- c(100, 95, 80)

pass <- c(TRUE, FALSE, FALSE)

df1 <- data.frame(name, score, pass)

	name	score	pass
1	Whang	100	TRUE
2	Na	95	FALSE
3	Kim	80	FALSE

⑤ list(리스트)

서로 다른 구조, 즉 벡터, Matrix 등을 하나의 이름으로 모아 놓은 자료 구조이다.

⑥ Factor(요인)

변수가 명목척도일 때 사용하는 자료 구조이다.

factor() 함수를 이용한다.

예) city <- c(rep('seoul', 10), rep('busan', 8)

% city 변수는 seoul 10개, busan 8개를 가지고 있음

rep(x, n) : x(숫자 또는 문자)를 n번 생성하는 함수

| 그림 A-7 | 자료 구조 이미지

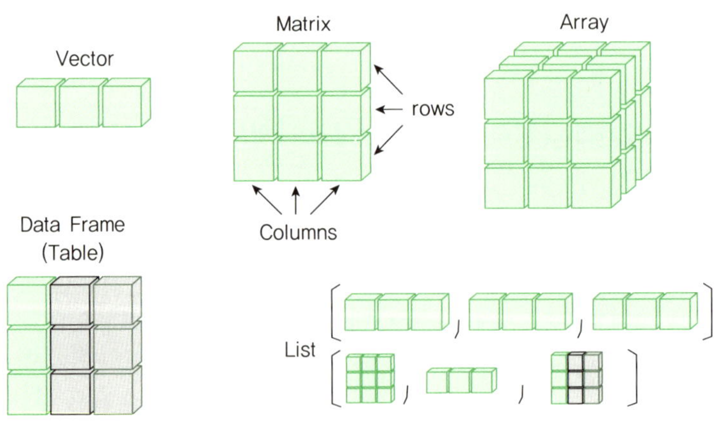

출처 : https://devopedia.org/r-data-structures

표 A-2 데이터 구조 유형 정리

데이터 구조 유형	데이터 개수	설명	함수 사용 예
Scalar(스칼라)	한 개	하나의 데이터(숫자, 문자, 논리값 중)	a<-4
Vector(벡터)	복수 개	한 가지 유형의 여러 개 데이터(한 가지 데이터 유형)	b<-c()
Matrix(행렬)	복수 개	행과 열로 구성된 데이터(한 가지 데이터 유형)	c<-matrix()
Array(배열)	복수 개	최소 2차원 이상의 변수로 구성된 데이터(한 가지 데이터 유형)	d<-array()
Data Frame (데이터 프레임)	복수 개	Matrix와 유사하지만 변수별 데이터 유형이 다름	e<-data.frame()
List(리스트)	복수 개	복수의 스칼라부터 Data Frame까지 모든 형태를 포함한 데이터	f<-list()
Factor(요인)	복수 개	명목척도 변수일 때 사용함	g<-factor()

R에서 데이터를 불러올 경우 데이터의 형태에 따라서 사용하는 함수가 달라진다.

- csv 파일 : read.csv() 함수 사용함

  예) korea.csv를 불러와서 basic 변수에 대입하는 방법

  . basic=read.csv(file='korea.csv')

- 엑셀 파일 : read.xlsx() 함수 사용함
- txt 파일 : read.table() 함수 사용함

참고문헌

Bauer, H., Brandl, F., Lock, C., Reinhart, G.(2018), "Integration of Industrie 4.0 in Lean Manufacturing Learning Factories", *Procedia Manufacturing* 23, 147-152, 8th Conference on Learning Factories 2018-Advanced Engineering Education & Training for Manufacturing Innovation.

Benbow, D. W. and Kubiak, T. M.(2005), The Certified Six Sigma Black Belt Handbook, Milwaukee : ASQ Quality Press.

Chien-Ming Huang, Jose A. Romero, Michael Osterman, Diganta Das, Michael Pecht(2019), "Life cycle trends of electronic materials, processes and components", *Microelectronics Reliability* 99, 262-276.

Dae-Heung Jang(2020), Applications of R package for statistical engineering, *The Korean Journal of Applied Statistics.*

David Rizzardo(2020), "Lean-Let's Get It Right!", First edition published in 2020 by Routledge/Productivity Press, New York.

Davis, N., Companiwala, A., Muschard, B., Petrusch, N.(2020), "4th Industrial Revolution Design Through Lean Foundation", *Procedia CIRP* 91, 306-311.

Deloitte(2017), "The smart factory Responsive, adaptive, connected manufacturing", Deloitte University Press.

Diamond Harvard Business Review(2007.11), 111.

Douglas C. Montgomery(1997), "Design and Analysis of Experiments 4th Edition", Jonh Wiley & Sons.

Emilio L. Cano et al.(2021), Package SixSigma, CRAN.

Erick Jones(2014), Quality Management for Organizations Using Lean Six Sigma Techniques, CRC Press.

Follmann, J., Laack, S., Schutt, H., & Uhl, A.(2013), Lean transformation at Mercedes-Benz. Retrieved 24 Nov 2019. https://www.researchgate.net/publication/

272484962_Lean_Transformation_at_Mercedes-Benz_Identifying_the_Transformational_Opportunities_for_the_Retail_Value_Chain

Franchetti, Matthew J.(2015), Lean Six Sigma for Engineers and Managers_With Applied Case Studies, CRC Press.

Geroge, Michael L.(2002), *Lean Six Sigma: Combining Six Sigma Quality with Lean Production Speed,* New York: McGraw-Hill.

George, Michael L., John Maxey, David T. Rowlands, and Michael George(2005), *The Lean Six Sigma Pocket Toolbook: A Quick Reference Guide to 100 Tools for Improving Quality and Speed,* New York: McGraw-Hill.

George, M. L., Rowlands, D., Kastle, B.(2004), What is Lean Six Sigam?, New York: McGraw-Hill.

Gygi, Craig, Neil DeCarlo and Bruce Williams(2005), *Six Sigma for Dummies,* New Jersey : Wiley Publishing, Inc.

Harry, Mikel, Ph.D. and Don R. Linsenmann(2006), *The Six Sigma Fieldbook: How DuPont Successfully Implemented the Six Sigma Breakthrough Management Strategy,* New York: Doubleday.

Helmold, M. & Samara, W.(2019), Progress in performance management, Industry insights and case studies on principles, application tools, and practice. Heidelberg : Springer.

Helmold, M., Dathe, T., Hummel, F., Terry, B., & Pieper, J.(2020), Successful international negotiations. A practical guide for managing transactions and deals, Management for professionals, Heidelberg : Springer.

Henderson, Bruce A., Jorge L. Larco, and Stephen H. Martin.(1999), *Lean Transformation : How to Change Your Business into a Lean Enterprise,* Virginia: Oaklea Press.

Hino, S.(2006), “Inside the Mind of Toyota”, Productivity Press, New York.

Kalkowsky, M.(2004), Nur Porsche hat das lean management begriffen : Interview with prof. D. Jones. PRO, 31, 16.

Knight, K. E.(1967), “A descriptive model of the intra-firm innovation process”, *The Journal of Business,* 40(4), 478-496.

Kolberg, D. & Zühlke, D.(2015), "Lean automation enabled by industry 4.0 technologies, IFAC-PapersOnLine, 48(3), 1870-1875.

Koskela, L.(1992), Application of the new production philosophy to construction, Vol.72, Stanford, CA: Stanford University.

Kroslid(2001), "Six Sigma and Lean Manufacturing-A Merger for Worldclass Performance, but is it Really Talking Place?", *The Asian Journal on Quality*, Vol.2, No.1, 87-105.

Langlotz, P. & Aurich, J. C.(2021), "Causal and temporal relationships within the combination of Lean Production Systems and Industry 4.0", Procedia CIRP 96, 236-241. CIRPe 2020–8th CIRP Global Web Conference–Flexible Mass Customisation.

Liker, J. K.(2004), "The Toyota Way : 14 Management Principles from the World's Greatest Manufacturer", NY : McGraw-Hill.

Liker, J. K.(2007), "The Toyota Way Fieldbook", 양종곤 · 김기찬 · 강창열 옮김, 가산북스.

Lim, J. W., Jo, D. H., Lee, S. Y., Park, H. J., Park, J. W.(2017), "A study on innovation in manufacturing process based on smart factory : application example of electronic product assembly manufacturing line", *Korean Journal of Business Administration*, Vol.30, No.9, 1069-1630.

Luca Scrucca(2004), An R package for quality control charting and statistical process control, CRAN.

Mayr, A., Weigelt, M., Kül, A., Grimm, S., Erll, A., Potzel, M., Franke, J.(2018), "Lean 4.0-A conceptual conjunction of lean management and Industry 4.0", Procedia CIRP 72, 622-628, 51st CIRP Conference on Manufacturing Systems.

Mikel Harry, Richard Schroeder(2000), "Six Sigma", Currency.

https://www.mudamasters.com/en/lean-production-theory/toyota-3m-model-muda-mura-muri

Moon-Bak Choi(2006), "A Guideline for Implementing Lean Six Sigma for Management Innovation", *Journal of the Korean Institute of Industrial Engineers*, Vol.32, No.4, 298-313.

Ohno, T.(1986), "Toyota Production System: Beyond Large-Scale Production", English version 1988 ed. Cambridge, Mass : Productivity Press.

Ohno, T. and Mito, S.(1988), Just-in-Time for Today and Tomorrow, Productivity Press, 4.

OECD(2005), "Oslo Manual : Guidelines for Collecting and Interpreting Innovation Data", Paris, OECD Publishing, 33-40.

Pande, P., Neuman, R., and Cavanagh, R.(2000), *The Six Sigma Way: How GE, Motorola, and Other Top Companies Are Honing Their Performance,* New York : McGraw-Hill.

Prinz, C., Kreggenfeld, N., Kuhlenköter, B.(2018), "Lean meets Industrie 4.0–a practical approach to interlink the method world and cyber-physical world", Procedia Manufacturing 23, 21-26, 8th Conference on Learning Factories 2018-Advanced Engineering Education & Training for Manufacturing Innovation.

Pyzdek, Thomas(2003), *The Six Sigma Handbook : The Complete Guide for Green Belts, Black Belts, and Managers at All Levels, Revised and Expanded Edition,* New York: McGraw-Hill.

Rajan Suri(2018), 'The Practitioner's Guide to POLCA : The Production Control System for High-Mix, Low-Volume and Custom Products', CRC Press 2018, http://taylorandfrancis.com.

Rath & Strong(2000), "Six Sigma Pocket Guide", Rath & Strong.

Russ Lenth(2020), Response-surface illustration, CRAN.

Russell, V. Lenth(2020), *Respon-surface Methods in R, Using rsm, The* University of Iowa.

Sohal, A. S. & Egglestone, A.(1994), "Lean production: experience among Australian Organisations", *International Journal of Operations & Production Management,* 14(11), 35-51.

Shah, R., and Ward, P. T.(2007), Defining and developing measures of lean production, *Journal of Operations Management,* 25(4), 785-805.

Ulrike Grompoing(2014), R Package FrF2 for Creating and Analyzing Fractional

Factorial 2-Level Designs, Beuth University of Applied Sciences Berlin.

Vanzant Stern, Terra(2015), Lean Six Sigma_international standards and global guidelines, Taylor & Francis.

Vanzant Stern, Terra(2019), Leaner Six Sigma_Making Lean Six Sigma Easier and Adaptable to Current Workplaces-Productivity Press.

Wagner, T., Herrmann, C., Thiede, S.(2017), "Industry 4.0 impacts on lean production systems", Procedia CIRP 6, 125-131.

Waldo, William Wes and Tom Jones(2006), *A Team Leader's Guide to Lean Kaizen Events*. Colorado : Breakthrough Performance Press.

Womack, J. P. & Jones, D. T.(1996), "Lean Thinking: Banish Waste and Create Wealth in Your Corporation", Revised and Updated 2003 ed. New York : Simon & Schuster.

www.asq.org
www.elsevier.com/locate/matpr
www.lean.org
www.isixsigma.com
www.isssp.com
www.jstatsoft.org
www.minitab.com
www.onesixsigma.com
www.sixsigmazone.com
www.productivitypress.com
www.superfactory.com

고왕경 · 황규현 · 박종미 · 권용호(2007), 6시그마 달성을 위한 통계적 도구, 복지행정연구, 23, 359-381

구형준(2021), "4차 산업혁명기의 Smart Lean 생산과 Global SCM", 도서출판 좋은땅.

김도일(2016), "린 기법 적용의 성공요인과 경영성과에 미치는 영향에 관한 연구", 위덕대학교 박사학위논문.

김명준 · 김영화 · 박영호(2021), "기초 통계 플러스 알파", 경문사.

김용표(2020.2), "토목 건설현장 생산성 향상을 위한 융복합 공사관리 프로세스 모델 개발", 충남대학교 박사학위논문.

김혁중 · 반승현 · 임춘성(2018.9), '경영혁신 관점에서 바라본 신사업 추진 유형 및 활용 방안에 관한 연구', 창조와 혁신 제11권 제3호, 21-49.

나형배 · 안예환 · 황인극(2020), '스마트 공장 개론', 도서출판 청람.

나형배(2021.2), "전자제품 중심의 스마트 공장 수준진단에 대한 실증 연구", 공주대학교 박사학위논문.

남영학(2009), "린 경영혁신 : 세계시장을 지배하는 1등 기업의 비밀", 미래와경영.

박성현(2005), "린 6시그마 추진방법", 서울대학교.

박성현(1984), "현대 실험계획법", 민영사.

성웅현(2004), "응용 로지스틱 회귀분석", 탐진.

엘지전자(2003), "6시그마 GB/BB 양성과정 교재", 러닝센터.

윤철호(2021), "빅데이터 분석과 R 활용", 생능출판사.

위키백과, 우리 모두의 백과사전(https://ko.wikipedia.org/wiki/%EA%B3%BC%ED%95%99%EC%A0%81_%EA%B4%80%EB%A6%AC%EB%B2%95)

이강인 · 이순산(2012), "사무 · 서비스 산업의 린 경영 활동에 관한 사례 연구", 2012년 벤처창업연구 제7권 제1호 (통권 23호) 189-206.

이승훈 · 임근(2019), R을 이용한 KS Q ISO 22514-7 측정 프로세스 능력 분석용 프로그램, The Korean Society for Quality Management.

이재진 · 황인극(2010.5), '가치흐름지도(VSM) 기반의 린 6시그마를 활용한 항공산업 프로세스 혁신에 관한 연구', 한국산학기술학회 춘계발표회, 1049-1052, 4.

이종훈(2011), "제조현장의 효율적인 혁신방안 연구 : (주)포스코 QSS 활동을 중심으로", 동국대학교 석사학위논문.

중소기업전략기술로드맵 2121~2023 빅데이터, 중소벤처기업부, TIPA(중소기업기술정보진흥원).

홍지승 · 조덕희 · 이영주 · 한창용(2017.12), '2017년 중소기업의 경영환경 및 경쟁력 실태조사', 산업연구원(KIET).

찾아보기

가치 ··· 100
가치사슬 ··· 102
가치흐름 ··· 100, 104
간판 ··· 135
겜바 워크 ··· 88
경영혁신 ··· 4
고객 중심 ··· 186
공정능력지수 ··· 254, 258
과제 성격 구분 ··· 195
관리도 ··· 368
구간 데이터 ··· 33
군집분석 ··· 347

낭비 ··· 61, 64, 156, 163
누적 직행률 ··· 172
누적합 관리도 ··· 382
눈으로 보는 관리 ··· 73

다기능 ··· 129
대응일치분석 ··· 301
데이터 ··· 30
데이터의 종류 ··· 31
덴드로그램 ··· 350
도요타 웨이 ··· 56
동적 최적화 ··· 27

로지스틱 회귀분석 ··· 344
로직트리 ··· 271
린 ··· 15, 28, 46
린 경영 ··· 11, 46, 157
린 사고 ··· 46
린 생산 ··· 46
린 시스템 ··· 12, 58, 91
린 제조 ··· 46

마케팅혁신 ··· 6
머신러닝 ··· 352
명목 데이터 ··· 32
무다 ··· 63
무라 ··· 62
무리 ··· 63
문제해결 프로세스 ··· 40

변수 선택 ··· 290
분산/표준편차 ··· 204
브레인스토밍 ··· 190
비율 데이터 ··· 33
빅 시그마 ··· 26
빅 시그마 프로세스 ··· 181, 184
빅데이터 ··· 24

사이클타임 ··· 81
4차 산업혁명 ··· 2
산업혁명 ··· 3
3정 ··· 70
3현주의 ··· 88
상관관계 ··· 285
상자 그림 ··· 211
상호작용 ··· 297
서비스 특성 ··· 160
설비종합효율 ··· 123
성인화 ··· 130
소인화 ··· 130
소집단 활동 ··· 87

순서 데이터 ······ 32
스마트 팩토리 운영기술 ······ 14
스파게티 다이어그램 ······ 105
습관화 ······ 72
시그마 수준 ······ 171
시그마(표준편차) ······ 170
식스시그마 ······ 15, 28
실험계획법 ······ 306

안돈 ······ 74, 117
안정성 분석 ······ 232
애자일 ······ 17
연속형 의사결정나무분석 ······ 361
오슬로 매뉴얼 ······ 5
5S ······ 66, 153
요인 ······ 308
유의수준 ······ 276
의사결정나무분석 ······ 354
이동평균 관리도 ······ 381
2-Sample t ······ 277
2수준 부분배치법 ······ 319
2수준 완전배치법 ······ 311

자주보전 ······ 121
적치 상한선 ······ 74
정돈 ······ 68
정리 ······ 67
정보 ······ 34
정상분포 ······ 212
제품혁신 ······ 6
조직혁신 ······ 6
주성분분석 ······ 338
중심합성법 ······ 332
지도카 ······ 78, 117
지속가능경영 ······ 10
지속적 개선 ······ 84, 156

차쿠차쿠 라인 ······ 130
청결 ······ 71
청소 ······ 70
측정시스템 오차 ······ 225
친화도법 ······ 191

카이제곱 ······ 302
카이제곱분석 ······ 301
카이젠 ······ 84

테일러리즘 ······ 51
텍타임 ······ 81
통계와 통계학 ······ 197
통계적인 사고 ······ 174
통계학의 목적 ······ 198
특성요인도 ······ 268
팀 빌딩 ······ 151

파레토 법칙 ······ 192
판별분석 ······ 341
편의분석 ······ 230
평균 ······ 203
평준화 ······ 80
포디즘 ······ 53
포스트포디즘 ······ 54
포카요케 ······ 115
폭포수 개발 방법론 ······ 18
표 ······ 39
푸시 시스템 ······ 132
풀 시스템 ······ 132
품질 ······ 152
품질반성회 ······ 128
프로세스혁신 ······ 6

한 개 흘리기 ······ 139
헤이준카 ······ 80, 147
회귀분석 ······ 284
흐름방식 ······ 112
흐름생산 ······ 115

히스토그램 ······ 209

Agile ······ 17
AI, ML, DL ······ 183
ANOVA ······ 292
AR(Argumented Reality) ······ 384

Big Data ······ 24
Big Sigma ······ 26
Big Y - Little y ······ 187
BVA(Business Value Added) ······ 16, 61

c 관리도 ······ 379
Chaku Chaku Line ······ 130
Coded Value ······ 328
CPS(Cyber Physical System) ······ 42
CSR(Corporate Social Responsibility) ······ 159
CTQ : Critical To Quality ······ 27, 173, 220
Cycle Time ······ 81

Digital Twin ······ 42
DMAIC 프로세스 ······ 177, 184
DSMART ······ 184

ECRS(Eliminate, Combine, Re-arrange, Simplify) ······ 109
ESG ······ 159

Factor ······ 308
Fordism ······ 53

Gage R&R ······ 229, 237
Gemba Work ······ 89

Heijunka ······ 80

Individual 관리도 ······ 375

Jidoka ······ 78
JIT(Just-In-Time) ······ 75

Kaizen ······ 84
Kanban ······ 135
KNN 분석 ······ 357
KPI ······ 98, 155
K평균 군집분석 ······ 350

Lack Of Fit ······ 332
Lean ······ 15, 28, 46
Logic Tree ······ 271

MRP ······ 77

Normal Distribution ······ 212
np 관리도 ······ 377
NVA(Non-Value Added) ······ 16, 61

OEE ······ 123

p 관리도 ······ 376
p-value ······ 276, 277
PCE(Process Cycle Efficiency) ······ 107
PDCA(Plan, Do, Check, Act) ······ 84, 155
Poka Yoke ······ 115
POLCA ······ 140
Post-Fordism ······ 54

Screeplot ······ 340
Six Sigma ······ 15
SMART ······ 195
SMED(Single Minute Exchange of Die) ······ 125
SPC ······ 118, 367
SVM 분석 ······ 359

Table ······ 39
Takt Time ······ 81

Taylorism ········· 51
Toyota Way ········· 56
TPM(Total Productive Maintenance) ········· 111, 120, 153
TPS : Toyota Production System ········· 54, 91

u 관리도 ········· 380

V Chart ········· 188
VA(Value Added) ········· 16, 61
Visual Management ········· 73
VR(Virtual Reality) ········· 384

Xbar-R 관리도 ········· 373

Zbench ········· 257, 264

| 저자 약력 |

나형배

공학박사, 품질관리・공장관리기술사, MBB, LG전자 품질・혁신실장, 요소기술지원팀장
현재) (주)엠아이지 대표, 대한설비관리학회 총무이사

김응석

공주대학교 공학박사과정, MBB, LG전자 과장, WEXi 컨설팅 본부장, 화승 비나 전무
현재) 울랄라랩 상무 겸 웩싸이 컨설팅 수석 컨설턴트

황인극

Texas A&M University 산업공학박사, 한국프로젝트경영학회장, 대한설비관리학회장
한국노동교육진흥원 이사장
현재) 공주대학교 공과대학 산업시스템공학과 교수

린(Lean) 경영과 빅시그마(Big Sigma)를 활용한 스마트혁신

2022년 2월 20일 1판 1쇄 인쇄
2022년 2월 25일 1판 1쇄 발행

저　자 | 나형배・김응석・황인극
발행인 | 이수영
발행처 | 도서출판 청람
서울시 마포구 독막로 288(대흥동, 세양상가 109호)
전　화 | 02)3272-2601~2
팩　스 | 02)3272-2603
E-mail | crbooks@daum.net
홈페이지 | http://www.crbooks.co.kr
등　록 | 2000년 8월 26일 제6-0509호

ISBN 978-89-5972-864-0 93320 [정가 28,000원]